sociología
y
política

LOS RETOS INTERNACIONALES
DE MÉXICO
Urgencia de una mirada nueva

coordinadoras
GUADALUPE GONZÁLEZ
OLGA PELLICER

textos
MARCO ANTONIO ALCÁZAR * HAZEL BLACKMORE
RODOLFO CASILLAS * GUADALUPE GONZÁLEZ
LUIS HERRERA-LASSO * JOSÉ LUIS LEÓN MANRÍQUEZ
SERGIO LEY LÓPEZ * JORGE ALBERTO LOZOYA
CASSIO LUISELLI * LOURDES MELGAR
OLGA PELLICER * NATALIA SALTALAMACCHIA
FRANCISCO SUÁREZ DÁVILA
JORGE TELLO PEÓN

siglo
veintiuno
editores

MÉXICO
ARGENTINA

siglo xxi editores, s. a. de c. v. CERRO DEL AGUA 248, ROMERO DE TERREROS, 04310, MÉXICO, DF **salto de página, s. l.** ALMAGRO 38, 28010, MADRID, ESPAÑA	**siglo xxi editores, s. a.** GUATEMALA 4824, C 1425 BUP, BUENOS AIRES, ARGENTINA **biblioteca nueva, s. l.** ALMAGRO 38, 28010, MADRID, ESPAÑA

```
JZ1520
R47
2011        Los retos internacionales de México : urgencia de una mirada
            nueva / coordinadores, Guadalupe González, Olga Pellicer ; textos,
            Marco Antonio Alcázar [y otros trece]. — México : SigloXXI, 2011
            342 p. — (Sociología y política)

            ISBN-13: 978-607-03-0325-8

        1.  México – Relaciones exteriores. 2. México – Relaciones exteriores
            – Estados Unidos. 3. México – Relaciones exteriores – Asia. I.
            González, Guadalupe, editor. II. Pellicer, Olga, editor. III. Alcázar,
            Marco Antonio, colaborador. IV. Ser.
```

primera edición, 2011
© siglo xxi editores, s.a. de c.v.
isbn 978-607-03-0325-8

derechos reservados conforme a la ley
impreso en mújica impresor, s.a. de c.v.
camelia núm. 4
col. el manto, iztapalapa
méxico, d.f.

PRESENTACIÓN

Este libro se inscribe dentro de la preocupación tradicional de Grupo Coppan 2050 por explorar los temas más urgentes de las relaciones exteriores de México. Está precedido de una introducción que sintetiza los motivos que llevaron a sus coordinadoras a buscar un diagnóstico de los problemas enfrentados por dichas relaciones, investigar sus causas y proponer acciones para superarlos. Los autores del presente volumen conforman un grupo plural e interdisciplinario que representa a diversas generaciones. Algunos de ellos tienen una renombrada trayectoria académica, otros han combinado el paso por la academia con puestos de alta responsabilidad en el sector público o privado. Varios son miembros activos del servicio exterior mexicano o, en el pasado, han representado a México en el exterior. Así, las opiniones aquí reunidas reflejan el punto de vista de investigadores cuya experiencia se ha adquirido fundamentalmente en los círculos académicos y de quienes han participado en la toma de decisiones y la conducción de la diplomacia mexicana.

El libro está organizado en torno a tres grandes temáticas: los problemas del entorno inmediato, el desafío de Asia y los retos de los temas globales. La primera parte contiene cuatro ensayos escritos respectivamente por Hazel Blackmore y Olga Pellicer, Natalia Saltalamacchia, Marco Alcázar y Rodolfo Casillas. Su objetivo es identificar los desafíos que presentan las relaciones de México con Estados Unidos, América Latina, Centroamérica y las corrientes migratorias. De acuerdo con los autores, dichos desafíos han adquirido en algunos casos proporciones dramáticas, que invitan a considerar con carácter de urgencia las propuestas de acción que aquí se ofrecen.

La segunda parte está integrada por tres ensayos escritos por Jorge Alberto Lozoya, José Luis León y Sergio Ley. Tiene como finalidad llamar la atención sobre la emergencia de Asia como el polo de poder económico de mayor fuerza en el siglo XXI. México no ha logrado incorporarse, como lo han hecho otros países de América Latina, a las corrientes de intercambio económico, científico y tecnológico que se han generado en aquella parte del mundo. De allí la importancia que otorgan los autores a ampliar el conocimiento, no sólo sobre la situación que guarda la relación de México con los países asiáticos, sino sobre las experiencias de aquellos países que pueden ser fuentes de inspiración para políticas públicas y empresariales de indudable valor para nuestro país.

La tercera y última parte aborda cuatro grandes temas que determinarán, en buena medida, el futuro económico y político de México: la crisis económica, la energía, la seguridad y el cambio climático. Escriben sobre esos temas Francisco Suárez Dávila, Lourdes Melgar, Luis Herrera-Lasso y Jorge Tello, y Cassio Luiselli. Desde diversas perspectivas, y sin hacerlo explícito, los autores comparten una visión que permite afirmar que el tratamiento de esos problemas se encuentra en una encrucijada, cuyos caminos pueden conducir a un mejor futuro para nuestro país o un empeoramiento de situaciones que ya presentan signos de extrema gravedad.

La presente publicación verá la luz en momentos clave para el debate de los problemas nacionales. No es casual que ocurra así. Su objetivo es proporcionar elementos para que dicho debate se enriquezca y ofrezca miradas nuevas para el tratamiento de aquellas situaciones de la vida nacional que nos conciernen a todos.

GUADALUPE GONZÁLEZ G.
OLGA PELLICER

INTRODUCCIÓN

GUADALUPE GONZÁLEZ G.
OLGA PELLICER

Hace cinco años varios autores que participan en el presente volumen llevaron a cabo un esfuerzo similar,[1] inspirado en tres preocupaciones básicas: entender mejor el panorama internacional de comienzos del siglo XXI; analizar el comportamiento de México en el mundo a partir de su ubicación geopolítica, de su inserción económica y de su posición en la dinámica política internacional y, finalmente, evaluar las estrategias de su política exterior, si existían, y reflexionar sobre la manera de fortalecerlas y, en su caso, modificarlas.

El primer paso para responder a tales preocupaciones fue hacer una radiografía de las relaciones exteriores del país al finalizar el primer lustro del nuevo siglo. Los datos encontrados fueron muy inquietantes. A pesar de que tanto la situación internacional como los cambios internos invitaban a una política exterior revitalizada, orientada hacia nuevas metas y provista de nuevos marcos analíticos e instrumentos de acción, México se encontraba anclado en los comportamientos del pasado. Era evidente la ausencia de una línea conductora que orientase, de acuerdo con las nuevas circunstancias, objetivos y estrategias de política exterior. Semejante situación llevó a los autores a concluir que "más que en otros momentos de su historia reciente, México parece haber perdido el rumbo, de suerte que en momentos de transición y redefinición del orden internacional se encuentra a la deriva comparado con otros países con un peso económico o político similar".[2]

Cinco años más tarde, las consecuencias de la falta de rumbo y asertividad resultan más evidentes y alarmantes por la necesidad que enfrenta el país de responder a un entorno internacional particularmente incierto y apremiante. El periodo 2005-2010 se distingue tanto

---

[1] Luis Herrera-Lasso M. (coord.), *México ante el mundo: Tiempo de definiciones*, México, Fondo de Cultura Económica, 2005.
[2] *Ibid.*, p. 14.

por la magnitud de las crisis que han sacudido al mundo como por la profunda transformación ocurrida en las coordenadas del poder internacional. La crisis económica de 2008 y 2009 aceleró el cambio en dichas coordenadas moviendo su eje central de Occidente hacia Oriente, principalmente a China, donde se encuentra ahora el punto de mayor influencia para el comportamiento de las finanzas y el comercio internacionales. Estados Unidos sigue siendo el país de mayor peso en los asuntos mundiales, sobre todo tomando en cuenta su poderío militar, pero sus flancos vulnerables son notorios: su enorme déficit externo, la incertidumbre sobre el alcance de la recuperación económica iniciada en 2010 y lo difícil o imposible de ganar la guerra que emprendió en Afganistán.

De igual forma, la crisis económica puso en tela de juicio la eficacia y la pertinencia de las instituciones y normas internacionales de regulación de los intercambios económicos y financieros internacionales. Se ha abierto, así, un proceso de discusión para la revisión y reforma de toda la arquitectura financiera y económica internacional. Un punto a destacar es que las conversaciones y negociaciones sobre una posible reforma de la gobernanza financiera revelan nítidamente los cambios en la estructura del poder internacional por la importancia de la participación de los nuevos polos de crecimiento, como China y otras potencias emergentes.

En el ámbito de la seguridad internacional los desafíos se multiplican y diversifican. De manera inesperada, una serie de revueltas sociales y políticas en varios países árabes del norte de África y Medio Oriente en contra de los regímenes autoritarios, que por décadas dieron estabilidad a la región, está sacudiendo al mundo. La trayectoria de la oleada de cambio político que ha estallado en esa parte del mundo, en la que se concentran las mayores reservas de petróleo, es incierta e impredecible. El efecto inmediato ha sido el alza en los precios del petróleo y un llamado de atención a la comunidad internacional para participar en forma decidida en encauzar la revuelta por vías democráticas, contener la violencia y el riesgo de una crisis humanitaria. Preocupa, sobre todo, que la caída de los regímenes autoritarios genere vacíos de poder e inestabilidad crónica en una zona con grupos fuertemente armados y con presencia del terrorismo internacional.

En ese panorama de rápidas y en ocasiones inesperadas transformaciones, algunas potencias emergentes han mejorado su posición internacional desde el punto de vista económico y político. El caso de Brasil es interesante para México por ser un punto de referencia inevitable al hablar de los países líderes en América Latina. Brasil pudo aprovechar el potencial de los mercados asiáticos al aumentar sus exportaciones de materias primas a China, que se convirtió en su segundo socio comercial. De otra parte, se ha posicionado bien en el mundo de la energía al avanzar en la exploración y explotación de recursos petroleros en aguas profundas y al incursionar, exitosamente, en las energías renovables como el etanol. Todo ello le ha dado una base económica para mejorar su papel como proveedor de energía y de diversos bienes manufacturados para países en desarrollo de África y América Latina, donde su influencia se hace sentir cada vez más. A ello se añade su conocido activismo en los foros multilaterales en los que participa, entre otras formas, en diversas operaciones de mantenimiento de la paz de las Naciones Unidas.

Otras potencias regionales y emergentes han seguido una trayectoria distinta que ha frenado su ascenso. Algunos países, como Canadá, han visto desdibujarse su actividad internacional, en tanto que otros, como España, han sido afectados en forma severa por la recesión económica, lo que ha limitado su activismo internacional. En América Latina, Argentina no logra avanzar y Venezuela, a pesar de su riqueza petrolera, enfrenta limitaciones internas para consolidar su proyecto de liderazgo regional. En el caso de México, el otro poder regional, la situación ha sido muy distinta. Por su estrecha vinculación con la economía de Estados Unidos resultó el país de América Latina más golpeado por la crisis económica, aunque logró una relativa recuperación que aún es incierta. Por los mismos motivos, ha sido muy difícil empujar la diversificación de sus relaciones económicas externas, a pesar de los numerosos acuerdos de libre comercio firmados con varias docenas de países. Cierto es que los intercambios económicos con Asia han crecido, pero el déficit en contra de México es muy alto y la captación de inversiones extranjeras o turismo muy baja en comparación con la de otros países de la región.

Durante este periodo, la fuerza de los lazos económicos de México con Estados Unidos se ha hecho más visible, pero al mismo tiempo se ha evidenciado el debilitamiento de una relación económica cuyos rasgos esenciales no han cambiado desde la firma del TLCAN, hace más de quince años, y cuyo potencial para animar el desarrollo del país es cada vez menor. Hacer de la vinculación económica con Estados

Unidos un factor de mayor peso para el crecimiento económico de México es una tarea que está por realizarse: difícil de llevar a cabo en el ambiente político que prevalece en ambos países, en particular en México.

Más allá de las relaciones económicas externas, el problema sobresaliente del país al finalizar la primera década del siglo XXI es de carácter político. México inicia una nueva década bajo la sombra del desprestigio de sus instituciones políticas y de la centralidad adquirida por las acciones del crimen organizado. Existe la percepción generalizada de una transición democrática que perdió el rumbo, cuyo rasgo más vulnerable es la amenaza del narcotráfico, que penetra todas las capas del sistema político y provoca niveles alarmantes de violencia e inseguridad. La capacidad de las instituciones del Estado mexicano está rebasada para poder hacer frente a esta situación y para contrarrestar el peso de otros poderes fácticos, como los sindicatos corporativos y los grandes monopolios económicos. La crisis de inseguridad pública, que presenta una escalada de violencia del crimen organizado que ha cobrado más de 35 000 vidas, también ha contaminado las relaciones de México con otros países, en particular sus vecinos inmediatos al norte y al sur, en la medida en que ha afectado en forma directa a sus ciudadanos.

Por los motivos anteriores, la imagen de México ha sufrido un deterioro que no era previsible hasta hace pocos años. Los medios de comunicación internacionales se han encargado de presentar al país como uno de los más violentos y corruptos del mundo, carente de un sistema de justicia que funcione, y al borde de situaciones de ingobernabilidad respecto de las cuales se utilizan frívolamente conceptos como el de "Estado fallido".

En el plano de las relaciones políticas bilaterales, México atraviesa por momentos difíciles. Desde el norte llega el ánimo antimexicano de amplios sectores de la sociedad estadunidenses, incapaces de asimilar la contribución de los trabajadores mexicanos a su economía, pero listos para denunciar su "ilegalidad" y posibles vínculos con la delincuencia. Llega, también, la inquietud, todavía ambivalente, de miembros de los poderes Ejecutivo y Legislativo ante los escenarios de violencia que se viven al sur de la frontera, que ponen en duda lo que siempre ha sido su objetivo prioritario con respecto a México: la estabilidad.

Desde el sur, el aumento de los transmigrantes que buscan cruzar el territorio mexicano con la esperanza de llegar a Estados Unidos se ha encontrado con la delincuencia en ascenso, la violencia y la extorsión, resultando todo ello en una situación de enorme riesgo. La dimensión del problema es un llamado de atención sobre la necesidad urgente de acciones conjuntas de México con Centroamérica y con Estados Unidos para, si no poner fin, al menos atenuar las expresiones más graves del problema.

Ante situaciones de tal complejidad, son relevantes las tres circunstancias que las coordinadoras de este libro tenían en mente al convocar a un grupo de estudiosos a reflexionar sobre las relaciones exteriores de México. La primera es el descuido de la élite política mexicana, empresarios y medios de comunicación ante los problemas que enfrentan dichas relaciones. México es un país ensimismado, desinteresado sobre lo que ocurre allende las fronteras, que rehúsa ver reflejadas en el espejo de otros países sus carencias, sus omisiones y también sus posibilidades. Basta referirse a lo limitado de los espacios de prensa o medios televisivos destinados a dar seguimiento y hacer análisis de lo ocurrido en el exterior. En el ambiente político nacional México es una isla con pocas referencias al exterior; cuando éstas ocurren, algunas voces, con fines de política interna, enarbolan la bandera del nacionalismo defensivo.

Diversos ensayos del presente volumen dejan testimonio de la escasa atención que se ha venido prestando a temas tan urgentes como la definición de una agenda equilibrada y constructiva en la relación con Estados Unidos, el acercamiento con miras de largo plazo a Asia o el reordenamiento de los acuerdos en materia de seguridad y en el tema migratorio. En estos momentos el exterior no es una prioridad para el conjunto de la élite política, lo que deriva en un escaso interés por trabajar de manera conjunta en la construcción de posiciones cuidadosamente elaboradas frente a los retos externos. En los actuales escenarios, sin consensos básicos no hay avance.

La segunda circunstancia que se tuvo en mente fue la pertinencia de los tiempos políticos que se aproximan, que son favorables para presionar a favor de un golpe de timón. Es incierto cuáles serán los resultados de la contienda para la sucesión presidencial que se avecina. Lo que es innegable es que son tiempos que obligan a ciudadanos, académicos, empresarios, funcionarios, miembros de la sociedad civil, entre otros, a pedir a quienes pretenden conducir los destinos del país atención y reencauzamiento de los problemas prioritarios que se han quedado rezagados; las relaciones exteriores son uno de ellos.

La tercera circunstancia es la convicción de que existen riesgos muy serios de no asumirse una posición más comprometida con la conducción de las relaciones exteriores de México, dado el contexto de los cambios que están ocurriendo a nivel mundial y la gravedad de problemas internos carentes de solución si se prescinde de cooperación y alianzas internacionales. Es imposible llevar a cabo un Plan Nacional de Desarrollo sin incorporar la lectura atinada de la evolución que seguirá la economía de Estados Unidos, cuyos vaivenes se reflejan de inmediato en las exportaciones, las remesas de trabajadores migrantes o la inversión extranjera directa; en el ámbito político, es imposible diseñar los planes para el combate al crimen organizado sin considerar la forma y las condiciones que tendrá la cooperación con los servicios de inteligencia estadunidenses; es imposible mejorar el control de la frontera sur sin haber puesto en pie acuerdos con Guatemala y Belice; no se puede garantizar la seguridad energética del país sin un buen entendimiento con los proveedores de la tecnología que permita proyectos para la exploración de nuevas fuentes de energía; es difícil posicionar a México en el lugar que le corresponde por tamaño, demografía, peso cultural y experiencia multilateral sin tener una red de relaciones con el Asia del siglo XXI.

Teniendo en mente esas preocupaciones, el presente libro parte de un enfoque selectivo que no pretende abarcar todos los asuntos de la agenda internacional de México sino centrar la atención en aquellos que, por su importancia, obligan a encontrar respuestas inmediatas. Así, el libro aborda en tres grandes secciones y en once capítulos los retos que requieren, con mayor urgencia, estudio y propuestas para enfrentarlos. En primer lugar, el reordenamiento de las relaciones con el entorno inmediato: Estados Unidos, América Latina, Centroamérica y el desafío siempre presente de la migración; en segundo lugar, los retos derivados de la emergencia de Asia como la región que hoy en día marca los ritmos de crecimiento de la economía mundial; finalmente, los temas globales, fundamentales para el futuro de México e indisolublemente ligados a la relación externa: la crisis económica, la energía, la seguridad y el cambio climático.

Dejamos al lector la valoración de cada uno de los ensayos dedicados a los temas anteriores. Aquí querríamos resumir en breves pinceladas las lecciones y propuestas que dejan en su conjunto para trazar las líneas de una política exterior con mejor rumbo, capaz de hacer de las relaciones exteriores un insumo sustantivo que contribuya a superar las situaciones críticas que se están viviendo.

Más allá del diagnóstico sobre las dificultades del país para adecuarse a las nuevas realidades internacionales, es interesante observar y preguntarse qué han hecho otros países para mejorar su posición internacional y avanzar en sus niveles de bienestar, seguridad y desarrollo. Una lectura transversal de los distintos ensayos del volumen, con base en la pregunta anterior, permite derivar algunas lecciones para México:

- Los países exitosos en términos de crecimiento económico y estabilidad política miran con atención, invierten y cuidan el vecindario geopolítico en el que se ubican. Fomentan la institucionalización de los esquemas de cooperación con los países vecinos e invierten recursos en la promoción y la instrumentación de respuestas regionales a problemas compartidos.
- Siguen estrategias de inserción internacional, selectivas y acotadas a áreas prioritarias. Son selectivos en sus objetivos de proyección internacional, identifican nichos puntuales en los que tienen ventajas comparativas y se especializan en el manejo de ciertos instrumentos de influencia internacional (cultura, diplomacia, educación, etcétera).
- Apuntalan en forma permanente sus iniciativas de política exterior con recursos económicos y diplomáticos. Establecen programas y mecanismos de acción especializados e institucionalizados que trascienden los ciclos electorales y los cambios de gobierno. Esto les otorga credibilidad como socios confiables y predecibles en el sistema internacional, al respaldar sus discursos e iniciativas con acciones concretas.
- Ven y estudian a Asia con atención. Estrechan relaciones y cuentan con estrategias claras frente a los nuevos focos de crecimiento económico. Por lo tanto, tienen en la mira la búsqueda de una relación privilegiada con los países emergentes de Asia, en particular China, India, Corea del Sur y Japón.
- Incorporan en forma activa y explícita al sector privado y social en sus esquemas y mecanismos de asociación con el exterior. De esta forma, anclan sus relaciones internacionales más allá del ámbito estrictamente intergubernamental en una densa red de interacción transnacional.

- Invierten constantemente en sus andamiajes y aparatos institucionales; construyen burocracias profesionales con capacidad técnica y autonomía de gestión frente a grupos políticos y económicos poderosos; cuentan con marcos regulatorios simples que limitan los incentivos a la corrupción.
- Ponen énfasis en el fortalecimiento de su capital humano a través de políticas de educación de calidad; cuentan con programas de capacitación profesional continua; canalizan cuantiosos recursos a la investigación científica tanto básica como aplicada; otorgan incentivos a la innovación tecnológica y evitan la fuga de cerebros.
- Por último, tienen una visión de largo plazo sobre la sustentabilidad de sus proyectos económicos, de forma tal que se adelantan a la renovación de sus fuentes de energía y la protección de sus recursos naturales y del medio ambiente.

Las experiencias anteriores nos llevan, en un inevitable ejercicio de comparación, a ver con mirada crítica las tendencias que siguen las relaciones exteriores de México, estudiadas desde diversas perspectivas en los once ensayos aquí reunidos. Son una llamada de atención sobre la urgencia de una mirada nueva para trazar la política interna y externa del país con plena conciencia de los riesgos que se corren de no impulsar su reencauzamiento. La manera en que hoy nos insertamos en el mundo acentúa la vulnerabilidad del país y nos mantiene al margen de los logros que otros países están obteniendo. Los colaboradores de este libro esperan contribuir con sus propuestas de acción y el análisis que las sustenta a que tal vulnerabilidad se reduzca y México alcance, a través de sus relaciones exteriores, una mejor oportunidad para resolver sus problemas nacionales.

PRIMERA PARTE
MÉXICO Y SU ENTORNO

MÉXICO Y ESTADOS UNIDOS:
DE SOCIOS ENTUSIASTAS A VECINOS INCÓMODOS

HAZEL BLACKMORE
OLGA PELLICER

INTRODUCCIÓN

El decenio de 1990 se caracterizó por el gran avance en la creación de mecanismos institucionales para conducir las relaciones entre los gobiernos de México y Estados Unidos. El eje central de ese esfuerzo fue el Tratado de Libre Comercio de América del Norte (TLCAN), con los protocolos, comités, grupos de trabajo y demás instituciones que lo acompañaron. Como signo de los nuevos tiempos, se amplió y fortaleció la Comisión Binacional para las Relaciones México-Estados Unidos, cuyas reuniones se anualizaron y llegaron a ser atendidas por más de veinte secretarios de Estado de ambos países. Las comitivas que los acompañaban, los preparativos para decidir la agenda y el establecimiento de grupos de trabajo para dar seguimiento a los acuerdos adoptados nos hablan de un intercambio intenso entre los diversos niveles del Ejecutivo, de una atención muy amplia a los diversos temas de la agenda bilateral, desde los aspectos estrictamente comerciales hasta los relacionados con cuestiones financieras, agrícolas, de turismo, cultura y otros.[1]

El nuevo espíritu de la relación se expresó también en la decisión de establecer grupos binacionales de expertos, como el que produjo el Estudio Binacional sobre Migración o el Diagnóstico Conjunto sobre Narcotráfico y las formas de combatirlo. En la región fronteriza se instalaron grupos como los mecanismos de enlace fronterizo, que resultaron de extrema utilidad para encauzar el diálogo entre las au-

---

[1] El libro de Olga Pellicer y Rafael Fernández de Castro (coords.), *México y Estados Unidos: Las rutas de la cooperación*, México, Instituto Matías Romero/Instituto Tecnológico Autónomo de México, 1998, refleja bien los numerosos espacios de cooperación que existían en la segunda mitad de los noventa.

toridades de uno y otro lado encargadas de agilizar el cruce en una de las fronteras con mayores intercambios del mundo.

El auge de los mecanismos institucionales para enmarcar el diálogo entre los gobiernos de ambos países llevó a diversos analistas —armados con los instrumentos teóricos del neoliberalismo institucional— a determinar la existencia de un verdadero parteaguas en las relaciones México-Estados Unidos, sin paralelo en otra época histórica, y cuyas consecuencias dejarían amplia huella en el devenir económico y político de las sociedades de ambos países.[2]

Diez años después, el panorama ha cambiado. Una rápida mirada sobre la situación existente a lo largo de la zona fronteriza, el antimexicanismo que crece entre amplios sectores de la sociedad estadunidense, el malestar que expresan líderes políticos mexicanos respecto al funcionamiento de la Iniciativa Mérida o la imagen de México presente en los medios de comunicación de Estados Unidos, nos hablan de una época difícil para las relaciones entre ambos países.

La cooperación y el diálogo entre los gobiernos de ambos países se han estrechado para concentrarse, casi exclusivamente, en el tema de la seguridad. Aquellas reuniones de la Comisión Binacional, caracterizadas por el acercamiento integral a todos los aspectos de la relación y, al mismo tiempo, por el propósito de no permitir que los desacuerdos en ciertas áreas contaminaran el conjunto, han sido abandonadas. A cambio, los encuentros binacionales de las áreas encargadas de seguridad ocurren frecuentemente, desde el famoso encuentro en México de marzo de 2010, al que acudieron todos los titulares de agencias del Ejecutivo estadunidense encargados de cuestiones de seguridad,[3] hasta los encuentros de procuradores o subprocuradores,

---

[2] Sobre la influencia del neoliberalismo institucional en el análisis de la relación México-Estados Unidos, véase Rafael Fernández de Castro, *Explaining cooperation in U.S.-Mexican affairs: The emergence of institutionalization*, tesis doctoral, Georgetown University, 1996.

[3] El 23 de marzo de 2010, en la Cancillería, se llevó a cabo la segunda reunión del Grupo de Alto Nivel de la Iniciativa Mérida. Las delegaciones fueron encabezadas por Hillary Clinton, secretaria de Estado de Estados Unidos y Patricia Espinosa, titular de la SRE. Por el lado estadunidense, acudieron el secretario de Defensa, Robert Gates; la secretaria de Seguridad Interna, Janet Napolitano; el jefe del Estado Mayor Conjunto de las fuerzas armadas, Michael Mullen; el director de Inteligencia Nacional, Dennis Blair; el consejero nacional de Seguridad, John Brennan; el titular de la DEA, Michelle Leonhart; el fiscal adjunto, el general Grindler, el director de la Oficina para Recursos Extranjeros del Departamento del Tesoro, Adam Szubin, el director de la Oficina de la Política Nacional del Control de Drogas, Gil Kerlikowske, y el embajador Carlos

visitas del "zar antidrogas", y la presencia constante y declaraciones del embajador de Estados Unidos en los eventos relacionados con seguridad en México.

En el nivel de la formación de opinión pública hay una asimetría entre la información que se maneja en uno y otro lado. En México, el interés por Estados Unidos cuenta poco en los medios de comunicación. Los grandes momentos en aquel país, incluida la llegada al poder del presidente Obama, los sobresaltos que han acompañado su administración, las elecciones intermedias, la crisis económica que no se resuelve, el ascenso de la derecha extrema agrupada en el Tea Party, son temas que apenas llaman la atención del público mexicano.

Por el contrario, la lucha contra el narcotráfico en México y la espiral de violencia que la ha acompañado merecen cobertura detallada en los medios televisivos y escritos de Estados Unidos. Aunque las reflexiones sobre México como Estado fallido han pasado a segundo plano, la información sobre la violencia sigue en la primera plana de diarios como *Los Angeles Times, Washington Post, New York Times, Dallas Morning News,* etc. Todos ellos han creado secciones especiales de publicación periódica con mapas interactivos, videos y entrevistas para conocer mejor a "México en estado de sitio", "La guerra en las puertas de nuestra casa", o "La guerra sin fronteras". Algunos canales de televisión, entre los cuales los más conocidos, pero no los únicos, son los de la cadena Fox, transmiten regularmente información que levanta alarma y temores entre el público estadunidense sobre lo que ocurre al sur de la frontera.

Las relaciones a nivel del Ejecutivo son ambivalentes. Hay una gran cordialidad en los encuentros presidenciales y el presidente Obama, en particular, no pierde oportunidad para brindar apoyo y dar reconocimiento a la lucha del presidente Calderón contra los narcotraficantes. Sin embargo, detrás de esa cordialidad priva la desconfianza. Por el lado mexicano, ésta se manifiesta en un discurso defensivo, en la expresión frecuente de reclamaciones, sea por la escasa cooperación de Estados Unidos para controlar la venta de armas a grupos del crimen organizado en México, sea por el escaso control sobre la demanda de drogas en aquel país, o por el maltrato a los trabajadores indocumentados. Por el lado estadunidense, la desconfianza surge

---

Pascual. Llama la atención el alto nivel y el gran número de los representantes estadunidenses encargados de cuestiones de seguridad.

por el temor a situaciones de ingobernabilidad al sur de su frontera. Ese peligro afecta lo que ha sido uno de los objetivos centrales del gobierno estadunidense respecto a México: el mantenimiento de la estabilidad que asegure el control sobre un territorio vital para la seguridad de la Unión Americana. El fantasma de México como Estado fallido[4] recorre los pasillos de la Casa Blanca y de Capitol Hill despertando inquietudes y provocando declaraciones contradictorias, como las vertidas en torno al carácter "insurgente" de la acción del crimen organizado.

El objetivo del presente ensayo es reflexionar sobre los motivos que en el corto periodo de diez años llevaron las relaciones México-Estados Unidos del entusiasmo en las instituciones que trabajarían para un futuro más promisorio a una época de reclamos y atención prioritaria a los problemas de seguridad. El escrito comienza con una rápida evocación de las circunstancias internacionales que caracterizaron la primera década del siglo XXI y han afectado, directa o indirectamente, las relaciones entre los dos países. La segunda parte analiza diversos factores de la política interna de México que condicionan el diálogo y, en general, la relación con el gobierno del país del norte. La tercera parte se aboca al análisis de las variables internas de la vida política en Estados Unidos que son indispensables para entender el comportamiento hacia México; éstas se refieren tanto al Poder Ejecutivo como al Congreso y los gobiernos estatales.

[4] En realidad México está lejos de pertenecer a la categoría "Estado fallido". Este término ha sido definido, entre otros, por la revista *Foreign Policy*, que, en colaboración con The Fund for Peace, ha construido el "Índice de Estados Fallidos". Los indicadores para determinar la existencia de un Estado fallido son: 1] crecimiento poblacional; 2] refugiados; 3] gobiernos no legitimados; 4] índices elevados de migración altamente calificada; 5] ineficiencia de servicios públicos; 6] desigualdad; 7] violaciones a derechos humanos; 8] declive económico; 9] falta de control de las fuerzas armadas; 10] élites altamente fraccionadas; 11] intervención externa, y 12] protestas sociales. A finales de 2008 la revista *Forbes* calificó a México como "Estado fallido", desatando una serie de declaraciones y refutaciones al respecto, por parte de autoridades tanto nacionales como estadunidenses. De acuerdo con los indicadores de *Foreign Policy*, en 2010 México se ubicó en el lugar 96 de 177 países, con una calificación de 76.1. Los diez primeros países fueron Somalia, Chad, Sudán, Zimbabwe, República Democrática del Congo, Afganistán, Iraq, República Centroafricana, Guinea y Pakistán. En el caso mexicano, sólo cabe preguntarse si algunos indicadores podrían estar presentes en regiones determinadas, sobre todo en el norte del país. *Foreign Policy*, "The Failed States Index 2010", <http://www.foreignpolicy.com/articles/2010/06/21/the_failed_states_index_2010>.

El análisis anterior conduce a responder a las dos interrogantes que, de manera tácita, inspiran toda la investigación: ¿Se corren riesgos si las relaciones México-Estados Unidos se mantienen por el camino actual? ¿Hay posibilidades de reencauzar la relación por rumbos más promisorios para el bienestar de ambos países? Las autoras tienen una respuesta afirmativa a la primera pregunta. De allí que vean con carácter de urgente la necesidad de atender las propuestas para reencauzar dichas relaciones, las cuales presentan en la sección de conclusiones.

El cambio de administración en el año 2012 y las campañas para la renovación de la presidencia y la totalidad de los legisladores dan la oportunidad a la ciudadanía de alertar a quienes pretenden conducir los destinos de la nación sobre el peligro de ser percibidos en Estados Unidos como vecinos incómodos o, aún peor, como amenaza a su seguridad. Sin duda es más positivo para ambos países encontrar los caminos para ser socios que cooperan para la estabilidad a largo plazo de esta parte del mundo.

EL DIFÍCIL ENTORNO INTERNACIONAL

Es un lugar común señalar que los ataques terroristas del 11 de septiembre contra las Torres Gemelas en Nueva York y el Pentágono cambiaron las coordenadas dentro de las cuales transcurría la política internacional desde el fin de la guerra fría. La respuesta de la administración Bush a tales ataques, inspirada por sus ideólogos más conservadores, se expresó en una doctrina para la seguridad de Estados Unidos que colocó en el centro de su agenda interna y externa la lucha contra el terrorismo. A partir de allí, se elaboró la teoría de la "guerra preventiva", se proclamó el principio de "quien no está conmigo está contra mí", y se intentó convertir a los organismos multilaterales de carácter político en legitimadores de la cruzada contra el terrorismo.

La nueva doctrina de seguridad significó cambios de enorme importancia en la asignación del presupuesto estadunidense, así como en la reestructuración de las agencias del gobierno encargadas de cuestiones de seguridad. Tuvo lugar un crecimiento desorbitado de los gastos de defensa que, junto con el recorte de impuestos, explica gran parte del déficit gubernamental en Estados Unidos que heredó el sucesor de Bush. Por otro lado, se creó el Departamento de Seguridad Interna (Homeland Security Office, HSO) que implicó la fusión de 22 agencias gubernamentales en una sola entidad.[5]

Los cambios anteriores tuvieron un gran impacto en la relación con México ya que, justamente, una de las prioridades de la nueva HSO era la seguridad en las fronteras. La búsqueda de esa seguridad cobró relevancia, mientras pasaron a segundo término otros temas como la migración o la cooperación fronteriza para fines que no fuesen la seguridad.

La reorganización administrativa en Estados Unidos también tuvo el efecto de cambiar el peso respectivo de los actores gubernamentales que conducen las relaciones México-Estados Unidos. Por el lado norteamericano, perdió fuerza el equipo encargado de cuestiones de Comercio y el Departamento de Estado, mientras se fortaleció el HSO. Por el lado mexicano, la Secretaría de Gobernación y el Centro de Investigación y Seguridad Nacional cobraron importancia, relegando en ocasiones a segundo término a la Secretaría de Relaciones. Se gestó así un problema al que hicimos alusión en líneas anteriores como el debilitamiento de mecanismos institucionales que mantuvieran una visión integral de la relación entre los dos países.

Mientras la erección del muro para contener la migración indocumentada y los controles fronterizos iban dando el tono a las relaciones México-Estados Unidos, en contraste con las expectativas de los años noventa, otros acontecimientos internacionales dejarían un impacto muy profundo en las relaciones entre los dos países.

El año 2008 será recordado por los importantes cambios que ocurrieron en el panorama internacional. Se movieron los ejes de poder internacional de Occidente hacia Asia y se profundizaron problemas globales que, sin ser novedosos, adquirieron dimensiones cuya magnitud no se había sospechado. El mundo fue otro después de 2008, opinan algunos analistas.

---

[5] Luis Herrera-Lasso trata este tema en "La relación bilateral México-Estados Unidos: ausencia de una visión compartida", en Arturo C. Sotomayor Velázquez y Gustavo Vega Cánovas (coords.), *El mundo desde México: Ensayos de política internacional. Homenaje a Olga Pellicer*, México, COLMEX/ITAM/CIDE, 2009. Para ver el crecimiento del presupuesto y los recursos humanos de la Oficina de Seguridad Interna, puede consultarse Department of Homeland Security, "Budget in brief reports, 2005-2010", <http://www.dhs.gov/xabout/budget/>.

Lo primero que sacudió al mundo en aquel año fue la crisis alimentaria que pocos habían previsto con tanta virulencia. Tres fueron los puntos que atrajeron mayormente la atención: el alza en los precios de los productos básicos que afectó, principalmente, el consumo de las capas más pobres de la población mundial, su vinculación con el cambio climático y la influencia que tuvo en esa crisis la producción de energéticos a partir del maíz. Se hicieron así presentes dos grandes problemas que se ciernen sobre la humanidad en este siglo: los efectos del cambio climático y el dilema de disminuir el uso de combustibles fósiles sin afectar otros sectores de la economía, como es la producción de alimentos.

La crisis anterior pasó a segundo término cuando estalló la crisis financiera cuya profundidad todavía no se alcanza plenamente, y cuyos efectos han sido devastadores en términos de la caída generalizada de las tasas de crecimiento, recesión, desempleo y falta de crédito, entre otros problemas. Pocas veces una crisis financiera —que, a diferencia de las anteriores, no se originó en un país en desarrollo sino en el centro mismo del poder capitalista internacional— había producido tal sentimiento de incertidumbre sobre los efectos a largo plazo. El tema del empleo se presenta, por lo pronto, como aquel en donde las repercusiones son de mayor gravedad.[6]

Como señalábamos en líneas anteriores, esas crisis coincidieron con un movimiento en las relaciones de poder internacional que justifican las dudas sobre las tendencias que dominarán en el mundo del futuro. El tema de mayor importancia es el papel de Estados Unidos. Con dos guerras sin terminar (en Iraq hay todavía 50 000 soldados y la de Afganistán es vista como la guerra que no se puede ganar), problemas económicos internos de gran magnitud, como son el déficit público y el desempleo, y el fortalecimiento de otros poderes económicos que ahora son sus acreedores —como China—,

---

[6] Como resultado de la crisis económica, durante 2009-2010 se registró una desaceleración de la economía mexicana, notándose mayores efectos en las exportaciones, recepción de remesas y empleo. De hecho, organizaciones como la Organización para la Cooperación y el Desarrollo Económico (OCDE) pronosticaron una contracción del 8% en 2009, así como una disminución de exportaciones del 15% (respecto a precios de 2003). La inflación se mantuvo por arriba del 5% en 2008 y en 2009, y el desempleo fue mayor al 5% en estos años, registrando un crecimiento del 50% respecto a índices de 2007. OCDE, "Mexico — Economic Outlook 88 Country Summary", <http://www.oecd.org/document/26/0,3746,en_33873108_33873610_45270042_1_1_1_1,00.html>.

ese país ha perdido la imagen de potencia invencible que caracterizó los comienzos del siglo. Sería un grave error pensar que en el futuro previsible ese país dejará de ser el punto de referencia del poder y la modernidad; sin embargo, hay nuevas e importantes circunstancias en el orden interno y externo que también sería un error ignorar.

Esa incertidumbre está obligando a ver con mayor interés el papel que desempeñan nuevos actores internacionales, como las conocidas potencias emergentes entre las que sobresalen, desde luego, China y, en menor grado pero con gran empuje, la India y Brasil. Tal escenario coloca a México ante la obligación de reflexionar sobre el lugar que desea tener en el reacomodo del poder internacional del siglo XXI; la relación con Estados Unidos es, en su caso, un elemento fundamental.[7]

De todos los países de América Latina, México fue el que más resintió los efectos de la desaceleración económica que se inició en Estados Unidos desde finales del 2008. La caída de sus exportaciones —dada la contracción de su principal destino—, la disminución de las remesas que envían los trabajadores migrantes, la restricción del crédito que afectó toda la actividad económica, la baja del turismo y las menores inversiones, condujeron a una disminución de casi 10% del PIB en 2009. Al momento de escribir estas líneas todavía persisten las dudas sobre el futuro de la economía mexicana, atada, como lo está, a los altibajos que ocurran en la de Estados Unidos.

Al complejo escenario internacional esbozado en líneas anteriores cabe añadir circunstancias internas de México y Estados Unidos que han obstaculizado la "relación especial" entre los dos países que algunos creyeron asegurada a finales del siglo pasado.

---

[7] Desde hace ya algunos años se ha hablado de las llamadas "potencias emergentes", refiriéndose a aquellos países cuyo proceso de transformación los hace posicionarse en un nivel más elevado en el sistema internacional. Los factores determinantes de una potencia emergente comprenden características económicas y políticas. Por ejemplo, Goldman-Sachs indica que Brasil, Rusia, la India y China (los llamados BRIC) tienen el potencial económico para convertirse en las economías dominantes. Se han tomado otros indicadores, como población, territorio y participación activa en el concierto internacional, para continuar con el debate sobre los elementos que hacen de un país una "potencia emergente". Hay discusiones sobre la pertinencia —o no— de ubicar a México en esta categoría de países.

AVANCES Y OBSTÁCULOS AL ENTENDIMIENTO CON ESTADOS UNIDOS

Los beneficios inciertos del TLCAN

Para algunos analistas era previsible el ciclo tan corto de entusiasmo por los beneficios para México de las relaciones con Estados Unidos que siguieron a la firma del TLCAN en 1994. En realidad, siempre existió una gran distancia entre el discurso que acompañó la entrada en vigor del TLCAN y las ventajas reales que se podían obtener. El caso más conspicuo para ilustrar esa distancia se daba en el caso de la migración de mexicanos a Estados Unidos.

El TLCAN se "vendió" a la opinión pública mexicana con el argumento, entre otros, de que era parte de una política adecuada para desincentivar esa migración. Es cierto que la apertura de los mercados y la promoción del comercio internacional son instrumentos útiles para promover el crecimiento de ciertos sectores de la economía. Ahora bien, el efecto positivo sobre la creación de empleo y, en general, sobre la superación de condiciones que propician la migración a Estados Unidos, nunca estuvo asegurado.

El TLCAN operó muy exitosamente para acelerar el comercio entre México y Estados Unidos y promover la inversión estadunidense en algunos sectores, como el automotor. De allí a derramar sus beneficios hasta las zonas expulsoras de migración hay una gran distancia; en realidad, la migración no disminuyó; por el contrario, aumentó, para llegar a uno de sus momentos pico hacia mediados de la primera década del siglo XXI, cuando cerca de cuatrocientos mil trabajadores mexicanos ingresaron anualmente sin documentos a Estados Unidos. Para entonces las medidas más estrictas de control de la frontera, bajo la presión del combate al terrorismo, hicieron más riesgoso el viaje de ida y vuelta. El resultado fue un cambio cualitativo en el flujo migratorio de México a Estados Unidos. Éste perdió el carácter circular que había tenido en el pasado y, en consecuencia, la presencia de trabajadores mexicanos se volvió más visible, permanente y, para algunos sectores muy conservadores, incómoda en Estados Unidos.

La economía mexicana posterior al TLCAN no experimentó los índices de crecimiento que algunos habían pronosticado. Las ventajas del acuerdo se concentraron en actividades y regiones. Lo que sí ocurrió fue una mayor participación del comercio exterior en el PIB de México. Dado que dicho comercio se dirigió fundamentalmente a Estados Unidos, la vulnerabilidad mexicana a los altibajos en aquel país se acentuó, con las graves consecuencias que se resintieron años después al precipitarse la crisis económica de Estados Unidos en 2008.

La transición democrática accidentada

El segundo obstáculo a un mejor entendimiento con Estados Unidos es el ambiente político que siguió a la tan anhelada transición democrática mexicana. Ésta había sido alentada por numerosos líderes de opinión y políticos estadunidenses; el gobierno que llegó al poder después de setenta años de dominio del PRI levantó grandes simpatías en dichos grupos y gozó del llamado "bono democrático", el cual ofrecía buenas posibilidades para obtener victorias en el ámbito internacional. En realidad, la transición democrática en México estuvo acompañada de enormes problemas, algunos de los cuales afectaron negativamente la relación con Estados Unidos.

Los contratiempos que han acompañado la primera década de la democracia mexicana son muchos y no corresponde estudiarlos aquí. Para fines de la relación con Estados Unidos, podemos detenernos en unos cuantos hechos: el primero, la carencia de cuadros profesionales que pudiesen orientar, siguiendo los cauces institucionales, la relación con Estados Unidos. A lo largo de su vida académica, el primer canciller de un gobierno del PAN, Jorge G. Castañeda, había puntualizado mejor que nadie un proyecto de entendimiento con Estados Unidos. Sin embargo, si como académico Castañeda era convincente, como operador político resultó francamente decepcionante. Para dar sólo un ejemplo, no pudo articular y llevar a cabo la respuesta políticamente necesaria para expresar el apoyo mexicano al gobierno de Bush en los días que siguieron al ataque terrorista a las Torres Gemelas en septiembre de 2001. En su libro *El oso y el puercoespín* el entonces embajador norteamericano en México, Jeffrey Davidow, da cuenta de las decepciones y desencuentros provocados por la ausencia de un gesto oportuno del gobierno mexicano para mostrar la solidaridad con Estados Unidos que la mayoría de los gobiernos alrededor del mundo se apresuraron a expresar.[8]

---

[8] Jeffrey Davidow, *El oso y el puercoespín*, México, Grijalvo, 2003, pp. 24-35.

La renuncia de Castañeda, sólo dos años después de haber tomado posesión como canciller, el desorden organizativo que dejó en la Secretaría de Relaciones Exteriores, y su paso a una posición ambigua de consejero cercano, pero sin responsabilidades operativas, del presidente Fox, no contribuyó —y más bien dificultó— la conducción ordenada y con objetivos claros de la relación con Estados Unidos. Su sucesor en la cancillería, una personalidad sin experiencia en política internacional, no tuvo siquiera la intención de articular un proyecto integral de política exterior. No fue, sin embargo, un elemento raro dentro del gabinete de Fox. Para desesperación de muchos, el primer gobierno de la transición democrática dejó como herencia lo que algunos han llamado una gran "tragicomedia", una gestión gubernamental desarticulada, frecuentemente irresponsable que, en el ámbito internacional, condujo al aislamiento de México y al debilitamiento de las relaciones institucionales que se habían construido con Estados Unidos.

La evaluación del primer lustro de política exterior bajo un gobierno del PAN se resume bien en unas cuantas frases pertenecientes a la introducción del libro predecesor de éste, *México ante el mundo: Tiempo de definiciones*. Refiriéndose a la situación existente en 2005, los autores concluyen que se advierte:

Una agudización de problemas con Estados Unidos, el interlocutor más importante para el país; un deterioro de las relaciones con otros países y regiones, como América Latina; un debilitamiento del prestigio internacional de México en los foros internacionales; por último, la ausencia de una línea conductora que orientase los objetivos y estrategia de la política exterior a corto, mediano y largo plazos.[9]

Con tales antecedentes, al elaborar su programa de gobierno el siguiente presidente panista, Felipe Calderón, consideró necesario, en la sección correspondiente a la política exterior, adjetivarla y titularla como política exterior responsable. Como veremos más adelante, ello no fue suficiente para encaminar por sendas mejor pavimentadas la política exterior de los años siguientes.

---

[9] Luis Herrera-Lasso (coord.), *México ante el mundo: Tiempo de definiciones*, México, Fondo de Cultura Económica, 2006, p. 14.

Desconfianza hacia Estados Unidos

El segundo gobierno panista no corrigió la ausencia de objetivos y estrategias claros de política exterior. La relación con Estados Unidos se ha conducido a partir de situaciones coyunturales, como el ambiente electoral prematuro de finales de la era Bush, la tradicional actitud defensiva frente a Estados Unidos que domina el comportamiento de la élite política mexicana, y la fuerza de las circunstancias, entendiendo por ello la urgente cooperación con Estados Unidos para la lucha contra los cárteles de la droga y la violencia que desató en México.

Desde comienzos de 2007 la situación en Estados Unidos estuvo caracterizada por un debilitamiento anticipado de la figura presidencial. Bush fue lo que se llama un *lame duck*; la caída de su popularidad fue vertiginosa, los funcionarios de mayor confianza comenzaron a abandonar sus puestos, la mayoría demócrata en el Congreso ejerció presión para que renunciara el fiscal general, conocido por su cercanía con Bush. Los medios de comunicación se comportaron como si se estuviera ya en periodo electoral: las noticias más visibles se referían a quienes aspiraban a ser candidatos, sus posibilidades, aciertos y debilidades, mientras la imagen del presidente se iba diluyendo.

Por la situación anterior, el tema de la relación con Estados Unidos tuvo bajo perfil en la política exterior de Calderón durante los primeros años de su gobierno. No había interés en fijar grandes líneas de política con un interlocutor que, al parecer, ya estaba dejando el poder. El problema fue que, de hecho, faltaban casi dos años para que Bush dejara la presidencia, y fue con su administración, sin haber trazado las grandes líneas del proyecto para la relación en su conjunto, que se pusieron en marcha las negociaciones para la Iniciativa Mérida, el acuerdo que ha dado el tono a la relación México-Estados Unidos desde el momento de su adopción.[10]

---

[10] La Iniciativa Mérida nació en abril de 2007 en una reunión en Mérida, Yucatán, entre los presidentes Felipe Calderón y George W. Bush. En ese entonces se acordó incrementar la cooperación bilateral en la lucha contra el narcotráfico mediante un plan que comprendía 1 400 millones de dólares en equipo, entrenamiento y asistencia técnica, en un plazo de tres años. Los objetivos de la Iniciativa Mérida son: 1] terminar con el poder y la impunidad del crimen organizado; 2] asistir a México y algunos países centroamericanos en el fortalecimiento de sus fronteras; 3] mejorar la capacidad de impartición de justicia, y 4] restringir las actividades del crimen organizado y disminuir la demanda regional de drogas.

Con la administración Obama se tomó la decisión de continuar con este meca-

Los resultados de las elecciones de noviembre de 2008 dieron un vuelco histórico a la vida política en Estados Unidos. Como se analiza con mayor cuidado más adelante, el nuevo presidente, Barack Obama, llegó en medio de una gravísima recesión económica que recordó a muchos los momentos de la gran depresión de los años treinta. De inmediato debió tomar decisiones, necesariamente polémicas, para reanimar la economía, lo que, aunado a dos guerras en el frente externo, auguraba un periodo de luchas y tensiones internas muy difíciles.

Era comprensible que las relaciones con México no fueran una prioridad. Tocaba al gobierno mexicano conducir una diplomacia agresiva para llamar la atención sobre la necesidad de hacer de las relaciones con el vecino del sur, territorio estratégico para la seguridad de América del Norte, una parte esencial de los proyectos para la recuperación económica y la estabilidad a largo plazo de esta parte del mundo. Esa diplomacia no tuvo lugar. La relación con Estados Unidos no ha sido, ni en época de Bush ni en época de Obama, objeto de una cuidadosa planeación por parte del Ejecutivo mexicano; es vista desde una perspectiva que no permite conceptualizar adecuadamente el peso y la importancia que tiene para la vida del país.

Esto se confirma al tomar como indicadores de esa conceptualización documentos programáticos clave para el Ejecutivo, como es el Plan Nacional de Desarrollo (PND), o los informes presidenciales al Congreso de la Unión.[11] La sección de política exterior, colocada bajo el capítulo de democracia en el PND, está dividida en cuatro grandes

---

nismo de asistencia bajo cuatro pilares: 1] desarticulación y desmantelamiento de las organizaciones criminales; 2] institucionalización del Estado de derecho; 3] fortalecimiento de la seguridad fronteriza, y 4] construcción de comunidades fuertes y cohesionadas. Véase Eric L. Olson y Christopher E. Wilson, "Beyond Merida: The evolving approach to security cooperation", Working Paper Series on U. S.-Mexico Security Cooperation, Washington, D. C., Woodrow Wilson Center for International Scholars/Trans-Border Institute, University of San Diego, 2010, <http://www.wilsoncenter.org/topics/docs/Beyond%20Merida.pdf>.

En agosto de 2010 inició labores la Oficina Bilateral de Seguimiento de la Iniciativa Mérida (OBS). Los avances de la Iniciativa Mérida no han sido satisfactorios. En julio de 2010 la Oficina de Contabilidad Gubernamental de Estados Unidos (GAO) reportó que sólo se había canalizado el 9% de los recursos comprometidos en 2008, debido a procesos burocráticos internos y a la falta de asignación de los mismos.

[11] Puede consultarse Presidencia de la República, "Plan Nacional de Desarrollo 2007-2012, <http://pnd.presidencia.gob.mx/>. Los informes presidenciales al Congreso de la Unión pueden ser consultados en <http://www.informe.gob.mx/>.

temas: la política exterior, palanca del desarrollo nacional; México en la construcción del orden mundial; diversificar la agenda de la política exterior, y mexicanos en el exterior y migración. Salta a la vista lo poco atinado de esas subdivisiones para analizar y sistematizar la política exterior. Por ejemplo, no se sabe exactamente qué se entiende por "diversificar" ya que, en principio, allí deberían estar los objetivos de política exterior que no se refieren a Estados Unidos. Sin embargo, el tema de la relación con ese país se coloca bajo el rubro "diversificación" obteniendo, entonces, una atención que no corresponde al peso relativo considerablemente mayor que tiene.

Los informes de gobierno de Felipe Calderón se han adecuado a ese marco para dar a conocer qué ocurre en la política exterior. El resultado es un listado de actividades sin jerarquizar en el que recibe la misma atención haber asistido a una reunión de la Organización de la Unidad Africana o haber llevado a cabo una visita de Estado a Estados Unidos.

Es una tradición de la élite política mexicana evadir la contundencia de los datos que indican la intensidad de la relación con Estados Unidos. No se trata solamente de la frontera de más de tres mil kilómetros; se trata de la concentración del comercio exterior mexicano en Estados Unidos y del 10% de la población mexicana que habita en aquel país.[12] Esos hechos no se reflejan, sin embargo, ni en los documentos que hemos mencionado ni en el discurso político.

Los líderes de los partidos políticos, los miembros del Poder Ejecutivo, los senadores y diputados, se sienten más inspirados cuando hablan de la "hermandad latinoamericana" que cuando se refieren a la relación con Estados Unidos. Aquélla es motivo de orgullo, ésta un fenómeno que conlleva peligros, frente a la que se debe estar atento para denunciar intervenciones y señalar errores.

El partido en el poder, el PAN, en particular la corriente a la que

---

[12] En 2009 México exportó 229 620 millones de dólares (mdd) en total, de los cuales alrededor del 80% se destinó a Estados Unidos. Se registraron 234 385 mdd en importaciones totales, de los cuales el 48% provino de Estados Unidos. Véase Secretaría de Economía, <http://www.economia.gob.mx>. Asimismo, se computan más de once millones de mexicanos de origen en Estados Unidos, de los cuales más de seis millones son migrantes indocumentados. Para más información sobre migración México-Estados Unidos puede consultarse US Bureau of Census, *Current Population Survey*, March supplement, 2010, y estimaciones realizadas por el Pew Hispanic Center, basadas en el Current Population Survey, septiembre de 2010, <http://pewhispanic.org/reports/report.php?ReportID=126>.

pertenece Felipe Calderón, participa de la desconfianza frente a la relación con Estados Unidos.[13] No es sorprendente que dentro de su ideario político no haya ningún intento de elaborar una propuesta para aprovechar mejor los lazos indudablemente intensos que existen entre los dos países. A nivel de discurso, el presidente Calderón valora, entonces, el grado en que la forma de dirigirse a Estados Unidos sea fuente de legitimidad interna y contribuya a elevar los puntos de su popularidad.

El aplauso más prolongado durante el mensaje a la nación con motivo del primer informe de gobierno, en septiembre de 2007, lo obtuvo Felipe Calderón cuando se refirió a las acciones para defender a los trabajadores mexicanos en Estados Unidos. Desde entonces, el reclamo siempre está presente en su diálogo con el país del norte. Tres temas han sido el objetivo de tales reclamos: el trato a los trabajadores indocumentados, la venta de armas a los narcotraficantes y los niveles de drogadicción en aquel país, causa de los graves problemas de violencia que enfrentamos aquí. "Ellos consumen la droga, nosotros ponemos los muertos", es una frase que ilustra bien los resentimientos asociados con el hecho de que, como lo subrayó Felipe Calderón en un documento de amplia circulación, sufrimos las consecuencias de "estar situados al lado del país que tiene el mayor consumo de drogas a nivel mundial".[14]

Bajo el signo de la violencia

El tema del narcotráfico es el fenómeno que se ha convertido en el *leitmotiv* de las relaciones México-Estados Unidos. No es, desde luego, un problema nuevo. Se encuentra en la agenda de relaciones entre los dos países desde hace décadas, habiendo pasado por circunstancias críticas en diversos momentos, entre los que se puede citar el caso Álvarez Machain o la Operación Casablanca.[15]

---

[13] Sobre la ideología del PAN y las diversas corrientes en su interior, véase Soledad Loaeza, *El PAN: La larga marcha 1939-1994*, México, Fondo de Cultura Económica, 1999.

[14] Felipe Calderón Hinojosa, "La lucha por la seguridad pública", comunicado, 13 de junio de 2010, <http://www.presidencia.gob.mx/?DNA=85&Contenido=57618>.

[15] El Woodrow Wilson Center, a través del Mexico Institute, ha dado puntual seguimiento a la cooperación bilateral en materia de combate al crimen organizado. Uno de los trabajos más recientes es Eric L. Olson, David A. Shirk y Andrew Selee (eds.), *Shared responsibility: U.S.-Mexico policy options for confronting organized crime*, Washington, D. C.,

Lo nuevo es la dimensión del fenómeno que se extiende, ahora, por todos los continentes, teniendo como uno de sus principales centros de acción a los cárteles mexicanos; los enormes intereses económicos que están involucrados y su consiguiente poder de corrupción, y el efecto sobre la gobernabilidad y la estabilidad interna en México. Esto último es lo que se ha convertido en la mayor inquietud del gobierno estadunidense respecto a su vecino del sur.

La "guerra" que emprendió Felipe Calderón desde que llegó a la presidencia era —en opinión de muchos— imprescindible para detener el control de los traficantes sobre las instituciones del Estado. Sin embargo, las consecuencias eran impredecibles; el ataque simultáneo a diversos cárteles, deteniendo o matando a sus líderes y decomisando grandes cargamentos de droga, provocó una lucha feroz entre ellos por el dominio de ciertos territorios y ciertas rutas. La violencia se generalizó y trascendió el tema del narcotráfico para expresarse también en el notorio crecimiento del secuestro y la extorsión. México ingresó, así, a una etapa de inseguridad y patología criminal que viene dando el tono a su imagen alrededor del mundo. Esa violencia es el prisma a través del cual se contempla a México desde los medios de comunicación, las dependencias del Ejecutivo y el Congreso en Estados Unidos. Con ese panorama como trasfondo, ha tenido lugar la cooperación con Estados Unidos para combatir el crimen organizado en México; el mecanismo a través del cual se ha canalizado dicha cooperación es la Iniciativa Mérida.

Otro artículo del presente volumen se ocupa del tema de la seguridad en las relaciones México-Estados Unidos. Aquí basta señalar tres rasgos que en el momento de escribir estas líneas caracterizan la cooperación en ese campo. Lo primero es la mayor influencia de los militares estadunidenses en la acción contra el narcotráfico a través de lazos más estrechos con el ejército y la armada mexicanos. Esto ha sido documentado en conocidos medios de comunicación estadunidenses; por ejemplo, en el mes de noviembre el *Wall Street Journal* (11/09/10) se refirió a los encuentros del Comando Norte del Pentágono, el Departamento de Seguridad Interna y otras entidades federales de Estados Unidos. El objetivo era discutir el aumento de la ayuda militar y de inteligencia para combatir lo que algunos funcio-

---

Woodrow Wilson International Center for Scholars, 2010, <http://www.wilsoncenter.org/topics/pubs/Shared%20Responsibility–Olson,%20Shirk,%20Selee.pdf>.

narios estadunidenses ya describen como la "narcoinsurgencia" en México. El mayor papel de Estados Unidos, señalaban, no incluye el envío de tropas, salvo para tareas de capacitación y de enlace; observaban también que las reuniones se llevaban a cabo con extrema discreción para evitar las reacciones de la opinión pública mexicana.

Unos días después el *Washington Post* (11/10/10) dedicó un largo reportaje a la ayuda proporcionada para la nueva colaboración con los militares mexicanos, a la que no vacilan en calificar de "histórica". Cientos de oficiales mexicanos han sido capacitados en los últimos dos años en temas como operaciones militares, uso de inteligencia, persecución de traficantes y observancia de los derechos humanos. "Hemos tratado de compartir muchas de las lecciones aprendidas en la persecución de terroristas en Iraq y Afganistán", declaró un general del Comando Norte que supervisa la cooperación bilateral con México. Ésta, según el reportaje, ha crecido "dramáticamente", incluso "incorporando especialistas en inteligencia en centros de mando en México".

Paralelamente a la mayor cooperación militar, ha entrado en funcionamiento la Oficina Bilateral de Seguimiento de la Iniciativa Mérida (OBS) en la que asesores mexicanos y estadunidenses trabajan codo con codo sobre cuestiones de inteligencia para la acción contra el narcotráfico. Se trata de una modalidad novedosa en la historia de las relaciones México-Estados Unidos que, tradicionalmente, era considerada inaceptable por la parte mexicana.

Por lo que toca al análisis en Estados Unidos para dilucidar la naturaleza del conflicto generado por la acción de los narcotraficantes en México, un buen ejemplo es el estudio *Crímenes de guerra: Pandillas, cárteles y seguridad nacional de Estados Unidos*, patrocinado por el Pentágono y publicado en 2010 por el Center for a New American Security. En dicha publicación se desarrolla la idea de que las bandas del narcotráfico son "movimientos insurgentes criminales del siglo XXI". El uso del término "insurgencia" no se refiere aquí al propósito de derrocar un gobierno, sino al de controlar territorio e infiltrar a sus autoridades, logrando así que pueblos enteros acaben tomando decisiones bajo la influencia del temor al crimen organizado. Tal situación es la que tenía en mente Hillary Clinton cuando se refirió a situaciones de insurgencia en México, provocando una airada respuesta mexicana, pues añadió que le recordaba la experiencia colombiana. Aunque el presidente Obama mismo intervino para limar las asperezas creadas por esas declaraciones, la secretaria Clinton ha vuelto a utilizar el concepto de la insurgencia, el cual se generaliza cada vez más entre analistas estadunidenses de la situación mexicana. Contrariamente a lo que piensan los reporteros neoyorkinos, la opinión pública mexicana no ha reaccionado ni rápida ni directamente a la nueva etapa de cooperación militar y de inteligencia México-Estados Unidos. Las élites políticas siguen orientadas por la retórica nacionalista y por las actitudes defensivas con las que tradicionalmente se analiza dicha relación. Un botón de muestra es el punto de acuerdo aprobado en el Senado mexicano el 16 de noviembre de 2010, suscrito por senadores muy connotados del PRI, PAN y PRD, relativo a la cooperación con Estados Unidos para enfrentar la delincuencia organizada. La preocupación prioritaria es el condicionamiento según el cual el Departamento de Estado de Estados Unidos puede retener hasta 15% de los recursos correspondientes a la Iniciativa Mérida si no se cumplen requisitos en materia de derechos humanos, como pueden ser la prohibición de la tortura o la obligación de procesar a policías o militares que hayan atentado contra las garantías individuales.

Según los senadores, tal condicionamiento es contrario a la "cooperación entre naciones independientes y soberanas". Se pronuncian, entonces, a favor de "redefinir los términos de la Iniciativa Mérida; crear un mecanismo bilateral que garantice que México reciba información sistemática y fidedigna" sobre las medidas que tome el gobierno de Estados Unidos para combatir el tráfico de armas y reducir el consumo de drogas en su país; finalmente, rechaza todo intento de introducir en el ámbito de la cooperación "cualquier mecanismo de certificación unilateral acerca del desempeño de las fuerzas armadas".

Independientemente de la ambivalencia sobre lo que se defiende en relación con las fuerzas armadas y los derechos humanos, el documento deja una impresión de disonancia entre los cambios que —de hecho— están ocurriendo en la relación militar entre México y Estados Unidos y los problemas que preocupan a las élites políticas.

Así, las relaciones transcurren ahora por una doble vía. Por una parte se afinan los canales para la cooperación en materia de seguridad; nuevos actores, como el ejército, adquieren una voz en la conducción de dichas relaciones, nuevas dependencias —como la oficina binacional—, institucionalizan y dan mayor densidad a las mismas.

Por otra, no existen mecanismos para una agenda de cooperación amplia que permita trabajar juntos a fin de elevar la competitividad de América del Norte para hacer de México una pieza clave en el incremento de las exportaciones de la región, para usar el mercado laboral de los dos países en beneficio de ambos, para atacar el caldo de cultivo de la criminalidad que es la pobreza y la falta de oportunidades de la juventud en México. Ciertamente son temas que se han tratado en encuentros presidenciales y sobre los que se hacen algunas declaraciones. Sin embargo, es evidente que no existen mecanismos para una cooperación a la que se le haya otorgado peso político, en la que estén comprometidos sectores del mundo empresarial, líderes políticos, formadores de opinión, medios de comunicación. No se ha dado el giro hacia una nueva época de las relaciones entre México y Estados Unidos que conquiste la imaginación de grupos de la opinión pública, que represente una posibilidad real de convertir la relación entre los dos países en instrumento que ayude a sortear los problemas económicos en ambos y enfrentar los problemas de su tejido social que son factores que alientan el crimen organizado.

Construir ese proyecto requiere acuerdos e instituciones que hoy no existen. Hemos visto diversas circunstancias en México que dificultan su construcción. ¿Qué ocurre en Estados Unidos? ¿Cuál es la situación de su política interna? ¿Qué factores inciden, favorable o negativamente, para encauzar por nuevas rutas la relación con México?

POLÍTICA INTERNA EN ESTADOS UNIDOS Y RELACIÓN CON MÉXICO

Un país dividido

Cuando Barack Obama era senador federal por el estado de Illinois escribió el libro *La audacia de la esperanza*. Ya en ese entonces el ahora presidente de Estados Unidos criticaba la división política que reinaba en el país:

Tanto la elección presidencial como varias medidas estadísticas parecen contener una sabiduría popular. En todo el espectro de temas, los estadunidenses discreparon: sobre Iraq, impuestos, aborto, armas, los diez mandamientos, matrimonio entre homosexuales, migración, comercio, política educativa, regulación ambiental, el tamaño del gobierno y el papel de los tribunales. No sólo discrepamos, sino que discrepamos vehementemente, con partidarios de cada lado de la división desenfrenados en la furia que lanzaron a sus oponentes. Discrepamos en el ámbito de nuestras discrepancias, la naturaleza de nuestras discrepancias y las razones de nuestras discrepancias. Todo era disputable, ya fuese cuál era la causa del cambio climático o el hecho del cambio climático, el tamaño del déficit o los culpables a quienes acusar por el déficit.[16]

Unos años más tarde vino la elección presidencial de 2008. No cabe ninguna duda del triunfo que obtuvo Obama en el Colegio Electoral. Dicha victoria fue significativa por la llegada del primer afroamericano a la presidencia. También significó un nuevo rumbo para la política del país, diferente al seguido por George W. Bush, ahora con la promesa del nuevo presidente de un nuevo contrato entre los decisores, es decir de un trabajo bipartidista. El acuerdo bipartidista buscado por Obama nunca tuvo lugar.

La realidad es que Obama no ganó la presidencia con el margen que demostró el sistema del colegio electoral (365 votos electorales —67.84%— ante 173 que obtuvo su contrincante John McCain —32.15%—). Al revisar los votos a fondo se encuentra que el margen del voto popular no fue tan amplio. Obama obtuvo 53.4% de los votos y McCain 46.5% (con una nada despreciable suma de 58 343 671 sufragios) A nivel estatal, la diferencia entre demócratas y republicanos también es menor que la mostrada por el Colegio Electoral, 56% y 44%, respectivamente. Sin embargo, si se revisa el resultado de la elección presidencial a nivel de condados, el candidato McCain ganó en 2 246 de ellos, es decir, obtuvo 72.12% a nivel de condado, mientras que Obama sólo logró el triunfo en 865 (27.77%), y en tres condados se dio un empate entre los candidatos.

Así, los resultados de la elección presidencial de 2008 muestran un país políticamente dividido, como ya lo apuntaba Obama algunos años antes. Esto se debe tanto a razones estructurales del sistema político estadunidense como a razones político-culturales de la población del país. Por ejemplo, en el primer caso, el hecho de que sólo existan dos partidos nacionales fracciona naturalmente a la población. En

---

[16] Barack Obama, "Republicans and Democrats", en *The audacity of hope. Thoughts on reclaiming the American dream*, Nueva York, Three Rivers Press, 2006, p. 16.

el segundo caso, los ciudadanos se ven divididos de acuerdo con sus características socioeconómicas. La población urbana se identifica más con el Partido Demócrata y la rural con el Republicano.[17] Las elecciones intermedias de 2010 muestran un país aún más dividido. Si bien es normal que el partido en el gobierno pierda mayorías en el Congreso, las posiciones desde noviembre de 2008 y las campañas hacia las elecciones intermedias mostraron el endurecimiento de la derecha y el fortalecimiento de grupos ultraconservadores. La mala situación económica y las preferencias electorales se sumaron a estas tendencias históricas y apoyaron las posiciones ultraconservadoras del Partido Republicano.

La polarización política en Estados Unidos no es una historia nueva. Se pueden identificar ciclos en los cuales los extremos del espectro político se enfrentan en visiones, forma de hacer política e incluso en acusaciones mutuas. Las recurrentes crisis económicas, sociales y de seguridad hacen que estos ciclos se acorten, y parece cada vez más difícil lograr un trabajo bipartidista. De hecho, según los académicos Keith Poole y Howard Rosenthal, la naturaleza partidista de los legisladores durante el siglo XX mostró ciclos recurrentes. Estos ciclos llegaron a su fin en los últimos años del siglo para dar paso a una polarización cada vez mayor de la distribución ideológica de los congresistas.[18]

Lo que es más, el partido en el poder ha tenido problemas para mostrar un proyecto unificado. Los demócratas identificados como liberales de izquierda (económicamente populistas, poco confiados en las grandes compañías y pacifistas en política internacional) no habían encontrado coincidencia con los demócratas moderados (en pro del libre mercado, cuidadosos de los déficits fiscales y más conservadores en cuanto a programas de asistencia social) desde la década de 1980. El primer punto de coincidencia se los brindó George W.

---

[17] Los resultados de la elección de 2008, antes mencionados, reflejan esto. Obama y su equipo de campaña manejaron el sistema del colegio electoral con una estrategia singular. Lograron obtener los votos necesarios de los centros urbanos que los proveyeron de la mayoría mínima para ganar los votos electorales de los estados (gracias al sistema del *winner-takes-all* o "el ganador se lleva todo") que le llevarían a obtener los 270 votos necesarios para ganar las elecciones. Entonces no es de extrañar que McCain haya ganado en un 72% de los condados, dado que el resto del país se puede considerar como urbano.

[18] Véanse los análisis de Keith Poole y Howard Rosenthal con respecto a la ideología en la historia del Senado en <http://timeplots.com/senate/>.

Bush. Ambos bandos repelían las políticas del presidente republicano y encontraron coincidencias en temas como salud, desigualdad en el ingreso y calentamiento global. Casualmente, la candidatura de Obama parecía dar continuidad a la unidad del partido. Una de las fortalezas del candidato externo a los grupos tradicionales del partido[19] era la conciliación que proveían sus antecedentes y su plataforma de campaña. Obama era un representante del partido tanto liberal como moderado.[20] Dos años después, Obama representa para el demócrata exactamente lo contrario: la separación entre liberales y moderados. Su administración, hasta ahora, deja insatisfechas a ambas partes debido a los compromisos que el proceso legislativo en Estados Unidos le ha impuesto al presidente.

Obama tomó el poder de Estados Unidos en medio de la crisis económica más severa de los últimos cincuenta años; las corporaciones más características del empresariado estadunidense estaban en la bancarrota,[21] un alto porcentaje de los norteamericanos perdía sus casas y el desempleo mostraba números alarmantes. La situación demandaba una acción rápida, certera y única sobre el tema del rescate económico. Sin embargo, la polarización política entre demócratas y republicanos limitó el alcance del rescate.[22] Si la urgencia de la situación económica no generó coincidencias entre grupos políticos, otros puntos de la agenda del presidente encontrarían más dificultades.

Dificultades para la política exterior

Con respecto a la política exterior, uno de los primeros obstáculos con los que se enfrentó el presidente fue la confirmación de sus nominaciones, en especial la de los funcionarios que habrían de encargarse de la política hacia América Latina. La crisis política de Hon-

---

[19] Como los *Blue Dogs* o las *Emily's List*. Era externo sobre todo si se lo compara con los otros precandidatos, como Hillary Clinton, John Edwards o Bill Richardson.

[20] Para un análisis más exhaustivo de la división interna del Partido Demócrata véase Ross Douthat, "A man for all factions", *New York Times*, <http://www.nytimes.com/2010/10/04/opinion/04douthat.html?_r=1&th&emc=th>.

[21] Las armadoras de automóviles Ford y General Motors, junto con instituciones financieras, como Bank of America y City Bank, tuvieron que ser "nacionalizadas" temporalmente por el gobierno para su rescate.

[22] Los rescates se lograron con apenas 55 votos de diferencia en la Cámara de Representantes y 23 en el Senado.

duras fue el pretexto que utilizaron los senadores para condicionar las nominaciones. Casualmente, una de estas nominaciones en las que el presidente Obama estaba interesado para que saliera rápido fue la del embajador para México, Carlos Pascual. El presidente estadunidense viajaba a Guadalajara para la Cumbre de los Líderes de América del Norte y quería traerlo consigo para presentárselo personalmente al presidente Calderón. Una serie de negociaciones y la entrega personal de Hillary Clinton, en el Comité de Relaciones Exteriores del Senado, de una explicación por escrito de la posición del Departamento de Estado con respecto al presidente depuesto Zelaya, fue lo que permitió una ratificación del embajador, apenas unas horas antes de que el presidente Obama viajara a México y sólo un mes después de su nominación. La ratificación del encargado de la política para el hemisferio tardó, por el contrario, nueve meses.

Más allá de las nominaciones y ratificaciones, el presidente Obama no ha encontrado eco en el Congreso para ciertos temas de política exterior. Uno de los temas más importantes para México es la migración. Obama prometió, en campaña, impulsar una reforma migratoria integral, en parte por una convicción personal sobre el tema y en parte por un compromiso electoral con los grupos hispanos que lo apoyaron con su voto para la elección presidencial. Meses después de su elección, y una vez en la administración, Obama ha manifestado en repetidas ocasiones que no cuenta con el capital político en el Legislativo para lograr dicha reforma. Esto es cierto parcialmente. El presidente ha mostrado ser un líder legislativo al lograr victorias en su agenda legislativa. Con el apoyo de una fenomenal vocera de la Cámara de Representantes Obama logró sacar adelante el paquete de rescate económico, la reforma al sistema de salud (que se había intentado por más de setenta años) y la ley que regula las instituciones financieras. Sin embargo, las victorias legislativas de Obama y los demócratas tendrían un límite. Las prioridades del presidente, los compromisos políticos a los que tuvo que llegar, la muerte del senador Kennedy —que terminó en una pérdida de la mayoría en el Senado— y la determinación de los republicanos de no permitir una conquista más, son factores esenciales del tope al que se llegó en la buscada reforma migratoria y otras iniciativas, como la reforma energética y de cambio climático.

Toda la política es local

La misma naturaleza del proceso legislativo impone otros obstáculos que no pueden dejar de considerarse. En principio, toda iniciativa tiene que encontrar el momento, el apoyo político interno, las alianzas entre congresistas y la resonancia entre grupos de interés correctos para lograr convertirse en ley. Dado que hay elecciones legislativas cada dos años y todos los legisladores son sujetos de reelección, éstos buscarán siempre el capital político para mantenerse en el poder dentro de su electorado: "toda la política es local". En este sentido, el legislador siempre hará un análisis de las respuestas que sus votos pueden generar entre su electorado.[23] Esto desintegra el consenso entre los 535 legisladores estadunidenses y lo reintegra entre los congresistas y sus respectivos electorados. Además, dado que el 99% del financiamiento de las campañas proviene de fondos privados, los asambleístas hacen alianzas con aquellos que les puedan dar los recursos para hacer llegar su mensaje al electorado. Los grupos de interés se convierten en un elemento importante no sólo por los fondos económicos que proveen a los candidatos. Estos grupos, dado que buscan influir en la formulación de la política pública, tienen información técnica especializada en el tema de su interés e información política sobre las preferencias de la población y las alianzas políticas entre ellos y otros legisladores. Bajo esta perspectiva, la importancia de los grupos de interés es fundamental en el proceso legislativo estadunidense.

Los ciclos electorales y los actores involucrados pueden dar un giro de 180 grados a la política de un Congreso a otro y la intervención de los "intereses especiales"[24] puede ser el factor determinante. Es posible encontrar un ejemplo en el caso de la prohibición a las armas de asalto, tema que interesa particularmente al gobierno mexicano. En 1994 la senadora demócrata Diane Feinstein logró impulsar la prohibición de venta de algunas armas de fuego semiautomáticas a civiles

---

[23] Véase R. Douglas Arnold, *The logic of congressional action*, New Heaven, Yale University Press, 1990, p. 3.

[24] Término utilizado por los analistas políticos para referirse a los grupos de interés. Esta connotación tiene un tinte negativo, ya que se critica que sólo tienen acceso a los decisores aquellos grupos que cuentan con los recursos suficientes (dinero y votos) para impulsar agendas específicas, en lugar de que se busque un bienestar común. En pocas palabras, se les imputa jugar en detrimento de la democracia.

por un periodo de diez años (de septiembre de 1994 a septiembre de 2004). Cuando la prohibición estaba por vencerse, la senadora Feinstein intentó ampliarla por diez años más, pero un Congreso dominado por los republicanos votó abrumadoramente por no continuar con la prohibición. En el año 2007 la representante Caroline McCarthy intentó reactivar la prohibición, apoyada por 34 representantes demócratas,[25] pero la iniciativa se quedó estancada en el Subcomité de Crimen, Terrorismo y Seguridad Nacional. Finalmente, durante su campaña hacia la presidencia, Barack Obama propuso convertir la prohibición en una política permanente de Estados Unidos. Ya en el poder, la administración Obama, a través de su procurador general, Eric Holder, reiteraba esta intención. Sin embargo, unos meses después Obama reconocía que no existían las condiciones políticas para llevar a buen término su objetivo, aun con una mayoría demócrata. Durante los 16 años que transcurrieron desde el establecimiento de la prohibición hasta la incapacidad de renovarla, en 2009, un grupo de interés que defiende los "derechos de armas", la National Rifle Association (NRA), cambió su estrategia. Aumentó el número de legisladores a los que apoyó con fondos para sus campañas, con lo que garantizó un apoyo mayor a políticas públicas de acuerdo con sus intereses.

Pero más importante aún fue el aumento en los fondos destinados al cabildeo legislativo. Este dinero se destina a esfuerzos por lograr apoyos no sólo de los legisladores, sino también de la misma burocracia legislativa. Los montos destinados al cabildeo aumentaron poco más del 67% (831 000 dólares) entre el año 2000 y el 2009. En los años en los que hubo iniciativas relativas a una nueva prohibición estos gastos aumentaron, por ejemplo en 2007 y 2009. Esto puede explicar cómo es que estas iniciativas ni siquiera llegaron al piso de debate para ser votadas, sino que murieron en el proceso legislativo. En los años 2007 y 2008 se quedaron estancadas en subcomités. En 2009 la estrategia de la NRA fue tan efectiva que incluso 65 representantes demócratas firmaron una carta en oposición a una nueva prohibición.

---

[25] Entre estos representantes se encontraba Rahm Emmanuel, quien sería el coordinador de asesores del presidente Obama durante los primeros dos años de su administración.

El Congreso ante problemas de México

En el caso específico de la política legislativa con respecto a México existe un elemento más a considerar. Dado que toda la política es local, son muy importantes las apreciaciones que la población tenga sobre México y los temas relativos al mismo. La información y el análisis que los medios de comunicación y otros formadores de opinión hagan sobre México tendrá, por lo tanto, muchos oídos en el Congreso. En términos generales, cuando hay crisis económicas la población siente una amenaza por parte de la migración. Aunado a estos sentimientos, los conservadores han optado por señalar a los migrantes como una de las fuentes de los problemas económicos y sociales del país. Además, le han imputado a la administración una falta de políticas efectivas que detengan el flujo de migrantes indocumentados. El presidente Obama prefirió no impulsar una reforma migratoria en el Congreso dado que los congresistas no estarían dispuestos a apoyar una política impopular como ésta, sobre todo cuando los tiempos electorales alcanzaron la agenda presidencial. El año 2010 ya no era momento de impulsar la reforma. Éste es otro de los temas en los que el presidente Obama se encuentra alienado. Su alianza con los grupos hispanos que lo apoyaron en las elecciones de 2008 significaba un compromiso de lograr un cambio en la política migratoria del país. Barack Obama ni siquiera introdujo una iniciativa en el Congreso. Esta insatisfacción de ambos bandos se demostró en el 62% de la población que desaprobaba al presidente Obama y su política migratoria en agosto de 2010.[26] Si el presidente ha de cumplir con su compromiso con el electorado hispano con una reforma migratoria, el momento para introducirla es el año 2011. Después empezarán las campañas para las elecciones generales de 2012 y los tiempos electorales volverán a imposibilitar las posibilidades de la reforma migratoria.

Un tema que ha adquirido resonancia en el Congreso estadunidense en relación con México es el de la seguridad. Ya desde finales del año 2008 había reportes que llegaron a los congresistas de parte del Departamento de Justicia y de las fuerzas armadas que alertaban sobre el peligro que el narcotráfico significaba para la seguri-

---

[26] Gallup Inc., "On the Issues, Obama Finds Majority Approval Elusive", <http://www.gallup.com/poll/141836/Issues-Obama-Finds-Majority-Approval-Elusive.aspx>.

dad nacional de Estados Unidos. De hecho, a principios del año 2009 se llegó a comparar a México con Pakistán y se catalogó a los cárteles de la droga mexicanos como "la amenaza más grande para Estados Unidos por parte del crimen organizado".[27] Las primeras audiencias del Congreso 111 tuvieron un tono de preocupación y aceptación de la naturaleza del problema. Es decir, los congresistas aceptaban que el problema empieza con la demanda de drogas, que la principal acción debe ser interna (con educación, mensajes de prevención y tratamiento) y que se necesitaría una acción conjunta entre México y Estados Unidos para atacar las diversas aristas del problema. Sin embargo, conforme se acercaban las elecciones para renovar el Congreso, las posiciones se radicalizaron. El discurso se ha dirigido en un sentido distinto al tradicional. Ya no se habla de la droga mexicana que envenena a los estadunidenses; ahora se habla de una "exportación" de la violencia. Se señala cómo Phoenix se ha convertido en la segunda ciudad con más secuestros en el mundo y cómo la violencia de los cárteles mexicanos de la droga actúa en 230 ciudades de Estados Unidos. Los congresistas republicanos utilizaron el tema del narcotráfico mexicano como punto de crítica a la política del presidente Obama y su decisión de retener fondos para que México se viera forzado a fortalecer a la comisión de Derechos Humanos para que ésta, a su vez, pudiera contener violaciones de tales derechos por parte de militares.

Como señalamos en líneas anteriores, el uso del término "narcoinsurgencia" aplicado a la situación en México se ha generalizado, en parte como resultado de trabajos académicos, en parte porque el Ejecutivo lo utiliza para dar un sentido de urgencia a la implementación completa de la Iniciativa Mérida. En resumen, México se ha convertido en un problema de seguridad nacional para Estados Unidos y los congresistas no dejarán de señalarlo en un ambiente politizado que reclama acción firme de los decisores para mostrar que se trabaja a favor de la seguridad de los estadunidenses.

---

[27] Véase Joseph Lieberman, "Statement", en *Southern border violence: Homeland security threats, vulnerabilities, and responsabilities hearing*, <http://hsgac.senate.gov/public/index.cfm?FuseAction=Hearings.Hearing&Hearing_ID=c90839b0-9167-4819-b943-332988b403b1>.

El Ejecutivo y sus limitaciones

Si bien el ambiente y el proceso legislativo imponen dificultades para el impulso de los intereses de México en el país del norte, el presidente Obama ha intentado, desde su ámbito de acción, resolver algunos de los obstáculos. Por ejemplo, se ha ordenado al Servicio de Inmigración y Naturalización no llevar a cabo deportaciones de jóvenes que hubieran entrado al país de manera indocumentada acompañados de sus padres cuando eran niños, y que estén inscritos en alguna institución educativa. Otro ejemplo se da en el tema de las armas. Por medio de la Secretaría de Seguridad Nacional se han desarrollado programas para compartir con México la información de venta de armas en Estados Unidos. Existen otros programas, como la cooperación en materia de desarrollo de energía renovable, que desde la Secretaría de Estado y más específicamente desde el programa de ayuda para el desarrollo (USAID) se han puesto en marcha. Sin lugar a dudas, el hecho de que el presidente estadunidense tenga en su agenda impulsar ciertos programas resulta conveniente para México, pero dista mucho de ser la solución completa de la agenda bilateral. Como se mencionó antes, el Congreso de Estados Unidos es un centro de poder que limita mucho la acción ejecutiva. Pero lo que es más, existen otros factores estructurales en la naturaleza gubernamental de Estados Unidos que entorpecen los esfuerzos de la política bilateral.

Este ensayo no estaría completo sin mencionar dos elementos adicionales: 1] el intento de la burocracia ejecutiva por tener independencia del presidente y adquirir más peso político, y 2] el poder de los gobiernos estatales.

En más de una ocasión la relación entre México y Estados Unidos ha llegado a puntos álgidos derivados de la actuación de algún miembro de la burocracia ejecutiva. El tamaño del gobierno estadunidense, la cantidad de temas que el presidente tiene que atender y el número de intereses a los que tiene que responder hacen que la tarea de administrar el Ejecutivo sea sumamente compleja. Adicionalmente, la cantidad de temas que traslapan las jurisdicciones de las distintas secretarías y agencias y la competencia por los recursos del presupuesto y por el predominio en la ejecución de la política pública hacen que la disciplina de la burocracia —sobre todo de los altos mandos— ante el presidente sea difícil de controlar.

La tarea de manejar al gabinete se torna complicada desde su misma conformación. El presidente de Estados Unidos hace alrededor de cuatro mil nominaciones por administración (que incluyen miembros del gabinete, personal burocrático, personal militar, miembros del servicio exterior y jueces). Este proceso supone no sólo que el presidente encuentre a la persona idónea para cada puesto, sino que se asegure de que la misma no tiene conflicto de intereses relacionados con sus actividades anteriores, que sea ratificada por el Senado y que pueda quedarse en el puesto el mayor tiempo posible para darle continuidad a la política. El presidente, además, tiene restricciones o compromisos que cumplir con el proceso de integración de su equipo de trabajo. Para llegar a la presidencia el candidato hace alianzas internas entre los diferentes grupos de partidos, obtiene apoyos de organizaciones civiles y de grupos de interés específicos.

Otras veces se incluye a otros políticos en el afán de formar coaliciones para lograr cohesión de partido o incluso políticas bipartidistas. Por ejemplo, Obama invitó a Joe Biden a formar parte de la fórmula electoral hacia la presidencia en un intento de hacer alianza con el ala tradicional del Partido Demócrata. Otro nombramiento estratégico fue el de Hillary Clinton como secretaria de Estado, ya que éste permitía unificar al partido una vez que Obama estuviera en el poder.

Controlar desde la presidencia a políticos tan experimentados y con tantos años en el círculo del poder siempre resulta difícil. El mismo George W. Bush ha reconocido que el liderazgo de Dick Cheyney (su vicepresidente) era difícil de controlar. En el caso de Obama y la relación bilateral, esta "independencia" de la burocracia ejecutiva ha causado mensajes cruzados desde el norte. En los primeros meses del año 2009, al principio de la administración, el gobierno de Obama tuvo que contener lo que ellos entendieron como una crisis diplomática cuando los medios recuperaron unas declaraciones de algún funcionario del Departamento de Defensa, quien se refirió a lugares en México en los que no había control de la autoridad. El presidente Calderón reclamó duramente las declaraciones y exigió en los medios una explicación. El presidente Obama y su equipo reaccionaron casi de inmediato y unos días después la secretaria Hillary Clinton visitaba México para reconocer, por primera vez por boca de un alto funcionario, y en México, que Estados Unidos era corresponsable en el tema de las drogas, y negar que en México la autoridad no tuviera control del territorio. Sin embargo, fue la misma secretaria Clinton la que a mediados del año 2010 tomó la iniciativa y calificó a los cárteles de la droga y su actuar en México como narcoinsurgencia. De hecho, es su visión, más que la de la Casa Blanca, la que parece dominar el rumbo de la relación con México.

Descentralización y poder de los gobernadores

El control del Ejecutivo sobre la política hacia México encuentra una dificultad adicional. El federalismo estadunidense incluye un sistema de importante descentralización, con cincuenta gobiernos estatales fuertes. Acciones estatales recientes, como la Ley SB1070 de Arizona o la Iniciativa 19 en California, han despertado fuertes reacciones en México. Sin embargo, en muchas ocasiones el reclamo se hace ante el gobierno federal, sin entender que las acciones se derivan de los estados individuales y que lo que puede hacer el gobierno nacional es poco. Dado que los temas de la agenda bilateral son tantos, puede esperarse que muchos tengan que ver con política local, más que con política nacional; la frontera da múltiples ejemplos, con cuestiones como manejo de recursos naturales, tiraderos de basura, establecimiento de reglas ambientales o comerciales e incluso control local del orden. El número de migrantes mexicanos en Estados Unidos y en ciertos estados es otro elemento que se ve afectado por la política local. Aunque la política migratoria es un tema de jurisdicción nacional, los temas civiles relacionados, como recepción de servicios de salud o educación, u obtención de licencias de manejo, son regulados por los estados. Algunas veces los asuntos tratados a nivel local no forman parte de la agenda bilateral, pero sus repercusiones son importantes para México.

Los estados fronterizos son, naturalmente, la mayor fuente de este tipo de políticas que afectan la relación bilateral. Hasta ahora ya existen varios métodos de consulta y trabajo bilateral entre los estados del norte, con la Conferencia de Gobernadores Fronterizos México-Estados Unidos como principal ejemplo. Sin embargo, estos esfuerzos siempre estarán sujetos a la voluntad de cada uno de los gobernadores de uno y otro lado de la frontera. En Estados Unidos, al igual que en México, los gobernadores estatales son centros fuertes de poder y el Ejecutivo federal no tiene poder para controlarlos. El endurecimiento de las posiciones conservadoras hacia dentro de los estados, personalizadas en los gobernadores, ha ocasionado en últimas fechas un endurecimiento de las políticas hacia los migrantes. Tras las elecciones del año 2010 todos los estados fronterizos, con excepción de California, tienen gobernadores republicanos de cepa conservadora, en especial Arizona y Nuevo México. Este año y esta elección, en específico, resultan importantes para la relación bilateral. Después del censo de este año se harán redistritaciones para el Legislativo nacional. Los encargados de redibujar los distritos son los gobernadores, con una aprobación de las legislaturas estatales. Se puede esperar que después de unas elecciones locales de triunfo para el Partido Republicano se haga cierta manipulación en el diseño del nuevo mapa electoral en cada uno de los estados para garantizar posteriores triunfos electorales en la legislatura nacional, lo que en Estados Unidos se conoce como *gerrymandering*.

Los tribunales

La naturaleza descentralizada del país, el poder de los gobernadores y la multiplicidad de temas dificultan un control desde el Ejecutivo federal de los temas que puedan afectar la política bilateral. Sin embargo, y en consonancia con el entendimiento de federalismo dual, existe un tercer actor que puede ser un aliado tanto del Ejecutivo federal como de México cuando existan abusos de los gobiernos estatales: el sistema judicial. Hasta ahora la administración Obama ha utilizado a los tribunales federales como una herramienta para detener algunas de las iniciativas estatales. Por ejemplo, en el caso de la ley SB1070, la administración federal, por medio del procurador Eric Holder, decidió llevar a la Corte una demanda en contra de la ley, bajo el entendido de que el responsable de la política migratoria es el gobierno federal y que esa ley le da al estado un poder que rebasa su jurisdicción. De hecho los tribunales, tradicionalmente, han sido actores olvidados por la política exterior mexicana pero actores fundamentales en la formulación de política pública. Dado que sus resoluciones deben estar basadas en la constitución, ofrecen un camino más allá de las pugnas partidistas, aunque la constitución es tan amplia que siempre estará sujeta a la interpretación de los jueces. El sistema judicial en Estados Unidos tiene una importancia sin igual. En la actualidad la Suprema Corte revisa casos sobre prácticamente cualquier tema, y dado que tiene que aplicar leyes generales a casos específicos, comúnmente define el rumbo de la política pública. Su eficaz funcionamiento ofrece un respaldo al estado de derecho y genera confianza en el sistema global de gobierno. Así, la corte ofrece una alternativa de defensa de migrantes ante violaciones policiacas del debido proceso legal o un ámbito de acción para el apoyo de los intereses económicos de la inversión extranjera de mexicanos en Estados Unidos.

CONCLUSIÓN Y PROPUESTAS DE ACCIÓN

Las relaciones México-Estados Unidos transcurren en un ambiente internacional incierto en el que está presente el peligro de una prolongación de la crisis económica en Estados Unidos, la cual repercutiría negativamente en las posibilidades de crecimiento de la economía mexicana. Asimismo, se vive una época de redefiniciones y reacomodos de las relaciones de poder internacionales que invitan a México a ajustar y definir más claramente su alianza con Estados Unidos, así como la búsqueda de un mejor posicionamiento ante las nuevas fuerzas económicas y políticas que están tomando forma.

En el ámbito interno de México, las condiciones para el manejo político de la relación con el país del norte son poco favorables. Por una parte, hay un agotamiento de los beneficios y de las instituciones asociadas con el TLCAN; por la otra, los tropiezos de la transición democrática han debilitado las instituciones encargadas de la conducción política del país. En materia de política exterior ello se refleja en la ausencia de un proyecto que a partir de datos duros, como es la intensidad de vínculos con Estados Unidos, identifique prioridades, fije metas y estrategias para alcanzarlas. La manera en que se formuló el Plan Nacional de Desarrollo y los informes anuales del jefe del Ejecutivo al Congreso de la Unión son un ejemplo elocuente de las carencias anteriores.

La relación con Estados Unidos se conduce utilizando un discurso político nacionalista y defensivo, el cual es compartido por todas las élites políticas del país. El llamado a la soberanía y los reclamos siguen siendo los elementos centrales del diálogo público con Estados Unidos, tanto por parte del Ejecutivo como de los miembros del Senado y los dirigentes de los diversos partidos políticos.

Dentro de ese contexto, las relaciones políticas durante los últimos años no están orientadas por un proyecto integral, sino por la inercia de los problemas de seguridad en México. Éstos son el eje en torno al cual ha girado la política del presidente Calderón y en torno al cual se está construyendo una etapa nueva en las relaciones México-Estados Unidos. Las características de dicha etapa no están todavía plenamente definidas; por ahora el rasgo sobresaliente es el mayor acercamiento de los sectores de ambos países encargados de la seguridad, en particular los mandos militares y los responsables de problemas de inteligencia.

Interesa notar que la evolución de las relaciones entre los dos países no ha tenido efecto sobre líderes de opinión, dirigentes políticos u organizaciones de la sociedad civil. Sorprende la escasa repercusión que tiene en el debate político mexicano el tema de la relación con Estados Unidos y las nuevas modalidades que está adquiriendo. Hay en esto una diferencia con Estados Unidos donde, por el malestar ante la migración mexicana y el temor a la extensión de la violencia, la relación con México ha adquirido mayor visibilidad en la opinión pública.

Por lo que toca a la situación política interna en Estados Unidos, el rasgo dominante es la polarización. Cierto que no es un fenómeno nuevo en una sociedad organizada tradicionalmente bajo dos grandes partidos. Sin embargo, las discrepancias han adquirido una dimensión mayor desde el triunfo de Barack Obama. La oposición del Partido Republicano al actual jefe del Ejecutivo no ha dado tregua, frenando la acción del Congreso y poniendo en evidencia la escasa posibilidad que tiene el trabajo bipartidista que había prometido el dirigente demócrata.

Ni siquiera la urgencia de las acciones para la recuperación económica ha sido suficiente para matizar el ánimo republicano, cada vez más influido por el pensamiento de la extrema derecha, ahora agrupada en el movimiento conocido como Tea Party. Las iniciativas finalmente aprobadas en el Congreso bajo la actual administración después de duras batallas no han sido triviales, en particular las relativas a la reanimación económica, la reforma del sistema de salud y la regulación de las instituciones financieras. Ahora bien, allí parece haberse agotado el capital político de Obama. Después de los resultados de las elecciones intermedias que otorgaron a los republicanos la mayoría de la Cámara de Representantes y elevaron su participación en el Senado, no se cree posible que puedan someterse a consideración otras iniciativas, entre ellas algunas que interesan particularmente a México, como la reforma migratoria o la relativa a renovar la prohibición para la venta de armas de asalto.

Obama ha mostrado solidaridad con el tema de mayor importancia para Calderón, que es la lucha contra el narcotráfico; esto explica la defensa ante el Congreso para obtener la aprobación de fondos para la Iniciativa Mérida. Más allá de ese tema, la política hacia México, sin línea conductora de gran alcance, se encuentra bajo la influencia de diversas burocracias federales, así como de las propuestas e iniciativas provenientes de gobiernos y grupos de interés a nivel estatal. Desde luego, se encuentra fuera del control directo del presidente la interpretación que se haga de las causas, alcances y peligros de la violencia en México. Esto recae en el embajador Carlos Pascual, el Departamento de Estado, la Oficina de Seguridad Interna, de la que dependen la DEA, la CIA y otros, las agencias del Pentágono, la Procuraduría. No siempre coinciden esas interpretaciones, como se vio cuando la secretaria Clinton se refirió a la "narcoinsurgencia".

En el caso de los estados, de allí provienen algunas de las iniciativas con mayor impacto negativo sobre los trabajadores mexicanos indocumentados. El caso más flagrante es la ley SB1070 aprobada en Arizona. El panorama desde los estados fronterizos después de las elecciones de noviembre de 2010 no es prometedor. Con excepción de California, se encuentran a la cabeza de los otros estados —Texas, Nuevo México y Arizona— gobernadores republicanos principalmente interesados en levantar el muro que los separe de su vecino del sur.

En resumen, las condiciones internas son difíciles, tanto en México como en Estados Unidos, para una mejor relación política entre los dos países. Sin embargo, es urgente para la parte más débil, que es México, tomar conciencia del peligro que se corre si no se altera la inercia que hoy domina dichas relaciones. El primer peligro es un incremento de los sentimientos antimexicanos que hoy recorren diversos sectores de la sociedad estadunidense. A menos que se encuentre una manera de revertir las percepciones negativas que se tienen de la violencia en México y del "peligro" que tanto ésta como los trabajadores indocumentados representan para la seguridad y el bienestar de la sociedad norteamericana, tales sentimientos van a escalar, haciendo la vida cada vez más difícil para los millones de mexicanos que habitan allá, y crearán un resentimiento permanente en México.

El segundo riesgo está asociado con la influencia creciente de los servicios de inteligencia de Estados Unidos sobre las fuerzas del orden en México. Establecida esa influencia, será difícil acotarla o moldearla de acuerdo con directivas que puedan provenir de otro grupo en el poder que desee modificar la línea seguida por el presidente Calderón. El peligro no reside en aprovechar la necesaria capacitación que pueden brindar asesores estadunidenses con tecnologías y formas de trabajo más sofisticadas, y que los mexicanos necesitan. El peligro es que el giro hacia nuevas formas de cooperación en materia de seguridad esté ocurriendo bajo una línea estratégica poco clara por parte de México. Aprovechar la cooperación que brinde Estados Unidos requiere buena coordinación y claridad en la parte mexicana; éste no es el caso en la actualidad.

El tercer riesgo es que se incremente la preocupación en Estados Unidos por las condiciones de seguridad en México, tanto por lo poco convincente de los logros que se han alcanzado como por la incertidumbre respecto al cambio político que vendrá con las elecciones presidenciales de 2012. Dada la polarización que reina en aquel país, las decisiones sobre cómo estimular la estabilidad política en México pueden ser muy erráticas y crear precedentes que susciten numerosas tensiones entre los dos países.

El cuarto riesgo es quedar fuera de los proyectos de recuperación económica que se están poniendo en marcha para superar los estragos de la crisis económica en Estados Unidos. Es sorprendente que, a pesar de la estrecha vinculación económica entre los dos países, no se haya creado un grupo binacional de alto nivel encargado de estudiar la manera en que la crisis económica y las políticas para hacerle frente han impactado las economías de ambos países. Para México es fundamental identificar las acciones conjuntas que pueden favorecer a los dos y hacer de tales políticas el *leitmotiv* de su diálogo con los dirigentes estadunidenses. El crecimiento económico de México es condición indispensable para la seguridad y estabilidad a largo plazo de América del Norte. Éste es un tema que debe penetrar más profundamente en la conducción de la relación política por parte de los dirigentes de ambos países.

Finalmente, México corre el riesgo de perder el momento para definir cuál es el papel que desea ocupar en la recomposición de las relaciones de poder internacionales que están ocurriendo. Más allá de 2020, y aún antes, el mundo verá nuevas alianzas y entendimientos entre las potencias emergentes y entre éstas y los poderes hegemónicos. Es difícil para México imaginar su papel sin tener un claro entendimiento de los límites y alcances de su relación con Estados Unidos ¿Queremos ser aliados incondicionales o fijar algunas distancias? ¿Cuáles son las distancias, cómo se justifican y, sobre todo, cómo se acuerdan y mantienen sin perder el buen entendimiento?

A los riesgos anteriores se une un peligro más ambivalente y difícil de precisar: el temor, por parte de México, de que lo intrincado del sistema político estadunidense lo haga impenetrable. Es decir, de que la pluralidad de actores e intereses haga prácticamente imposible tener interlocutores válidos, que la responsabilidad de amigos o enemigos se diluya en los laberintos de esa peculiar democracia. Tales temores son infundados. La experiencia de las negociaciones y la ratificación del TLCAN demostró que si se precisan objetivos, se identifican actores y se actúa tomando en cuenta los mecanismos existentes para ejercer presiones (cabildeo), se tiene éxito.

Las circunstancias anteriores obligan a proponer un verdadero golpe de timón por parte de quien tome la presidencia en México en el año 2012. No se trata, desde luego, que la relación con Estados Unidos sea coto exclusivo del jefe del Ejecutivo. Por el contrario, es una relación en la que urge una presencia de los empresarios, el Congreso, los académicos, las ONG, los medios de comunicación. Sin embargo, la fuerza del impulso para dar un nuevo cauce exige que éste provenga del más alto nivel político.

Reencauzar las relaciones con Estados Unidos requiere, por una parte, identificar con claridad las acciones bilaterales que México desea promover, tomando en cuenta el interés en una agenda integral que no se encuentre acotada al tema de la seguridad; por la otra, revisar y fortalecer las instituciones e instrumentos de política exterior que permitan a México alcanzar sus objetivos.

Por lo que toca a la agenda integral, existen cuatro grandes áreas en las cuales es urgente trabajar: la frontera, el comercio y la inversión, la migración, y la ciencia y la tecnología. Con excepción del último rubro, son temas sobre los que se han elaborado numerosos estudios provenientes del mundo académico, las ONG, grupos de reflexión y otros. En todos ellos hay propuestas muy diversas con las que las autoras no necesariamente coinciden. Lo interesante aquí es hacer notar que ideas no han faltado; lo que no se ha logrado a pesar de años de trabajo es que las propuestas conquisten la imaginación de los tomadores de decisiones en México y en Estados Unidos.

El reencauzamiento de la relación con Estados Unidos requiere un entramado institucional sólido a partir del cual se puedan planear políticas de largo plazo y llevar a cabo innovaciones importantes en la manera como se han conducido los temas de la agenda bilateral. Éste debe tener permanencia y apoyo de los más altos niveles de los poderes del gobierno. Sólo así se podrá avanzar, aunque es un proceso de largo plazo, hacia una relación más promisoria entre los dos países.

Para ello proponemos la creación de un Centro de Análisis de Estados Unidos y sus Relaciones con México, ubicado como organismo desconcentrado en la Subsecretaría de América del Norte de la Secretaría de Relaciones Exteriores. Esta nueva dependencia deberá tener el suficiente apoyo para asegurar que su financiamiento forme parte del presupuesto anual de la secretaría, y deberá estar lo suficientemente cabildeada en el Legislativo para impedir que sea una instancia cuyo presupuesto pueda ponerse fácilmente en duda. Sería inútil crear un organismo puramente sexenal o, aún peor, dependiente de los cambios del titular de la Cancillería.

El centro tendría, en primer término, la responsabilidad de integrar en sus tareas a todos aquellos sectores del Poder Legislativo y Judicial, del mundo académico, empresarial, de la sociedad civil y otros, que se interesen en el conocimiento de Estados Unidos. Cumpliría dos grandes funciones: a corto plazo, asesorar en la elaboración de un proyecto para la vinculación más ordenada y fructífera de los dos países; a largo plazo, contribuir a la formación de cuadros que asesoren permanentemente a diversas áreas del Ejecutivo, el Poder Legislativo y el Poder Judicial, sobre las estrategias a seguir en la relación bilateral.

Numerosos ejemplos pueden ilustrar la urgencia de tener un centro altamente especializado que pueda delinear nuevas estrategias para manejar los grandes temas de la relación; la migración es uno de ellos. Es un asunto del que siempre se habla en los encuentros bilaterales y en el que, sin embargo, no se avanza. Dicho estancamiento se debe, en parte, a un discurso y objetivos equivocados por parte de México. Es necesario dejar claro que hablar de una reforma migratoria integral no significa una admisión general e indiscriminada de los trabajadores mexicanos a Estados Unidos. Los congresistas de aquel país siempre están pendientes de las preferencias de su electorado y los intereses de quienes los apoyan en sus carreras políticas, entre los que se encuentran industrias y sindicatos. Una propuesta de mercados laborales abiertos no es viable, sobre todo con algunas voces que señalan a la mano de obra mexicana migrante como poco capacitada y dispuesta a trabajar jornadas más largas por menos paga. Sin embargo, también es un hecho que la mano de obra mexicana es solicitada y es motor de la actividad económica en varios lugares de la Unión Americana. Ambos países requieren, entonces, foros de trabajo permanente que incluyan a los sectores interesados (sindicatos, empleadores, gobiernos federales y estatales) para ordenar los mercados laborales de acuerdo con las necesidades y posibilidades de cada uno. Esto, a su vez, instará a cada parte a llevar a cabo programas de desarrollo mejor planeados y dirigidos a objetivos bien definidos.

En otro orden de cosas se encuentra la necesidad, por parte de México, de familiarizarse con los actores clave para la relación bilateral en el sistema político estadunidense. Esto invita a tomar en cuenta lo que se conoce como el fenómeno de "la puerta revolvente" (*revolving door*), es decir, el proceso a través del cual se hace carrera dentro de dicho sistema. Es común que la carrera política comience como empleado del Congreso en algún comité o subcomité del Senado o la Cámara de Representantes. Durante su estancia en estos puestos los funcionarios logran conocer a fondo el proceso legislativo, los liderazgos (no hay que olvidar que un legislador estadunidense está en dicho puesto un promedio de 16 años), y los grupos de interés que operan, así como las alianzas que establecen. Tras unos años de trabajar en el Congreso, los funcionarios buscan integrarse al Poder Ejecutivo en alguna secretaría o agencia relacionada con el tema sobre el que trabajaron en el Congreso. Este paso permite conocer el proceso de la política pública en el Poder Ejecutivo y los actores clave en esa rama del gobierno. Después los funcionarios públicos buscan trabajar para los intereses organizados. Los ahora cabilderos pueden vender sus conexiones legislativas y ejecutivas y sus conocimientos sobre procedimientos para adquirir influencia de los grupos de interés. Hay otros funcionarios que buscan influir en la política pública por ámbitos distintos al cabildeo; la academia y los *think tanks* ofrecen un campo fértil desde el cual los ex funcionarios analizan la actividad gubernamental y, basados en su amplia experiencia, proponen, con textos y conferencias, rumbos específicos para la política pública. Al cabo de algunos años las conexiones políticas o la información especializada empiezan a caducar. Cambios en los equilibrios políticos pueden también disminuir la influencia de los cabilderos o abrir espacios para funcionarios desplazados anteriormente. En consecuencia, estos personajes tienden a regresar al Poder Legislativo o Ejecutivo. Semejante proceso es muy común en la vida pública de Estados Unidos y se aplica a gran número de los funcionarios que tienen que ver con México; el actual embajador, Carlos Pascual, sería un buen ejemplo.

Dentro de las tareas a las que debe contribuir el centro propuesto se encuentra hacer un mapeo puntual de los líderes dentro de los poderes Ejecutivo y Legislativo, así como entre la sociedad civil, con un énfasis especial en los cabilderos y los académicos de los *think tanks* que se presume podrían ser clave para la relación con México.

Otra de las estrategias sobre las que se debe trabajar es la del cabildeo institucionalizado por parte de México. Los estudiosos del comercio reconocen que la negociación y ratificación del TLCAN se debió a una estrategia bien diseñada que incluyó mesas de trabajo entre contrapartes pertenecientes a diversos sectores de ambos países y a la contratación de un despacho de cabildeo muy conocido, que logró identificar a los líderes de coaliciones que generaron los votos suficientes para la ratificación. Los temas de coincidencia entre el gobierno mexicano y grupos de interés específicos, como defensores de derechos civiles, sindicatos y ciertas industrias, son múltiples. Desarrollar una diplomacia que encuentre esas coincidencias y genere acuerdos tendrá que ser parte del trabajo para dar una nueva dirección a la relación con Estados Unidos. Ésa es la manera de convertir los objetivos de la política exterior mexicana en "política local". El gobierno mexicano no puede ignorar esta forma de trabajar de la política estadunidense. La contratación de despachos de cabildeo con experiencia en ciertos temas que interesan para las áreas prioritarias no debe ser motivo de temor por parte de los funcionarios mexicanos, que a veces señalan esas actividades como formas de intervención. Es más, sería bueno estar listos para auxiliar a empresas mexicanas que operan dentro de Estados Unidos y que pueden beneficiarse del mecanismo de cabildeo.

Otro ámbito en el que conviene poner atención es el judicial. Los tribunales estadunidenses resuelven controversias en prácticamente cualquier tema de la vida nacional. Las interpretaciones de los jueces los convierten en actores fundamentales de la política pública. La reciente actuación del gobierno mexicano en respuesta a la ley SB1070 adoptada en Arizona es ejemplo de lo que se puede hacer. En este caso el gobierno mexicano no es parte del conflicto, pero sí participa al entregar a la corte un informe como "amigo de la corte" (*amicus curiae*) en el cual sistematiza, desde la visión de un tercero afectado, puntos que la corte puede considerar al tomar su decisión.

Finalmente, es primordial que se revisen la estructura y las funciones del trabajo consular. Lograr una efectiva protección consular, al tiempo que se impulsan los intereses nacionales requiere un conocimiento a fondo de las leyes estatales, de los procedimientos en este nivel de gobierno y de los actores relevantes de la política estatal. Momentos de polarización política como el actual en Estados Unidos sacan a flote figuras influyentes dentro de los gobiernos estatales y es común que los gobernadores impulsen iniciativas que les brinden independencia del gobierno federal. En este sentido, con el auxilio de las labores del centro se deberán identificar los casos en que conviene tratar la política bilateral en dos niveles: el federal y el estatal. Este diseño tendría que replicar las estrategias federales a nivel estatal y dar a consulados bien seleccionados un papel de promoción más activo, que logre superar el desconocimiento y los lugares comunes que se tienen sobre México en diversos estados de la Unión Americana.

Antes de terminar debemos advertir que independientemente de un reencauzamiento de la relación con Estados Unidos que permita una visión integral de la misma, el hecho es que el tema de la seguridad seguirá ocupando lugar primordial en el futuro inmediato, y quizá por mucho tiempo. Es el resultado de la insoslayable situación que se vive en México bajo la influencia del crimen organizado, la corrupción, la violencia desbocada, un sistema judicial que favorece la impunidad y una estrategia de combate por parte del gobierno que no logra ganar legitimidad entre fuerzas políticas. Por todo ello, los programas de cooperación en materia de seguridad que ya se han puesto en pie se van a mantener e incluso fortalecer; algunas sugerencias y llamados a la cautela son sin embargo necesarios.

Lo primero es la necesidad de ver la seguridad con la visión más amplia que corresponda al siglo XXI. Es decir, de una manera en que ésta se relaciona con otras grandes amenazas de nuestro tiempo, como son la crisis energética, el agua, el calentamiento global, el terrorismo, la proliferación nuclear y el crimen organizado. Cooperar en materia de seguridad es algo más que el narcotráfico, y supone una visión más elaborada de la seguridad que la utilizada hasta ahora. A partir de esa visión que debe tener claridad por parte de México se puede definir el grado de colaboración que se desea establecer en el nivel de las agencias gubernamentales de cada país, incluidos, desde luego, el ejército y la marina.

Lo segundo es tener mejor información sobre el camino que se está siguiendo ahora y mejor coordinación y metas claras de las agencias encargadas de la seguridad dentro de México. En estos momentos, el nombramiento de un vocero para el tema, recién llegado a los asuntos de seguridad, con evidente falta de experiencia, no es el mejor camino para que la estrategia gubernamental conquiste apoyo entre la opinión pública mexicana. Esto incluye la cooperación con Estados Unidos, la cual está produciendo malestares que no auguran nada bueno para el espíritu general de la relación.

Dentro del esfuerzo para reencauzar las relaciones es, pues, fundamental la mejor coordinación interna en materia de seguridad y la información más amplia y verídica sobre la cooperación que al respecto se está construyendo con Estados Unidos. Es grave que, como quedó reflejado en el texto de este ensayo, la información más completa haya provenido hasta ahora de la prensa estadunidense.

En tercer lugar, es importante tener claro que la lucha contra el crimen organizado no busca "acabar con las drogas". Lo que se busca es poner fin a la violencia que atemoriza al conjunto de la sociedad, a la capacidad por parte de los narcotraficantes de tomar el control de municipios o paralizar el funcionamiento de ciudades. En otras palabras, se puede tolerar, como ocurre en cualquier ciudad estadunidense, la presencia de drogas, siempre y cuando no interfiera con la seguridad de los ciudadanos y el monopolio de la violencia por parte del Estado.

Para cerrar volviendo a las dos interrogantes planteadas en la introducción, la visión panorámica de la relación México-Estados Unidos en la primera década del siglo XXI contenida en las tres primeras secciones del presente ensayo nos habla de una situación llena de riesgos. Urge, pues, una reorientación de la misma mediante un compromiso político al más alto nivel, expresado, entre otras formas, mediante la creación de un centro especializado capaz de ampliar el conocimiento de Estados Unidos y su relación con México y proponer líneas para fijar nuevas estrategias.

No se trata, sin embargo, de acciones que puedan permanecer únicamente a nivel gubernamental. No es ocioso recordar que sólo incorporando los intereses tan diversos que participan en la relación con Estados Unidos será posible encauzar dicha relación por caminos más promisorios que los existentes hoy en día.

MÉXICO Y AMÉRICA LATINA: LA VÍA MULTILATERAL

NATALIA SALTALAMACCHIA ZICCARDI

La política de acercamiento con América Latina se presenta como una de las líneas de acción más claras de la política exterior del gobierno de Felipe Calderón. Ello invita a reflexionar sobre las motivaciones, los objetivos y los instrumentos utilizados para desplegarla. Entre estos últimos destaca la política multilateral regional, una vertiente que se retomó con cierta energía después de varios años de letargo en los que México perdió voz e iniciativa. El propósito de este ensayo es analizar algunos aspectos de la diplomacia multilateral de México en la región latinoamericana entre 2006 y 2011. No pretende ser un recuento exhaustivo sino responder a las preguntas: ¿cómo ha contribuido el multilateralismo al objetivo general de reacercamiento con la región?; ¿cuáles fueron los rasgos generales de dicha política y qué perspectivas se abren en el futuro?

En la primera parte, y a manera de antecedente, se discute una serie de razones que explican el giro latinoamericano de la política exterior del gobierno de Felipe Calderón. A continuación se identifican los objetivos generales y el catálogo de instrumentos a los que recurrió la Secretaría de Relaciones Exteriores para alcanzarlos. En la tercera sección se hace un recuento de las dos principales iniciativas multilaterales de corte político implementadas en el sexenio: la revitalización del Grupo de Río y el lanzamiento de la Comunidad de Estados Latinoamericanos y Caribeños (CELAC). En la cuarta se discute la utilidad del multilateralismo regional en la política exterior de México hacia América Latina en términos generales y, posteriormente, se concluye con una valoración de la racionalidad y las implicaciones de estas dos iniciativas.

LAS RAZONES PARA VOLVER LA MIRADA HACIA AMÉRICA LATINA

Cuando Felipe Calderón asumió la presidencia encontró, por un lado, que durante el lustro precedente el escenario latinoamericano había aumentado su diversidad y complejidad y, por el otro, que la posición política de México en la región se encontraba francamente debilitada. El gobierno de Vicente Fox había dejado un saldo muy negativo en este campo. Los abiertos altercados diplomáticos con varios países de la región —Cuba, Venezuela, Bolivia—, los roces innecesarios con otros —como con Chile a raíz de la candidatura para la Secretaría General de la OEA o con Argentina en la Cumbre de Mar del Plata en 2005—, así como la falta de diálogo, e incluso una dinámica de rivalidad con Brasil, sembraron un clima de desconfianza frente a México. Asimismo, habilitaron la difusión de un discurso —nada desinteresado— según el cual México ya no formaría por elección propia parte de América Latina sino de América del Norte, por lo cual era posible dejar de tomarlo en cuenta dentro de los esquemas de concertación latinoamericanos.[1] Por otro lado, en las relaciones con Centroamérica reinaba el desencanto, entre otras cosas porque el Plan Puebla Panamá no había rendido frutos concretos: era apenas un cascarón sin sustancia.

En este contexto, se puede afirmar que en 2006 las relaciones políticas entre México y Sudamérica se encontraban en un punto mínimo histórico. La toma de posesión de Felipe Calderón como presidente fue sintomática: mientras estuvieron presentes todos los mandatarios centroamericanos, ningún presidente sudamericano asistió, con la excepción de Álvaro Uribe de Colombia. En la Cancillería existía la certidumbre de que este distanciamiento de México de la región era un pasivo y que —como ya había quedado demostrado— cualquier proyecto de política exterior enfrentaría condiciones adversas, de mantenerse tan mala relación con el vecindario.[2] Aunque sólo fuera

---

[1] Cada vez más se oyó hablar de la América Latina del Norte (que incluiría a México y Centroamérica, quizás incluso a Colombia) y la América Latina del Sur. Esta visión originalmente se finca en la percepción de los riesgos y, por ende, del grado de importancia que Estados Unidos asignaría a ambos espacios. Sin embargo, fue retomada también por Itamaraty, que se beneficiaría de un reparto de esferas de influencia entre Estados Unidos en el norte y Brasil en Sudamérica.

[2] Por ejemplo, la iniciativa de ocupar nuevamente un puesto no permanente en el Consejo de Seguridad, la propuesta de México sobre el estatuto del nuevo Consejo de Derechos Humanos de la ONU o cualquier candidatura mexicana en foros regionales

por ello, resultaba indispensable tomar medidas urgentes de recomposición y normalización.

El factor estadunidense también se conjugó para redireccionar la atención hacia América Latina. Recordemos que después del 11 de septiembre de 2001 la relación de México con Estados Unidos se estancó y a partir de 2003 incluso se deterioró.[3] El gran proyecto de política exterior planteado por el gobierno de Vicente Fox —la profundización de América del Norte— quedó fuera de discusión: simplemente no había socios interesados. Esta experiencia condujo necesariamente a una revaluación de los alcances de la asociación política con Estados Unidos, así como del papel que desempeñan otras relaciones internacionales de México —de manera destacada con América Latina— en la gestión de la relación bilateral. Volvió a ganar terreno la idea de que la capacidad de liderazgo e interlocución en la región latinoamericana aviva el interés de Washington y fortalece la posición de México en la dinámica de su relación asimétrica con el vecino del norte.[4] Sin llegar a configurar una política de contrapeso activo, como en algunas etapas del pasado, esta visión abrió espacio y liberó energía para invertir en el reposicionamiento del país en América Latina.

Otro factor, de orden interno y coyuntural, coadyuvó al principio para colocar a América Latina en el radar: la necesidad de legitimación que enfrentó en sus inicios el gobierno de Felipe Calderón, después de las controvertidas elecciones presidenciales de 2006. Ante una serie de denuncias de fraude electoral provenientes de una parte

---

o globales. Respecto a esto último, recuérdense las votaciones perdidas en los casos de las candidaturas de César Sepúlveda para la OPS, Julio Frenk para la OMS (por partida doble) y Luis Ernesto Derbez para la Secretaría General de la OEA. También debe considerarse la defensa de los intereses de los mexicanos en el sur del continente, entre los que se encuentra el creciente flujo de inversión extranjera directa mexicana.

[3] A raíz de la intención de voto negativo de México en el Consejo de Seguridad en el asunto de la guerra contra Iraq.

[4] El Plan Nacional de Desarrollo 2007-2012 deja entrever esta concepción, volviendo a la idea de "diversificar la agenda de la política exterior" más allá de "las buenas oportunidades de complementación económica" que supone la relación con Estados Unidos y Canadá. El reforzamiento y la expansión de los lazos con América Latina y el Caribe se cita como la primera de siete estrategias destinadas a alcanzar el objetivo de impulsar la proyección de México en el entorno internacional. La segunda es impulsar la agenda mesoamericana, mientras que incrementar la cooperación con Estados Unidos y Canadá ocupa sólo el tercer lugar. Véase Poder Ejecutivo Federal, *Plan Nacional de Desarrollo 2007-2012*, México, 1997, p. 302.

importante de la izquierda mexicana, el presidente Calderón buscó el acercamiento y el reconocimiento internacional de su gobierno por parte de destacados gobernantes latinoamericanos provenientes precisamente de la familia de las izquierdas como una forma adicional de reforzar su posición y de desactivar la perspectiva de ingobernabilidad. Las visitas a México de Ignacio Lula da Silva, Michelle Bachelet, Néstor Kirchner (y la entonces senadora Cristina Fernández de Kirchner) así como Daniel Ortega, realizadas durante el primer año de gestión,[5] contribuyeron a éste y otros propósitos.

EL RELANZAMIENTO: OBJETIVOS E INSTRUMENTOS

La intención de revitalizar la política exterior hacia América Latina se plasmó en el Plan Nacional de Desarrollo. Dicho documento subrayó tanto la pertenencia identitaria del país como la importancia atribuida a la región: "En virtud de la herencia histórica e identidad cultural mexicanas, y porque el país comparte retos y aspiraciones con América Latina y el Caribe, la región será siempre prioritaria para México".[6] La primera señal diplomática que confirmaba dicha prioridad se registró en octubre de 2006, cuando el presidente electo Felipe Calderón Hinojosa realizó su primera gira internacional, en la que visitó nueve países de América Latina. En esa ocasión viajó a Guatemala, El Salvador, Honduras, Costa Rica, Colombia, Perú, Argentina, Brasil y Chile.

La Secretaría de Relaciones Exteriores reconoció la necesidad de reinsertar a México en la escena política latinoamericana y se fijó el objetivo general de recuperar y "fortalecer los espacios de interlocución que corresponden a nuestra pertenencia regional y al peso específico" del país.[7] Con tal propósito, México se proyectaría como un factor de equilibrio y como un país facilitador de consensos regionales en una región marcada por la diversidad política. México desempeñaría selectivamente el papel de líder en la región, para lo cual

---

[5] Secretaría de Relaciones Exteriores de México, *Primer informe de labores de la Secretaría de Relaciones Exteriores 2007*, pp. 18-19, <http://www.sre.gob.mx/eventos/docs/1er_inf_lab07.pdf>, consultado el 29 de junio de 2010.

[6] Poder Ejecutivo Federal, *op. cit.*, p. 295.

[7] Secretaría de Relaciones Exteriores de México, *op. cit.*, p. 83.

estaba dispuesto a invertir esfuerzo y capital político en los problemas y oportunidades que brinda América Latina. Cabe destacar que todo ello se planteó con un lenguaje modesto y moderado, sin aludir a proyectos de "potencia regional" ni a América Latina como plataforma para un "liderazgo internacional" al estilo brasileño. La pretensión fue volver a contar y ser tomado en cuenta, recuperar márgenes de maniobra e influencia hacia el sur.

Es posible identificar tres grandes líneas de acción estratégica desplegadas por la Cancillería para cumplir con tales objetivos. Las dos primeras corresponden al ámbito bilateral. En primer lugar, se buscó restablecer relaciones funcionales con Cuba, Venezuela y Bolivia, un trabajo realizado con discreción durante los dos primeros años del sexenio. Dado que México tenía la intención de forjarse un nicho político como articulador de posiciones concertadas en la región latinoamericana, resultaba indispensable recobrar la capacidad de diálogo con todos los países, sin excepción. El caso de Venezuela era particularmente importante dado su liderazgo en ALBA, uno de los nuevos núcleos de asociación multilateral regional. En segundo término, se identificó a una serie de países con los que —por su peso o afinidad político-económica— se propondría entablar "asociaciones estratégicas". En un principio éstos fueron Brasil, Argentina y Chile, en 2008 se sumó Uruguay, y hacia 2009 estaba claro que —sin aspavientos ni gran publicidad— la relación con Colombia se había llevado a un intenso diálogo de alto nivel. La tercera línea estratégica se jugó en el campo multilateral y en dos vertientes. En el ámbito subregional se propuso el relanzamiento del Plan Puebla Panamá, convertido después en el Proyecto de Integración y Desarrollo de Mesoamérica (Proyecto Mesoamérica), analizado con detalle en otro capítulo de este libro. En el nivel regional se retomó la apuesta de participar activamente en los principales foros y mecanismos regionales, como el Grupo de Río; en el camino, sin embargo, se perfilaron los contornos de una política multilateral más ambiciosa y diversificada. A continuación se discuten dos de las principales iniciativas multilaterales del sexenio: el fortalecimiento del Grupo de Río y la creación de la Comunidad de Estados Latinoamericanos y Caribeños (CELAC).

EL GRUPO DE RÍO Y LA CELAC

Cuando México se planteó el "regreso" a América Latina la Secretaría de Relaciones Exteriores tuvo que considerar los reacomodos geopolíticos y la complicación que presentaba la zona. Vale la pena mencionar dos rasgos destacados del panorama regional en 2006. En primer lugar, durante el primer lustro del siglo XXI se verificó un proceso de fragmentación e incluso de polarización en términos de los diferentes modelos políticos y de desarrollo socioeconómico existentes entre países. Atrás quedó ese consenso político (democracia representativa liberal) y económico básico (consenso de Washington) que había caracterizado a Latinoamérica durante los años noventa. Dicha fragmentación se expresó en la proliferación de varios esquemas de asociación subregional que tendieron a sobreponerse en su membrecía, duplicar sus funciones y en ocasiones hasta competir entre sí. Así pues, en 2004 se verificó tanto la creación de ALBA como la de la Comunidad Sudamericana de Naciones, la cual en 2007 dio paso a la Unión Sudamericana de Naciones (Unasur), integrada por los doce países independientes de América del Sur. Estos esquemas noveles se sumaron a los ya existentes, como Mercosur, CAN, SICA, Grupo de Río y la OEA, en el nivel hemisférico.

Lo anterior tiene una fuerte conexión con el segundo elemento característico del entorno regional que consiste en el ascenso progresivo de dos liderazgos representados por Brasil y Venezuela. Aunque con visiones y métodos diferentes, estos países coinciden en un mismo objetivo: la afirmación de su autonomía frente a Estados Unidos en un orden internacional fluido o en transición. De hecho, Unasur y ALBA son una pieza integral tanto de esos proyectos nacionales de liderazgo como de una política con pretensiones contrahegemónicas que pugna abiertamente por un orden multipolar. A raíz de este último elemento creció la convicción de que los principales esfuerzos de cooperación y coordinación interestatal debían concretarse en el ámbito sudamericano, ya que de Centroamérica (o quizá Colombia) para arriba resultaba mucho más difícil sumarse a proyectos que disputasen la tradicional influencia estadunidense. El corolario es que la idea de "Sudamérica" comenzó a desplazar la antigua concepción de "Latinoamérica" como eje de la integración y la concertación regional.

Desde el punto de vista de México, la consolidación de esta tendencia entrañaba su exclusión de los núcleos fuertes de diálogo e interacción entre países latinoamericanos. Seguramente la Cancillería evaluó como un pasivo el hecho de que México empezara a colocarse como parte del "Otro", extrarregional, en sus relaciones con América del Sur. En todo caso, la prolífica actividad multilateral que desplegó la diplomacia mexicana puede entenderse como una estrategia para contrarrestar esta posibilidad. Habida cuenta de que México no puede aspirar a pertenecer a Unasur,[8] ni le interesa integrarse en ALBA, la primera opción consistió en esforzase por revitalizar aquel mecanismo de concertación regional exclusivamente latinoamericano que, en su momento, contribuyó a crear: el Grupo de Río.

En 2006 el Grupo de Río estaba debilitado, entre otras razones porque competía con los nuevos foros subregionales. México se postuló para ocupar la Secretaría Pro-Témpore del Grupo de Río (2008-2010) con la intención de fortalecer un espacio en el que su participación había sido tradicionalmente importante. Entre otras cosas, logró que el foro se demostrara útil para acercar las posiciones de Colombia y Ecuador en el conflicto desatado a raíz del ataque de la primera a un campamento de las FARC, propició que se adoptara un mayor número de declaraciones fijando la posición de los miembros frente a asuntos de la agenda internacional,[9] respaldó el ingreso de Cuba al mecanismo (además de Haití y Guyana), e insistió en que el Grupo de Río era el espacio idóneo para impulsar la convergencia de los procesos subregionales de integración.[10]

En este camino, sin embargo, el presidente Calderón comenzó a vislumbrar otra oportunidad política para recuperar los espacios de liderazgo e interlocución de México. En el discurso inaugural de la Secretaría Pro-Témpore, Calderón exhortó a los demás mandatarios a contemplar al Grupo de Río como "la base de una La-

---

[8] Además de su definición geográfica —que podría eventualmente pasarse por alto— el tratado constitutivo de Unasur prevé un proceso largo y políticamente oneroso para la adhesión de nuevos miembros: "A partir del quinto año de la entrada en vigor del presente Tratado [...] el Consejo de Jefas y Jefes de Estado y de Gobierno podrá examinar solicitudes de adhesión como Estados Miembros por parte de Estados Asociados, que tengan este estatus por cuatro (4) años."

[9] Se instauró un "dispositivo de doce horas" coordinado por la Secretaría Pro-Témpore y la Troika para concertar posiciones y emitir pronunciamientos de manera rápida y oportuna ante acontecimientos regionales y globales.

[10] Véase Secretaría de Relaciones Exteriores, *México. Secretaría Pro-Témpore 2008-2010*, México, 2009, 3a. ed. revisada.

tinoamérica unida" y de una posible "Organización de Estados Latinoamericanos".[11] Dado que éste no era un proyecto madurado y sopesado en el seno de la Cancillería, debe pensarse que en su momento constituyó simplemente un elemento discursivo destinado a señalar la renovada importancia que México atribuía a América Latina. La idea, sin embargo, comenzó a cobrar fuerza cuando fue sucesivamente retomada en una serie de declaraciones de los presidentes Rafael Correa de Ecuador y Daniel Ortega de Nicaragua. Hacia finales de 2008 la diplomacia brasileña pareció adelantarse o tomar la iniciativa convocando a la primera Cumbre de América Latina y el Caribe (CALC) que tuvo lugar en Costa do Sauípe, Brasil. Esta vez con mayor cálculo y conciencia de las implicaciones, el presidente mexicano aprovechó el foro para reiterar la invitación y la propuesta de "avanzar a una Organización de Estados Latinoamericanos y del Caribe, que establezca compromisos claros y pasos firmes hacia la integración política, cultural, pero también comercial y económica de América Latina y del Caribe".[12] A partir de entonces México asumió con toda claridad el objetivo y la responsabilidad de impulsar la creación de una nueva instancia multilateral latinoamericana. Inmediatamente comenzó negociaciones tendientes a concretar esa meta y se propuso como sede de la segunda CALC, que tendría lugar en 2010.

Así se llegó a la Cumbre de Cancún celebrada en febrero de 2010.[13] La diplomacia mexicana logró un éxito parcial: con el consenso algo renuente de Brasil, el apoyo del gobierno saliente de Michelle Bachelet de Chile y el entusiasmo de los países de ALBA, finalmente se anunció la intención de crear la Comunidad de Estados Latinoamericanos y Caribeños (CELAC). Ésta estaría integrada por 33 países del hemisferio, dejando fuera solamente a Estados Unidos y Canadá. Además, se decidió que incorporaría el acervo del Grupo de Río en materia de concertación política, así como la agenda de la integración y el desarrollo económico de la CALC. No obstante, la definición de su

---

[11] "Palabras del presidente Felipe Calderón Hinojosa al recibir la Secretaría Pro-Témpore del Grupo de Río", Santo Domingo, 7 de marzo de 2008.

[12] "Discurso del presidente Felipe Calderón en la Cumbre de América Latina y el Caribe sobre Integración y Desarrollo (CALC)", Costa de Sauípe, Brasil, 16 y 17 de diciembre, 2008.

[13] Llamada oficialmente Cumbre de la Unidad de América Latina y el Caribe, fue la confluencia de la Cumbre del Grupo de Río y la segunda Cumbre de América Latina y el Caribe (CALC).

institucionalidad y su forma de operación quedó como una tarea pendiente. México pasó a integrar el grupo de trabajo que acompañaría a la copresidencia encabezada por Venezuela y Chile en la redacción de los estatutos del nuevo mecanismo, con la perspectiva de instalarlo oficialmente en la Cumbre de Caracas, en julio de 2011.[14]

Es muy temprano para visualizar cuál será el destino final de la Comunidad de Estados Latinoamericanos y Caribeños. Sin embargo, es posible reflexionar sobre la pertinencia de este curso de acción y sobre qué beneficios o problemas se derivan de la actividad multilateral desplegada en los últimos años. Con tal propósito, la siguiente sección plantea un marco general que destaca la utilidad singular del multilateralismo en la diplomacia dirigida hacia América Latina, para después discutir las implicaciones concretas de la CELAC.

EL PAPEL DEL MULTILATERALISMO
EN LA POLÍTICA EXTERIOR DE MÉXICO HACIA AMÉRICA LATINA

Históricamente, el multilateralismo ha sido uno de los instrumentos más importantes en la política exterior de México hacia América Latina. México se ha destacado no sólo por participar sino por ser el constructor de una serie de esquemas multilaterales de geometría variable, distinto grado de institucionalidad y diversidad temática. Por ejemplo, en el campo político fue el impulsor de Contadora, el Grupo de Río, la Cumbre Iberoamericana y recientemente la Comunidad de Estados Latinoamericanos y Caribeños (CELAC). En el área económica fue protagónico en la gestación de la ALALC/ALADI, el Pacto de San José, el Grupo de los Tres y el Mecanismo de Tuxtla/Plan Puebla Panamá/Proyecto Mesoamérica. En el campo estratégico fue el promotor del Tratado de Tlatelolco. De hecho, en las etapas en las que México ha demostrado mayor interés por el escenario latinoamericano, la construcción de mecanismos de concertación multilateral —más o menos exitosos— ha sido una pieza clave. Aunque —como ha establecido Guadalupe González — en el arco del tiempo México

---

[14] Desde entonces los coordinadores nacionales se reunieron en varias ocasiones, y se realizó una serie de reuniones ministeriales sobre temas sociales, ambientales, de energía, finanzas y comercio, con miras a integrar los documentos fundacionales.

ha proyectado un liderazgo errático en América Latina,[15] en general los puntos altos del mismo han estado asociados con la gestación de formaciones multilaterales para la coordinación y la cooperación entre estados. ¿Cuáles son las razones que explican la preferencia de México por la política multilateral en América Latina?

En primer lugar, se encuentra un razonamiento de índole general que corresponde a un país de nivel intermedio en la jerarquía de poder internacional: la defensa de los intereses nacionales se finca en la promoción de un orden internacional basado en organizaciones internacionales fuertes y principios generales o normas que, por un lado, permiten coordinar las relaciones entre estados y, por el otro, limitan la arbitrariedad e imprevisibilidad de la acción de las grandes potencias. Los esquemas multilaterales son espacios privilegiados para la formación y, en algunos casos, legalización de las normas internacionales.[16] Mediante la política multilateral desplegada en el continente americano México ha intentado que sus propias preferencias normativas —por ejemplo, los principios de política exterior consagrados en su Constitución— se conviertan en principios generalizados de conducta reconocidos por los demás países.

En segundo lugar, el multilateralismo —que supone la articulación de intereses y acciones de tres o más estados para alcanzar objetivos compartidos— se ha visualizado en distintos momentos como un factor de contrapeso a la hegemonía estadunidense. Ya sea en el ámbito político o económico, en términos generales o en forma puntual y selectiva, mediante posiciones juridicistas o asumiendo abiertamente la dimensión política de las iniciativas ejecutadas, el objetivo reside en sumar fuerzas con otros para mejorar las posibilidades de negociación con Washington.

En tercer lugar, el multilateralismo es útil para superar algunas dificultades de la inserción latinoamericana de México derivadas de su ubicación geográfica y su cualidad de país bisagra entre la América

---

[15] Guadalupe González, "El difícil juego del equilibrista", *Foreign Affairs en Español*, vol. 7, núm. 4, 2007: 31-37.

[16] Como sostiene Amitav Acharya, "quizá la mayor contribución de las instituciones multilaterales al orden mundial haya sido en el terreno normativo [...] El papel normativo de las instituciones puede incluir otorgar legitimidad global a normas locales, así como legitimidad local a normas globales". Amitav Acharya, "Multilateralism, sovereignty and normative change in world politics", en Edward Newman *et al.* (eds.), *Multilateralism under challenge? Power, international order, and structural change*, Tokio, United Nations University Press, 2006, p. 96.

latina y la América anglosajona. La primera dificultad consiste en que —dado el enorme peso que entraña la relación con Estados Unidos— México se ha visto frecuentemente en la necesidad de acreditar su autonomía frente al vecino del norte y la existencia de una verdadera comunidad de intereses con el resto de Latinoamérica. Este desafío aumentó con la firma del TLCAN y cobró proporciones mayúsculas en la primera década del siglo XXI, en la medida en la que varios países sudamericanos empezaron a pugnar por una integración regional en clave contrahegemónica. La segunda dificultad reside en que los elementos que alientan la regionalización —entendida como un proceso espontáneo originado desde abajo mediante la creación progresiva de nexos de interdependencia económica y social— son débiles en el caso de un país que se encuentra en el extremo norte de la región y comparte confines terrestres con un solo país latinoamericano (Guatemala). Todo ello ha determinado, por una parte, que más allá de la consabida existencia del idioma, la cultura y la historia compartidos, México deba trabajar con mayor ahínco en la construcción política de su lugar en la comunidad latinoamericana de naciones y, por la otra, que en el largo plazo ninguna relación bilateral de la región sea considerada estructural y sistemáticamente prioritaria.

Frente a este panorama, la política multilateral cumple varias funciones. Primero, dado que las asociaciones multilaterales regionales son espacios que propician que los estados se relacionen con otros miembros de manera más regular e intensa, este instrumento complementa y compensa lo que hasta hoy parece una debilidad intrínseca del bilateralismo. Segundo, aunque la participación de México en la regionalización es complicada, el país puede superar parcialmente este obstáculo optando por el regionalismo —un proceso dirigido desde arriba por autoridades gubernamentales— como proyecto *político* mediante la construcción y participación en instancias multilaterales latinoamericanas. Como se ha demostrado en el pasado, esto es posible en buena medida porque el multilateralismo latinoamericano mantiene hasta hoy una matriz estadocéntrica,[17] es decir, es un juego entre estados o élites gubernamentales que suele incorporar poco o nada a sus respectivas sociedades. Tercero, las organizaciones o foros multilaterales surgen de intereses y valores compartidos, di-

---

[17] Andrés Serbín, "De despertares y anarquías", *Foreign Affairs Latinoamérica*, vol. 10, núm. 3, pp. 6-11.

chos elementos delimitan los contornos de la comunidad: quién está adentro ("nosotros") y quién está afuera ("ellos"). Por este motivo, estas asociaciones —sobre todo las más formales e institucionalizadas— son vehículos para afirmarse como miembro de una región, frente a los pares y frente al resto del mundo. Más aún si se constituyen en plataformas para concertar posiciones y dialogar de manera colectiva con actores extrarregionales: otros grupos de estados y organizaciones internacionales.

A la luz de estas consideraciones, en la última sección se discute qué papel desempeña la iniciativa de la CELAC en la política exterior de México hacia América Latina.

CONCLUSIONES: ¿QUÉ IMPORTANCIA REVISTE LA CELAC?

La CELAC parece ser ante todo un intento de adaptación de la política exterior mexicana a una serie de transformaciones geopolíticas que reflejan la evolución del orden internacional. En particular, responde al avance de una ola de "regionalismo posliberal" en Sudamérica que, a su vez, está vinculada con la percepción de un relativo declive hegemónico de Estados Unidos a escala global y con el ascenso, en la mayoría de los países sudamericanos, de gobiernos que rechazan en diferentes grados la ortodoxia del consenso de Washington.[18] Todo esto complica el reposicionamiento de México en la región, ya que, por un lado, el país se mantiene firme en la senda neoliberal y, por el otro, su vecindad con Estados Unidos impone mayores límites a su política exterior. Dicho de manera simple: mientras que México tiene la opción de desechar por improcedente el proyecto de integración profunda en América del Norte, no puede elegir entre ser o no un

---

[18] De acuerdo con José Antonio Sanahuja, el regionalismo posliberal se caracteriza entre otras cosas por: 1] el "retorno del Estado" a la política, en particular en lo referido al desarrollo económico y social y las relaciones exteriores, a través de un mayor papel de los actores estatales, frente al protagonismo de los actores privados y las fuerzas del mercado del modelo anterior; 2] la búsqueda de autonomía frente al mercado y frente a Estados Unidos; 3] mayor preocupación por las dimensiones sociales y las asimetrías en cuanto a niveles de desarrollo, y la vinculación entre la integración regional y la reducción de la pobreza y la desigualdad. José Antonio Sanahuja, "Multilateralismo y regionalismo en clave suramericana: El caso de Unasur", en *Pensamiento propio* (en prensa).

socio funcional de Estados Unidos. Debe zanjar —como siempre— un fino equilibrio entre su actual estrategia de inserción latinoamericana (que implica, entre otras cosas, neutralizar la percepción de que es un mero representante de los intereses de Washington en la región) y las necesidades de la relación bilateral. El impulso mexicano al Grupo de Río y posteriormente a la iniciativa de la CELAC debe ser evaluado en ese contexto.

En primer lugar, frente al avance de otros esquemas de asociación multilateral basados en pilares sudamericanos, la CELAC tiene la virtud de revivir la idea de *una* América Latina, en la que México tiene cabida, habla como miembro y es un factor de peso indisputable. Dicha iniciativa recupera la concepción de América Latina (sumando al Caribe) como núcleo identitario y plataforma geopolítica. No sólo es totalmente incluyente en su membrecía sino que además pretende ser, entre otras cosas, un "paraguas" bajo el cual se coordinen los trabajos de las demás asociaciones subregionales. Su creación respondería así a un interés primordial de México de no quedarse fuera del juego y de forjar un nuevo espacio en el que pueda proyectar su influencia.

En segundo lugar, el impulso mexicano a la CELAC constituye una señal diplomática que confiere cierta seriedad y sentido de continuidad a la intención de México de fortalecer sus relaciones políticas con América Latina. De hecho, esta iniciativa ha implicado un proceso de negociaciones —antes y después de la Cumbre de Cancún— que necesariamente ha intensificado los contactos de la diplomacia mexicana con sus pares en el resto de la región. En ese sentido México, en efecto, ha ganado mayor espacio en términos de presencia e interlocución a escala regional en lo inmediato. En el mediano plazo, si la CELAC prospera, el país habrá recuperado un espacio de pertenencia política e identitaria que se estaba diluyendo.

En tercer lugar, la creación de la CELAC está en sintonía con el tipo de liderazgo que México ha desplegado habitualmente en América Latina, al menos en aquellos momentos en los que se ha decidido a ejercerlo. Es decir, un liderazgo que no recurre a inversiones financieras de gran magnitud (como Petrocaribe en el caso de Venezuela), ni a elementos de corte militar (como los cascos azules en Haití y la iniciativa del Consejo de Defensa Sudamericano en el caso de Brasil), sino que se apoya en dos cosas: 1] la capacidad de mediación y la pericia de los diplomáticos mexicanos como constructores de consensos y, 2] la percepción positiva que de México suelen tener los países sudamericanos más pequeños como factor de equilibrio frente a sus vecinos más grandes. Desde este punto de vista, a pesar de parecer una iniciativa ambiciosa, en realidad no es demasiado audaz: está en línea con la manera tradicional en la que la política exterior mexicana ha buscado proyectar al país internacionalmente.

Por último, el multilateralismo es un juego de ajedrez con múltiples participantes en el que ningún país puede pretender ganar siempre y en todos los temas. Más allá del acuerdo respecto al fin último de crear la CELAC, cada país tiene sus propios intereses y objetivos nacionales. En el caso de México uno de los mayores desafíos consiste en aprovechar el entusiasmo que manifiestan los países de ALBA —importante para mantener el proceso de negociaciones a flote y llegar a constituir la nueva entidad latinoamericana— a la vez que: 1] contiene la deriva antiestadunidense que éstos abiertamente plantean, y 2] intenta que sus propias preferencias normativas se vean reflejadas en los documentos fundacionales de la asociación. Estos asuntos se ilustran con dos ejemplos concretos. Por un lado, los presidentes de Venezuela, Ecuador y Nicaragua han declarado en reiteradas ocasiones que conciben a la CELAC como una asociación que remplazará a la OEA, ante lo cual los representantes mexicanos se han afanado por indicar que ambas estructuras serán complementarias y no mutuamente excluyentes.[19] La segunda cuestión se coloca en el terreno normativo y consiste en la posibilidad de introducir en el estatuto de la CELAC una cláusula democrática: mientras que los países de ALBA han mostrado su reticencia, México ha insistido vehementemente en su inclusión. Estos pormenores del proceso de negociaciones sirven para reiterar un punto más general: la política multilateral regional bien calibrada tiene el potencial de incrementar la capacidad de influencia de México en los asuntos regionales —en este caso en la impronta de la nueva asociación— y ello a la vez puede ser capitali-

---

[19] Así, por ejemplo, en las reuniones ministeriales celebradas en abril y mayo de 2011 en preparación de la Cumbre de Caracas, el canciller venezolano Nicolás Maduro afirmó: "la OEA ya cumplió su función histórica y ahora es el tiempo de la CELAC, el proyecto de integración que excluye a Estados Unidos y Canadá". Véase María Julia Mayoral, "Latinoamérica y Caribe: Los tiempos de la CELAC", *Prensa Latina*, 8 de mayo de 2011. En la misma ocasión la canciller de México Patricia Espinosa declaró: la CELAC "no significa que necesariamente tengamos que pensar que todas las áreas como las de la OEA son irrelevantes o haya que descalificarlas [...] Nosotros realmente lo vemos como un proceso complementario". Véase "Cancilleres discrepan en la CELAC sobre futuro de la OEA", *El Universal* (Caracas), 28 de abril de 2011.

zado frente a Washington: si México tiene un lugar en la mesa crece su posibilidad de ser un factor de moderación de las posiciones bolivarianas. Esto último, por cierto, es un objetivo que a su manera también comparte Brasil.

La CELAC puede llegar o no a buen puerto pero el contexto en el cual se ha desarrollado, y la experiencia mexicana a lo largo de este proceso, permiten subrayar dos cuestiones finales. La más obvia es que la diplomacia mexicana debe continuar alerta a las transformaciones en los términos de la relación entre Estados Unidos y Sudamérica y a las implicaciones que de ello se derivan para el posicionamiento de México. La segunda es que por su peso relativo, si y cuando México se decide a mirar con seriedad, sensibilidad y estrategia hacia el sur, las otras cancillerías necesariamente reaccionan. Una de las lecciones de estos años es que si bien cierta competencia con Brasil parece inevitable, es posible y resulta más fructífero para México mantener la relación en el terreno de la cordialidad y la voluntad de coordinación.

MÉXICO Y CENTROAMÉRICA: LA DIFÍCIL CONFLUENCIA

MARCO A. ALCÁZAR

A mis mayores, que vinieron de Centroamérica sin documentos.

INTRODUCCIÓN

La expresión "geografía es destino" suele ser motivo de controversia entre quienes la entienden como una condena y aquellos que la asumen como una oportunidad. Yo me alineo entre los segundos, y estoy convencido de que tenemos una ubicación de múltiples pertenencias en el planeta que pueden y deben ser abordadas en función de su potencial contribución a nuestro desarrollo nacional, en su expresión más amplia.

Poco avanzaremos si nos empantanamos en el dilema de si somos latinoamericanos o norteamericanos o si somos incapaces de ver al Pacífico y al Caribe, y menos si pretendemos negar nuestra condición mesoamericana, es decir, nuestra ubicación en el centro del continente.

Además del aspecto geográfico, existen elementos de carácter histórico y cultural que nos unen estrechamente con la región ístmica ubicada al sur de México, en la cual, según datos de la Comisión Económica para América Latina y el Caribe, en 2008 habitaban cerca de 42 millones de seres humanos, cifra equivalente a la población de las cinco entidades federativas mexicanas con mayor número de habitantes.[1]

Si a lo largo del tiempo el gobierno y la sociedad mexicanos pudieron soslayar, en buena medida, la importancia de Centroamérica, la interdependencia, característica esencial de lo que hemos aceptado identificar como mundialización o globalización, nos ha ido mostran-

---

[1] Estado de México, Distrito Federal, Veracruz, Jalisco y Puebla.

do la imposibilidad de mantener esa ficción, pues lo que ocurre en los países del istmo tiene diversos y con frecuencia importantes impactos en el nuestro, y viceversa.

Así fuera por una estrecha visión económica, tendríamos que considerar que tenemos al lado un mercado potencial ante el cual no hemos sabido actuar con determinación, mientras otros países empiezan a enfocar sus baterías hacia él. Sin embargo, los sucesos centroamericanos en el último medio siglo han traído consigo, de manera cada vez más intensa y evidente, consecuencias que se reflejan no sólo en los intercambios de bienes y servicios, sino también en la demografía, en la seguridad y, en general, en la estabilidad del espacio en el que confluyen México y Centroamérica.

El presente texto es un intento de presentar, en forma sumamente condensada, tanto los aspectos más relevantes del acontecer de América Central, desde una perspectiva regional en la que se concede especial importancia a sus esfuerzos en materia de integración, como las aproximaciones que el gobierno de México ha hecho, de manera intermitente, para tratar de apoyar el desarrollo del área e intensificar su vinculación con ella y, ahora, para resolver problemas compartidos que, de no atenderse adecuadamente, pueden no solamente afectar las relaciones entre el Estado mexicano y los centroamericanos, sino dañar profundamente a las sociedades de ambas partes.

BREVE RESEÑA DE LOS ANTECEDENTES DE LA INTEGRACIÓN CENTROAMERICANA

La separación política

Como en toda relación entre naciones y pueblos vecinos, la historia siempre registra acontecimientos cuya huella perdura, a pesar de que pueda tenerse la impresión de que han sido superados y carecen de peso en el presente. Los ejemplos abundan, y las dimensiones de este texto impiden traerlos a colación. Lo único que pretendo es establecer que, históricamente, México es un referente para la definición de Centroamérica.

Dos datos para dar sustento a lo anterior. Primero, al triunfo de los independentistas mexicanos sobre la corona española y la instauración del efímero régimen encabezado por Agustín de Iturbide, los territorios que hoy constituyen los países centroamericanos formaron parte del llamado Imperio Mexicano. Esa ficción se esfumó muy pronto, pero supervivió la idea de que se habían independizado de México. Segundo, en los avatares de la conformación política de México y Centroamérica, una porción importante, Chiapas, con una superficie equivalente a la suma de los actuales El Salvador y Costa Rica, quedó como parte de nuestro país y, como en toda situación similar, nunca se superó la noción de un despojo.

Estos elementos tienen que haber sido considerados en los varios esfuerzos de unificación regional, en un afán de constituir un conglomerado nacional capaz de hacer contrapeso a México, el cual finalmente no se concretó.

Como la historia no suele ser unidireccional, también hay que decir que aquellos hechos que definieron la demarcación política entre México y Centroamérica han constituido un sustrato inevitable de precaución, por no decir de desconfianza, si bien nunca explícito, en la formulación de la política exterior mexicana hacia la región vecina. Hay, pues, un doble condicionamiento ancestral en la forma en que se relacionan ambos actores.

La búsqueda de un espacio en la posguerra

Turbulencias políticas de muy diversa índole a lo largo del siglo XIX y principios del XX, que incluyeron acciones de carácter bélico y múltiples golpes de Estado, primaron sobre los afanes integracionistas centroamericanos. Fue necesaria la intervención del gobierno estadunidense para alcanzar el Tratado de Paz y Amistad entre las Repúblicas Centroamericanas, suscrito en Washington, D. C., en febrero de 1923.

El clima de respeto mutuo creado a partir del citado tratado resultó propicio para que las propuestas integracionistas surgidas en la CEPAL, bajo la conducción de Raúl Presbish, encontraran eco en Centroamérica, y a fines de 1951 se concretó la firma de la Carta de San Salvador, que dio vida a la Organización de Estados Centroamericanos (ODECA), contemporánea del Tratado de París que, en abril de ese mismo año, había establecido la Comunidad Europea del Carbón y del Acero, punto de partida de lo que hoy es la Unión Europea.

La ODECA no produjo inicialmente resultados significativos en materia de integración regional, más allá del acuerdo de unificar la señalización carretera y de la publicación de libros de texto de historia centroamericana comunes a todos los países integrantes. Sin embargo, su mayor aporte consistió en la apertura de un espacio de diálogo de los gobiernos, en el cual se gestó el propósito de establecer un área de libre comercio.

En diciembre de 1960 El Salvador, Guatemala, Honduras y Nicaragua firmaron el Tratado General de Integración Económica Centroamericano, por el cual se creó el marco básico para la integración económica y se estableció el Mercado Común Centroamericano (MCCA). Este Tratado General previó el establecimiento de tal mercado común y de una unión aduanera en el plazo de cinco años. Costa Rica se adhirió a él en 1962.

Sin entrar en detalles acerca de los resultados alcanzados, es necesario señalar que en los primeros 20 años de funcionamiento del MCCA (1960-1980), el comercio intrarregional se multiplicó 37 veces, al pasar de 30.3 a 1 129.2 millones de dólares; en tanto que en ese mismo periodo las exportaciones e importaciones extrarregionales se multiplicaron 8 y 10 veces, respectivamente.

EL DESARROLLO DE LA INSTITUCIONALIDAD INTEGRACIONISTA
Y EL CRECIMIENTO REGIONAL

La intensificación de las guerras civiles en Centroamérica en el decenio de los ochenta, aunada a la crisis en los precios del petróleo, se tradujo en un claro estancamiento e incluso en la reducción a la mitad de los intercambios comerciales, así como en la vuelta a las restricciones al comercio entre los países de la región. A lo anterior hay que sumar el agotamiento del incipiente esquema de industrialización basado en la sustitución de importaciones.

Una vez alcanzada la pacificación del área, las naciones centroamericanas percibieron la necesidad de replantear sus relaciones y retomar el camino de la integración. Así, en 1991, se produjo el Protocolo de Tegucigalpa a la Carta de la ODECA, mediante el cual los presidentes de Costa Rica, El Salvador, Guatemala, Honduras, Nicaragua y Panamá consideraron la necesidad de poner al día el marco jurídico de la Organización de Estados Centroamericanos, para adecuarlo a las nuevas necesidades, con el propósito de alcanzar la integración regional. Esa preocupación se tradujo en la creación del Sistema de Integración Centroamericana (SICA), cuya sede se ubicaría en El Salvador, con el propósito de constituir una comunidad económica-política, cuyo objetivo fundamental sería convertir a Centroamérica en "una región de Paz, Libertad, Democracia y Desarrollo".

Es importante señalar que la institucionalidad de la integración centroamericana se ha ido creando y desarrollando a lo largo del tiempo. De esta manera, se pueden identificar órganos que surgieron desde 1960, en el marco del Tratado General de Integración Económica Centroamericano, tales como la Secretaría de Integración Económica Centroamericana (SIECA) y el Banco Centroamericano de Integración Económica (BCIE), y otros de cuño más reciente, como los dedicados a coordinar la prevención de desastres y a erradicar el narcotráfico en sus diversas vertientes.

México aparece en la información del SICA como el primer observador regional que tuvo el sistema; en la actualidad Argentina, Brasil y Chile comparten ese carácter. Desde marzo de 2004 México también participa en el Banco Centroamericano de Integración Económica (BCIE), en calidad de socio extrarregional, junto con Taiwán, Argentina, Colombia y España, después de que cada uno efectuó una aportación de 200 millones de dólares.

Las instancias decisorias, operativas y deliberativas

Con el propósito de mostrar que existe un entramado institucional de la integración, ante el cual los agentes externos —países u organizaciones— pueden llevar a cabo prácticamente todo tipo de gestiones, a continuación se hace una sucinta referencia al mismo.

El SICA está gobernado por la Reunión de Presidentes, a la que corresponde "definir y dirigir la política centroamericana, estableciendo las directrices sobre la integración de la región, así como las disposiciones necesarias para garantizar la coordinación y armonización de las actividades de los órganos e instituciones del área y la verificación, control y seguimiento de sus mandatos y decisiones".

La parte operativa se encuentra coordinada por la Secretaría General de SICA, con sede en San Salvador, la cual debe estar al tanto de las acciones que se llevan a cabo en diez secretarías que cubren la temática integracionista, desde la educación hasta el desarrollo agropecuario, y de la actuación de 25 instituciones especializadas en el manejo de prácticamente todos los aspectos que forman parte del proyecto de convivencia centroamericana (véase apéndice 1).

Se puede advertir que las instituciones de la integración operan en paralelo, es decir, cada una bajo la dirección de los órganos colegiados compuestos por representantes de los cinco, seis o siete países que se encuentran adheridos a ellos, toda vez que la participación de Panamá y Belice no es generalizada. Sin embargo, los esfuerzos por encontrar un funcionamiento comunitario parecen estar lejos de alcanzar su objetivo.

Al respecto cabe referir dos casos emblemáticos. El primero se refiere a la carencia de un órgano del SICA con capacidad para suscribir programas de cooperación internacional de alcance regional, lo que imposibilita la ejecución de acciones de este rango y obliga al establecimiento de acuerdos bilaterales en esta materia con los países cooperantes. El segundo es el Parlamento Centroamericano (Parlacen), creado en 1991, que no ha superado el nivel de foro deliberativo y ha resultado incapaz de aprobar elementos de legislación regional que contribuyan a consolidar el proceso de integración. México participa como país observador en el Parlamento, en la singular compañía de Venezuela, Puerto Rico y Taiwán. En noviembre de 2009 el gobierno de Panamá hizo el anuncio oficial de que se retiraría del Parlacen, por considerar que se trata de un mecanismo inoperante. No es aventurado suponer la presencia del factor desconfianza mutua en ambas situaciones.

Un elemento más, cuyo peso hay que considerar, es la persistencia de la Secretaría de la Integración Económica Centroamericana (SIECA) el cual, aunque formalmente es una de las 25 instituciones especializadas de SICA, mantiene desde su creación, en 1960, dinámicas y criterios propios. El hecho de que la sede de la Secretaría de Integración Económica Centroamericana se haya conservado en la capital de Guatemala es señalado con frecuencia como una muestra de la independencia con la que actúa en los temas económicos respecto a los órganos coordinadores del SICA, en particular en lo que toca a su secretaría ejecutiva, con sede en la capital salvadoreña.

Demografía y crecimiento económico

Es interesante observar que según datos de la CEPAL, entre 1990 —prácticamente al momento de la creación del SICA— y el año 2008, la población de los seis países signatarios pasó de 28.6 a 41.8 millones, lo que representa un incremento anual de 2.6%. El ritmo de crecimiento poblacional en México en ese mismo periodo se ubicó en 1.6% por año.

Si nos asomamos al incremento del PIB per cápita entre 1990 y 2008 encontramos que existen grandes disparidades, pues mientras en Costa Rica y en Panamá creció 62.8 y 77.0%, respectivamente, en Honduras y El Salvador registró aumentos de 33.8 y 37.5%, y en Guatemala y Nicaragua su crecimiento no llegó a 30%. Como referente, se puede observar que en el mismo lapso el PIB per cápita de México creció 48.4 por ciento.

Lo anterior nos habla de una expansión demográfica acelerada que, excepto en los casos de Costa Rica y Panamá, no ha estado acompañada por un incremento proporcional del producto interno por habitante. Si a eso le agregamos los problemas de disparidad en la distribución del ingreso, tenemos a la vista una situación de rezago y desigualdad social, condición que México comparte en varias regiones, en particular en el sur y sureste de su territorio.

LOS MOMENTOS DE CONFLICTO

La expansión de la actividad económica, en buena medida dominada por los sectores agroexportadores, no se vio acompañada de mejoras en las condiciones de vida de los grupos mayoritarios de las sociedades centroamericanas, lo que propició, primero, el surgimiento de movimientos reivindicatorios y, después, su radicalización.

Ante la imposibilidad de describir con minucia las características e influencias que tuvo en la región la movilización social transformada en acción política-militar a partir de 1961 en Guatemala, no se pueden dejar de mencionar acontecimientos relevantes de ese complejo proceso, como el triunfo del sandinismo en Nicaragua, en julio de 1979, la concreción del Frente Farabundo Martí de Liberación Nacional (FMLN) en El Salvador, en enero de 1981, así como el desplazamiento de más de 40 000 guatemaltecos a México entre 1981 y 1982.

La situación de conflicto se extendió hasta la firma de los Acuerdos de Paz en el Alcázar de Chapultepec en enero de 1992, entre el gobierno salvadoreño y el FMLN.

Las estimaciones sobre el número de bajas civiles y militares en el conjunto regional, así como de afectaciones a los sistemas productivos, durante tres décadas de violencia social y política, varían según las fuentes a las que se acuda, pero no hay duda de que los conflictos internos abrieron un paréntesis en el desarrollo de la región y en el proceso de integración. Tampoco se puede olvidar que esos conflictos fueron considerados como parte de la guerra fría, con la consecuente injerencia de Estados Unidos.

Es preciso recordar que, preocupado por las consecuencias que estaba teniendo para nuestro país la inestabilidad regional en esta etapa, el gobierno mexicano tuvo una activa y destacada participación en lo que se conoció como el Grupo Contadora, en el cual también participaron los gobiernos de Colombia, Panamá y Venezuela, con el propósito de realizar una gestión a favor de la paz. Las actividades más destacadas del grupo tuvieron lugar entre 1983 y 1985 y, si bien no consiguieron el acuerdo de todas las partes en conflicto, sus propuestas, contenidas en el proyecto de Acta de Paz y Cooperación en Centroamérica, constituyeron el sustento de los esfuerzos que culminaron con los Acuerdos de Paz de Esquipulas, suscritos en mayo de 1986 y agosto de 1987 por los presidentes de cinco países centroamericanos (Costa Rica, El Salvador, Guatemala, Honduras y Nicaragua), mediante los cuales se comprometieron a establecer el alto al fuego, amnistiar a los presos políticos, democratizar sus respectivos países, no conceder apoyo a fuerzas insurreccionales y no usar su propio territorio para agredir a otros estados.

Un mérito del Grupo Contadora fue haber realizado su labor pese a la molestia que la misma causó en los círculos del poder estadunidense.

LAS VINCULACIONES COMERCIALES DE CENTROAMÉRICA

Estados Unidos

Después de la etapa de los conflictos civiles en Centroamérica, las relaciones de Estados Unidos con el área han estado situadas más en el ámbito económico, sin dejar de lado la percepción de que en las definiciones estratégicas del gobierno estadunidense Centroamérica se inscribe en su perímetro de seguridad, lo que confiere a la región una importancia especial a los ojos de los tomadores de decisiones en Washington.

A lo largo del tiempo el mercado de Estados Unidos ha sido el principal destino de las exportaciones centroamericanas; sin embargo, en los últimos años ha ocurrido un giro en la estructura de dichas exportaciones, las cuales han ido pasando de los productos agropecuarios a las manufacturas, como consecuencia de las inversiones realizadas en plantas maquiladoras por parte de empresas estadunidenses, entre las cuales inicialmente predominó la industria de la confección. Hay que señalar que se advierte un proceso de diversificación de la maquila con la incorporación de manufacturas eléctricas y electrónicas, entre otras. Cabe recordar que la Iniciativa de la Cuenca del Caribe, puesta en marcha por el gobierno de Washington en 1984, tuvo como uno de sus elementos más atractivos la exención arancelaria a productos maquilados a partir de insumos estadunidenses. Quince años después, en 1999, las exportaciones de las industrias maquiladoras ya superaban el 55% del total de las exportaciones centroamericanas a la Unión Americana.

Si bien el esquema maquilador ha sido exitoso en términos de expansión del sector externo, tiene serias debilidades estructurales, específicamente en lo relativo a la alta dependencia de insumos importados (bajo el procedimiento conocido como *in-bond*) y el débil, cuando no prácticamente inexistente, desarrollo de encadenamientos de procesos locales de producción y suministros, amén de la gran concentración del comercio internacional con un solo país,[2] todo lo cual —como México lo sabe muy bien— propicia una gran vulnerabilidad ante los problemas cíclicos de la economía de ese gigantesco socio que es Estados Unidos.

México

El gobierno mexicano ha celebrado tratados de libre comercio con los de Costa Rica, en 1994; Nicaragua, en 1997, y el llamado Triángulo del Norte (Guatemala, El Salvador y Honduras), en 2000.

---

[2] El 56% de las exportaciones del Mercado Común Centroamericano y el 35% de sus importaciones se realizan con Estados Unidos.

Entre las características más importantes de los tratados de libre comercio entre México y Centroamérica hay que destacar la consideración de las asimetrías, consistente en el reconocimiento de niveles de desarrollo dispares entre los socios. Ello se plasma en calendarios de desgravación diferenciados que favorecen a los países con el menor grado de desarrollo relativo.

No resulta descabellada la noción de que con la firma de estos tratados los cinco países suscriptores buscaban generar condiciones básicas para su vinculación con el Tratado de Libre Comercio de América del Norte (TLCAN). Esta expectativa no se cumplió, al menos en el nivel esperado, dado el predominio del intercambio comercial de México con Estados Unidos en el marco del TLCAN y el muy limitado desarrollo de infraestructura que hubiese podido otorgarle a nuestro país el papel de gozne con otras economías, para lo cual se habría requerido la ampliación de la red carretera, la rehabilitación de la red ferroviaria y un agresivo desarrollo portuario, que no se han dado.

En todo caso, conforme a los datos de la SIECA, el entramado de los tres tratados de libre comercio propició que entre 1994 y el año 2000 las exportaciones mexicanas a Centroamérica pasaran de 501.4 a 1 431.6 millones de dólares, lo que representó un incremento promedio anual del 31%. La expansión de las exportaciones de México al conjunto de sus cinco socios comerciales centroamericanos se mantuvo, si bien a un ritmo menor, en el periodo 2000-2008, para llegar en el último año a 3 954.5 millones de dólares, es decir, crecieron a una tasa anual promedio de 22 por ciento.

Al respecto, preocupan los datos de la aceleración de las exportaciones de Brasil y Venezuela al mismo grupo centroamericano. En el primer caso, de un modestísimo promedio de crecimiento anual del 0.7% entre 1994 y 2000, Brasil pasó a un impactante 47.7% por año de 2000 a 2008. Y, en el segundo, el salto venezolano fue del 3.4 al 16.2 por ciento.[3]

Lo anterior, así como el interés europeo por Centroamérica, que se comenta a continuación, es muestra, por una parte, del potencial existente en el mercado centroamericano y, por otra, del riesgo de desplazamiento de México por otros países con políticas de penetración económica más agresivas, no obstante la existencia de instru-

---

[3] Las exportaciones de Brasil a Centroamérica pasaron de 243.7 millones de dólares (mdd), en 1994, a 254.3 mdd, en 2000 y a 1 224.2 en 2008. Las de Venezuela pasaron de 554.6 a 668.8 y a 1 535.3 mdd en los mismos lapsos.

mentos que regulan las relaciones de intercambio del nuestro con el área.

Unión Europea

En mayo de 2006 Centroamérica y la Unión Europea decidieron entablar negociaciones relativas a un acuerdo de asociación. La concreción de dicho propósito se logró después de ocho rondas de negociación, que se extendieron de octubre de 2007 a abril de 2010, y cinco sesiones de la denominada ronda temática-comercial. Para la concertación de las posiciones de los países del istmo fueron necesarias 12 rondas de coordinación centroamericana, entre enero de 2008 y mayo de 2009. Los anteriores datos dan idea, por un lado, de la complejidad del proceso y, por otro, de la perseverancia de las partes para dar solución a los diferendos surgidos a lo largo del mismo.

Como en el caso del Acuerdo Global suscrito en 2000 entre México y la Unión Europea, en el acuerdo entre los centroamericanos y los europeos se incluyeron los componentes de diálogo político y cooperación. En la parte política, el acuerdo estipula que las partes establecerán una colaboración política privilegiada basada en el diálogo, la promoción y el fortalecimiento del Estado de derecho, los derechos humanos, el buen gobierno y el desarrollo socioeconómico sostenible. El acuerdo también prevé la posibilidad de concertar posiciones en los foros internacionales, basadas en iniciativas y valores comunes, incluyendo el ámbito de la política exterior y de seguridad.

Por lo que toca al segmento de cooperación, se habla de una amplia cobertura que permitirá una intensa cooperación en múltiples áreas, sin precisar cuáles. No obstante, se hace referencia específica a temas como democracia, derechos humanos, justicia y seguridad, sin dejar de mencionar el medio ambiente y el desarrollo sostenible.

La persistente inclusión de los temas relativos al Estado de derecho, los derechos humanos, justicia y seguridad, cobra sentido, como podrá verse más adelante, dadas las circunstancias que privan en estas materias en el conjunto regional centroamericano.

Otro aspecto de gran relevancia en el acuerdo alcanzado con la Unión Europea es la inclusión de un apartado dedicado a la integración económica regional, en el cual las partes reconocieron que este componente desempeña un papel fundamental para la libre circulación de bienes dentro de Centroamérica y de la Unión Europea.

Como dato destacado, hay que consignar que Belice no ha sido incluido en el Acuerdo UE-CA, lo que constituye una manifestación de que la participación de ese país en las acciones e instituciones regionales responde a un manejo casuístico por parte de las autoridades tanto beliceñas como de las otras seis naciones, dada la pertenencia de la antigua colonia británica a organizaciones del Caribe anglófono.

LAS OTRAS VERTIENTES DE LA RELACIÓN MÉXICO-CENTROAMÉRICA

Importancia de Centroamérica en la percepción de México

En la medición de las percepciones de la sociedad mexicana y de sus líderes respecto al comportamiento internacional del país, titulada *México, las Américas y el mundo*, realizada en 2008 por la División de Estudios Internacionales del Centro de Investigación y Docencia Económicas (CIDE), resulta interesante que la opinión de la sociedad en general acerca de dos países centroamericanos, Guatemala y El Salvador, se encuentre a la mitad de la escala favorable-desfavorable, ligeramente por encima de la percepción que se tiene de Perú, Cuba y Venezuela y por debajo de la correspondiente a Brasil, Argentina y Chile. Aunque la percepción de Guatemala y El Salvador es más favorable entre los líderes, el informe señala de manera contundente que "ninguno de los países de Centroamérica presenta un fuerte atractivo, ni para la población ni para los líderes". Ni tampoco rechazo, añado yo.

En la síntesis de la citada medición, se puede identificar un nivel claramente diferenciado de compromiso con Centroamérica, toda vez que "el 65% de los líderes piensa que a México le conviene destinar recursos económicos para promover el desarrollo de las economías de los países centroamericanos", en tanto que esa posición sólo es compartida por el 42% de la población en general. Asimismo, se advierte que la opinión sobre los migrantes centroamericanos es más desfavorable que favorable: 48% de la población y 49% de los líderes la consideran negativa o muy negativa, en tanto que los porcentajes de aceptación son de 41 y 46%, respectivamente.

Salvo esta medición, producto de un trabajo sistémico, no existen otras referencias que permitan sustentar de manera más amplia el sentir de los mexicanos hacia los países y las sociedades centroamericanas. No obstante, quienes mantenemos interés por el área nos podemos percatar de que el interés de los medios mexicanos de comunicación hacia la misma sólo se produce en momentos de conflicto, como en el relativamente reciente caso de Honduras, o para reseñar los actos de violencia, en particular los relacionados con la delincuencia organizada, situación a la que no escapa México tratándose de la prensa externa.

Un aspecto que es necesario mencionar, por los efectos nocivos que introduce en las relaciones con los países del istmo, es la actitud de prepotencia con la que en ocasiones actúan funcionarios mexicanos en sus relaciones con sus homólogos centroamericanos.

Visto en perspectiva, el desinterés por Centroamérica y lo que allí ocurre trae a mi memoria la percepción que tuvo un sector de la juventud mexicana durante la etapa de las luchas sociales que se libraron en la región a partir de los años sesenta del siglo pasado, cuando muchos de sus integrantes se involucraron como activistas a favor de los grupos insurgentes e incluso llegaron a engrosar sus filas, perdiendo la vida algunos de ellos.

Pacto de San José

El Programa de Cooperación Energética para países de Centroamérica y el Caribe, comúnmente conocido como Pacto de San José, fue suscrito por México y Venezuela en agosto de 1980, en la coyuntura de la crisis petrolera. Ambos países se comprometieron a garantizar un suministro de 160 000 barriles diarios de crudo o productos refinados (80 000 cada uno) a los siete países centroamericanos y a tres caribeños, a precios preferenciales y con apoyo en líneas de crédito establecidas para este propósito.

Este acuerdo, gestado en el sexenio de Miguel de la Madrid, se refrendó anualmente 25 veces y dejó de operar en 2007, cuando el proyecto Petrocaribe, creado en 2005 por Venezuela, incluyó a Cuba e involucró a Belice, Guatemala, Honduras y Nicaragua.

No existen elementos disponibles para realizar una evaluación del aprovechamiento del Pacto de San José, pero no cabe duda de que constituyó un primer esfuerzo de respaldo al desarrollo centroamericano en una coyuntura económica particularmente difícil.

La Comisión Mexicana para la Cooperación con Centroamérica

En noviembre de 1990, durante la administración de Carlos Salinas de Gortari, se emitió el acuerdo que creó la Comisión Mexicana de Cooperación con Centroamérica (CMCCA), concebida como un "mecanismo para la coordinación de los acuerdos, programas, proyectos y acciones de cooperación que lleven a cabo entidades del sector público con Centroamérica", en el que se previó la participación de un amplio grupo de dependencias y entidades de la administración pública federal, bajo la presidencia de la Secretaría de Relaciones Exteriores, las cuales deberían prestar "el apoyo administrativo y técnico necesario para el cumplimiento de los objetivos de la comisión".

A partir de su establecimiento, la CMCCA celebró de manera sistemática sesiones de planeación y programación previas a las reuniones de comisiones binacionales de cooperación de México con los países centroamericanos y también con anticipación a las reuniones de alcance regional. Esto logró generar una visión de conjunto respecto a la importancia de las relaciones con la región vecina, que se tradujo en un programa de acción que incluía entre sus estrategias el apoyo a la consolidación del proceso de integración centroamericano.

Los propósitos planteados en dicho programa cubrían una amplia gama de ámbitos en la cooperación económica, educativa-cultural y técnica-científica, que iban de la agricultura y la alimentación a las telecomunicaciones y el transporte, pasando por la salud pública, la energía, el desarrollo industrial, el turismo y la gestión pública, entre otros.

Pocos meses después, en enero de 1991, tuvo lugar en Tuxtla Gutiérrez, Chiapas, una primera reunión, derivada del interés mexicano de fortalecer los vínculos con Centroamérica, a la cual acudieron los presidentes de México, Costa Rica, El Salvador, Guatemala, Honduras y Nicaragua.

Al final de esa reunión inicial, identificada como Tuxtla I, se adoptó un Acuerdo General de Cooperación y se emitió una declaración conjunta, de la que cabe destacar la determinación expresa de sentar las bases para un Acuerdo de Complementación Económica entre México y Centroamérica y el establecimiento de una comisión *ad hoc* encargada de diseñar las normas de tal acuerdo.

Este propósito de complementación económica propuesto en el Acta y Declaración de Tuxtla I, que debe entenderse como la idea de un amplio acuerdo de libre comercio, se planteó acompañado de otros seis programas de índole económica: cooperación financiera, desarrollo de la oferta exportable centroamericana, cooperación en el sector primario, abastecimiento energético, fomento de las inversiones, y capacitación y cooperación técnica.

No obstante la manifestación de voluntades en esa reunión, lo cierto es que al paso del tiempo el objetivo de un mecanismo de complementación económica de alcance regional, con la participación de México, no se consolidó, y en su lugar se produjeron en forma parcial los acuerdos de libre comercio a los que ya se hizo alusión.

Habrían de trascurrir cinco años para que el presidente de México, en ese momento Ernesto Zedillo, y los mandatarios de Centroamérica volvieran a reunirse, esta vez en San José de Costa Rica, en febrero de 1996, contando con la participación del presidente de Panamá y el primer ministro de Belice, en la reunión conocida como Tuxtla II, en la cual, como primera decisión, acordaron establecer un mecanismo de diálogo y concertación que debería celebrar reuniones anuales de cancilleres y bianuales de jefes de Estado y de gobierno para el seguimiento y la evaluación de los acuerdos que se fuesen adoptando.

El mecanismo de Tuxtla ha celebrado once reuniones a las que denomina "cumbres", la última de ellas en Costa Rica, en julio de 2009. De esos encuentros cabe resaltar el tercero, celebrado en San Salvador, en julio de 1998, en el que se aprobó un programa de cooperación regional integrado por 13 proyectos en seis áreas prioritarias: educación, medio ambiente, salud, turismo, agricultura y ganadería, y prevención y atención de desastres. Un año después, en un intento más de tener una actuación consecuente con el proceso de la integración centroamericana, se incorporaron en ese programa temas como educación a distancia, salud reproductiva y prevención y control de VIH/SIDA, con especial atención a población migrante.

El Plan Puebla Panamá

En junio de 2001, en una reunión extraordinaria del mecanismo de Tuxtla, se adoptó la iniciativa del gobierno mexicano de poner en marcha el Plan Puebla Panamá (PPP), una ambiciosa propuesta orientada a propiciar el desarrollo concertado de la región sur-sureste de México —integrada por nueve estados—[4] y el conjunto del istmo centroamericano. Entre los principales componentes del PPP se contaron los relativos a la realización de obras de infraestructura que facilitasen la movilización de bienes en el conjunto regional, así como su integración energética.

Como una muestra del cambio de criterio que se había operado en el gobierno federal bajo la administración del presidente Vicente Fox, hay que señalar que la Comisión Mexicana para la Cooperación con Centroamérica dejó de reunirse a partir de febrero de 2001, mientras se gestaba el PPP y, con ello, se perdió la visión de conjunto propiciada por el trabajo en equipo del contingente de dependencias antes mencionado. En su lugar se estableció una coordinación ubicada en forma directa en la Presidencia de la República, donde permaneció hasta julio de 2003, cuando el manejo del PPP fue transferido a la Secretaría de Relaciones Exteriores.

La iniciativa del Plan Puebla Panamá, que en su arranque contó con el mayor interés del Banco Interamericano de Desarrollo (BID), fue ampliamente publicitada y en el marco de la misma se llegaron a proponer casi un centenar de proyectos, la inmensa mayoría de los cuales no superaron la fase de estudios de factibilidad. En esa dinámica de presentación de ideas se inscribe el anuncio hecho por el presidente Fox en septiembre de 2005, en el sentido de que México apoyaría la instalación de una refinería en Centroamérica, propósito que, por diversas razones, no fue posible cumplir.

El Proyecto Mesoamérica

Después de varios intentos de consolidar el PPP, en la X Cumbre de Tuxtla, celebrada en Villahermosa, Tabasco, en junio de 2008, ya en

---

[4] Campeche, Chiapas, Guerrero, Oaxaca, Puebla, Quintana Roo, Tabasco, Veracruz y Yucatán.

plena administración de Felipe Calderón, se modificó su denominación, convirtiéndose en Proyecto de Integración y Desarrollo de Mesoamérica, con una cartera reducida a 22 programas y proyectos específicos, 14 de los cuales se encontraban en etapa de diseño.

En el informe ejecutivo del primer año de vigencia del Proyecto Mesoamérica, dado a conocer en julio de 2009, se dice: "se ha logrado consolidar los proyectos del eje económico que darán paso a una estrategia integral de desarrollo. Asimismo, se sentaron las bases para impulsar los proyectos del eje social que permitirán mejorar la calidad de vida de los habitantes de la región". Una lectura cuidadosa del documento sólo permite advertir logros concretos menores en términos de ejecución de los proyectos, en contraste con las elevadas metas que siguen planteándose en cada una de las reuniones del Mecanismo de Diálogo y Concertación de Tuxtla.

A punto de cumplirse 20 años desde la creación de la Comisión Mexicana de Cooperación con Centroamérica, una revisión de sus informes, que se publicaron ininterrumpidamente desde 1991 hasta 2006,[5] permite apreciar una considerable gama de acciones realizadas por las instancias mexicanas en coordinación con sus homólogas centroamericanas en los campos más diversos de la cooperación técnica-científica y educativa-cultural, sobre todo en el plano bilateral. Lo que sorprende es que esta prolongada presencia de México y los beneficios derivados de sus acciones de cooperación no tengan, en el ánimo de las sociedades y de los medios de comunicación centroamericanos, un reconocimiento equivalente al que en muchas ocasiones, con menor compromiso de tiempo y recursos, obtiene la cooperación de otros países.

A lo anterior se añade el sustrato de frustración que, de manera inevitable, se ha acumulado a lo largo del tiempo por el escaso avance en la práctica de iniciativas como el PPP y su sustituto, el Proyecto Mesoamérica, así como por anuncios carentes de sustento, como el de la refinería ofrecida por Fox, lo que puede traducirse en la pérdida de credibilidad de México como socio capaz de apoyar sólidamente los procesos de desarrollo e integración centroamericanos.

En forma paralela a los esfuerzos mexicanos de cooperación, realizados de manera poco sistemática e inconsistente, se han diversifica-

---

[5] La Comisión Mexicana para la Cooperación con Centroamérica sigue existiendo formalmente y las acciones que se realizan bajo ella han convivido tanto con el Plan Puebla Panamá como con el Proyecto Mesoamérica.

do las vinculaciones de Centroamérica con otros países en el ámbito de la cooperación internacional específicamente destinada al conjunto regional.

Conforme a la información disponible en la página electrónica del Sistema de la Integración Centroamericana, entre 1998 y 2008 se produjeron 84 proyectos de cooperación de alcance regional. Llama la atención que México sólo haya tenido participación en cinco y que únicamente tres de ellos estén vinculados con el programa de cooperación mesoamericana bajo el marco del ahora extinto Plan Puebla Panamá.

La información previa deja claro que la visión de los cooperantes acerca de Centroamérica como un espacio regional en proceso de integración es bastante limitada y, en la práctica, tanto los países en forma individual, incluido México, como los organismos multilaterales, prefieren dirigir sus apoyos a las naciones centroamericanas por separado, en lugar de hacerlo al conjunto. También es relevante que del total de proyectos de cooperación identificados por el SICA, únicamente seis se hayan dirigido a generar capacidades y fortalecimiento de las instituciones regionales.

ASPECTOS RELEVANTES EN EL HORIZONTE
DE LAS RELACIONES MÉXICO- CENTROAMÉRICA

El tema migratorio

Uno de los acuerdos de la Cumbre de Tuxtla II (febrero de 1996) fue el de

atender, bajo una perspectiva integral, las causas y manifestaciones del fenómeno migratorio, a partir del reconocimiento de su dimensión regional y de los factores estructurales, de carácter económico y social que lo generan [...] asimismo, realizar acciones encaminadas a velar por el respeto de los derechos humanos de los migrantes, tanto en los países de tránsito como de destino. Igualmente, adoptar medidas coordinadas [...] para combatir eficazmente las organizaciones criminales dedicadas al tráfico ilegal de personas.

Este acuerdo daría lugar, dos meses después, en marzo de 1996, a la Conferencia Regional sobre Migración (Proceso Puebla), en la que además de los países integrantes del mecanismo de Tuxtla, participaron Canadá, Estados Unidos y República Dominicana. Esta primera conferencia produjo un comunicado conjunto en el que se plasmaron los compromisos de:

- desarrollar y adoptar un enfoque integral, objetivo y de largo plazo sobre el fenómeno migratorio, que atienda de manera efectiva tanto a sus causas como a sus manifestaciones;
- condenar las violaciones de los derechos humanos de los migrantes y luchar por su eliminación, prestando particular atención a las necesidades especiales de mujeres y niños;
- impulsar la conciencia pública sobre los derechos humanos de los migrantes como medio para promover el respeto a su dignidad y para contrarrestar actitudes antiinmigrantes y erradicar actos ilegales dirigidos contra los mismos.

Esta extensa referencia al tema migratorio obedece al hecho de que han transcurrido casi 15 años desde que la conferencia regional sobre el tema se reunió por vez primera, y no deja de llamar la atención que en el comunicado conjunto del más reciente de sus encuentros, realizado a nivel de viceministros relacionados con el tema en la ciudad de Tapachula, Chiapas, en mayo de 2010, se consigne que los participantes:

- reconocieron la importancia de abordar en forma integral los orígenes, manifestaciones y efectos de la migración, así como los beneficios y oportunidades que ésta genera para todos los países;
- enfatizaron que para que estos beneficios se concreten es primordial poner en marcha políticas nacionales que beneficien la gestión migratoria, con el propósito de brindar un marco jurídico, político y social que respete los derechos humanos;
- renovar el compromiso con la lucha contra el tráfico de migrantes y trata de personas.

El telón de fondo de estas manifestaciones de interés en la atención al fenómeno migratorio está constituido por la situación que se vive en México, de creciente inseguridad y de violaciones de los derechos humanos de los migrantes, tanto en la zona fronteriza como a lo largo de las rutas que conducen a Estados Unidos, destino anhelado de la mayoría de quienes se internan como indocumentados en territorio mexicano.

Para ilustrar lo que ocurre en este ámbito, es suficiente con hacer mención del informe de la Comisión Nacional de Derechos Humanos emitido en junio de 2009, en el que se consigna el dato de 9 758 migrantes secuestrados en el lapso de seis meses (septiembre de 2008-febrero de 2009), en su mayoría de origen centroamericano.

Las denuncias de periodistas y de grupos de la sociedad civil acerca de esta dramática situación han menudeado, e incluso se han plasmado en reportajes que se difunden en la televisión extranjera. CNN en español produjo uno que tituló "El tren de la muerte" y Televisión Española otro más, en el que se destaca el papel de "la Bestia", apodo dado al tren de carga que hace la ruta de la frontera al istmo de Tehuantepec y en el que muchos migrantes centroamericanos viajan en forma precaria, sufriendo lo mismo graves accidentes que siendo víctimas de distintas formas de violencia, de la que en repetidas ocasiones se ha culpado a las pandillas de origen centroamericano, conocidas como "maras", sin que se descarte la participación de delincuentes de nacionalidad mexicana e incluso, con frecuencia, la de nuestras autoridades tanto policiacas como de migración.

Los retos de la seguridad

El 20 de julio de 2010 se reunieron en San Salvador, capital de El Salvador, los jefes de Estado y de gobierno de los países que conforman el Sistema de la Integración Centroamericana, con el propósito de relanzar, por enésima ocasión, el proceso de integración del istmo.

En los considerandos de la declaración conjunta que se suscribió como resultado de esa reunión se dice que después de haber realizado una revisión crítica de los esfuerzos encaminados a la integración, iniciados cincuenta años antes, se ha decidido hacer su relanzamiento, asumiendo "la necesidad y el compromiso impostergable de redefinir las prioridades de la agenda del proceso integracionista".

Las razones que explican esta determinación se plantean con absoluta claridad en el siguiente párrafo:

[Considerando] que pese a los avances alcanzados aún se mantienen importantes desafíos en lo económico, social, institucional y en materia de seguridad democrática, particularmente la presencia del narcotráfico y del crimen organizado; el aumento de la vulnerabilidad de la región ante los desastres naturales y los efectos del cambio climático, la persistencia de la pobreza y desigualdades al interior de cada uno de los países.

Se trata, como se puede ver, de una declaración plena de dramatismo, que puede ser leída como la aceptación de la frustración de un largo esfuerzo que, en principio, concierne a los más de 40 millones de centroamericanos, pero cuyas causas y efectos sobrepasan los límites de la región localizada al sur del territorio mexicano.

Más allá del reconocimiento de la incapacidad para avanzar en la integración regional, lo que resalta en la declaración conjunta es que el problema de la seguridad se ha ubicado en el centro de las preocupaciones centroamericanas.

El citado documento ubica a la seguridad democrática como el primero de los cinco grandes pilares en el relanzamiento del proceso integrador y destaca la importancia de la puesta en práctica de la Estrategia de Seguridad de Centroamérica y México, "para combatir el crimen organizado, en particular el narcotráfico, el tráfico ilícito de armas, pandillas delictivas, grupos de exterminio, trata de personas, tráfico de personas y contrabando".

Para explicar el lugar preponderante que los mandatarios centroamericanos otorgan a los problemas de seguridad, es conveniente hacer referencia a informaciones que ilustran la situación al respecto.

En junio de 2009 el PNUD publicó el Informe sobre Desarrollo Humano para América Central, bajo el título: "Abrir espacios a la seguridad ciudadana y el desarrollo humano", en el que se afirmaba que Centroamérica —y en especial los países que forman su triángulo norte [Guatemala, El Salvador y Honduras]— es "la región más violenta del mundo", resaltando que en esos tres países, en 2008, se registraron las tasas de homicidio por cada cien mil habitantes más elevadas del planeta: 58 en Honduras, 52 en El Salvador y 48 en Guatemala. Como referente, esa tasa llegó en México a 12 ese mismo año, aunque ya hay puntos, como Ciudad Juárez, que han alcanzado niveles superiores de violencia.

El reporte mundial de drogas de la Oficina de la ONU contra las Drogas y el Crimen (UNODC, por sus siglas en inglés) permite relacionar la situación de violencia con el papel que Centroamérica está desempeñando como territorio de tránsito de droga destinada a Estados Unidos.

En este escenario, el nivel de la violencia en El Salvador se equipara con el vivido en la etapa de la guerra civil en los años ochenta, y la debilidad de las instituciones guatemaltecas encargadas de combatir el crimen y de impartir justicia ha quedado de manifiesto con el fracaso de la Comisión Internacional Contra la Impunidad en Guatemala, instituida con el apoyo de la ONU.

El inevitable corolario de esta situación es la vinculación de los grupos de la delincuencia organizada que actúan en Centroamérica con sus homólogos de México, Colombia y Venezuela, aspecto que ya ha sido objeto de denuncia por parte del presidente de Guatemala, Álvaro Colom.[6] Por su parte, el ministro de Defensa de El Salvador, general David Munguía, ha dicho que el ataque del gobierno mexicano a los cárteles de la droga los ha empujado a Centroamérica.[7]

Según Joaquín Villalobos, experto centroamericano en temas de seguridad, se ha formado un entramado de rutas múltiples del narcotráfico que incluyen, entre otros espacios, "el Petén guatemalteco, las costa del Pacífico entre Nicaragua y El Salvador, la costa atlántica de Honduras y Nicaragua, [y] las fronteras de Belice y Guatemala con México".[8]

No deja de ser significativo que una de las acciones iniciales de política exterior de Laura Chinchilla, presidenta de la otrora pacífica Costa Rica, haya sido obtener la ayuda de Estados Unidos para llevar a cabo acciones directas para combatir el tráfico de drogas.

Al respecto de este escenario, resulta revelador que el primer apartado del plan de acción que complementa la declaración conjunta del 20 de julio sea el relativo a la seguridad democrática, trece de cuyos incisos detallan las medidas que los gobiernos del SICA se comprometen a llevar adelante en el combate arriba anunciado. Es significativo que el resto de los apartados del plan se agrupen bajo la categoría de "otros temas relevantes", que incluyen aspectos como el cambio climático y la prevención de desastres, la integración económica y social y el fortalecimiento institucional centroamericano.

En el citado plan de acción los mandatarios de la región acorda-

---

[6] "Colom culpa al narco mexicano de crisis", *El Universal*, 23 de julio de 2009.
[7] "Mexican drug cartels bring violence with them in move to Central America", *The Washington Post*, 27 de julio de 2010.
[8] "Centroamérica y Caribe, ¿narcorregión?", *El País*, 31 de mayo de 2010.

ron "continuar con la ejecución decisiva de la Estrategia de Seguridad de Centroamérica y México, adoptada en Guatemala, en diciembre de 2007".

Como resultado de una búsqueda amplia para localizar los contenidos de la mencionada estrategia, lo único que se pudo encontrar fue otro documento que contiene, en forma desglosada, el "Plan de acción con costos por componentes, indicadores y monto presupuestario de la estrategia de seguridad de Centroamérica y México", en el que es posible identificar con precisión las mayores preocupaciones sobre el particular, entre las cuales destacan:

- interdicción e interceptación del narcotráfico internacional;
- tráfico ilícito de armas;
- protección a las víctimas del tráfico ilícito o trata de personas;
- actividades delincuenciales transnacionales de pandillas;
- robo y hurto de vehículos;
- manejo de fondos incautados provenientes de actividades de narcotráfico, lavado de dinero o actividades del crimen organizado;
- desvío de precursores químicos;
- riesgo de amenazas terroristas.

El anterior listado configura un escenario regional amplio, plagado de riesgos, en el que participan México y Centroamérica, asunto que reviste particular dificultad vistas las múltiples facetas y confluencias del caso, entre las que se cuentan:

- una frontera porosa;
- las múltiples manifestaciones de violencia en contra de esos inmigrantes;
- los ya señalados vasos comunicantes entre los grupos de la delincuencia que actúan en México y Centroamérica;
- las debilidades institucionales en una y otra parte.

El calificativo "porosa" resulta una manera beatífica de calificar la situación de la frontera, toda vez que los cruces informales, es decir sin control alguno de las autoridades de ambas partes, han aumentado de manera alarmante. Sólo entre 2006 y 2010 el número de estos cruces pasó de alrededor de 30 a más de 50, al tiempo que en cada uno de ellos se ha incrementado el flujo de inmigrantes que se internan sin documentos en territorio mexicano, al igual que el tráfico incontrolado de drogas y armas, amén del abigeato y el contrabando de maderas preciosas y de especies animales en peligro de extinción.

La celebración, en marzo de 2010, de la cuarta edición del Diálogo México-Centroamérica sobre Seguridad Democrática, que se ha venido efectuando anualmente desde 2007, constituye una prueba irrefutable de que el tema del delito y la violencia, en todas sus vertientes, ha venido a instalarse como el meollo de la agenda entre nuestro país y la región ístmica, planteando el complejo reto de extender las preocupaciones de México en materia de seguridad nacional.

Los costos de la inseguridad

A finales de agosto de 2010 ocurrió la matanza de 72 migrantes indocumentados en San Fernando, Tamaulipas, la cual había tenido como presupuesto indudable el secuestro de las personas ejecutadas. La información de este hecho, ilustrada con fotografías, dio la vuelta al mundo entero.

Los gobiernos de cinco países —El Salvador, Guatemala, Honduras, Ecuador y Brasil— reaccionaron con preocupación y trataron de obtener información que les permitiera precisar si entre los masacrados había ciudadanos de sus países. La alta comisionada de la ONU para los Derechos Humanos, Navi Pillay, se manifestó "profundamente impactada por estos asesinatos, que prueban la crítica situación de los inmigrantes en ese país", instando a las autoridades mexicanas a que tomen todas las medidas necesarias para proteger a los inmigrantes, en especial a las mujeres y a los niños.

El presidente Felipe Calderón Hinojosa se refirió a la masacre como "barbarie incalificable", y aprovechó para reiterar su decisión de combatir y erradicar a los grupos delincuenciales que la perpetraron.

Entre el 27 de agosto y el 24 de septiembre los comunicados de prensa de la Secretaría de Relaciones Exteriores relacionados con este acontecimiento se limitaron a reseñar las acciones de apoyo a las autoridades consulares de los países cuyos connacionales perdieron la vida y las correspondientes a la repatriación de los cuerpos de las víctimas.

No habían transcurrido cuatro meses desde el dramático hallazgo de los ejecutados en Tamaulipas cuando, el 21 de diciembre, el Ministerio de Relaciones Exteriores de El Salvador denunció el secuestro de aproximadamente 50 migrantes indocumentados en el estado de Oaxaca. En su comunicado, dicho ministerio afirmaba que: "De enero a diciembre de 2010, el gobierno de El Salvador ha denunciado en reiteradas ocasiones hechos similares que constituyen claras *violaciones a los derechos humanos* de las personas migrantes, por los cuales ha pedido a las autoridades mexicanas investigaciones exhaustivas", e indicaba que no había recibido "ningún informe sobre las investigaciones realizadas o sobre las acciones para castigar a los responsables de estos actos".

Este nuevo episodio generó el 22 de diciembre, un día después de haberse producido la denuncia salvadoreña, un comunicado conjunto de los ministerios de Relaciones Exteriores de las repúblicas de Honduras, Guatemala y El Salvador, ratificándola y pidiendo al gobierno de México "que investigue estos graves hechos para dar lo antes posible con el paradero de las personas secuestradas entre las que, según los testimonios, habría ciudadanos de estas tres naciones".

Ese mismo día, en el comunicado 412 de la Cancillería mexicana, después de hacer mención a las acciones emprendidas para "localizar a los culpables y ponerlos a disposición de las autoridades judiciales", se dijo: "El compromiso del gobierno de México para enfrentar al crimen organizado transnacional es ampliamente conocido y reconocido a nivel internacional. En esta tarea el Estado mexicano ha destinado todos los recursos a su alcance. Por ello, el gobierno de México rechaza categóricamente cualquier aseveración que ponga en duda la determinación con la cual ha asumido esta lucha".

Es claro que nadie que actúe de buena fe puede negar esa determinación gubernamental, independientemente de que se esté o no de acuerdo con las estrategias que la han acompañado y con la valoración oficial de los resultados que ha producido.

Sin embargo, es inevitable traer a colación el escaso avance, por no decir nulo, conseguido en la mejoría de una grave situación que, como se consigna en este ensayo, había sido expuesta con absoluta contundencia en el informe de junio de 2009 de la Comisión Nacional de los Derechos Humanos, dando cuenta de casi 10 mil secuestros de migrantes en el semestre septiembre 2008-febrero 2009.

Por último, en lo que hace a los dos lamentables eventos ocurridos en Tamaulipas y Oaxaca, hay que decir que al momento de redactar este colofón no se tiene noticia de que los ocho presuntos responsables del primero que fueron detenidos hayan sido juzgados y sentenciados, ni de que hayan sido localizadas las víctimas del segundo.

No es de mi interés abundar en los ribetes policiacos ni judiciales del caso, ni en las pavorosas cifras de este problema, pero he tenido que recurrir a esta prolija relación de eventos relacionados con el tema para sustentar una reflexión sobre sus alcances de orden político, toda vez que prácticamente no se han evaluado las consecuencias políticas de ese trágico suceso en las relaciones con Centroamérica.

Sin desdeñar las preocupaciones morales y humanitarias que de manera inevitable surgen ante acontecimientos de esta naturaleza, percibo la ausencia de percepción acerca del impacto que tiene en Centroamérica la falta de eficacia del gobierno mexicano para reducir, aunque sea en una mínima medida, el secuestro masivo de migrantes y la comisión de múltiples delitos adicionales en su contra en nuestro territorio nacional.

No se trata simplemente de analizar los efectos negativos que esa debilidad de la acción de nuestras instancias de seguridad y justicia tiene en las relaciones con los gobiernos del área, pues siempre se encontrarán caminos para convocar al diálogo entre las autoridades en la materia, como ya se hizo en una reciente reunión ministerial, en la que además de los integrantes del antes mencionado Proceso Puebla estuvieron presentes representantes de Argentina, Brasil, Colombia, Ecuador, la OEA, la CEPAL, el BID y el Banco Mundial, entre otros, y en la cual se reiteraron los propósitos que vienen externándose, con algunas diferencias de matiz, desde marzo de 1996.

La parte verdaderamente profunda de esta problemática tiene que ver con el daño que sufre la imagen de México entre las sociedades centroamericanas, las cuales añaden la impunidad de los responsables de los hechos reseñados a la lista de agravios —fundados e infundados, históricos o recientes— que forman parte de sus correspondientes memorias colectivas.

Una razón que tiene que ser tomada en cuenta con especial interés es la alta proporción de familias hondureñas, salvadoreñas y guatemaltecas que tienen a uno o más de sus miembros en calidad de migrantes que se internan sin documentos en México buscando llegar a Estados Unidos.

Bajo ningún concepto resulta apetecible que a la compleja situación que vive la nación mexicana en sus relaciones con América Latina, dada la falta de un nivel apreciable de integración con Sudamérica y la fallida articulación económico-política con Centroamérica, se agreguen ingredientes que puedan acentuar nuestro aislamiento regional y asimilarnos, así sea en el imaginario del resto de nuestras naciones hermanas, a la fracción norteamericana del continente.

COMENTARIO FINAL

Con la fundación de la ODECA, hace casi seis décadas, se iniciaron los esfuerzos por alcanzar la integración económica y política de Centroamérica con una visión que, a pesar de su actualidad, no alcanza a superar el espíritu de los intentos de conjunción federativa vividos en el siglo XIX. Los pasos dados en 60 años y los numerosos acuerdos que han dado vida a una amplia gama de instancias regionales han resultado insuficientes para llegar a la meta que, de alguna manera, se propusieron los firmantes de la Carta de San Salvador en 1951. Algunas de las razones más relevantes para explicar lo anterior han tratado de ofrecerse en esta breve aproximación a un proceso que en muchos momentos ha tropezado con grandes vicisitudes.

Por otro lado, han transcurrido 30 años desde que, con la firma del Pacto de San José, el gobierno mexicano buscó tener un papel relevante en el apoyo al desarrollo de América Central. A ese primer paso han seguido otros intentos cuyos objetivos no se han conseguido, por falta tanto de constancia como de una perspectiva clara de las ventajas que puede representar una alianza firme entre México y Centroamérica. Esta circunstancia, como ya se dijo, ha sido y es fuente de descrédito para nuestro país en la opinión pública y en los sectores gubernamentales y privados centroamericanos.

Las consideraciones anteriores llevan a la conclusión de que es necesario visualizar la relación de México con Centroamérica en el futuro inmediato bajo la doble óptica del desarrollo y la seguridad.

Así, pues, resulta urgente superar la incapacidad manifiesta a lo largo del tiempo para otorgar un respaldo sólido y sostenido al proceso centroamericano de integración, con el objetivo de contribuir al desarrollo armónico de la región, con la consecuente reducción de sus emigraciones, y también para fortalecer un mercado significativo para los intereses económicos de México.

Lo anterior implica hacer avanzar los propósitos enunciados tanto al momento de la creación de la Comisión Mexicana para la Cooperación con Centroamérica como en los planteamientos del Plan Puebla Panamá y, más recientemente, en el Proyecto Mesoamérica, en materia de infraestructura de comunicaciones, integración energética, vigilancia de la salud y el medio ambiente y otros muchos aspectos que generen condiciones para la realización de un intercambio cada vez más intenso de bienes y servicios en un entorno de entendimiento regional que tendría que abarcar, precisamente, la porción mesoamericana de nuestro país y el conjunto de las siete naciones centroamericanas.

La condición *sine qua non* para que tal esfuerzo fructifique tendría que ser una profunda revaloración de la importancia estratégica y política de Centroamérica, tanto en la opinión pública como en los líderes mexicanos, empezando por quienes tienen responsabilidades y capacidades gubernamentales e incluyendo a los que actúan en el ámbito de los intercambios económicos. Al respecto, tendríamos que asumir que el desarrollo económico y la estabilidad política y social de las naciones del istmo constituyen un ingrediente indispensable para nuestra propia estabilidad.

Toda vez que no se trata de objetivos que puedan ser alcanzados en forma inmediata, la respuesta a dicha revaloración tendría que ser un decidido compromiso de recursos financieros y técnicos, en el mediano y largo plazo, sin los cuales es imposible esperar resultados más allá de los amables discursos que se pronuncian en los encuentros de los mandatarios.

Además, en el caso de que se produzca el trazo de una política en este sentido, se deberá tener en consideración la presencia de nuevos actores, como Brasil, Venezuela, la Unión Europea y, más recientemente, China, que compiten por tener influencia económica y política en el istmo, para definir acciones destinadas a evitar un proceso de marginación gradual de México.

Sin embargo, en este momento resulta innegable que la perspectiva de largo plazo está severamente afectada por la coyuntura, pues es un hecho que, dado el estado que guardan los temas de la migración y la seguridad, las prioridades en la vinculación de nuestro país con la vecina región al sur de nuestra frontera habrán de concentrarse en el futuro inmediato, y quizá por un buen tiempo, en la búsqueda de respuestas efectivas a los graves problemas que plantea cada uno de los dos por separado y en sus mutuas sinergias.

Los componentes de esta compleja circunstancia son múltiples y tienen una vinculación estrecha con las debilidades de las estructuras productivas y sociales de toda la región, y sus posibles soluciones incluyen lo mismo un considerable trabajo de homologación de los marcos jurídicos mexicano y centroamericano que una integración funcional de sus servicios de inteligencia, lo que implicaría un entendimiento político al más alto nivel.

Todo ello sin descartar el análisis conjunto de los riesgos y las posibles ventajas de la participación del gobierno de Estados Unidos en el combate a la delincuencia organizada en el área, cuyo elemento más conspicuo hasta ahora es la llamada Iniciativa Mérida, con sus vertientes mexicana y centroamericana, cuyos resultados positivos están todavía por conocerse.

Dicho en otras palabras, la contribución a las necesidades de desarrollo de la región en la que confluimos no podrá darse sin solventar, en un nivel aceptable, las demandas de seguridad de nuestras naciones, lo cual se puede enunciar con facilidad pero implica remontar una situación que, por el momento, parece agravarse día con día y compromete la atención de todos los sectores económicos, políticos y sociales de México y Centroamérica. Sin duda el reto es enorme, pero ineludible, y habrá que trabajar con la mayor intensidad para hacerle frente, pues los costos de no hacerlo pueden ser devastadores.

En particular, considero de la mayor urgencia diseñar y poner en práctica una estrategia destinada de manera puntual a lograr avances sustanciales en la protección de las vidas y los derechos de los migrantes provenientes de Centroamérica y de cualquier otra parte del mundo. Dicho de otra manera, por razones de prioridad política, la atención a este problema tiene que ser un capítulo claramente diferenciado en la lucha contra la delincuencia organizada, para evitar las indeseables consecuencias de orden regional antes apuntadas.

BIBLIOGRAFÍA

Anuario Estadístico de América Latina y el Caribe, 2009, CEPAL.
Casillas R., Rodolfo, 2008, *Mesoamérica, El sur mexicano y Centroamérica, Fortalezas y debilidades*, México, Comexi.

Declaraciones conjuntas de las Cumbres de Jefes de Estado y de Gobierno del Mecanismo de Diálogo y Concertación de Tuxtla.

El PPP: *Avances, retos y perspectivas. Evolución del Plan Puebla Panamá hacia un Proyecto de Integración y Desarrollo de Mesoamérica*, Comisión Ejecutiva del Proyecto Mesoamérica, junio de 2008.

González González, Guadalupe *et al.*, 2009, *México, las Américas y el mundo. Política exterior, opinión pública y líderes 2008*, México, Centro de Investigación y Docencia Económicas.

Informe especial de la Comisión Nacional de los Derechos Humanos sobre los casos de secuestro en contra de migrantes, junio de 2009.

Página web de la Secretaría de Relaciones Exteriores.

Página web del Acuerdo de Asociación entre Centroamérica y la Unión Europea.

Página web del Sistema de la Integración Centroamericana, *Visión estratégica de Centroamérica y su inserción internacional*, Comisión Económica para América Latina y el Caribe, febrero de 2009.

Proyecto Integración y Desarrollo Mesoamérica, Informe ejecutivo 2008-2009, 2009, México, Comisión Ejecutiva del Proyecto Mesoamérica.

Rouquié, Alain, 1994, *Guerras y paz en Centroamérica*, México, Fondo de Cultura Económica.

Zapata, Ricardo y Esteban Pérez, 2001, *Pasado, presente y futuro del proceso de integración centroamericano*, México, CEPAL.

APÉNDICE 1

SISTEMA DE LA INTEGRACIÓN CENTROAMERICANA

Secretarías

Secretaría General de Coordinación Educativa y Cultural Centroamericana (SG-CECC).

Secretaría de Integración Económica Centroamericana (SIECA).

Secretaría Ejecutiva del Consejo Monetario Centroamericano (SECMCA).

Secretaría Ejecutiva del Consejo de Ministros de Hacienda o Finanzas de Centroamérica y República Dominicana (SE-COSEFIN).

Secretaría de Integración Turística Centroamericana (SITCA).

Secretaría de la Integración Social Centroamericana (SISCA).

Secretaría Ejecutiva del Consejo de Ministros de Salud de Centroamérica (SE-COMISCA).

Secretaría Técnica del Consejo de Ministras de la Mujer de Centroamérica (COMMCA).
Secretaría Ejecutiva de la Comisión Centroamericana de Ambiente y Desarrollo (CCAD).
Secretaría Ejecutiva del Consejo Agropecuario Centroamericano (SCAC).

Instituciones especializadas

Banco Centroamericano de Integración Económica (BCIE).
Consejo Fiscalizador Regional del SICA (CFR-SICA).
Comisión Centroamericana de Estadísticas del Sistema de la Integración Centroamericana (Centroestad).
Instituto Centroamericano de Administración Pública (ICAP).
Centro para la Promoción de la Micro y Pequeña Empresa en Centroamérica (CENPROMYPE).
Consejo Registral Inmobiliario de Centroamérica y Panamá (CRICAP).
Consejo Centroamericano de Protección al Consumidor (Concadeco).
Consejo Superior Universitario Centroamericano (CSUCA).
Comisión para el Desarrollo Científico y Tecnológico de Centroamérica, Panamá y República Dominicana (CTCAP).
Comité de Cooperación de Hidrocarburos de América Central (CCHAC).
Consejo de Electrificación de América Central (CEAC).
Comisión Regional de Interconexión Eléctrica (CRIE).
Ente Operador Regional (EOR) (del mercado eléctrico de América Central).
Comisión Técnica Regional de Telecomunicaciones de Centroamérica (Comtelca).
Corporación Centroamericana de Servicios de Navegación Aérea (Cocesna).
Comisión Centroamericana de Transporte Marítimo (Cocatram).
Centro de Coordinación para la Prevención de Desastres Naturales en América Central (Cepredenac).
Comité Regional de Recursos Hidráulicos (CRRH).
Foro Centroamericano y República Dominicana de Agua Potable y Saneamiento (FOCARD-APS).
Consejo de Institutos de Seguridad Social de Centroamérica y República Dominicana (CISSCAD).
Instituto de Nutrición de Centroamérica y Panamá (INCAP).
Organización del Sector Pesquero y Acuícola del Istmo Centroamericano (Ospesca).

Consejo del Istmo Centroamericano de Deportes y Recreación (Codicader).
Comisión Centroamericana Permanente para la Erradicación de la Producción, Tráfico, Consumo y Uso Ilícito de Estupefacientes y Sustancias Psicotrópicas y Delitos Conexos (CCP).
Comisión Trinacional del Plan Trifinio (CTPT).

HACIA UNA NUEVA POLÍTICA MIGRATORIA DE MÉXICO

RODOLFO CASILLAS R.

México no ha tenido una política migratoria exitosa. No la tuvo en el siglo XIX y tampoco en el XX, pero puede tenerla en el XXI. Durante mucho tiempo, y a partir del siglo XIX, la mira estuvo dirigida a la búsqueda de inmigrantes calificados, pero los resultados quedaron cortos dado que los flujos más numerosos de los deseados eligieron otros destinos. México no ha sido ni es atractivo para el extranjero que busca una nueva residencia permanente: menos del 1% de la población total en el país es nacida en el extranjero,[1] y no siempre con el perfil establecido en las leyes.

Con el correr del siglo XX la emigración mexicana fue adquiriendo importancia —que no era propósito de política pública—, fundamentalmente hacia Estados Unidos, hasta llegar a ser el *leitmotiv* de la política migratoria nacional. Hoy, poco más de 10% de la población mexicana total reside en ese país; su volumen y la diversidad de vínculos binacionales que desarrolla tienen un amplio horizonte de realización, más allá de donde está involucrado el Estado mexicano.[2]

Con los últimos decenios del siglo XX llegó la transmigración, mayoritariamente centroamericana, la más visible y detonadora de complicaciones diversas: internas, porque muestra, cuando menos, inconsistencias en la actuación gubernamental en el trato solicitado a emigrantes mexicanos con el trato dado a los transmigrantes; y externas, porque no logra con los países involucrados —Estados Unidos y las naciones centroamericanas, principalmente— un acuerdo efecti-

---

[1] Estados Unidos es el país con el mayor número de migrantes, y seis de los principales países con las poblaciones más numerosas de nacidos en el extranjero (Francia, Alemania, Federación de Rusia, España, Ucrania y Reino Unido) son europeos; véase la gráfica 1, OIM, *Informe sobre las migraciones en el mundo 2010. El futuro de la migración: Creación de capacidades para el cambio*, Ginebra, Organización Internacional para las Migraciones, 2010, p. 119.

[2] No siempre es necesario que esté el Estado, pero también es necesario que en algunos de los espacios sociales en que ahora no está, pueda estarlo.

vo para el trato satisfactorio de mexicanos emigrados y transmigrantes en México.

El futuro migratorio de México no será diferente de mantenerse las mismas políticas y las mismas maneras de operarlas. En este texto se presenta un análisis de la trayectoria, fundamentos, implicaciones y alcances de la política migratoria mexicana, que sirve como sustento para la propuesta de una nueva concepción y práctica migratoria del Estado mexicano.

LOS AMPLIOS PROCESOS MIGRATORIOS, LA GLOBALIZACIÓN Y EL PAPEL AUTOASIGNADO DE MÉXICO

Para la Organización Internacional para las Migraciones (OIM) la cifra de migrantes internacionales en el mundo podría alcanzar 405 millones en 2050.[3] Para 2010, la misma OIM, así como la ONU, estimaban que había 214 millones de personas migrantes fuera de sus países de origen. Seis de cada diez vivían en países desarrollados (128 millones). Ha continuado aumentando el número de migrantes, aunque en tasas menores debido a la crisis económica de 2008 y a desastres naturales, entre otras causas.

La situación es distinta para el caso de los refugiados, cuyo número ha aumentado a tasas mayores en los últimos tiempos, hasta alcanzar 2.7 millones entre 2005 y 2010. La ONU calculaba que para 2010 había 86 millones de migrantes internacionales, incluidos 14 millones de refugiados, en los países en desarrollo. Las cifras de migrantes continentales y extracontinentales indocumentados y solicitantes de refugio para el caso de México están lejos de esas tendencias mundiales en lo cuantitativo, aunque en lo cualitativo se presenten escenarios dignos de urgente atención multilateral, regional y nacional de México con los países involucrados.

Desde fechas recientes, de algunos países centroamericanos parten emigraciones de gran importancia desde el istmo y llegan algunas inmigraciones que proceden de fuera de éste. Empero, en tiempos más inmediatos, ocurren dos procesos novedosos, inéditos en varios

---

[3] Previsiones de la OIM basadas en DAES, 2009. Véase OIM, *Informe sobre las migraciones en el mundo 2010, op. cit.*, p. 3.

sentidos: migraciones intrarregionales cada vez más amplias y transmigraciones de personas tanto del sur del continente y del Caribe como de lugares distantes de Asia y África. Por su parte, como ya se ha dicho, México es lugar de origen de numerosos flujos emigratorios hacia Estados Unidos, destino de limitados flujos inmigratorios internacionales y paso obligado de crecientes flujos de transmigrantes, la gran mayoría procedentes de Centroamérica, y de un número impreciso de caribeños, asiáticos y africanos que pretenden, todos, llegar a Estados Unidos, por cualquier vía, cualquier medio y en el menor tiempo posible. Las rutas de los excluidos del mundo que pretenden llegar al norte de América convergen en México.[4] A ellos hay que agregar los millones de eventos de extranjeros documentados según las distintas modalidades migratorias.[5] Los flujos mencionados forman parte del todo migratorio internacional que ocurre en México.

El mestizaje del periodo colonial quedó como referencia histórica con cierta validez hasta el siglo XIX, pero no es más el distintivo nacional. Incluso, como discurso, cada vez es menos útil, cada vez su sustento es menos comprobable. Hoy, México es marcadamente endogámico en tanto que se reproduce socialmente con sus bases poblacionales autóctonas, y no hay nada en el horizonte que indique un futuro contrario o diferente.[6] No está mal que así sea el México actual; lo que resulta insostenible es la política formal vigente para un país que no existe en la realidad.

Lo grave es que México resulta ser endogámico hasta en la manera de ver y relacionarse con el mundo. Viendo hacia dentro, terminó, políticamente hablando, mirando el mundo desde la sombra de su

[4] Enrique Méndez, "Llegan indocumentados de Medio Oriente y África", *La Jornada*, 24 de enero de 2011. Las estaciones migratorias de la frontera con Guatemala aseguraron y repatriaron en 2010 a 33 000 indocumentados, la mayoría de Centro y Sudamérica, pero también de países desde los que se tienen identificadas dos rutas del noreste de África y del Medio Oriente: una que parte de Eritrea y la otra de Iraq. De acuerdo con estadísticas y un mapa del Instituto Nacional de Migración (INM), que muestran la ruta desde esas regiones, en 2010 desde Eritrea, Etiopía y Somalia llegaron a México 324, 123 y 103 ciudadanos de esos países, respectivamente. Mientras que de Iraq vinieron nueve, y de Turquía, uno. La mayoría, explica la doctora Victoria Vélez, del Centro de Atención a Migrantes en la Estación Talismán, ubicada en la Casa Roja, llega con intención de ser asegurada por el INM, para solicitar asilo.

[5] La migración documentada, principalmente para turismo.

[6] Estas afirmaciones no niegan la presencia de poco más de medio millón de extranjeros que residen de manera oficial en el país, según el Censo Nacional de Población. Las afirmaciones van en el nivel macro y general.

vecino poderoso, y desde ahí se planteó crecer y ser. Ese propósito del siglo XX fue ratificado en los albores del XXI.[7] Ha querido relacionarse con el mundo liado a uno de sus vecinos, subordinando su propio futuro a los designios e intereses de otro y, en consecuencia, atando su política migratoria a ese afán.[8] Los resultados son evidentes y contundentes: insatisfactorios para México y de dudosa aceptación para los demás.

De los tres países vecinos, dos —Estados Unidos y Belice— viven importantes procesos de multiculturalidad internacional debido a las fuertes corrientes migratorias que a ellos llegan de muy distintas regiones del mundo; históricamente, uno (Estados Unidos) ha sabido sacar provecho de ello, y el otro (Belice) estará en un plazo medio en una situación de posible privilegio (multilingüe, multicultural, con posibilidad de entender lenguajes, intereses y formas de ser mundiales).[9] México está entre una experiencia histórica comprobada y otra que puede ocurrir, pero con ninguna de las dos. Único y solo; viéndose y sin ser visto. Es decir, sin ser visto para hacer futuro compartido y no para ser objeto de recriminaciones vinculadas a la migración.

El sueño migratorio se convirtió en pesadilla, con migrantes mexicanos y extranjeros muertos y secuestrados, lo que desnuda la disociación de los mercados de trabajo reales de los formales, de la lejanía de los migrantes y sus familias del desarrollo, de la valoración de los

[7] En un artículo publicado en *Newsweek* de marzo de 2000, p. 2, Jorge G. Castañeda apuntaba dos objetivos generales de política exterior: 1] ubicar a México en un nuevo lugar en el escenario internacional, y 2] desarrollar una nueva vinculación estratégica con Estados Unidos. Posteriormente, en la revista *Nexos*, núm. 288, p. 67, diciembre de 2001, ya en su calidad de secretario de Relaciones Exteriores, agregaba que ambos "no sólo son mutuamente compatibles, sino inseparables".

[8] La agenda migratoria de México con Estados Unidos consta de cuatro puntos que, en conjunto, darían respuesta a las expectativas mexicanas y, de lograrse, se entraría a un nuevo estadio de relación bilateral: 1] regularización de los millones de mexicanos residentes en Estados Unidos; 2] gestión sobre el número y características de las visas para trabajadores temporales; 3] programa de promoción al desarrollo en regiones mexicanas con altos índices de emigración internacional, y 4] establecimiento de un programa de trabajadores temporales; ninguno de ellos se ha logrado y, con el control republicano de la Cámara de Representantes en la administración Obama, difícilmente podrán presentarse condiciones para mejorar la situación actual a favor de los planteamientos mexicanos, pues los puntos planteados representan soluciones para México, pero no para Estados Unidos que, pragmáticamente, ya recibe beneficios sin necesidad de hacer concesiones a México.

[9] La densidad demográfica de cada uno de esos países es tema aparte.

aportes culturales de los pocos extranjeros que llegaron y se mexicanizaron y del ejercicio de una democracia que no incluye a los migrantes y mal los protege. En temas de migración, México corre el riesgo de transitar del Estado social al Estado policial y a la condena internacional.

La persistente cerrazón migratoria de Estados Unidos acercará más a Asia y a África a México, así como la competencia entre mercados hará que Europa y parte de las potencias orientales exploren fortalecer sus vínculos comerciales y económicos con México, si es que éste da muestras de interés. Esos mercados no necesitan a México para crecer, pero México sí los necesita a ellos para labrarse un futuro diferente. Es decir, habrá flujos crecientes de bienes, servicios y personas para los cuales habrá que crear condiciones internas a fin de que ocurran, asociándolos y no disociándolos, como ha sido la tendencia hasta ahora, que ni favorece a la economía ni amplía el espectro de relaciones posibles. Aún falta mucho para que en México se reconozcan y valoren los ingredientes asiáticos y africanos en los procesos culturales e identitarios que lo conforman. Cuando eso suceda, no sólo verá la historia nacional de manera diferente, sino que encontrará elementos que le permitan el reencuentro propositivo con Asia y África, y con visión de futuro.[10]

Así como ningún continente estará ausente del futuro migratorio de México, tampoco las relaciones de éste pueden estar circunscritas a Estados Unidos y Centroamérica, por más que su peso y su volumen sean significativos ante los demás. Achicar las relaciones con el mundo es achicar el presente y el futuro, y así ni los países preferidos ni los que requieran a México le plantearán términos de relación equitativos. Equidad y respeto deben ser centrales en toda negociación migratoria con el mundo, y hoy no los hay más allá de las consabidas expresiones formales.

Las tendencias de la migración en el mundo son diversas y mutantes. Diez de ellas son las siguientes (sin que el orden de presentación

---

[10] Lo mismo puede decirse del bagaje cultural prehispánico compartido por México con parte de Centroamérica y del desarrollado posteriormente: los vínculos mexicanos con Centroamérica no pasan por la economía sino por la cultura, principalmente. Y si se toma en cuenta que una creciente corriente comercial viene de Asia a México por Centroamérica (más la que llega de manera directa o a través de Estados Unidos), quizás entonces México esté en mejor posición para entenderla, encauzarla, hacerla parte de lo que se prevé y desea para reposicionar a México en el mundo.

indique una mayor o menor importancia, dado que ésta es relativa según los factores que se tomen en cuenta): 1] persistencia de una fuerte migración a Estados Unidos; 2] crecimiento constante de los flujos migratorios; 3] poblaciones locales más vinculadas a lo internacional, que preservan rasgos propios; 4] crecimiento migratorio citadino y de la migración sin control institucional; 5] crecimiento de las migraciones sin destino preconcebido; 6] auge de la pluralidad social migratoria; 7] expansión de la globalización y la inserción mayor de los flujos migratorios en ella; 8] surgimiento de nuevos actores sociales, algunos solidarios, otros delictivos; 9] presencia de mujeres y juventudes en flujos migratorios, y 10] mayor ejercicio de nuevos esquemas migratorios multinacionales. Frente a ellas, los grandes países receptores de migrantes han optado por políticas migratorias más selectivas, que no han logrado desestimular la emigración y no siempre han conseguido regularla y administrarla, pero sí han alentado o propiciado indirectamente el surgimiento y fortalecimiento de redes de traficantes de migrantes,[11] entre otros efectos indeseables.

Ante el vertiginoso desarrollo de distintos procesos de globalización, los estados ponen en práctica medidas locales y específicas sin llegar a tener el conocimiento —y menos el control— de lo nuevo o renovado. Parecería que sin control estadístico y reglamentario no fuera posible tener filosofía política, conceptos, diseño y aplicación de política pública acorde. El registro gubernamental *versus* el movimiento acelerado de bienes, servicios y personas. Menos del 10% de los contenedores que se mueven en el mundo son objeto de revisión fiscal; hay un altísimo porcentaje de transacciones financieras internaciones que de manera virtual van día a día de un lugar a otro con limitados controles hacendarios;[12] parte del desarrollo de los grandes países requiere formas laborales y comerciales infamantes en subcontinentes para poder ser y proseguir a la vanguardia; los altos presupuestos para el control fronterizo han tenido un alcance

---

[11] Las redes delictivas han resultado ser grandes innovadoras y eficientes en el uso de los aportes de la globalidad; coyotaje virtual, cobro de remesas por vías bancarias electrónicas, asesoría legal a migrantes a distancia, etcétera.

[12] Lo que ocurre con los envíos electrónicos internacionales es un buen ejemplo para el caso mexicano. Las remesas no sólo proceden de mexicanos en Estados Unidos, sino de centroamericanos, asiáticos y africanos en ese país, para la transmigración y para pago de secuestros; otras remesas de otras latitudes tienen los mismos fines. Véase, del autor, "Efectos múltiples de las remesas centroamericanas a México", *Revista Mexicana de Política Exterior* 81, 2007: 33-56.

limitado en la detención de migrantes, pero no en el desaliento del flujo migratorio internacional. La pérdida de la rectoría del mercado y de las implicaciones de la globalización ha dado lugar al miedo y la inseguridad, a la rigidez, a pretender cierta lentitud o inmovilidad para poder contar y luego ver qué hacer. Pero el mundo no se detiene. Quien quiera ir con él, y no sólo con alguno o unos cuantos, que vaya a la par.

Las tendencias en el mundo se orientan hacia una compleja simplificación de los procesos y a su realización y vinculación móvil, de manera virtual sin distingos fronterizos. El mundo cada día es más móvil, se desarrolla en la movilidad e interconexión global; comunicarse e intercambiar bienes, servicios y personas a corta distancia interna resulta la misma complicación que hacerlo a miles de kilómetros, cruzando varias fronteras en un movimiento ininterrumpido y cada vez más rápido. Esas tendencias representan un desafío para quienes pretendan estar enterados, ejercer algún tipo de control y regulación que implique la interrupción o dilación en las transferencias. Los controles y registros gubernamentales, en consecuencia, tienen que ser igualmente ágiles, dinámicos, virtuales, acordes con los movimientos internacionales. Ir atrás será cada vez más contraproducente, tanto para la competencia legal y legítima como para enfrentar con posibilidades de éxito las prácticas delictivas.[13]

Dado el escenario internacional y el propio, ha llegado el tiempo para una nueva concepción y una nueva práctica de política migratoria, a riesgo de tensar más el tejido social nacional y de seguir una inercia contraproducente en la relación con el mundo. Para cambiar, México requiere algo más que un golpe de timón o una alternancia partidaria en el poder, pues ésta no es garantía de cambio de concepción del quehacer del Estado. Hay que ver el amplio mundo con

---

[13] La globalización de las redes delictivas las lleva a crear nuevos nichos de mercado, a subcontratar y compartir agentes locales, a ampliar las zonas compartidas en el mundo entre distintas redes. No es necesario que los distintos agentes involucrados se conozcan personalmente para efectuar su —hasta hoy— exitoso tráfico de migrantes. Una de las prácticas más exitosas de los traficantes internacionales de migrantes es, a partir de una visión regional, buscar las normatividades migratorias más débiles y de escasa operación para usarlas, y de ahí acceder a países con normatividades más exigentes y aplicadas. Otras medidas son la práctica de la evasión de la normatividad migratoria, o el uso de ella para propósitos de mayor complejidad, otra más es la simulación (la falsificación) de documentos para "cumplir" con esa normatividad.

ojos diferentes, revaluar el entorno inmediato, justipreciar lo propio y, sobre todo, asociar los procesos migratorios con el desarrollo social nacional.

El eje principal de la política migratoria todavía vigente de México lo constituye la relación entre población y economía. De ahí que se pretendiera atraer a extranjeros de determinada capacitación laboral. La idea de progreso alentaba y alienta todavía la pretensión. El modelo ideal de extranjero no ha llegado ni llegará, aunque ello no implica que los que llegaron dejaran de ser gente industriosa y propositiva, como los que podrán venir. Simplemente no se tuvo éxito para atraer el volumen deseado para el conjunto de actividades deseadas, en los momentos y lugares deseados: México no resultó lo suficientemente atractivo frente a otros países. El desarrollo económico habido se ha dado con los pocos que llegaron y se acomodaron donde buenamente han podido y con una mayoría de mexicanos residentes en pocos macrositios, algunas ciudades intermedias y miles de localidades pulverizadas.

Parte del problema es que la creciente emigración mexicana aportó en divisas lo que en el mercado interno no pudo desarrollar, con distintos efectos inmediatos y mediatos: en el corto plazo, bajó la presión interna sobre la demanda de empleos, mejores salarios y prestaciones sociales, generó un subsidio indirecto al erario público mediante remesas y favoreció la gobernabilidad en un creciente número de municipios a donde llegaban envíos periódicos de efectivo, que rápidamente dinamizaban el comercio local de servicios de vivienda, educación, salud y alimentos. Mientras que la población mexicana se ensanchó, creció y llenó de gente joven que no encontró trabajo, o trabajo satisfactorio en el país, ocurrió una mayor emigración y mayores remesas.

En la medida en que la población deja de crecer en tasas altas de natalidad, se reduce la mortalidad y se acrecienta la expectativa de vida, ocurre, como tendencia, una posible —aunque leve— reducción del flujo emigratorio y un estancamiento de las remesas. Si a ello se agrega el envejecimiento de la población emigrada, entonces se presentan migraciones de retorno y menores remesas.

Eso es lo que ocurrirá en los próximos decenios,[14] con el agravante

---

[14] Virgilio Partida, "Transición demográfica, bono demográfico y envejecimiento en México". Reunión de expertos, Implicaciones Económicas y Sociales de los Cambios Poblacionales y Estructuras de Edad, Organización de las Naciones Unidas, División de

de que habrá mayor demanda de servicios de salud por el envejecimiento general de la población en el país.[15] Dicho de otra forma, el histórico eje población y economía se verá afectado de manera importante por lo que ocurra con la escasa inmigración de extranjeros, la alta y constante emigración, la baja en el monto de las remesas, el retorno de nacionales envejecidos y la creciente transmigración internacional por México.

La tersa transición de una sociedad poblacionalmente más vinculada con la pediatría a una de mayor demanda geriátrica sólo será posible si el país crece en tasas constantes cercanas al 5% anual[16] por casi 15 años, genera de manera constante unos 800 000 nuevos empleos, duraderos y de determinadas características, innova en su ingeniería institucional y adecua su infraestructura de servicios a los nuevos requerimientos de su población. Esa carrera contra el tiempo se inició en 2006 y termina en 2028 (lapso en que "el bono demográfico permanecerá transitoriamente abierto en México, por primera y única vez").[17] Lo que no se logre en ese periodo implicará costos muy altos para la sociedad y las instituciones mexicanas, y México ya va atrasado en el logro de las metas. El progreso antaño deseado y no logrado podrá devenir desgracia nacional, de seguir las cosas como van.

La reducción del alto crecimiento poblacional, las mejoras en la salud, el decremento en la mortalidad y la ampliación de las expectativas de vida no han solucionado los graves problemas de desarrollo inequitativo; los han reducido, aunque no por mucho tiempo. La emigración mexicana ha reducido el conflicto social a tensión interna, pero pronto retornará una parte de ella para cobrar la factura en servicios de salud, principalmente. La inmigración extranjera ha sido numéricamente poca, pero de gran peso en lo cultural, deportivo,

---

Población, Departamento de Asuntos Económicos y Sociales, México, 31 de agosto-2 de septiembre de 2005.

[15] En el año 2000 las personas de 60 años o más representaban 6.8% de la población total del país. En 2050 se espera sean el 28% de ese total. Véase Partida, *op. cit.*

[16] Se requiere una tasa de crecimiento del PIB constante de 4.8% de 2000 a 2030 para que el número de empleos formales, productivos, bien remunerados y con prestaciones (incluida la seguridad social) absorba a 84% de la PEA en 2030. Enrique Hernández Laos, "Desarrollo demográfico y económico de México (1970. 2000. 2030)", citado en Partida, *op. cit.*

[17] Será necesario crear suficientes empleos para satisfacer el incremento anual de más de 800 000 nuevos entrantes a la fuerza de trabajo de 2000 a 2015 y un promedio de 500 000 de 2016 a 2030. Véase Partida, *op. cit.*

empresarial, y de ahí que su aporte haya devenido parte de lo social nacional. La transmigración internacional en la opacidad institucional ha enriquecido de distintas maneras la sociedad mexicana, pero las instituciones gubernamentales han estado marginalmente presentes, y más para aspectos de seguridad, así sea a destiempo y con criterios diferenciadores.

Las problemáticas que conllevan la emigración, inmigración y transmigración han sido relacionadas por adscripción administrativa en dependencias y no por articulación conceptual de política migratoria, lo que se traduce en respuestas locales, sectoriales, parciales, a procesos globales; de ahí, en buena parte, la imposibilidad de lograr resultados satisfactorios y duraderos. El eje población-economía, al que debieron subordinarse los procesos migratorios de acuerdo con la lógica estatal de entonces, no ha sido cumplido y, aunque ahora se hiciera, ese eje resultaría insuficiente para un reposicionamiento de México en un mundo que va más allá de la economía, debido a que esta misma ha sido cambiada de su otrora concepción de progreso a su versión globalizada del siglo XXI.

El eje población y economía existe en términos relacionales, como ocurre con la política migratoria, que no existe por sí misma sino en función de su relación con otras políticas y objetivos nacionales. El eje está plasmado en el mandato del Ejecutivo federal, que también tiene la responsabilidad exclusiva de la aplicación de la política migratoria del Estado mexicano. Con algunos ajustes importantes, aunque menores, la ley que mandata al Ejecutivo en materia migratoria data de 1976, y la más reciente innovación en ingeniería institucional, que hizo que la otrora Dirección General de Asuntos Migratorios, dependiente de la Secretaría de Gobernación, pasara a ser el Instituto Nacional de Migración (INM), bajo la figura legal y formal de órgano desconcentrado de Estado (porque en la realidad sigue teniendo una dependencia política y presupuestal de Gobernación), es de finales de 1993. El marco legal nacional es obsoleto para un país y ante un mundo que cambian.

La política migratoria actual de México es una continuación de la formulada en los años noventa por la administración de Salinas de Gortari. Por un lado, procurando llegar a acuerdos bilaterales con Estados Unidos, bajo el espectro del Tratado de Libre Comercio de 1994, para administrar la emigración mexicana y, por otro, aplicando una política de contención a la transmigración centroamericana por el país. En ninguno de los dos propósitos se han logrado resultados que satisfagan a los migrantes, pero tampoco se han logrado avances sustantivos en la gestión migratoria por vía diplomática; los logros inmediatos han sido rápidamente superados por la dinámica migratoria. A los gobiernos federales del siglo XXI les ha tocado ver cómo el tema migratorio se les iba de las manos ante su incapacidad de apreciar los signos inequívocos de agotamiento e improcedencia del modelo heredado y seguido, y ante su imposibilidad para generar una política migratoria alternativa. Hoy se observa un profundo desfase en los términos del debate sobre migración en México, Estados Unidos y Centroamérica, tanto en el nivel gubernamental como en el social.[18] En Estados Unidos la migración se percibe como un asunto de política interna; en México, como un tema de política exterior con Estados Unidos, y en Centroamérica como un tema de vieja lealtad política con Estados Unidos y de humanitarismo con México.

La preocupación principal para el gobierno de Estados Unidos es la seguridad, para el de México son los aspectos económicos, sociales y de derechos humanos, y para los de Centroamérica son la solidaridad y comprensión de Estados Unidos y México. Mientras que en la sociedad estadunidense hay una división profunda sobre abrirse o cerrarse a la inmigración, en México existe consenso social a favor de la libre movilidad de la mano de obra y de una frontera abierta en el norte, aunque indiferencia, ambigüedad y negación a la inmigración y transmigración que parte o transita desde el sur. Las sociedades centroamericanas, por su lado, apelan a la emigración fuera de Centroamérica como un recurso legítimo ante la problemática interna que se complementa con la solidaridad internacional, aunque siguen sin favorecer ni aceptar la migración intrarregional, ésa que involucra a los flujos de migrantes de nicaragüenses en Costa Rica, de hondureños y nicaragüenses en El Salvador, de salvadoreños y hondureños en Guatemala, por ejemplo.

¿Qué hacer ante un listado de desencuentros y posiciones diferentes y encontradas entre estados y sociedades involucradas y ante el hecho innegable de que la migración internacional indocumentada es totalmente vigente y a la menor oportunidad vuelve a incrementarse de manera notoria? ¿Cómo revertir los efectos de desencuentros

---

[18] Véase el excelente texto de Guadalupe González, "Percepciones sociales sobre la migración en México y Estados Unidos: ¿Hay espacios para cooperar?", en Luis Herrera-Lasso (ed.), *México, país de migración*, México, Siglo XXI, 2009, pp. 107-153.

anteriores, crear condiciones para el encuentro y nuevos términos de negociación para el futuro, es decir, el que ya llegó? La política migratoria, en consecuencia, tiene implicaciones de lo más diverso en lo interno y lo internacional; no es cosa de sólo gran habilidad diplomática.

Hasta hoy se ha pretendido regular, controlar, seleccionar, dosificar, clasificar —sin éxito— los flujos migratorios, incluso desde antes de que las personas emprendan el camino. Los resultados verificables arrojan subregistros prácticamente en todos los rubros, amplísimas zonas grises que se pierden en lo profundo del desconocimiento y hacen de la estimación el medio por excelencia para pronunciarse sobre determinado flujo. Se va a tientas en el quehacer gubernamental en torno a la migración. Y en materia migratoria el ejercicio del ensayo y error no lleva a mejorías científicas sino a fracasos de política pública de alto costo social y de pérdida de posición en la negociación bilateral y multilateral. Por otra parte, hay que recordar que la innovación tecnológica será de gran ayuda para ir al día, pero que ésta, por sí misma, no dicta la política migratoria; es un elemento de juicio que ayuda y no debería determinar qué hacer, aunque incida en hasta dónde es posible hacer.

Tratar de contener flujos y seleccionar de entre ellos a los migrantes individuales que interesan ha sido un contrasentido al menos a dos macroprocesos: 1] el repliegue, cuando no negación del Estado de bienestar social, y 2] el aliento liberalizador del mercado. Los efectos combinados de esa doble acción tienen alcances y consecuencias diferentes entre los países, y en tanto que México es un actor más en el tablero del mundo es presa del descontrol —pierde sus fichas, no sabe cuál mover y hay otras que le pasan a un lado sin que lo tome sustancialmente en cuenta— y, en consecuencia, cosecha más tensiones y conflictos que satisfacciones: con Estados Unidos no avanza, con Centroamérica tampoco, con los países asiáticos y africanos menos, y sus informes de gestión migratoria no convencen a la sociedad mexicana. ¿Tiene caso persistir con más de lo mismo?

En efecto, si se enumera por dependencia, los resultados serían así: Relaciones Exteriores no logra acuerdo alguno con Estados Unidos para el mejor trato a los mexicanos en ese país; a lo más que llega es a notas de protesta diplomática que no trascienden; el Instituto Nacional de Migración no ha logrado resultados satisfactorios ante los países centroamericanos, los cuales cada vez más exigen, con más vehemencia y razón, que se preserven la vida y los derechos de sus nacionales en suelo mexicano; Gobernación argumenta sin convencer a la sociedad; Trabajo y Previsión Social, Educación, Salud, Economía y Desarrollo Social muestran, en el mejor de los casos, acciones menores y atomizadas en la atención de los migrantes; Seguridad Pública, Procuraduría, ejército y marina corretean y enfrentan a redes de narcotraficantes y cuando pueden —y algunas, si quieren— atrapan a algunos secuestradores de migrantes, pero eso es ocasional en tiempo y espacio nacional; los acuerdos extraordinarios de acción de los tres niveles de gobierno —federal, estatal y municipal— que se han suscrito en tiempos recientes se agotan, casi, al secarse la tinta tras el momento de la firma.

La variedad de temas reclama participación y responsabilidad de muy distintas dependencias, por lo que es improcedente fijar responsabilidad única y absoluta a una sola instancia (el INM, por más que éste tenga un mandato específico, pero no exclusivo). Ciertamente hay vicios (ineficiencia, corrupción, desinterés) y atenuantes (presupuesto y personal capacitado insuficiente, etc.), pero en el fondo lo que hay es ausencia de sentido, de una política migratoria única que sostenga el conjunto de dependencias gubernamentales en una sola dirección, con tareas diferenciadas y coordinadas, sujetas a verificación, rendición de cuentas, en una dirección clara. Hoy hay intención de legislar nuevas disposiciones jurídicas, reglamentarias y de procedimientos en materia de migración; sería deseable que no fuera a la luz de un anacrónico eje población-economía. Una nueva política migratoria, ante el recuento de daños, ¿demandará una nueva concepción migratoria del Estado y una nueva ingeniería institucional del Ejecutivo federal, y no sólo, operativamente, una nueva política migratoria?

¿Para qué han servido los registros migratorios? Los usos han sido pocos, no de poca importancia para algunos propósitos, pero lejanos de servir para el desarrollo nacional. De entrada, han servido para justificar la existencia del INM, su personal, gastos de operación y la variedad de insumos que le son necesarios para su funcionamiento regular; también para que, mediante rubros determinados, el fisco nacional cuente con un ingreso nada despreciable y del cual, por cada peso ingresado, regresa a la dependencia que le provee sólo unos centavos para su presupuesto anual; para atender determinados compromisos internacionales, como los emanados de la Conferencia Regional de Migración, aunque no siempre lo haga de manera satisfactoria; para gestiones específicas con algunos sectores; para alimentar algunas medidas y temores relativos a la seguridad nacional y la de Estados Unidos, así como para algunos otros propósitos de inteligencia internacional, más que nacional,[19] etc. Pero por su limitado nivel de desagregación —por el subregistro, por deficiencias de concepción, de operación, de cobertura, infraestructura y personal debidamente capacitado y honesto— de poco han servido y sirven para propósitos de seguridad y, sin duda, menos para fortalecer una vinculación con actividades productivas, mercados laborales legales, programas de desarrollo, robustecer las culturas y el tejido social, etcétera.

Los procesos migratorios tienen más implicaciones internas de lo que generalmente se suele suponer y reconocer, particularmente por la emergencia y actuación de algunos de los actores involucrados. Se observan efectos sistémicos por el deterioro de la política migratoria, un proceso largo que ha transitado por distintas fases, momentos, participaciones y acciones. El efecto sistémico se refiere a la pérdida o daño al sistema social en su conjunto, resultado de las implicaciones sociales y locales del proceso migratorio internacional que ocurre en el país. Los riesgos sistémicos se exacerban por la interdependencia que existe entre los agentes sociales e institucionales involucrados que actúan en desapego al orden legal, a menudo de manera impune. El riesgo puede ser detonado por eventos repentinos o construido en el tiempo con graves efectos sociales inmediatos, así sean poco visibilizados. El riesgo es cada vez mayor si las autoridades estatales subvaloran el problema, posponen su debida atención, por considerar que la modificación del sistema migratorio causará trastornos mayores con otras actividades nacionales (el turismo, por ejemplo)[20] o

---

[19] ¿Cuáles son las nuevas vías para la seguridad nacional cuando el Estado-nación ha sido transformado por prácticas comerciales, migratorias, militares, etc., que relativizan el control efectivo de lo que ocurre en las fronteras nacionales?

[20] Como es sabido, Estados Unidos exige visa a los mexicanos para ingresar a su territorio y México no les exige visa a los nacionales estadunidenses, bajo el argumento de que hacerlo afectaría negativamente el turismo proveniente de ese país. Esa hipótesis no se ha comprobado; sin embargo sigue siendo el argumento para que no se exija reciprocidad en el trato migratorio. Brasil, en contraparte, dio el mismo trato de visado a los estadunidenses y mexicanos también, por cierto, cuando esos países determinaron imponer el requisito de visa a los nacionales brasileños. Hasta la fecha el turismo hacia Brasil, procedente de los países citados, no ha presentado efectos negativos.

afectará el conjunto de relaciones con países —con Estados Unidos y Centroamérica, por ejemplo—,[21] olvidando que ya están presentes trastornos graves, y siguen en marcha.

También están los riesgos de lenta maduración que se gestan paulatinamente y pueden tener un enorme efecto potencial e implicaciones de largo plazo si no son valorados en su justa dimensión y a tiempo, lo que impide tomar las medidas necesarias para evitar su avance y efecto posterior. Son riesgos que se desarrollan a lo largo de varios años e incluso decenios. En estos riesgos se ubica el crecimiento de quienes, durante muchos años, se dedicaron al tráfico de personas de manera tradicional, hasta que algunas organizaciones evolucionaron o fueron subsumidas por redes más sofisticadas, presumiblemente vinculadas al tráfico de drogas para generar un nuevo nicho delictivo: secuestro y asesinato de migrantes internacionales en México. Un largo proceso, acelerado en los últimos años, que no fue atendido con oportunidad, ni ahora lo es. Los efectos son visibles en contra de la población migrante, y sus efectos paralelos en la sociedad del entorno inmediato a la migración son innegables, e incluso con extensiones que involucran a empresas transnacionales dedicadas al envío de divisas, en tanto que por sus redes virtuales se realizan los envíos y cobros de rescate: el uso de medios legales para propósitos ilegales.

De igual forma, existen presiones inmediatas sobre la gobernabilidad en general, pero no hay evidencia pública de que así sea visto por el gobierno mexicano, por las instituciones de desarrollo y seguridad y la sociedad en general; es decir, que cada quien reconozca su

[21] El comercio internacional de México se concentra en Estados Unidos (más de 80%) y un mínimo porcentaje ocurre con Centroamérica (1.4%). Estados Unidos es importante para el comercio de México, pero no al revés. De igual manera, el comercio de México con Centroamérica es de poca importancia, pero es de menos importancia el comercio mexicano para Centroamérica. Es decir, la relación de México con Estados Unidos pasa necesariamente por la economía pero con pesos significativos diferentes para uno y otro, y la relación comercial no permea de manera importante la relación de México con Centroamérica, también con sus pesos diferentes para cada caso. Sin embargo, la relación migratoria con una y otra región no se ve beneficiada en sí misma ni como elemento de negociación amplia de México con Estados Unidos y Centroamérica. La política migratoria, ni por separado ni en paquete, obtiene resultados favorables para México con sus vecinos inmediatos. Para las relaciones comerciales de México con países centroamericanos, véase, del autor, "Mesoamérica. El sur mexicano y Centroamérica, fortalezas y debilidades", *Cuaderno Núm. 4 del Consejo Mexicano de Asuntos Internacionales*, 2008.

responsabilidad, la asuma y actúe en consecuencia. Los problemas que aquejan a los migrantes no sólo les afectan a ellos, sino que esos problemas existen en términos relacionales con lo que ocurre en la sociedad mexicana: no están disociados de ella. Por eso la política migratoria hay que verla en términos relacionales y en su doble vertiente, interna y externa.

NUEVAS BASES PARA UNA NUEVA POLÍTICA MIGRATORIA NACIONAL

Transitar de anacronismos legales, políticos y sociales a vanguardias migratorias no será una tarea fácil de realizar, pero tampoco se pretende que así sea. Habrá que modificar ecuaciones seguidas hasta ahora. Por ejemplo, ante la inseguridad pública que ha llevado a emigrar valores solidarios universales y arraigar miedos e inseguridades personales, habría que ganar confianza con y hacia la otredad extranjera que, con frecuencia, ha sido culpada de males locales e inmediatos.

México requiere contar con una posición negociadora de mayor aliento y poder de gestión internacionales. Para ello necesita replantear el histórico eje población-economía y sus débiles conexiones con otros rubros de política pública, al que debería haber estado sujeta la política migratoria nacional, como mercados de trabajo, educación, salud, economía, medio ambiente, etc. Los nuevos ejes centrales de la política migratoria de México tendrían que ser cinco y no uno solo: 1] población y derechos ciudadanos; 2] población y desarrollo; 3] población y cultura; 4] población y globalización, y 5] población y cambio climático. Esos ejes deberían quedar plasmados constitucionalmente, no como simples enunciados, sino como articulaciones explícitas y verificables, de seguimiento presupuestal y escrutinio público, con facultades y responsabilidades para el Ejecutivo, el Legislativo y el Poder Judicial, así como con una ley de migración acorde.

El objetivo de la nueva política migratoria de México debe ser claro: coadyuvante en el reposicionamiento de México en el mundo, a la vez que brinde garantías plenas a los migrantes. Tal ha de ser el principio de que parta la ley de migración.

Para lograr una mejor posición en el mundo, México necesita crearse un entorno relacional propicio, y ello involucra a Estados

Unidos y a Centroamérica, para empezar, sin descuidar el Caribe y América Latina en general. En materia de migración, hasta hoy México tiene una situación de desventaja en los términos de relación en su entorno inmediato, y Canadá es el país menos entendido y buscado en el norte continental. Por distintas razones, el entorno no cambiará, pero México puede —y debe— cambiar de actitud, resignificar contenidos y significados de los procesos migratorios, y desde una plataforma política renovada, relacionarse con los países vecinos, que es con quienes tiene que convenir sus principales vínculos migratorios actuales y venideros, los únicos que tiene visibles en el escenario mundial, lo que no significa que deje de cultivar los posibles con Asia, África y Europa. El mundo es global en transferencias de todo tipo, pero, al menos hasta ahora, no es virtual en el tránsito de personas. Lo que se habrá de buscar es cómo relacionar la movilidad global de personas con la de mercancías y servicios en un esquema de respeto y equidad entre los países, con plenas garantías para migrantes internacionales; esto debe llevar a una cirugía mayor en los criterios para el establecimiento de visas, en reciprocidad, con todos los países del mundo, así como a una profunda revisión de los agrupamientos de países a efecto de modificar las actuales categorías de nacionalidades restringidas, nacionalidades con visa y nacionalidades sin visa, una clasificación que responde exclusivamente a criterios de seguridad nacional, y no precisamente de México.

Dada la pluralidad de temas que toca la migración, es menester que a nivel de leyes, reglamentos y normatividades específicas se estructure una nueva ecuación interinstitucional en que concurran, con facultades y responsabilidades explícitas, dependencias centrales del gobierno federal, órganos desconcentrados y otras instancias de Estado que se consideren pertinentes. Por su importancia, quien encabece la nueva formulación intersecretarial deberá ser el titular de una dependencia federal central, y la secretaría ejecutiva estará en manos de quien esté al frente del INM. Por la importancia de la migración para el pleno de poderes públicos, se deberá diseñar una nueva metodología tanto para el nombramiento del titular del INM como para la rendición de cuentas, sin que ello merme la responsabilidad del Ejecutivo.

Por mandato de ley, debería establecerse el Sistema Nacional de Estadísticas Migratorias, el cual tendría que ser alimentado oportunamente por todas las dependencias involucradas y contar con un sistema de salida múltiple. Así, podrían observarse las relaciones pertinentes con los cinco ejes antes planteados y evaluar qué hace cada una de las dependencias involucradas. Es decir, poner el instrumento estadístico al servicio del desarrollo nacional.

También por mandato de ley, debería modificarse la participación y responsabilidad de las entidades federativas en materia migratoria. Los elementos aquí vertidos muestran que todas las entidades estatales participan al menos de alguna expresión migratoria, de manera directa, e indirecta del conjunto migratorio que ocurre en el país. Y, sin embargo, hasta existe una plataforma legal que los restringe más que los impulse a la acción propositiva y con responsabilidades. El Estado debe establecer nuevos términos de responsabilidad para el Ejecutivo federal y para los estados en lo relativo a la migración internacional.

El Instituto Nacional de Migración es formalmente un órgano desconcentrado de Estado. Deben darse los pasos políticos necesarios para que realmente lo sea, sin que su proceder esté sujeto a los dictados de la Secretaría de Gobernación, ni su presupuesto esté sujeto a discrecionalidades presupuestarias de la Secretaría de Hacienda y Crédito Público; como instancia gubernamental que recauda ingresos, debe contribuir al fisco, pero tienen que modificarse los desequilibrados términos en que dicha aportación ocurre en la actualidad. El INM debe gozar de la relativa autonomía que le confiere el ser órgano desconcentrado en lo político y presupuestal y, a la vez, debe formalizarse el servicio civil de carrera para todo el personal de migración, incluyendo a su titular. Ha de ser requisito obligatorio que todo el personal, incluyendo a su titular, sepa del tema antes de su contratación. De igual manera, una vertiente de la actuación del mismo está vinculada a aspectos humanitarios, que requieren sensibilidad y formación de su personal en culturas, identidades, pluralidad y diversidad sociales para su actuación oportuna y certera, de ahí la capacitación y los programas de actualización correspondientes. Dado que hay temas de seguridad en el quehacer migratorio, el INM debe contar con un mandato explícito, documental y verificable de lo que significa para su actuación específica lo que es seguridad y el tipo y la calidad de relación que sostenga con otras instancias de gobierno y con los organismos internacionales procedentes.

México cuenta con una apreciable experiencia en la profesionalización de cuadros, como ocurre en Hacienda, Relaciones Exteriores, banca, ejército y marina, por citar unos ejemplos, que bien pudieran servir para una nueva ingeniería institucional del INM, evitando los rasgos endogámicos y otras fallas que han sido detectadas en la administración pública profesionalizada. Todos estos aspectos podrían ser explicitados en una nueva ley de migración en el país.

También debería ser materia de ley el establecimiento de bases sólidas de colaboración y articulación entre instancias públicas y organismos de la sociedad organizada dedicados a temas de migración. Hay una historia de desconfianza, desencuentros e incumplimientos que habría que superar a partir de un conjunto de disposiciones legales que alienten la confianza y la vigencia de la cultura de la legalidad. Sin involucrar a la sociedad, cualquier propuesta de política migratoria será de menor alcance.

SEGUNDA PARTE
MÉXICO EN EL ESPEJO DE ASIA

MÉXICO ANTE EL RESURGIMIENTO DE ASIA PACÍFICO

JORGE ALBERTO LOZOYA

Es a beneficio —nunca en perjuicio— de otras naciones el que un país viva estable y próspero, manteniendo la paz dentro de sus fronteras y con la fuerza suficiente para no despertar en otros el deseo de agredirlo.

THEODORE ROOSEVELT
Presidente de Estados Unidos (1901-1909)

Un amigo italiano se quejaba de que los famosos zapateros del Veneto ahora elaboran a mano, y con relativo bajo costo, calzado para las *boutiques* de los lujosos centros comerciales de Shanghai y Kuala Lumpur. En el fondo de esta y otras anécdotas similares se ubica un radical cambio de rumbo en la economía mundial; en cierta medida, es exacto que los europeos están trabajando para los asiáticos. El proceso tiene modalidades muy interesantes; por ejemplo, el caso del connotado modista francés Pierre Cardin, quien hace más de treinta años tomó la pionera decisión de diseñar teniendo en mente los inmensos mercados emergentes de Asia Pacífico. Para asombro de muchos, este artista visionario trasladó la *panache* de la moda francesa al minucioso estudio antropométrico y ergonométrico de los cuerpos de los asiáticos orientales. Más adelante, el Comité Colbert —ese ingenioso organismo mixto que salvaguarda la calidad de la marca mundial Francia— garantizó la legitimidad del proceso y lo hizo repercutir en la Unión Europea.

En 2010 el consorcio Hermès tomó la delantera y se convirtió en la primera firma europea de moda de lujo que lanzó una marca, la Shang Xia, exclusiva para el mercado chino. Hoy los asiáticos gastan lo que los europeos no podrían en vestirse a imagen y semejanza de ellos, con "un no sé qué" asiático en los diseños. Para ello pagan precios exorbitantes al adquirir en Bangkok o Singapur exquisitas prendas maquiladas en China por empresas italianas o francesas.

En sentido contrario, podría alegarse que en el siglo XVIII la genial marquesa de Pompadour patrocinó que las nacientes factorías de Limoges se apropiaran la tecnología china para inundar el mundo occidental con una nueva porcelana que, si bien hacía gala de una sutileza *très chinoise,* estaba hecha en Francia y diseñada para la gastronomía europea, que necesita vajillas muy diferentes de las que requiere la cocina de Beijing. En fin, estamos ante un giro mayor de la elipse que durante milenios han dibujado los constantes encuentros entre el talento mercantil y los intereses económicos de diversas regiones del mundo. La plena identificación de este proceso debe mucho al empeño de historiadores de vanguardia, como el connotado británico Felipe Fernández-Armesto, quien proclama la desaparición de la metodología decimonónica de *la longue durée,* que al estudiar los embates internacionales presuponía el avance imparable y progresivo de Occidente por sobre el resto de las sociedades humanas.[1]

China y la India produjeron la mitad de la economía mundial del siglo XVII. Posteriormente, la formidable expansión de las sociedades industriales invadió los mercados asiáticos, distorsionando sus relaciones de producción y sometiendo a la mayoría de las naciones asiáticas a las colosales humillaciones de los regímenes coloniales. Hoy China es la segunda economía del planeta, mientras que la India revoluciona Asia Pacífico con su transformación tecnológica. No en balde Claude Smadja exclama que "lo que se palpa ahora en Asia es un estallido de energía, de nuevos sueños y el fin de la era de la dominación del hombre blanco".[2]

Desde siempre los pueblos de Europa y Asia Pacífico han mantenido intenso contacto. La inaccesibilidad de la India o el aislamiento de China son mitos románticos. Doscientos años antes de Cristo las caravanas griegas y romanas provenientes de Petra (hoy en Jordania)

---

[1] Para la sistemática aplicación de la nueva proyección historicista, véase Felipe Fernández-Armesto, *1492. The year our world began*, Londres, Bloomsbury, 2010.

[2] El 17 de agosto de 2010 la noticia de primera plana de los diarios fue que China arrebató a Japón el segundo sitio en la economía mundial. Los futurólogos apuestan a que entre 2030 y 2060 desbancará a Estados Unidos en el liderazgo. David Barboza, "China's economy overtakes Japan's", *International Herald Tribune*, 17 de agosto de 2010, p. 1; Claude Smadja, ex presidente del Foro Económico Mundial, es citado por Roger Cohen, "The baton passes to Asia", *International Herald Tribune*, 31 de marzo de 2008, p. 6.

llegaban a los puertos indios, dando origen a la llamada ruta de las especias. Las monedas chinas encontradas desde hace dos mil años en Alepo, Siria, y las romanas descubiertas en China, dan fe de la vitalidad de la ruta de la seda, que a lo largo del inmenso continente euroasiático unía Samarcanda con Chang'an. Ahora este lazo transcontinental se revitaliza con los oleoductos que cruzan desde el mar Caspio hasta Kazajistán y con los gasoductos de Turkmenistán y Uzbekistán, que hacen evolucionar hacia nuevas dimensiones globales el intenso intercambio entre Rusia y China.[3]

En Cochin, ubicado en la costa occidental de la península india, sobrevive una comunidad judía que gusta de remontar sus orígenes a la diáspora provocada por la destrucción romana del templo de Jerusalén durante el año 70. La tradición oral afirma que el apóstol Tomás predicó en Cochin; en todo caso, la bella sinagoga construida en 1586 permanece abierta y al servicio de la pequeña comunidad hebreo-india de la localidad.[4]

Hay constancia de la navegación de barcos chinos en el río Éufrates durante el siglo VII. A lo largo de ese siglo los marineros árabes y persas, guiados por brújulas muy avanzadas, llegaban a los congestionados puertos del sur de China con sus naves repletas de productos europeos. Por otra parte, 37 000 soldados bajo el mando del almirante chino Zheng He desembarcaron, en 1417, en África, en la costa de lo que hoy es Kenia.[5]

En 1434 una embajada del emperador chino Zhu Zhanji fue recibida en Florencia por el papa Eugenio IV. El jefe de esa misión de buena voluntad fue el mismo gran almirante Zheng He, quien había instalado en Nanking una escuela donde se enseñaban catorce lenguas, el latín incluido.[6] Para 1602 los jesuitas estaban tan bien asen-

---

[3] Véanse Susan Whitfield, *Life along the silk road*, Berkeley, University of California Press, 1999; Parag Khanna, *The second world. Empires and influence in the new global order*, Nueva York, Random House, 2008; Parag Khanna, "Central Asia's new silk roads", *International Herald Tribune*, 13 de agosto de 2010, p. 6.

[4] Rachael Rukmini Israel, *The Jews of India. Their story*, Nueva Delhi, Mosaic Books, 2001; Nathan Katz y Ellen S. Goldberg, *Kashrut, caste and Kabbalah. The religious life of the Jews of Cochin*, Nueva Delhi, Manohar, 2005.

[5] Véase el fascinante estudio de Gavin Menzies, *1421. The year China discovered the world*, Londres, Bantam Books, 2002. Para leer sobre la posible presencia de naves chinas en América en el siglo XI, consúltese Gustavo Vargas Martínez, *Fusang. Chinos en América antes de Colón*, México, Trillas, 1990.

[6] Gavin Menzies, *1434. The year a magnificent Chinese fleet sailed to Italy and ignited the Renaissance*, Nueva York, William Morrow, 2008.

tados en la corte del emperador de China que desde allí el italiano Matteo Ricci publicó su famoso *Mapamundi*.

En 1518, tres años antes de la caída de México-Tenochtitlan, Portugal y Siam (hoy Tailandia) firmaron un tratado de amistad y comercio que reconoció a las partes como iguales. En 1608 llegó a Holanda la primera embajada del rey de Siam, Phra Ekathotsarot. El 14 de enero de 1687 el embajador Kosa Pan, enviado del monarca Somdet Phra Narai, fue recibido con enorme pompa en Versalles por el rey Luis XIV. En su discurso, el enviado oriental presagió que en aquel momento toda Asia conocería las magnánimas virtudes de Luis el Grande. El Rey Sol aseguró a los diplomáticos tailandeses que había estado encantado de recibirlos y que, desde ese instante, consideraba al rey de Siam su hermano y por lo tanto consentiría a su menor deseo.[7]

Antes de esto, cuando en 1584 los birmanos agredieron la majestuosa Ayutthaya, capital de Siam, tanto los atacantes como los defensores contaron con tropas y armas portuguesas. Cuarenta años después, Siam derrotó a los camboyanos y el botín conquistado por el rey Naresuan incluyó mercenarios españoles y portugueses que, desde luego, cambiaron de bando. A finales del siglo XIX el rey Chulalongkorn empleó en Bangkok a un danés para que administrara su armada; además, puso el sistema legal en manos de un belga y la policía en las de un inglés.[8]

Un héroe legendario fue, sin duda, el portugués Diego Veloso. Nacido en 1560, natural de Amarante, ya estaba en Camboya en 1582. Allí conquistó el favor del rey Satha quien, tras casarlo con una de sus primas, llegó a considerarlo hijo adoptivo y le encomendó la guardia real. Aprovechando la reciente unión de las coronas de Portugal y España, Veloso convocó la presencia de su amigo, el español Blas Ruiz de Hernán González, nacido cerca de Ciudad Real y por buena parte de su vida avecindado en Lima, Perú. Ambos desempeñaron papeles protagónicos en las tremendas luchas entre los monarcas de Camboya, Siam y Birmania, en las que lograron involucrar a las autoridades hispanas de Manila.[9]

Los mexicanos también han tenido que ver con la historia de Asia Pacífico. El 5 de febrero de 1597, en Nagasaki, Japón, Felipe de Je-

---

[7] Dirk Van Der Cruysse, *Louis XIV et le Siam*, París, Fayard, 1991, p. 251.
[8] Derick Garnier, *Ayutthaya. Venice of the East*, Bangkok, River Books, 2004, p. 65.
[9] B. P. Groslier, *Angkor and Cambodia in the sixteenth century according to Portuguese and Spanish sources*, Bangkok, Orchid Press, 2006, pp. 25-26.

sús daba su vida por la evangelización cristiana, acto heroico que le valió la santidad otorgada por la Iglesia católica. En 1610 Ieyasu Tokugawa, gobernador militar (*shogun*) del imperio del sol naciente, envió una misión a Nueva España encabezada por Katsusuke Tanaka, comerciante de Tokio, con el fin de intentar establecer relaciones mercantiles y obtener conocimientos sobre los nuevos métodos para amalgamar la plata, arte en el que los novohispanos eran maestros universalmente acreditados.[10] Con base en la misma fama, hacia 1680 el rey Narai de Siam hizo viajar desde México hasta Ayutthaya a un experto minero que, sin buen éxito, buscó oro en Siam.[11] Cabe señalar que durante varios siglos el peso mexicano de plata fue la moneda de cambio en Asia oriental hasta que, al término de la segunda guerra mundial, el gran economista Víctor L. Urquidi negoció en China el finiquito de esta práctica financiera internacional.

Está además la magnífica aventura de la nao de la China, la ruta marítima más constante de la era moderna. A lo largo de doscientos cincuenta años esta operación formidable mantuvo en permanente contacto a Europa y Asia a través de México. Los galeones atiborrados de productos y pasajeros iban anualmente desde Manila hasta Acapulco y Callao, Perú. En Puebla se celebraba la gran feria comercial para la venta de un tercio de los productos asiáticos; otro tanto se iba a Perú y el tercero proseguía la navegación de Veracruz hacia La Habana y Sevilla. La comunicación iba de regreso con las mercancías y los viajeros europeos de Sevilla a Manila. Establecida en el siglo XVI, esta ruta a través de dos océanos permitió a México estar en el primer plano de la navegación internacional, hasta su abrupta y misteriosa interrupción en 1815.[12]

Históricamente hablando, el comercio entre Asia y Occidente no es un frío dato estadístico ni una mera curva dibujada en el papel.

---

[10] Michiko Tanaka, "De los orígenes a la caída del shogunato Tokugawa", en *Japón: Su tierra e historia*, Jorge Alberto Lozoya *et al.* (eds.), México, El Colegio de México, 1991, p. 139. Del mismo autor, véase también *Del tratado al tratado. 120 años de relaciones diplomáticas entre México y Japón: 1888–2008*, Tokio, Embajada de México en Japón, 2008.

[11] Garnier, *op. cit.*, pp. 46-47.

[12] Javier Wimer (ed.), *El galeón del Pacífico: Acapulco-Manila, 1565-1815*, México, Gobierno del Estado de Guerrero, 1992; William Lytle Schurtz, *El galeón de Manila*, Madrid, Cultura Hispánica, 1992; M. A. Almazin, "El galeón de Manila", *Artes de México* 143, 1971; Rosa Dopazo Durán, *El galeón de Manila. Los objetos que llegaron de Oriente*, Madrid, Castillo, 2006.

Las transacciones estuvieron siempre impregnadas de los anhelos e intereses de pueblos enteros. Venecia, Sevilla, Lisboa, Ámsterdam y Veracruz palpitaban al ritmo de las naves y sus maravillosas cargas. El destino de los valientes marineros y sus familias dependía, en gran medida, de audaces transacciones financieras realizadas a miles de kilómetros de distancia por banqueros y comerciantes europeos e iberoamericanos que confiaban plenamente en su contraparte árabe, india, china o malaya.

La variedad y riqueza de las mercaderías reta la imaginación más exaltada. Están, desde luego, las especias, las sedas y el té, que literalmente hipnotizaron a los consumidores europeos. En las buenas y en las malas, los ingleses recurren a tomarse una taza del delicioso brebaje oriental a partir de aquel 31 de enero de 1606, en el que a la entrada de una tienda cercana al Royal Exchange de Londres apareció fijado el pequeño anuncio elogiando la calidad del té recién desembarcado de China que allí se vendería.[13]

Esmeraldas, perlas, diamantes y rubíes, colmillos de elefante, plumas de pavorreal, cuernos de rinoceronte, muy duras maderas tropicales, frutas y flores, porcelanas, plantas medicinales y perfumes; elefantes y tigres vivos; pájaros exóticos, oro y estaño; purísimas telas de algodón, todo eso y más transitaba de las opulentas sociedades asiáticas hacia las esforzadas ciudades de Europa. En reciprocidad, los orientales, atónitos, recibían relojes de péndulo, telescopios, libros, lanas o lámparas, amén de las armas de fuego más variadas y eficaces. Ahora, a partir del nuevo esplendor de las naciones orientales, la emoción indescriptible de poder intercambiar lo mejor de lo mejor reaparece en el intenso diálogo transcontinental.

El ir y venir de portentosas riquezas por los mares del mundo ha sido acompañado siempre de la protección armada. El comercio internacional es, por definición, un asunto estratégico y de seguridad. El estrecho de Malaca, por el que hoy transitan anualmente 62 000 naves, llevando la mitad del petróleo y un tercio del comercio mundial, ha sido por siglos un punto de equilibrio entre los poderes mundiales. La India, China, Japón y las potencias occidentales lo han sentido siempre así. De allí la emocionada afirmación del célebre explorador portugués, Tomé Pires, quien desde tierra malaya en 1516 le escribió

---

[13] Pierre Baptiste, prefacio, *Le voyage du thé. Album chinois du XVIIIe siècle*, París, Bibliothèque de l'Image/Mariage Frères, 2002, p. 5.

a su rey Manuel I *El Afortunado*: "¡El que domine Malaca tendrá a Venecia por el pescuezo!"[14]

Más adelante, hacia 1621, el mercader de gemas Jacques de Coutre envió al rey Felipe IV de España una larga misiva que se conserva en la Biblioteca Nacional de España. En ella le urge atender la súplica de "mandar hacer un fuerte o castillo [...] con buen precidio y buena artillería, municiones e bastimentos como conbiene" en la islita que el cronista de los viajes de Fernando de Magallanes, Antonio Pigafetta, llamó Cingaporla (ahora Singapur). De esa manera desaparecerían los rebeldes que mucho estorban y que

son los que gossan oy el [...] comercio [...] de nueces moscadas, clavo y otras mercaderías [...] Es necesario que su Majestad tenga en el dicho estrecho sinco o seis galeras de Manilas bien armadas, sujetas al castillo [...] Son las dichas galeras de Manilas ligeras para poder entrar y salir quando les estar bien. El enemigo no podrá hazer tantas presas como suele, ny podrá estar con una nao en una boca del estrecho y con otra en otra boca, como suele hazer agora.

Madrid no reaccionó; la burocracia o la pusilanimidad del rey impidieron que tal vez los mexicanos colonizaran Singapur siglos antes que los ingleses.[15]

Hoy por hoy, salvaguardar la seguridad del estrecho de Malaca es tarea primordial de los poderosos ejércitos de mar, tierra y aire de Malasia, Singapur e Indonesia, con el apoyo científico-tecnológico del Reino Unido y Australia, todo ello bajo el esquema integral de defensa de la cuenca del Pacífico implementado por la Séptima Flota de la Armada de Estados Unidos. Con 60 navíos, 350 aviones y 60 000 soldados, la Séptima Flota es la sin rival fuerza militar que garantiza el intenso flujo del comercio transpacífico.

Es importante insistir en la presencia dinámica del binomio comercio-defensa para entender los profundos cambios estratégicos que están teniendo lugar en Asia Pacífico. El hecho de que algunos

---

[14] Garnier, *op. cit.*, refiriéndose a Tomé Pires, *A suma oriental de Tomé Pires e o livro de Francisco Rodriguez*, edición de Armando Cortesão, Coimbra, Universidad de Coimbra, 1978.

[15] Ms. 2780, fol. 270 recto, Biblioteca Nacional de España, citado en la erudita obra de Peter Borschberg, *The Singapore and Melaka Straits. Violence, security and diplomacy in the 17th century*, Singapur, National University of Singapore Press, 2010, pp. 238-239.

analistas evadan la consideración conjunta de las variables comerciales y militares remite a actitudes hipócritas sustentadas durante la guerra fría, lamentable periodo en el que, por no llamar a las cosas por su nombre, las nuevas generaciones ahora enfrentan enormes dificultades para comprender los fenómenos de la globalización.

Asia es el vasto escenario para una emergente política de competencia, confrontación y equilibrio entre gigantes del escenario mundial. Todos los principales protagonistas se ubican en la cuenca del Pacífico, mientras Europa desempeña un papel menor. En cualquier caso, China, India y Japón compiten ya de manera abierta por la ocupación de los espacios de expansión económica y comercial generados por el reacomodo global y para ello disponen de siempre crecientes estructuras militares.

A pesar de las limitaciones constitucionales impuestas por Estados Unidos en 1947, Japón invierte enormes recursos en alta tecnología militar, especialmente en lo relativo a satélites de vigilancia y espionaje y detección de equipo submarino, así como en la adquisición de los más avanzados buques de guerra. A partir de 2001 la legislación que regula la acción de los guardacostas permite la utilización de la fuerza en la prevención de invasiones marítimas. Este proceso se finca en la vulnerabilidad innata del archipiélago nipón, así como en la vigente disputa sobre el control de diversas islas entre Japón, China y Rusia.

Al mismo tiempo, las nuevas tareas atribuidas al servicio guardacostas permitieron liberar recursos y hombres de la denominada fuerza marítima de autodefensa para que actúe ampliamente en Asia Pacífico y coadyuve en el abastecimiento de las naves norteamericanas en el océano Índico. A partir de 2007 Japón participa en ejercicios militares con la India, Singapur y Estados Unidos. La reciente publicación de acuerdos secretos firmados hace décadas entre Washington y Tokio, que permiten el tránsito de armas nucleares por territorio japonés, revivió el delicado asunto de la reubicación de las bases militares estadunidenses en Okinawa, que en 2010 le costó el cargo al primer ministro Yukio Hatoyama. En todo caso, es preciso señalar que el 6 de agosto de 2010, durante el 65 aniversario del lanzamiento de la bomba atómica sobre la ciudad de Hiroshima, por primera vez hubo representación oficial de Estados Unidos, en la persona de su embajador en Japón, John Roos. Este acontecimiento llevó a Kenzaburo Oe, premio Nobel de literatura 1994, a escribir:

El día de la semana pasada en que supe del renacimiento de la ideología que propone a Japón protegerse con armas nucleares, me percibí sentado solo en mi estudio a la mitad de la noche; lo que vi fue a un viejo y desamparado ser humano, inmóvil ante el peso de esta gran ofensa, sintiendo una concentrada tensión, como si eso fuera en sí una obra de arte.[16]

La India incrementa su capacidad nuclear, expande la flota de portaaviones y adquiere avanzadas aeronaves norteamericanas de combate y vigilancia. El siempre creciente presupuesto militar chino apunta hacia los nuevos y ambiciosos objetivos de ese país en el espacio aéreo y extraterrestre, bajo el mar y en la superficie del océano Pacífico. A mediados de 2010 Estados Unidos afirmó la existencia de su interés nacional en el conflicto que China sostiene con diversos países del sureste asiático por el control de las islas Spratly y Paracel, importantes para la protección de las futuras vías de expansión del comercio internacional en el mar del Sur de China. Al mismo tiempo China abrió en Shaoguan, provincia de Guangdong, una base militar que pone a las citadas ínsulas al alcance del misil balístico DF-21C y del de largo alcance CJ-10, ambos de gran precisión para objetivos ubicados a más de dos mil kilómetros de distancia.

En todo caso, el incremento de las inversiones extranjeras de China y la India seguirá cultivando la competencia antagónica entre estas dos potencias, tanto en África subsahariana como en los países de la Asociación de Naciones del Sudeste Asiático (ANSEA). El proceso generará nuevas tensiones de alto riesgo que, por otra parte, apuntan a la conformación de espacios alternativos para los intereses japoneses y, desde luego, afirman la insustituible presencia de Estados Unidos como árbitro último en Asia Pacífico. El connotado periodista Bill Emmot cuenta que un apacible diplomático indio le expresó: "Lo que usted tiene que comprender es que tanto indios como chinos creemos que el futuro nos pertenece. Es evidente que ambas partes no podemos tener razón".[17]

---

[16] Bill Emmott, *Rivals. How the power struggle between China, India and Japan will shape our next decade*, Londres, Penguin, 2009, pp. 11-12. Véase también la importante obra de Kenneth B. Pyle, *Japan rising. The resurgence of Japanese power and purpose*, Nueva York, Public Affairs, 2007; Kenzaburo Oe, "Hiroshima and the art of outrage", *International Herald Tribune*, 7-8 de agosto de 2010, p. 6.

[17] Bill Emmott, *op. cit.*, 14. Consúltense además William W. Keller y Thomas G. Rawski (eds.), *China's rise and the balance of influence in Asia*, Pittsburgh, University of Pittsburgh Press, 2007; Hugo Burch, *China friend or foe?*, Cambridge, Icon Books, 2006;

Aúnense a lo dicho las tensiones generadas por Corea del Norte, la cuestión de Taiwán, el problema de Tíbet, el diferendo ruso-japonés por alguna de las islas Kurules o la redefinición de los intereses rusos en Asia central y Siberia, para ver que todo apunta a la constante presencia de enormes tensiones dinámicas en Asia Pacífico, que en gran medida marcarán el violento perfil de la primera mitad del siglo XXI.

De acuerdo con información de las Naciones Unidas, durante 2005 el crimen organizado manejó recursos por 322 mil millones de dólares. La estructura global de las actividades delictivas es sumamente compleja y abarca desde el tráfico de personas, órganos humanos, drogas, armas, obras de arte y animales exóticos, hasta la prostitución, la pornografía, los juegos de azar, la falsificación de mercancías y documentos, la violación de derechos de autor, la piratería, el contrabando, el secuestro y el asesinato por encargo. Adicionalmente, las tecnologías informáticas han facilitado el robo de identidad, de crédito bancario y de *e-commerce*, que son nuevas y temerarias conductas criminales perseguidas por los flamantes policías cibernéticos o *cybercops*.[18]

Según afirma el controvertido autor británico Colin Wilson en su monumental obra sobre la historia mundial del crimen, la violencia está aquí para quedarse a partir de su papel protagónico en la evolución de la psicología de millones de seres humanos, así como en el avance de la invención tecnológica y de la explotación programada de las debilidades de la especie. Otros expertos señalan que el análisis estadístico y otras disciplinas de medición regular no permiten augurar la disminución de las conductas delictivas sino, por el contrario, presagian su incesante incremento.[19]

En Asia Pacífico el crimen opera eficientes redes sistémicas que heredan las ingeniosas prácticas de organizaciones centenarias, como

---

Paul Bracken, *Fire in the East. The rise of Asian military power and the second nuclear age*, Nueva York, Harper Collins, 1999; Kent E. Calder, *Asia's deadly triangle. How arms, energy and growth threaten to destabilize Asia-Pacific*, Londres, Nicholas Brealey, 1997.

[18] Información de la Oficina de las Naciones Unidas contra la Droga y el Delito (UNODC) citada en Daniel Flynn y Antonella Cinelli, "Crisis hands crime groups chance to extend grip: UN", *Reuters*, 28 de mayo de 2009.

[19] Consúltese la edición actualizada de Colin Wilson, *A criminal history of mankind*, Londres, Mercury Books, 2005. El connotado profesional norteamericano confirmó estas predicciones negativas: Robert Klitgaard, "Controlling corruption", conferencia magistral dictada en la ceremonia inaugural del Instituto para el Crimen y la Criminología del HELP University College, Kuala Lumpur, Malasia, 08/10/10.

las tríadas chinas y los *yakuza* japoneses. Sus vinculaciones orgánicas con la mafia norteamericana o rusa, así como con el crimen organizado en África, el Medio Oriente y América Latina, dificultan la clara identificación de las frágiles fronteras entre lo ilegal y las prácticas políticas, comerciales y financieras más convencionales.[20]

A diferencia de lo ocurrido a lo largo de la guerra fría, la reducción de los riesgos y la resolución de los conflictos internacionales no serán acometidas —como hasta ahora— a partir de la aplicación exclusiva de la costumbre y el derecho occidentales. He aquí otra importantísima novedad de consecuencias difíciles de prever. El mundo asiático ya no acepta la supuesta naturalidad de la visión jurídica sostenida por las potencias occidentales, que desde el siglo XIX consideran que la ley es una, universal y dictada por ellas.

El derecho musulmán, la tradición jurídica budista, la cosmovisión legal china y el sentido de justicia hindi recuperan sus espacios vitales y dejarán, sin duda, una profunda marca en la globalización. La colonización y el imperialismo, siempre detestados por los pueblos asiáticos, van siendo percibidos como una clara violación a valiosos principios jurídicos diferentes a los de la supuesta universalidad del pensamiento occidental. Según los nuevos autores asiáticos, la pretendida superioridad de la razón no fue sino un instrumento más utilizado en el fallido intento de implantar la anhelada supremacía de los colonizadores. A principios del siglo XXI la reversión de ese proceso adquiere dimensiones muy profundas, expresadas frecuentemente con métodos violentos.[21]

La confrontación de Occidente con el islam es un hecho crucial que en su infinita complejidad define ya el inicio de una era tumultuosa. Porque, como se ha preguntado el valiente pensador Akbar Ahmed, ¿quién está definiendo el islam, y con qué propósitos? Lo que es indudable es que la cuestión no se va a evaporar y que los pronunciamientos del islam democrático merecen la más cuidadosa atención. Es posible que quede algún resquicio para negociar que en Nueva York, París o Berna las mujeres musulmanas vayan o no veladas

---

[20] Véanse Joe Studwell, *Asian godfathers. Money and power in Hong Kong and Southeast Asia*, Nueva York, Grove Press, 2007; también el clásico estudio ahora reeditado de Leon Comber, *The triads. Chinese secret societies in 1950s Malaysia & Singapore*, Singapur, Talisman/Singapore Heritage Society, 2009.

[21] Consúltese el importante ensayo de Ian Buruma y Avishai Margalit, *Occidentalism. The West in the eyes of its enemies*, Londres, Penguin, 2005.

y que allí se construyan nuevas mezquitas con o sin minarete. Por el contrario, que Occidente pretendiera dictar su comportamiento a los creyentes en Irán, Afganistán, Iraq, Siria, Palestina, Dubai, Indonesia o Malasia sería una peligrosa locura condenada al fracaso.[22]

Wendy Doniger, una de las más connotadas expertas en lo que al pensamiento indio se refiere, reafirmó categóricamente la impostergable necesidad de que la concepción universal enarbolada por el ser hindi sea aproximada de una nueva manera, dejando definitivamente de lado los prejuicios esteticistas y literarios privilegiados por la percepción romántica. Los propósitos últimos del imaginario colectivo hindi exigen hoy su lugar en el mundo y no están dispuestos a desvincularse del nuevo poderío económico de la India actuando como gran potencia internacional.[23]

El enorme impacto que a partir del siglo XX ha tenido en Occidente el pensamiento social budista, especialmente en Estados Unidos, es asunto que apenas empieza a ser evaluado. Anagarika Dharmapala (1864-1933), fundador de la connotada y transnacional Sociedad Maha Bodhi, ha sido descrito como el primer misionero del budismo global. En similar manera, el concepto de "budismo comprometido", que subraya la participación activa en los asuntos comunitarios y legales, se ha convertido en el sustrato vital del quehacer de muchos grupos activistas de los derechos humanos. En este proceder, obliga la referencia a las enseñazas del maestro zen Hui Neng (638-713): "El reino de Buda es de este mundo, en el cual la Iluminación es accesible".[24]

Cada año, en China, 250 000 jueces dictan sentencia sobre nueve millones de casos. Conocer la manera china de entender la justicia es

---

[22] Dotado de indudable autoridad moral e intelectual, Akbar Ahmed realizó un sistemático viaje de estudio al mundo islámico en busca de respuestas efectivas. El interesante resultado del intento fue publicado bajo su autoría como *Journey into Islam. The crisis of globalization*, Washington, D. C., Brookings Institution Press, 2007. En cuanto a las presiones autoritarias dentro del propio islam, véanse Saber Mansouri, *L'Islam confisqué. Manifeste pour un sujet libéré*, París, Sindbad/Actes Sud, 2010; Feisal Abdul Rauf, *What's right with Islam is what's right with America*, Nueva York, Harper San Francisco, 2005.

[23] Wendy Doniger, *The Hindus. An alternative history*, Nueva York, Penguin, 2009.

[24] Tan Chee-Beng, "Buddhism in a multi-religious world: The need for a holistic view of cosmic existence", en K. S. Nathan (ed.), *Religious pluralism in democratic societies. Challenges and prospects for Southeast Asia, Europe and the United States in the new millennium*, Kuala Lumpur, Malaysian Association for American Studies/Konrad Adenauer Stiftung/Select Publishing, 2007, p. 116.

una de las más graves tareas pendientes que el sistema internacional sigue posponiendo. El decano de la Escuela de Derecho de Beijing, Zhu Suli, describe elegantemente el absurdo de suponer que para aplicar la ley en una nación multimilenaria que mantiene una notable paz social que permite la convivencia cotidiana de 1 300 millones de personas va a funcionar eficazmente la mera descontextualización acrítica de principios claramente provenientes de la realidad histórica, teórica y discursiva de Occidente.[25]

Las características de la conformación del Estado chino contemporáneo y su consecuente expresión jurídica merecen la más cuidadosa atención. A manera de ejemplo, valga decir que desde el momento mismo del establecimiento de la república, en 1911, el Padre de la Patria, Sun Yatsen, consideró al partido (en su caso el nacionalista Kuomintang) como entidad jurídica superior al Estado-nación, estableciendo con ello un fundamento teórico en el que posteriormente habría de sustentarse la legitimidad del ejercicio del poder del Partido Comunista en la República Popular China.[26]

Desde luego esta acotación remite a la peculiar naturaleza de la identidad china, cuya inconfundible existencia no ha sido puesta en duda jamás. Para actuar eficientemente, un grandioso imperio que se autoconsideró el centro del planeta no tuvo que sustentar el derecho a gobernar en algo más tangible que el destino. Ya en el siglo XIII lo dijo el maestro Wenshi: "Todo en el mundo es difícil de crear y fácil de destruir [...] Los asuntos humanos son confusos, complicados, contradictorios y contenciosos; un eterno ajetreo en el que las cosas no son lo que parecen".[27]

La concepción de los propósitos últimos del Estado en Asia Pacífico difiere sustancialmente de la que Estados Unidos y Europa consideran universalmente válida. En el meollo de las civilizaciones de Asia oriental se ubica la voluntad individual por identificarse con el grupo, en el que encuentra afirmación, reconocimiento y seguridad. La dependencia del individuo respecto al colectivo, sea éste la familia,

---

[25] Zhu Zhu Suli, "The party and the courts", en Randall Peerenboom (ed.), *Judicial independence in China. Lessons for global rule of law promotion*, Cambridge, Cambridge University Press, 2010, pp. 52–68.

[26] Zhu Suli, *op. cit.*, 54. Para una introducción al enorme bagaje jurídico de la civilización china, véase la reeditada obra pionera de R. H. Van Gulik, *Crime and punishment in Ancient China*, Bangkok, Orchid Press, 2007.

[27] Thomas Cleary (ed.), "Wenshi's classic on reality", *The way of the world. Readings in Chinese philosophy*, Boston, Shambhala, 2009, p. 84.

el poblado, la empresa o la nación misma, rebasa cualquier posible equiparación con la incesante búsqueda de autonomía libertaria que, salvo en el consumo masivo de bienes y servicios, constituye el valor último de las sociedades del Occidente contemporáneo. La diferencia es tan abismal que lleva a los occidentales incluso a dudar de la capacidad de los asiáticos para pensar por sí mismos, como bien ha señalado uno de los más brillantes intelectuales de Singapur, Kishore Mahbubani, quien descubre tras esa percepción un temor atávico a que vayan a ser los asiáticos los que a partir de ahora determinen, a nivel planetario, los propósitos últimos del quehacer social y político de los grupos humanos.[28]

En todo caso, el mundo ya no es lo que era. Diana Eck atinadamente apunta que cuando en Estados Unidos —la nación más poderosa del mundo— tus vecinos son budistas, los mejores amigos de tus niños musulmanes y el presidente de la sociedad de padres de familia en la escuela profesa la convicción hindi, más vale que todos los vecinos reconozcan una nueva realidad, como ciudadanos y practicantes de cualquier credo religioso.[29]

Pionera en la identificación de estos agudos dilemas, Pearl S. Buck —escritora norteamericana crecida en China durante la rebelión boxer y que en su novela *La buena tierra* descubrió para sus azorados compatriotas los profundos enigmas de la sociedad china—, al recibir el premio Nobel de literatura de 1938, aconsejó a la nueva humanidad trabajar empeñosamente en la conformación de una "mente bifocal". El horror del odio y la violencia en los que transcurrió su infancia bicultural la enseñó a desarrollar dos distintas personalidades: "Cuando estaba en el mundo chino, yo era china, hablaba chino y me comportaba como china; comía lo que los chinos comen y compartía con ellos sus pensamientos y sus sentimientos. Cuando me encontraba en el mundo americano, cerraba la puerta entre los dos universos."[30]

Los mexicanos tenemos que aprender a reconocer todos estos for-

---

[28] Kishore Mahbubani, *Can Asians think?*, Londres, Times Media, 1998 [ed. en esp., *Pueden pensar los asiáticos*, México, Siglo XXI, 2002]. Véase también Martin Jacques, *When China rules the world. The rise of the Middle Kingdom and the end of the Western world*, Londres, Allen Lane, 2009.

[29] Diana L. Eck, *A new religious America*, Nueva York, Harper, 2001, p. 6. Citado en Tan Chee-Beng, *op, cit.*, p. 107.

[30] Citado en Hilary Spurling, *Burying the bones. Pearl Buck in China*, Londres, Profile Books, 2010, p. 57.

midables acontecimientos si queremos que nuestro país aproveche las coyunturas que un buen entendimiento puede abrir a su futuro desarrollo. De ahí que resulte tan preocupante el evasivo aislamiento en el que se ha encerrado la desorientada élite nacional. La estéril invocación de metas no alcanzadas en los últimos doscientos años fastidia y amodorra, en vez de servir de aliciente. Habida cuenta de la profundidad y dimensión de las transformaciones globales, valdría la pena cambiar de rumbo y de instrumentos de navegación mental. No es comprensible que una sociedad tan desigual e injusta como la mexicana sea neciamente renuente a abandonar las imágenes caducas y estereotipadas de sí misma y del mundo, construidas en el corto lapso de dos siglos, que si bien fueron útiles para la primaria conformación nacional, hoy son un pesadísimo lastre en su necesaria evolución.

Una juiciosa conducción política le permitió a México navegar exitosamente durante las tres guerras mundiales del siglo xx. La relativa paz social favoreció el establecimiento de bases macroeconómicas sólidas. Ahora se trata de que los gigantescos conflictos globales que habrán de caracterizar al nuevo siglo no destruyan lo que con mucho esfuerzo el país ha logrado construir. Es urgente entender la naturaleza planetaria de las conmociones que muchos mexicanos perciben como meros sucesos nacionales, principalmente la crisis de su sistema político y la difícil inserción del país en el nuevo sistema económico mundial. Lo mismo se aplica a la lucha contra el crimen organizado tipificado en el narcotráfico.

El valor estratégico del espacio geopolítico que México ocupa es innegable; la dimensión de su economía es importante. Desde Asia Pacífico la vecindad de nuestro país con Estados Unidos se percibe como una envidiable oportunidad sistemáticamente desperdiciada. Para los habitantes de las naciones asiáticas que vivieron monstruosas tragedias durante el siglo xx, ahora se trata de aprovechar los cambios con el fin de ampliar las oportunidades de avance. Lanzar reproches al aire no sirve de nada en civilizaciones curtidas con el padecimiento de experiencias muy dolorosas.

México está bien ubicado en la cuenca del océano Pacífico, zona del mundo donde se materializan las transformaciones paradigmáticas que marcarán el rumbo futuro del planeta. De ahí que la debilidad operativa del país sea percibida en Asia como un serio desliz político, para el que justificaciones seudohistóricas carecen de sentido.

Por otra parte, existe una simpatía espontánea hacia la sabiduría popular de nuestra gente y la enorme densidad de la cultura mexicana, de indudables raíces universales. Estas cualidades deberían facilitar el encuentro de las nuevas generaciones de mexicanos con los retos planteados por el fascinante y peligroso giro de la elipse histórica que, con cierta falta de imaginación, llamamos globalización.

MÉXICO EN EL ESPEJO DEL ESTE ASIÁTICO: CAMBIO TECNOLÓGICO, DESARROLLO ECONÓMICO E INSERCIÓN EN EL MUNDO

JOSÉ LUIS LEÓN MANRÍQUEZ

Cada vez se acepta más que el cambio tecnológico es un factor clave tanto en el proceso de desarrollo económico como en la estructuración del poder político internacional. Desde un punto de vista teórico, el tema constituye un banquete de conocimiento, sobre todo si se utiliza un enfoque interdisciplinario que incorpore variables económicas, sociales y políticas. Sin embargo, el interés de esta cuestión no es meramente teórico. En efecto, la evolución o involución tecnológica de México tendrá profundas implicaciones para el futuro desarrollo del país y su inserción en el sistema internacional. En la medida en que el cambio técnico genera un fuerte impacto en la productividad, y ésta resulta un factor clave de la competitividad internacional, el análisis de la cuestión tecnológica no sólo debería interesar a los académicos sino también a los empresarios y a la clase política.

El supuesto central del presente trabajo es que la innovación científica y tecnológica constituye una condición indispensable para el desarrollo de los países, incluyendo, desde luego, a México. Esta certidumbre, sin embargo, no significa que la inversión en investigación y desarrollo (ID) sea la única variable para explicar el crecimiento económico. En el mejor de los casos, las ciencias sociales pueden encontrar variables necesarias, pero muy pocas veces logran detectar condiciones suficientes. Éste es, por cierto, el caso de la relación entre tecnología y crecimiento económico: si bien en todos los países desarrollados hay un claro esfuerzo de ID, también existen naciones que, habiendo apostado por la creación de capacidades tecnológicas, permanecen estancadas (pienso, sobre todo, en los casi extintos países del socialismo real). Otro tanto puede decirse de la educación: todos los países desarrollados poseen altos niveles educativos, pero lo opuesto no siempre es verdad.

¿Dónde se sitúa México en relación con otros países, en términos de su desarrollo tecnológico? ¿Cuáles son las similitudes y diferencias entre el sistema mexicano de innovación y el de aquellos países que han logrado una acelerada convergencia tecnológica? El análisis comparativo con otras experiencias de innovación y desarrollo puede arrojar luz para responder mejor a estas preguntas. La elección de Japón, Corea del Sur y China como casos de contraste responde al hecho de que las condiciones iniciales de esos países en los siglos XIX y XX se asemejaban a las mexicanas o incluso eran menos favorables. A pesar de ello, los tres países han logrado acelerados procesos de convergencia económica con Occidente, en gran medida impulsados por la ID. Mientras que en el este asiático el cambio tecnológico se ha valorado como un recurso estratégico para mejorar la inserción en el sistema, esa variable aún ocupa un papel secundario en la visión del mundo del Estado y de la cúpula empresarial de México.

El presente escrito se compone de cuatro secciones. La primera, de naturaleza teórica, pone de relieve la centralidad del cambio tecnológico como una de las causas que mejor explican el desarrollo económico, y subraya el papel fundamental del Estado y el mercado en los procesos de innovación; en esa sección se propone una tipología de tres niveles para comparar el desarrollo tecnológico de distintos países. La segunda parte busca aterrizar empíricamente las propuestas teóricas a partir del caso mexicano; si bien se reconoce que el perfil del país se ha transformado —de la exportación de materias primas a la de manufacturas—, también es cierto que una parte sustancial de la tecnología es importada y, por lo tanto, la industria mexicana no ha endogenizado el cambio tecnológico. La tercera sección utiliza como casos de contraste a Japón, China y Corea del Sur, países que a lo largo del último siglo han buscado transitar de la periferia al centro del sistema internacional; ahí se recapitula y evalúa brevemente el denodado esfuerzo de imitación-mejora de los avances tecnológicos y la educación de los cuadros necesarios para llevar adelante ese esfuerzo. La última parte esboza algunas perspectivas y propone líneas de acción para elevar la intensidad y calidad de la ID en México; estas propuestas no pueden desvincularse del análisis de las trayectorias previas ni realizarse desde el vacío histórico propio de los recetarios tecnocráticos.

LA INNOVACIÓN TECNOLÓGICA Y SU IMPACTO EN EL DESARROLLO ECONÓMICO: TEORÍAS, CONCEPTOS Y UN ESQUEMA DE COMPARACIÓN

A partir de la teoría neoclásica del crecimiento económico, postulada inicialmente por Robert Solow (1956, 1988), la relación causal entre el cambio técnico y el desarrollo económico ha recibido una gran atención. Las versiones clásicas explicaban el avance económico a partir de tres elementos básicos: el capital, el trabajo y la tierra. Solow postuló, sin embargo, que el crecimiento económico está determinado por la provisión de capital, trabajo y un elemento residual. La composición y origen de este elemento residual, así como su carácter endógeno o exógeno, han sido objeto de importantes discusiones entre los estudiosos del tema.

Tras los hallazgos de Solow, autores tales como Theodore Schultz (1961), Edward Denison (1967), Robert Lucas (1988), Paul Romer (1994) y Robert Barro (1997) han realizado sólidos avances teóricos para explorar esta relación. La evidencia reunida en sus estudios permite señalar que el elemento residual incluye, entre otras cosas, el avance tecnológico, la educación de la fuerza laboral —es decir, la formación de capital humano—, los cambios en los sistemas organizacionales, la experiencia en el trabajo, las economías de escala y los efectos del gasto público en la actividad productiva. Aun cuando no todos estos factores constituyen tecnología de producto *stricto sensu*, al menos pueden considerarse como tecnología de proceso, es decir, como combinaciones específicas que aumentan la eficiencia en el uso de los factores de la producción.

Si bien la mayor parte de esta agenda de investigación ha encontrado al menos una fuerte correlación entre el progreso técnico y el crecimiento económico, algunas diferencias sustanciales son dignas de mencionarse. En efecto, las principales divergencias entre las teorías contemporáneas del crecimiento económico residen en la definición del *locus* de las innovaciones tecnológicas. De acuerdo con la hipótesis original de la economía neoclásica, el cambio técnico constituye una variable exógena. Dicha visión supone que las capacidades de los diferentes países para asimilar las tecnologías son muy semejantes. ¿Cuánto se sostienen estos supuestos en la realidad? Es parcialmente cierto que el conocimiento puede obtenerse a través de mecanismos de mercado tales como la libre competencia, los regímenes comerciales abiertos y las políticas favorables a la inversión extranjera (Banco Mundial, 1999). También es posible demostrar que la innovación tecnológica suele ocurrir a partir de la interacción cotidiana de las empresas y los mercados. Las implicaciones de esta visión son sugerentes: si los supuestos que subyacen a la idea de la tecnología como una variable exógena fuesen del todo correctos, la posibilidad de una rápida convergencia entre los países pobres y los ricos se abriría con toda naturalidad.

Frente a esta visión, autores posteriores a Solow han buscado entender la tecnología como una variable endógena. Desde este punto de vista, la tecnología es el conocimiento en la práctica o, según la espléndida expresión de Kenneth Arrow (1962), "aprender haciendo". Pero el "aprender haciendo" no es una capacidad establecida de antemano, y requiere mucho más que la voluntad nacional de avanzar en el cambio tecnológico. El éxito de los países en desarrollo que han logrado procesos de convergencia con los líderes tecnológicos ha dependido, a la vez, de su capacidad para adquirir, adoptar, adaptar, seleccionar y difundir el conocimiento técnico en sus procesos productivos (Lall y Kjell, 1991; Nelson y Rosenberg, 1993). Este esfuerzo no puede separarse de la creación de una fuerza laboral altamente educada, es decir, de la construcción de las llamadas "capacidades sociales" (Abramovitz, 1989).

Al comparar los diferentes sistemas de innovación nacional (SIN), es necesario insistir en que el progreso tecnológico es en gran medida un proceso histórico, vinculado al momento y al estilo de la industrialización. Como ha sostenido Albert Hirschman (1968), la persistente ventaja tecnológica de los países de industrialización temprana se puede explicar porque, en el proceso de desarrollo económico, se vieron obligados a tomar caminos desconocidos, que a su vez fueron abriendo la frontera tecnológica. En contraste, los países de industrialización tardía o postardía tienden a utilizar tecnologías ya disponibles en los mercados internacionales, y en esa medida han encontrado menos incentivos para generar innovaciones propias. Esta comodidad de corto plazo, sin embargo, tiene un alto precio hacia el futuro. La adquisición de tecnologías importadas puede resolver algunos desafíos inmediatos, pero a la larga conduce a una pobre endogenización del cambio técnico y amplía la brecha frente a los países centrales.

En la tarea de desarrollar nuevas tecnologías, las tendencias internacionales y las trayectorias históricas tienen un filtro en las capacidades nacionales.

El cambio tecnológico no opera en un vacío institucional: es la propia existencia de las instituciones la que puede aumentar o inhibir ese cambio. Por lo tanto, el Estado tiene una responsabilidad ineludible en términos del desarrollo tecnológico: la movilización de recursos, la negociación entre intereses diversos, el apoyo de consultorías tecnológicas para pequeñas y medianas empresas, la reducción de los costos de transacción derivados de fallas de información, el establecimiento de incentivos para endogenizar el progreso técnico, y el diseño de una estrategia nacional de largo plazo para fomentar la innovación, son tareas que difícilmente pueden realizar los agentes privados. Dada la frecuencia con la que las actividades de ID suelen padecer fallas de mercado, el Estado no puede abdicar de su papel de facilitador —y en ocasiones líder— del esfuerzo tecnológico.

Por medio de incentivos y sanciones fiscales, de las adquisiciones del sector público y de mecanismos de coordinación entre los sectores académico y privado, el Estado puede proporcionar la protección necesaria para invertir en ID y así estimular los comportamientos necesarios para crear círculos virtuosos de innovación tecnológica. Sin embargo, no toda la carga de los avances tecnológicos debe colocarse sobre los hombros del gobierno. Como han argumentado Nelson y Wright (1992), gran parte de lo necesario para dominar una tecnología pasa por un proceso de aprendizaje a nivel de las empresas. En otras palabras, ni la política pública más eficiente puede sustituir el proceso de "prueba y error" necesario para dominar y crear tecnologías.

De ahí que resulte adecuado, desde un punto de vista teórico y conceptual, abordar la innovación tecnológica como un problema sistémico. En la medida en que la innovación tecnológica surge de la compleja interacción de varios actores, ninguno de ellos puede ser responsabilizado por los resultados del sistema. Nelson y Rosenberg (1993) han observado, con razón, que los actores de los sistemas de innovación nacional no sólo están formados por las universidades, laboratorios y organismos gubernamentales, sino también y sobre todo por las empresas. Así, una comparación de los SIN implica referirse a una gran cantidad de elementos que deben tenerse en cuenta para poder realizar un análisis integral y profundo.

Con el fin de construir un marco comparativo, considero conveniente emplear la tipología que proponen Evenson y Westphal (2002) para clasificar los estadios de desarrollo tecnológico. De acuerdo con esta clasificación los países pueden ubicarse en tres niveles. El nivel 1 está compuesto por aquellas naciones que utilizan una mezcla de tecnologías obsoletas, en su mayoría importadas de los países industrializados, y que dedican entre 0 y 0.3% del PIB a la ID. En el nivel 2 se agrupan los países que poseen la capacidad de dominar las tecnologías importadas y, en una fase más avanzada, desarrollar innovaciones marginales; por lo general estas naciones son semiperiféricas o emergentes, y canalizan entre 0.4 y 1.6 del PIB a la ID.

El nivel 3 —exclusivo y excluyente— incluye a los miembros desarrollados de la Organización para la Cooperación y el Desarrollo Económico (OCDE), que son responsables del 90% de los avances tecnológicos en el mundo. Idealmente, un país de este nivel: 1] asigna una cantidad considerable (en general más de 1.6% del PIB) a la ID; 2] posee una alta proporción de científicos, ingenieros y técnicos con respecto a su población total; 3] desarrolla, a través de sus ingenieros e investigadores, una cantidad considerable de patentes; 4] se caracteriza porque el sector privado financia la mayoría de los gastos de ID, y 5] dispone de un patrón tecnológico en el que la investigación aplicada y experimental predominan sobre la investigación básica.

ESTAMPAS DEL MÉXICO QUE NUNCA FUE:
EL LUGAR DEL PROGRESO TÉCNICO EN EL DESARROLLO DEL PAÍS

La evidencia histórica disponible en México revela que la ciencia y la tecnología no han recibido suficiente reconocimiento político y social como elementos esenciales en el proceso de desarrollo económico. Esto podría parecer una realidad extraña para un espacio geográfico donde, durante la época colonial, se descubrieron algunos elementos de la tabla periódica, se realizaron importantes adelantos en materia de tecnología minera y se estableció, en 1551, la segunda universidad de América (Tünnermann, 1996). Es un hecho, sin embargo, que las restricciones impuestas por la colonia española al desarrollo de las industrias locales dejaron su impronta en el estancamiento tecnológico de la Nueva España.

La situación no mejoró de manera radical en los primeros años del

México independiente. Absorto en sus propios problemas políticos, y angustiado por la escasez de capitales y la escasa creación de nueva riqueza, el país apostó por la explotación de materias primas como medio privilegiado para sostener la economía. No sería sino hasta el porfiriato cuando, sin abandonar el patrón primario-exportador, México comenzó a impulsar un proyecto de industrialización. El *timing* de la modernización porfiriana prácticamente coincidió con el inicio de proyectos similares en la Alemania de Bismarck y el Japón Meiji (*vid infra*). Hacia finales del siglo XIX y principios del XX México ya contaba con importantes plantas mineras, petroleras, textiles, tabacaleras, cerveceras y hasta siderúrgicas.

Sin embargo, la modernización industrial del país no avanzó mucho más debido a tres factores principales. El primero de ellos es que la ambiciosa restructuración de la educación superior emprendida por Justo Sierra en 1905 estuvo mucho más orientada hacia las disciplinas humanísticas que hacia la formación de los científicos y tecnólogos indispensables para avanzar en la escala de la innovación técnica. En segundo lugar, el carácter excluyente de la modernización porfiriana y el estallido de la Revolución en 1910 propiciaron una abrupta interrupción del desarrollo industrial. En tercer término, las empresas mexicanas prefirieron, desde el principio, recurrir a la compra de tecnología importada de Estados Unidos y Europa que emprender estrategias para crear e incorporar tecnologías locales a sus procesos productivos. Se hizo presente, pues, un rasgo sociocultural que prevalece hasta nuestros días:

El financiamiento de la industrialización mexicana recayó en un grupo relativamente pequeño de comerciantes-financieros que, a causa de su formación en materia de comercialización y préstamo de recursos, eran más propensos a manejar deshonestamente las condiciones del mercado y manipular la política gubernamental, que a racionalizar los métodos de producción o innovar con nuevos procesos o técnicas (Haber, 1989: 5).

El fin de la fase armada de la Revolución, el establecimiento de nuevas formas de organización política y el reinicio de la industrialización mexicana a partir de la presidencia de Lázaro Cárdenas (1934-1940) no lograron alterar sustantivamente esta realidad. Desde entonces la atención de las distintas estrategias de crecimiento económico se ha centrado en la explotación de los recursos naturales, en el fomento del mercado interno, en la competitividad internacional basada en salarios bajos, o en la apertura acelerada *vis à vis* la economía internacional. En ningún caso, sin embargo, México ha brindado una atención especial al cambio técnico como elemento *sine qua non* del desarrollo económico. Además, como en las épocas de Sierra, los planes de estudio de las escuelas y universidades públicas siguen estando mucho más orientados a las ciencias sociales y administrativas que a las disciplinas científicas, tecnológicas y de diseño.

La historia encuentra una cabal continuidad en el presente. Un análisis comparativo de la situación tecnológica en México revela de inmediato que el país está lejos de ser un importante centro de innovación en el plano mundial. A partir de la clasificación propuesta en la sección anterior, México podría ser colocado en la parte baja del nivel 2. Como se muestra en la gráfica 1, entre 1993 y 2007 México sólo ha invertido en gasto en investigación y desarrollo experimental (GIDE) entre el 0.30 y el 0.46% del PIB. Esta cifra es la más baja en comparación con los países de la OCDE y es menor en relación con países en desarrollo como Argentina, Rumania y Sudáfrica (OCDE, 2010). México también se encuentra en un estadio muy bajo en rubros como la proporción de científicos e ingenieros con respecto al resto de la población, el gasto total en ID y el porcentaje de población con educación terciaria.

Sin excepción, los sucesivos gobiernos mexicanos han prometido aumentar sustancialmente esta cifra. La promesa parecía factible de cumplirse en los años noventa, pues la razón GIDE:PIB pasó del 0.3% en 1993 al 0.39% en 1999 y a 0.41% en 2005. Desde entonces, como se puede apreciar en la gráfica 1, el gasto ha sufrido una disminución relativa, hasta tocar niveles de 0.37% en 2007. La transición democrática en México no ha traído un cambio sustancial en este sentido. Tanto Vicente Fox como Felipe Calderón se comprometieron a aumentar el GIDE al 1% del PIB al final de sus respectivas administraciones, en 2006 y 2012. A pesar de tal promesa, este indicador se ha mantenido estancado, en buena medida a causa de los bajos presupuestos asignados a la ID por el Ejecutivo panista y el Congreso pluripartidista.

En lo que se refiere al financiamiento de los gastos en ID (cuadro 1), y a diferencia de la mayor parte de los miembros de la OCDE, el gobierno mexicano se encarga del 50.1% de la ID a través de las universidades y laboratorios de investigación públicos. En Estados Unidos, Europa occidental y el este asiático la situación es totalmente

GRÁFICA 1. GIDE COMO PROPORCIÓN DEL PIB
EN PAÍSES SELECCIONADOS (1991-2008)

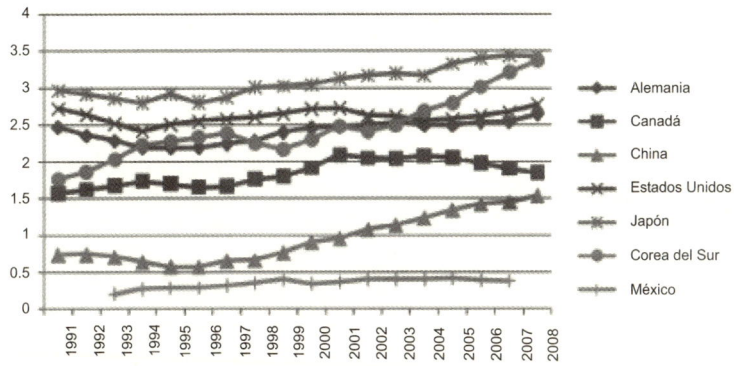

FUENTE: OCDE, 2010.

opuesta: los esfuerzos de la investigación y la innovación tecnológica se realizan no sólo en las universidades, sino también en el sector privado. Con 45% de su actividad científica y tecnológica patrocinada por las empresas, México posee uno de los índices más bajos de financiamiento privado en la OCDE, a pesar de sus innegables avances en esta dirección. Tal vez como resultado de las crecientes demandas del mercado y de los incentivos fiscales federales, la proporción de los recursos de la industria como proporción del GIDE ha venido creciendo sostenidamente desde la segunda mitad del decenio de 1990, pasando del 14.2% sobre el total en 1993, al 29% en 2000 y al ya referido 45.1% en 2007 (OCDE, 2010). No obstante, el esfuerzo tecnológico de las empresas mexicanas es aún bastante débil; sólo un puñado de firmas mexicanas ha logrado emprender actividades de ID y la mayoría de ellas son grandes corporaciones.

En cuanto al tipo de investigación que se lleva a cabo en el país, el cuadro 2 muestra que México se encuentra, de nueva cuenta, en las antípodas de las naciones industrializadas. En el continuo investigación básica-investigación aplicada-desarrollo experimental, México se concentra en las dos primeras áreas. A pesar de la relevancia de la investigación básica que se realiza en las instituciones mexicanas, la misma necesita recorrer un largo trecho antes de incorporarse al mercado y generar beneficios económicos. Los demás países inclui-

CUADRO 1. FUENTES DE FINANCIAMIENTO DEL GIDE POR PAÍS, ÚLTIMO AÑO DISPONIBLE (PORCENTAJES)

País/Año	Industria	Gobierno	Otros
Alemania (2007)	67.9	27.8	4.3
Canadá (2009)	47.5	32.5	20.0
China (2008)	71.7	23.6	4.7
Corea del Sur (2009)	73.6	25.4	1.0
Estados Unidos (2008)	67.2	27.0	5.8
Japón	78.1	15.6	6.3
México	45.1	50.2	4.7

CUADRO 2. GIDE POR TIPO DE ACTIVIDAD, POR PAÍS (PORCENTAJES)

País/Año	Investigación básica	Investigación aplicada	Desarrollo experimental
Alemania (2003)[a]	4.5	51.7	43.8
Argentina (2006)	28.1	42.7	29.2
Chile (2004)	35.7	49.0	15.3
Corea (2003)	14.5	20.8	64.7
E. U. A. (2006)	18.6	23.1	58.3
España (2006)	19.1	43.2	37.6
Francia (2003)	24.1	36.2	39.7
Italia (2002)[b]	13.5	51.8	34.7
Japón (2003)	13.3	22.4	64.3
México (2003)	26.5	32.2	41.3
Reino Unido (2003)[b]	8.3	36.9	54.8
República Checa (2004)	26.4	28.5	45.1
Suiza (2000)	28.0	35.8	36.3

[a] El dato corresponde a GIDE de las empresas.
[b] El dato corresponde a GIDE de las empresas y el gobierno.

FUENTE: Conacyt, 2008.

dos e.' el cuadro 2 han puesto mucha más atención al desarrollo experimental, que tiene un rápido proceso de maduración y una alta tasa de retorno en términos comerciales. Así, mientras que México canaliza el 26.5% de su GIDE a la investigación básica, Corea del Sur, Japón y Estados Unidos invierten más del doble de ese porcentaje en el desarrollo experimental. Por el contrario, en esos países la proporción de recursos canalizados a la investigación básica es considerablemente menor que en México.

No puede existir un desarrollo tecnológico notable en ausencia de una educación de alta calidad. Sin ella resulta imposible ensayar cualquier tipo de "ingeniería de reversa", o siquiera absorber los potenciales efectos tecnológicos secundarios de las corporaciones multinacionales. La necesidad de una educación de calidad incluye, por supuesto, el desarrollo de áreas estratégicas en el sistema productivo en su conjunto. La enseñanza del método científico, la lógica, las matemáticas y el manejo del idioma inglés son algunas de las herramientas clave para desarrollar la capacidad de innovación tecnológica. En ellas, lamentablemente, México muestra un severo retraso frente a otras naciones. Por ejemplo, de manera recurrente el país obtiene los rangos más bajos dentro de las pruebas PISA de la OCDE en lo que se refiere a dominio de las matemáticas, habilidades de lectoescritura y dominio del método científico (OCDE, 2007).

¿Podrían estas carencias en la esfera pública suplantarse mediante la educación privada? En teoría esto es posible, pero en la realidad el papel de las instituciones superiores de educación privada en los esfuerzos de ID ha sido muy limitado. Por mucho que el imaginario social y el marketing privatista presenten a las universidades privadas mexicanas como grandes centros de conocimiento, la abrumadora mayoría de ellas ha concentrado sus esfuerzos en la docencia —y la ganancia a corto plazo— por sobre la investigación. Los datos duros muestran que en 2007 sólo el 4.4% de los miembros del Sistema Nacional de Investigadores (SNI) pertenecían a las universidades y empresas privadas. El 8% trabajaba en instituciones del extranjero, no especificadas y otras, y el restante 87.6% laboraba para las universidades e instituciones de investigación públicas (Conacyt, 2008). En términos de ID, la educación superior privada en México tiene un significado muy diferente al que adquiere, por ejemplo, en los socios del Tratado de Libre Comercio de América del Norte (TLCAN).

En una visión exógena del cambio tecnológico, como la que se explicó en la sección teórica del texto, la entrada en vigor del TLCAN en 1994 —que el ex presidente Carlos Salinas y sus legiones de defensores presentaban como el pasaporte mexicano al primer mundo— podría haber mejorado las capacidades nacionales en materia de ID. ¿Cuánto ha avanzado la convergencia tecnológica con Canadá y Estados Unidos, a más de tres lustros del inicio del tratado? Es innegable que el libre comercio con Norteamérica ha traído algunos resultados positivos en México, como la creación de empleos en la industria maquiladora, el aumento de la inversión extranjera directa de Canadá, Estados Unidos y otros países y el recurrente superávit comercial que se ha registrado frente a Estados Unidos desde 1994. Pero entre esas mejoras no aparece, al menos de manera evidente, el SIN.

Si bien por la vía del comercio y la inversión existen intensas relaciones tecnológicas con Canadá y Estados Unidos, México sigue siendo el eslabón tecnológico más débil del TLCAN. En 2007 el GIDE total en Estados Unidos fue casi 67 veces mayor que en México; la relación entre Canadá y México fue de 4.3 a 1 (OCDE, 2010). Las posibilidades de reducir esta enorme brecha son francamente escasas, no sólo por la disparidad de los recursos dedicados a la ID, sino a causa de las diferentes estructuras, prioridades, estrategias y conexiones entre los sectores público y privado en los tres países. Es claro, pues, que la posible mejoría del SIN de México no vendrá de afuera ni aparecerá como una derivación automática del libre comercio; para bien o para mal, la mayoría de las posibilidades para ensayar un estilo endógeno de ID todavía residen en el ámbito de lo nacional.

DEL "SÍ SE PUEDE" AL "YA SE PUDO".
MÉXICO EN EL ESPEJO DEL ESTE ASIÁTICO

Si bien no constituyen los únicos ejemplos de un ascenso tecnológico expedito, los países del este asiático son reconocidos por propios y extraños por haber logrado comprimir el desarrollo económico en los siglos XIX y XX. En orden de "(re)aparición tecnológica", Japón, Corea del Sur y China han aplicado estrategias semejantes para insertarse con éxito en la fase industrial e informática del capitalismo. México ha mostrado trayectorias muy distintas de innovación tecnológica. Con excepción de Japón, que para entonces ya tenía un SIN muy afianzado, en la década de 1970 todas estas naciones aparecían preocupadas por remontar su atraso tecnológico. Desafortunadamente, los resultados de las buenas intenciones han sido divergentes. Mientras la sección anterior muestra que México ha realizado un débil esfuerzo de ID, Japón se ha consolidado como un líder tecnológico mundial; Corea del Sur ha experimentado un rápido incremento de sus capacidades de ID, y las reformas económicas chinas, iniciadas a finales de los setenta, también se han acompañado de una clara estrategia de innovación (véase de nuevo la gráfica 1).

Comencemos por Japón. Desde el inicio de la modernización, a fines de la sexta década del siglo XIX, la variable tecnológica ocupó un lugar axial. El lema "cultura japonesa, tecnología occidental" condensaba, en su simplicidad, la deliberada intención de Japón de imitar a los líderes del momento, al tiempo que buscaba preservar el núcleo duro de su identidad nacional. Tras el aislamiento voluntario que Japón había practicado por más de 250 años en el periodo Tokugawa (1603-1867), las reformas Meiji iniciadas en 1868 (casi al mismo tiempo que el porfiriato en México y que la modernización del segundo Reich de Bismarck en Alemania) abrieron paso a un periodo de internacionalización económica. A diferencia de China y Corea, cuyos intentos de modernización en la misma época resultaron erráticos, y en última instancia fallidos, Japón buscó evitar una posible colonización occidental mediante la imitación y la superación tecnológica de sus rivales en ciernes.

Como en otras experiencias de desarrollo tardío, el desarrollo científico y tecnológico japonés fue liderado por el sector público. En cumplimiento de las tesis de Gerschenkron (1962), quien postula que en los países de industrialización tardía el Estado suele desempeñar un papel directo en el proceso de modernización, inicialmente el gobierno japonés fue propietario de firmas en sectores como la minería, la industria naviera, la maquinaria, los textiles y los ferrocarriles. Con el correr del tiempo algunas de estas empresas se privatizaron, contribuyendo así a la estructuración de los grandes conglomerados industriales (*zaibatzu*); ante el surgimiento de un Japón expansionista, las firmas militares permanecieron en manos del Estado (Odagiri y Goto, 1993). Llama la atención la peculiar mezcla japonesa entre nacionalismo e imitación de las mejores prácticas internacionales: mientras el discurso de las reformas Meiji celebraba la excepcionalidad japonesa, el pragmatismo no dudaba en organizar la educación básica y secundaria al estilo de Francia, las universidades como Estados Unidos, los ferrocarriles y la marina a imitación de Gran Bretaña, y el sistema legal como Alemania y Francia (Pipitone, 1995: 157).

Tan buenos resultados arrojó este proceso de imitación-mejora tecnológica-desarrollo económico, que para la primera década del siglo XX Japón ya se había transformado en el líder regional en Asia. El país pronto se embarcaría, en calidad de gran potencia, en la primera guerra mundial (1914-1918). Más tarde, en el periodo de entreguerras, Japón vinculó su desarrollo tecnológico con la innovación en la industria armamentista y con su ambicioso proyecto de expansión territorial en Asia, vía la gran esfera de coprosperidad; las empresas niponas se embarcaron en un audaz esfuerzo de endogenización del cambio técnico. Al iniciar los años treinta el 70% del crecimiento en la minería y la manufactura de Japón provenían de los factores "residuales" que, como hemos señalado, tienen una estrecha relación con el avance tecnológico. Este esfuerzo se apuntaló en la mejoría de la educación técnica y superior (especialmente en las áreas de ingeniería), en el establecimiento de numerosos laboratorios conjuntos del gobierno y las *zaibatzu*, y en la fundación de un Consejo de Ciencia en 1933.

Es importante hacer notar que esta experiencia de modernización no trajo consigo los grandes desbalances sociales que el crecimiento rápido suele ocasionar en Latinoamérica. Amén de un vertiginoso desarrollo industrial y el consiguiente proceso de convergencia económica con Occidente, Japón logró construir una sociedad igualitaria, sin grandes diferencias sectoriales ni de clase, y sin brechas considerables entre el campo y la ciudad. *Mutatis mutandis*, estas características se reproducirían en la mayor parte de los países asiáticos (Corea del Sur, Taiwán, Singapur, Malasia, etc.) que estructuraron proyectos de industrialización acelerada en la segunda mitad del siglo XX.

Por desgracia, el rápido ascenso japonés propició una búsqueda de hegemonía no sólo en Asia, sino en el mundo. Como parte del eje Berlín-Roma-Tokio, la participación japonesa en la segunda guerra mundial buscó apoyarse en el diseño de nuevas tecnologías civiles y militares. No obstante, el esfuerzo de innovación no pudo sostenerse en la industria naviera y aeronáutica, hecho que explicaría parcialmente la derrota japonesa en la gran guerra (Odagiri y Goto, 1993). En la segunda posguerra, y como parte de los esfuerzos de reconstrucción, Japón mantuvo su esfuerzo de ID, aunque ahora con aplicaciones casi exclusivas a la esfera civil. Mientras Estados Unidos destinaba gran parte de su ID a la esfera militar, Japón desarrollaba rápidamente las bases de una nueva competitividad internacional. De nueva cuenta, la mancuerna Estado-empresas (ahora rebautizadas como *keiretzu*) fue fundamental en la construcción de las ventajas tecnológicas del país. El Ministerio de Industria y Tecnología (MITI) fijó considerables estímulos para que las empresas japonesas invirtiesen en ID; éstas reaccionaron de acuerdo con las expectativas estatales, realizando innovaciones tanto en los productos como en los procesos.

Después de tres décadas de registrar tasas de crecimiento promedio de 10%, hacia mediados de los setenta era claro que la economía japonesa había recuperado su presencia internacional. La maduración tecnológica de Japón se advierte en un hecho irrebatible: en los años sesenta la etiqueta *Made in Japan* aún remitía a manufacturas relativamente sencillas y de mediana calidad (juguetes, textiles, algunos productos electrónicos); en los ochenta invocaba automóviles de bajo consumo energético, aparatos electrónicos, cámaras fotográficas y acero, todos ellos de excelente calidad y buen precio. Actualmente, pensar en manufacturas japonesas implica referirse a productos de alta tecnología y sofisticado diseño, como es el caso de semiconductores, energías renovables, fibra óptica y productos químicos.

Después de casi siglo y medio de haber iniciado un proyecto de modernización y competencia tecnológica frente a Europa y Estados Unidos, Japón se mantiene como uno de los líderes mundiales en materia de innovación. A pesar de que la tasa de crecimiento del PIB en Japón comenzó a estancarse a partir de los años noventa del siglo XX, y de que en 2010 China relevó a su vecino asiático como segunda economía mundial, no cabe duda de que el factor tecnológico seguirá siendo una de las claves que permitirán a Japón permanecer como potencia económica mundial. De hecho, los indicadores tecnológicos consignados en la gráfica 1 y los cuadros 1 y 2 revelan una impresionante trayectoria en el desarrollo de la ID, y sin duda colocan a Japón como un país perteneciente a la parte alta del nivel 3 en la escala de Evenson y Westphal. Si bien el ascenso tecnológico de Japón a lo largo de los siglos XIX y XX no se refleja del todo en estas cifras, el país es uno de los pocos en el mundo que dedica más del 3% del PIB a ID, amén de que las empresas privadas realizan el 77.1% del GIDE y Japón cuenta con un nutrido contingente de científicos y tecnólogos como proporción de la fuerza de trabajo.

Un caso de desarrollo industrial postardío es el de Corea del Sur. Si bien a mediados del siglo XX el país se hallaba devastado por la guerra de Corea (1950-1953), también contaba con una larga tradición educativa iniciada al menos desde el rey Sejong, quien gobernó entre 1418 y 1450 (Romero Castilla, 2009). Igual que otros países asiáticos, Corea del Sur tenía a la vista el exitoso ejemplo japonés para acometer la industrialización y la mejora tecnológica en situaciones de desarrollo tardío; de hecho, algunos autores sostienen que la colonización japonesa en Corea (1910-1945) sentó las bases para la creación de un fuerte núcleo de instituciones y empresas desarrollistas en la península (Kohli, 1999).

A partir de los sesenta, con el golpe militar del general Park Chung-hee y la implantación de un modelo mixto de sustitución de importaciones y promoción de exportaciones, la dirigencia sudcoreana cobró una temprana conciencia de la importancia de imitar y mejorar las tecnologías de vanguardia. Además de rodearse de un vasto equipo de ingenieros, incluso en los ministerios relacionados con la economía,[1] Park decretó la fundación del Ministerio de Ciencia y Tecnología (MCT) en 1967. Un año antes había establecido el Korea Institute of Science and Technology (KIST), primero de una larga serie de institutos públicos de investigación con financiamiento público. En el curso de su existencia, estos institutos no sólo han realizado investigación sino que también han dotado a los distintos ministerios con información de excelente nivel para sustentar su toma de decisiones.

Un impulso adicional a la ID vendría con la industrialización pesada y química (IPC), emprendida con éxito por Corea del Sur tras la promulgación del Tercer Plan Quinquenal de Desarrollo, en 1972. Corea buscaba cerrar el círculo de la industrialización creando un fuerte sector de bienes de capital. Entre las industrias seleccionadas para tal fin destacaban el acero, la maquinaria, la construcción naval, la petroquímica, la electrónica, la siderúrgica, la automotriz y la de metales no ferrosos. Este "gran salto hacia adelante" —que México

---

[1] El poder político y económico de los ingenieros es un rasgo común de las experiencias de desarrollo acelerado en el este asiático. Al igual que en Japón, Corea del Sur y China, en Taiwán los principales estrategas económicos han tenido esa formación. A decir de K. Y. Yin, considerado como el artífice del desarrollo económico taiwanés, "un ingeniero es un científico con conocimientos sobre la economía" (citado por Wade, 1990: 220). En esos países, los economistas formados en la tradición monetarista de ciertas universidades estadunidenses suelen permanecer confinados en la academia, donde sus teorías inciden poco sobre la vida cotidiana de las personas.

aún no logra completar— estuvo acompañado por un considerable impulso a la educación y la construcción de diversos parques industriales. En esa misma época, y a efectos de aprovechar los generosos incentivos financieros que el gobierno brindaba a través de una banca estatizada desde los sesenta, los grandes conglomerados industriales sudcoreanos (*chaebols*) establecieron una pléyade de laboratorios privados de investigación, orientados a manejar y mejorar las tecnologías industriales.

El esfuerzo de industrialización pesada con ID logró transformar con celeridad la estructura industrial de Corea del Sur. En 1961 las principales exportaciones de ese país eran materias primas como mineral de hierro, tungsteno, seda cruda, antracita, y pescados y mariscos. Hacia mediados de la década de los ochenta los textiles y las prendas de vestir encabezaban la lista, pero los buques, la electrónica y el acero se habían incorporado a ella. Desde los años noventa las ventajas comparativas de Corea del Sur se han desplazado definitivamente a los sectores intensivos en capital, tales como la industria pesada, la petroquímica, la computación, los semiconductores y las telecomunicaciones (León, 2001).

Desde el principio de su desarrollo capitalista Corea del Sur ha mostrado una obsesión por mejorar rápidamente los niveles educativos del país, vinculando además el logro educativo con el ascenso en la escala social. Las largas jornadas en las instituciones de educación básica y secundaria ponen un fuerte énfasis en la enseñanza de inglés, matemáticas y ciencias duras como condiciones iniciales para crear un amplio contingente de ingenieros y tecnólogos en la fuerza de trabajo. Este hecho, entre paréntesis, ha llevado a Corea del Sur a obtener las mayores puntuaciones en el examen PISA, particularmente en el rubro de habilidades matemáticas (OCDE, 2007). Los egresados por año de las universidades sudcoreanas se multiplicaron por 10 entre 1960 y 1994 (Kim, 1997: 61), y se otorgaron decenas de miles de becas para cursar posgrados en Estados Unidos y Europa. A tal grado se elevó la calificación de la fuerza de trabajo que uno de los retos que hoy confronta la sociedad sudcoreana es, precisamente, la creciente dificultad para incorporar al mercado laboral a esa calificada legión de científicos y tecnólogos.

Un ejemplo, entre muchos, de la manera en que los sudcoreanos lograron crear círculos virtuosos entre la industrialización, la educación y el desarrollo de ventajas tecnológicas lo ofrece el caso de la siderúrgica Pohang Iron and Steel Company (POSCO). Esta empresa de capital público se fundó en 1968, comenzó a producir acero en 1972, y en la actualidad constituye, por el valor de sus activos, la segunda acerera del mundo y la mayor de Asia. Desde el inicio de las operaciones de POSCO una legión de ingenieros, supervisores y empleados de base recibió educación y capacitación técnica de la más alta calidad. Según Alice Amsden (1989: 305), sólo entre 1968 y 1979 más de 61 400 trabajadores participaron en distintos cursos de formación. Aproximadamente 4 200 personas se capacitaron fuera de la compañía, y 1 513 de ellas lo hicieron en el extranjero.

Gracias a esta actitud de apoyo al capital humano, POSCO pudo lograr un rápido proceso de convergencia tecnológica. En 1997 la empresa estableció una división de ID dotada de 148 investigadores y 112 técnicos. En 1986 se canalizaron fondos públicos y privados a la creación de la Universidad Pohang de Ciencia y Tecnología (POSTECH). En 1987 se fundó un nuevo centro, denominado Instituto de Investigación de Ciencia y Tecnología (RIST). Tanto en el POSTECH como en el RIST las prioridades de investigación fueron las ciencias exactas y naturales, las ciencias de la computación, y la tecnología del hierro y el acero. Con el tiempo POSCO pudo dominar y mejorar la tecnología requerida para producir acero de alta calidad. En la actualidad POSCO (cuya privatización se inició en 1998) se ha convertido en una de las empresas con tecnología siderúrgica más avanzada del mundo, e incluso vende asesoría tecnológica a firmas de Alemania, Estados Unidos y Japón (Clifford, 1998).

En vista de la creciente competencia (particularmente de China) en los sectores donde Corea del Sur ha logrado un rápido desarrollo, desde principios de la década de 2000 los gobiernos civiles han buscado transformar el perfil industrial del país, transitando hacia la llamada "sociedad del conocimiento". Este proyecto implica reforzar sectores de alta competencia como el automotriz y la electrónica, impulsando al mismo tiempo actividades de punta como la nanotecnología, los semiconductores, la industria aeroespacial y la tecnología de la información, amén de especializar al país en la provisión de servicios de alta eficiencia y valor agregado. Con estas acciones la administración del presidente Lee Myung-Bak, iniciada en 2008, espera concretar el llamado Proyecto Corea 747, consistente en lograr un crecimiento económico de 7% *per annum*, incrementar el PIB per cápita a 40 000 dólares y convertirse en la séptima economía del mundo.

A tono con esas transformaciones, en el mismo año el Ministerio de Educación y Desarrollo de Recursos Humanos se fusionó con el MCT para convertirse en el Ministerio de Educación, Ciencia y Tecnología (MECT).

Este breve análisis de la innovación tecnológica sudcoreana muestra que, en un tiempo muy reducido, el país ha logrado transitar desde un énfasis original en la "ingeniería de reversa" a la innovación tecnológica, vía la endogenización del cambio técnico. En la actualidad la estructura de la ID sudcoreana se asemeja y en ciertos aspectos supera a muchos países del primer mundo. Por ejemplo, el GIDE/PIB pasó de 0.77% del PIB en 1977 a 1.8% en 1991, 2.3% en 2000 y 3.4% en 2008 (véase la gráfica 1). En tanto, como se muestra en el cuadro 1, la participación del sector privado en los gastos totales de ID aumentó de 32% en 1971 a 70% 1999, y a 72.9% en 2008. De hecho, Corea del Sur pertenece al selecto grupo de países de la OCDE que invierten proporciones superiores al 3% del PIB en ID, sólo un poco por debajo de Suecia, Finlandia y Japón (OCDE, 2010). Ante estos hechos no resulta sorprendente que, contando con una extensión territorial similar a la del estado mexicano de Oaxaca, Corea del Sur sea en la actualidad la décima economía del mundo. Supera ya a un México ensimismado y perplejo que, desde 2000, descendió del lugar 10 al 12.

Un último y más reciente caso asiático que amerita una comparación con México es el de China. Cualquier lector atento de libros de historia universal conoce la tradición innovadora de ese antiguo país, a la cual se deben sofisticados instrumentos de navegación y la pólvora, inventada alrededor del siglo IX. Sin embargo, el impulso innovador de China se fue mellando con el correr del tiempo, y el imperio celeste no experimentó el tipo de revoluciones industriales y científicas que se sucedieron en Europa en los siglos XVIII y XIX. A diferencia de Japón, y a semejanza de Corea, en la recta final del XIX China no logró obtener el desarrollo tecnológico que podría haberle ayudado a resistir mejor los embates de Occidente. Esta impotencia explica en parte la caída del imperio en 1911 y la prolongada inestabilidad del país, que se extendió a lo largo de la primera mitad del siglo XX.

Desde su toma del poder, en 1949, el gobierno de Mao Zedong concibió a la tecnología como un instrumento para competir con Estados Unidos, Inglaterra y Japón, y superar las humillaciones sufridas por China desde mediados del siglo XIX. Siguiendo los cánones soviéticos, la República Popular China instrumentó un modelo de innovación centrado en la ID militar y en las necesidades de la industria pesada, y centralizó el grueso de la investigación en instituciones como la Academia China de Ciencias. Igual que en el caso soviético, estas estrategias no contribuyeron demasiado a la endogenización del cambio técnico, ya que los avances de los centros de investigación tendían a permanecer aislados de la esfera productiva. La revolución cultural (1966-1976), dotada de un fuerte sesgo antiintelectual, se convirtió en otro freno para la ID china. Si bien en ese periodo subsistieron instituciones dedicadas a la ciencia y la tecnología, la investigación burocrática, politizada y fuertemente ideologizada, prevaleció sobre la innovación en la industria. A pesar de algunos logros notables, sobre todo en actividades militares, el periodo maoísta no logró remontar del todo el relativo atraso tecnológico de China.

Tras la asunción del poder por Deng Xiaoping en 1978 y el consiguiente inicio de las reformas económicas, los líderes chinos redoblaron su compromiso con el desarrollo tecnológico. A decir de Quian Xuesen, presidente de la Asociación China de Ciencia y Tecnología, "en el siglo XXI, si un país no logra colocarse en el liderazgo científico y tecnológico, difícilmente logrará sostener sus actividades económicas y su posición internacional [...] Ésta es una guerra intelectual y el siglo XXI será una era caracterizada por este tipo de 'beligerancia'" (citado por Simon y Goldman, 1989: 4-5). A diferencia de la era maoísta, Deng y sus sucesores introdujeron un mayor uso del mercado como mecanismo de información y asignación de recursos para la ID; pero, a semejanza de Mao, han mantenido una dosis importante de participación del Estado como líder y coordinador del esfuerzo tecnológico. En los últimos dos decenios esta peculiar sinergia entre los sectores público y privado ha provocado un veloz aumento de las capacidades tecnológicas del país. La ID se ha descentralizado de nuevo hacia universidades y centros de investigación y éstos, a su vez, han logrado una creciente vinculación con la industria.

El rápido avance técnico no resulta ajeno al compromiso asumido por la dirigencia china para fomentar la ID. El hecho de que una parte sustancial de la dirigencia del Partido Comunista Chino (PCC) esté formada por ingenieros de profesión ha facilitado la comprensión del papel medular de la tecnología en el proceso de desarrollo. Por ejemplo, el presidente Hu Jintao es ingeniero hidráulico por formación, mientras que el primer ministro Wen Jiabao se graduó en ingeniería geológica. No resulta sorprendente que este último encabece los trabajos del Grupo Estatal de Liderazgo para la Planeación a Mediano y Largo Plazo del Desarrollo de la Ciencia y Tecnología. Por su parte, en diversos pronunciamientos, el presidente Hu ha hecho explícitos los objetivos de elevar a 2.5% el GIDE para 2020; reforzar los vínculos orgánicos entre academia, empresas y gobierno; establecer instalaciones chinas de ID en el exterior, y atraer inversión directa que a su vez canalice recursos a esta actividad (Lampton, 1998).[2]

Como en otros casos de desarrollo acelerado, China es notable por el impulso educativo realizado en los últimos años. Desde los años noventa la matrícula en educación básica ha crecido un tercio y la población total en educación terciaria se ha cuadruplicado. De nueva cuenta, como en los casos de Corea y Japón, la educación superior ha puesto gran empeño en la formación de científicos e ingenieros. Más de la mitad de los egresados de licenciatura en las universidades chinas concluyen carreras en dichas áreas, mientras que en los últimos años un alud de estudiantes chinos de posgrado cursa estudios tanto en el país como en el extranjero (Lampton, 2008). La magnitud de este esfuerzo se ilustra con una tendencia que, por sus implicaciones en el liderazgo tecnológico y económico mundial, inquieta a más de un analista estadunidense: a mediados de los setenta China prácticamente carecía de graduados en ciencia e ingeniería; para 2003 el país graduaba unos 13 000 estudiantes de doctorado, 70% de ellos en este tipo de disciplinas; en 2010, China ya superaba a Estados Unidos en este rubro (Colvin, 2010).

No obstante, China sigue siendo un país con cierto rezago tecnológico, pero que rápidamente gana terreno. Los políticos y analistas chinos son conscientes de esta realidad y reconocen que su país aún se encuentra en un rango intermedio en la escala mundial de la innovación; también aceptan que todavía existe una fuerte

[2] De hecho, contra la difundida cuan errónea idea de que China es simplemente un país "maquilador" y que carece de talento administrativo de alta calidad, la dirigencia económica ha logrado negociar que crecientes inversiones de las empresas transnacionales se vinculen a esfuerzos de ID. Por ejemplo, en el norte del país, Intel ha instalado una planta que no sólo emplea a obreros, sino también a diseñadores e ingenieros; en Beijing, Google y Microsoft han establecido centros de investigación que cumplen funciones que superan con mucho a las de meras oficinas regionales (Fallows, 2009).

dependencia tecnológica en áreas estratégicas como la maquinaria textil, los circuitos integrados, el equipo petroquímico y los componentes de la industria automotriz. Añaden, sin embargo, que la brecha que separaba a China de los países desarrollados se ha ido estrechando, y subrayan, con razón, que el país ya logra producir tecnologías de vanguardia en áreas como la biotecnología, la industria aeroespacial, la computación, la telefonía móvil, la minería, la energía hidráulica, y ciertas ramas de la industria armamentista. Más aún, parecen tener una clara visión de la mezcla tecnológica más adecuada para sus condiciones específicas, que consiste en el mejoramiento y la superación de las industrias intensivas en mano de obra, al tiempo que se desarrollan industrias intensivas en capital y tecnología (Tian, 2008).

Vistas en su conjunto, las tendencias muestran una creciente maduración tecnológica de China. Existe una creciente proporción de gastos en ID realizados por centros de investigación y empresas privadas; éstos pasaron de 57.6% en 2002 a 71.7% en 2008 (OCDE, 2010). Para obtener este resultado, desde 1999 el gobierno fijó exenciones de impuestos para la innovación tecnológica en industrias locales, promovió la conversión de centros públicos de investigación en empresas orientadas a brindar asesoría tecnológica, y cada año canaliza fondos masivos para una serie de proyectos estratégicos en materia de alta tecnología. Gracias a estos mecanismos, tanto el personal de ID empleado por las firmas privadas en China como el porcentaje de ganancias que se reinvierte en actividades de investigación ha repuntado de manera sostenida (Wen, 2004: 42).

Por el momento, y como lo muestra con nitidez la gráfica 1, en la década de 2000 China ha ascendido de la parte baja al escalón más alto del nivel 2. Su ascenso a la parte baja del nivel 3 de la innovación tecnológica sólo parece cuestión de tiempo. A la sostenida mejoría de los indicadores chinos de ID se suma el equipamiento de nuevos laboratorios, la construcción de una moderna red de telecomunicaciones, el aumento en los registros de patentes nacionales y una fuerza laboral cercana a los dos millones de personas involucradas en actividades de ID, que prácticamente equivale a la de Europa-15 (OCDE, 2010). No resulta extraño, por ello, que las exportaciones de alta tecnología en China hayan pasado del 5.3% en 1990 al 33.7% en 2006 (Falck Reyes y León Manríquez, 2010: 114-115). Queda por ver si el país confirmará en los próximos años su ascenso hacia una posición de liderazgo en la innovación tecnológica. Si esto efectivamente sucede, pocos países podrán competir con éxito frente a China: la magnitud intrínseca del país y su posible avance hacia la frontera tecnológica en diversas áreas serán, en este escenario, elementos que afiancen el poderío internacional de China.

EL FUTURO DE LA ID EN MÉXICO:
TRAZANDO LOS CONTORNOS DE UN PAÍS DESEABLE

Las experiencias de industrialización y crecimiento del este asiático arrojan al menos una evidente lección: el desarrollo no es sólo un problema de organización política y social, sino también de educación y creatividad tecnológica. En el mundo del siglo XXI, apostar por la posesión de recursos naturales, ventajas geográficas o políticas de libre mercado a ultranza resulta una elección insuficiente. Si alguna estrategia de los países de industrialización tardía y postardía ha demostrado su efectividad para lograr la convergencia económica, es la imitación y la mejoría tecnológica con aplicaciones en el mercado. No obstante, éste continúa siendo un tema periférico para la clase política, los empresarios y no pocos académicos mexicanos. Todos estos sectores, desde luego, abogan discursivamente por la mejora de las capacidades tecnológicas del país, pero este compromiso retórico no ha conducido a una evolución demasiado favorable del SIN.

Dada esta realidad parece difícil que, al menos en el mediano plazo, México pueda cerrar la brecha con los líderes tecnológicos. Cualquier esfuerzo para acercarse —ya no se diga superar— al nivel 3, parece muy difícil de antemano. A menos que ocurra una inusual combinación de desastres y milagros, existen muchas razones para pensar que, en el futuro mediato, México mantendrá su posición como un país con capacidad tecnológica intermedia. En un escenario posible, aunque poco probable, el país podría ascender a la parte alta del nivel 2 hacia el año 2020, siempre y cuando ese esfuerzo se condense en el cumplimiento de la gastada promesa de escalar el GIDE al 1% del PIB. Esa lejana posibilidad es expresión de un cauto optimismo. A pesar de que la convergencia tecnológica no es una tarea fácil, tampoco existe ninguna razón ontológica para suponer que la posición de un país en términos de ID deba ser perpetua y estática. A pesar de sus deficiencias y errores, las experiencias del este asiático muestran cómo una adecuada sinergia entre las políticas públicas y el esfuerzo privado puede cambiar rápidamente el perfil de la ID nacional y alterar significativamente el patrón de ventajas competitivas.

Desde un punto de vista normativo, el principal desafío para el sistema nacional de innovación en México en los albores del siglo XXI no sólo consiste en mejorar sus recursos económicos —una vieja demanda de la izquierda académica— sino también en transformar sus prioridades, estructuras y mecanismos de financiamiento. El imperativo de redoblar los esfuerzos para mejorar el perfil de la ID no implica, al menos en mi visión, desplegar un esfuerzo que *ipso facto* empareje a México con los líderes tecnológicos mundiales en sus áreas de competitividad. En un plano realista, la ID debería estar orientada al desarrollo de ciertos nichos competitivos, a cerrar las brechas derivadas de la escasa interacción entre la investigación y el mercado, y a resolver algunos de los problemas más apremiantes de la sociedad mexicana. Ciertas áreas prioritarias para el desarrollo tecnológico futuro del país podrían ser la búsqueda de nuevas fuentes de energía, la lucha contra la desertificación, el uso sostenible de los bosques, la creación de nuevas técnicas para la conservación, manejo y transporte de alimentos, la mejora de las técnicas agrícolas y la prevención de desastres naturales. La investigación industrial en petroquímica y áreas industriales semejantes también debería fomentarse con vigor.

Para que la semilla de la ID florezca, el suelo debe ser fértil. Por ello, una reforma radical de la educación primaria y básica debería ser un objetivo esencial para cualquier gobierno que aspire a superar el marasmo en que el país se ha sumido. El problema no es tanto de cobertura educativa (rubro en donde se registran grandes avances), ni en el aumento del gasto en educación, que ya es alto en términos relativos. Por ello, el núcleo de esta necesaria transformación tiene más relación con lo cualitativo. Una verdadera reforma educativa debería pasar por la ampliación de las jornadas escolares, así como la incorporación masiva de matemáticas, ciencias duras e inglés a los planes de estudio de primaria y secundaria. Esto, a su vez, supondría un gran esfuerzo de recalificación del profesorado mexicano. Desgraciadamente, este tipo de reforma educativa —como cualquier otra— tiene grandes posibilidades de ser bloqueada por los sindicatos del ramo, inmersos como suelen estar en la parálisis rentista y la reproducción del sistema corporativo que les dio origen y razón de ser.[3]

Otra tarea urgente consiste en revisar los mecanismos e incentivos para incorporar a la iniciativa privada de manera decidida dentro de los esfuerzos de investigación y desarrollo. La necesidad de una mayor inversión empresarial en este rubro no sólo se deriva de una apelación a cooperar para (re)construir la nación; también se debe convencer al empresariado de que los recursos canalizados a la ID redundarán en su propio beneficio económico. Esta labor no se logra con exhortaciones patrióticas sino con incentivos tangibles. En este sentido, los últimos años nos muestran una tendencia alentadora: entre 1993 y 2007, la proporción de recursos canalizados a la ID por el sector privado ascendió del 14.3 al 45.1% del total (OCDE, 2010). La continuidad de este proceso se antoja indispensable en la medida en que, según muestran las experiencias del este asiático, los laboratorios y la investigación financiada por las empresas son un elemento indispensable para endogenizar el cambio tecnológico en los procesos productivos.

El aumento absoluto de los recursos humanos dedicados a la ID también constituye una buena noticia. Según cifras de Conacyt (2008), el número de miembros del Sistema Nacional de Investigadores (SNI) casi se duplicó, al pasar de 6 742 a 13 485 entre 1998 y 2007. Dado que la mayoría de estos investigadores laboran en universidades y laboratorios públicos, es factible pensar que éstos seguirán siendo, al menos por unos años más, los principales centros de innovación en México. La concentración del esfuerzo nacional de ID en las instituciones públicas constituye una razón adicional para abogar por grandes cambios administrativos, políticos y académicos en ellas. Como sucedió en los países asiáticos que se analizan en este trabajo, los centros de investigación y universidades públicas necesitan desarrollar vínculos más estrechos con el sector privado y por lo tanto con el mercado; pasar de un perfil educativo basado en las ciencias sociales y administrativas a una mayor formación de científicos e ingenieros, y mejorar sus mecanismos de reclutamiento, permanencia y separación del personal académico. Tal como sucede en la educación básica y

---

[3] Es casi innecesario apuntar que existen honrosas excepciones, y que sobran ejemplos de profesores profesionales e incluso abnegados. Ellos, y no las cúpulas clientelares, deberían ser el germen de la necesaria transformación del sistema educativo mexicano.

secundaria, el cambio debe ser cuantitativo (mayores presupuestos), pero también cualitativo (mejores recursos humanos y reclutamiento transparente y bajo reglas universales).

Para poder aplicarse con éxito, todos los cambios señalados requerirían consensos mínimos, voluntad política y estructuras institucionales bien organizadas y altamente eficientes. Es evidente que el sistema de innovación nacional (que incluye, pero también excede al Conacyt) se enfrenta al doble reto de cumplir con sus objetivos específicos al mismo tiempo que se reforma. El futuro de la innovación tecnológica en México, así como la posibilidad de trascender su estatus de país semiperiférico, dependerá en gran medida de la capacidad para establecer prioridades y estrategias tecnológicas, así como de endogenizar el esfuerzo científico y técnico. Para los empresarios, científicos, tecnólogos y funcionarios públicos, las experiencias del este asiático podrían ser *benchmarks* para mejorar un sistema de innovación relativamente estancado, y así incorporar el cambio técnico en los procesos productivos y la generación de riqueza.

Que estas tareas sean urgentes no significa, en modo alguno, que puedan realizarse con facilidad. Fuera de algunas comunidades epistémicas, en el entorno nacional no parece existir una conciencia plena de la relevancia del esfuerzo tecnológico como piedra angular de las posibilidades de desarrollo futuro del país. Independientemente de colores e ideologías, la clase política parece concentrada en vivir el presente y obtener popularidad con acciones mediáticas. En contraste, la inversión en ID supone un esfuerzo de largo plazo que no reditúa dividendos políticos inmediatos. En el frente de los empresarios, la conciencia sobre la relevancia del tema tampoco abunda. Baste al respecto retomar el pensamiento de Carlos Slim, el principal empresario mexicano y el hombre más rico del mundo. Aunque generalmente juicioso en sus planteamientos de política económica, las ideas de Slim respecto a la ID hacen evidente una mentalidad que en buena medida explica el rezago tecnológico del país. En una conferencia en la UNAM, en 2009, el magnate señaló:

Al hablar de tecnología, hay que subrayar que la tecnología no es local, la tecnología es global, yo creo que aunque es importante que los países desarrollen tecnología, lo más importante es absorber la tecnología como absorber la ciencia. O sea, es más importante [...] que una gran parte de la población no desarrolle, sino que absorba y domine la tecnología que surja y lo importante es aprovechar las mejores tecnologías del mundo. No hay empresas ni países que estén desarrollando toda la tecnología (Slim Helú, 2009: 2).

CONCLUSIONES

El cambio tecnológico se ha convertido en uno de los factores más importantes para la estructuración del poderío económico y político de empresas y naciones. Se ha transformado además en un elemento clave para definir la distribución de poder en el sistema internacional, ya sea que éste se caracterice por la cooperación o por el conflicto. En un mundo en paz y regido por la ética, la tecnología será necesaria para afianzar la estabilidad internacional y facilitar la solución de una buena cantidad de problemas económicos, sociales y ecológicos. En un mundo en conflicto, gobernado por las luchas de poder, la tecnología seguirá funcionando como un medio para adquirir ventajas definitivas sobre los rivales económicos, políticos y militares.

¿Qué puede esperarse hacia el futuro? ¿En qué medida puede construirse éste? En una sociedad basada en el conocimiento, la concentración de la innovación tecnológica en unas cuantas regiones y países se mantendrá, probablemente de una forma mucho más acentuada que en las últimas décadas. La economía del conocimiento, con sus "analistas simbólicos" y grandes inversiones en la creación de rentas tecnológicas, dificultará la posibilidad de convergencia para las economías emergentes. Sin embargo, el patrón de inserción de la economía mundial a través de una generosa dotación de recursos naturales es cada vez más cuestionable. Por ello, la creación de sólidas capacidades tecnológicas se convierte en una tarea urgente e ineludible.

¿Cuáles son las implicaciones de esta realidad para México? Una de las debilidades estructurales del desarrollo del país ha sido la escasa generación y endogenización del cambio técnico. Como resultado, México padece una especie de astenia tecnológica. Tanto en el contexto de América del Norte como en la OCDE, el país registra algunos de los indicadores más bajos de ID. Su sistema nacional de innovación es más bien tradicional, en la medida en que la mayor parte de la ID se realiza a través de universidades públicas y laboratorios estatales; la investigación tiende a ser básica; los vínculos entre el laboratorio y el mercado son francamente débiles, y la ID se realiza en dos o tres ciudades, casi sin efectos secundarios en otras regiones.

La determinación de México para incorporarse a los mercados internacionales, principalmente a través del TLCAN, no se ha complementado con una transformación significativa de su sistema nacional de innovación. Durante las últimas dos décadas el país se ha mantenido en la parte baja del nivel 2, no muy lejos de la posición que había obtenido durante la industrialización por sustitución de importaciones. A menos que México sea capaz de propiciar un cambio radical de su perfil tecnológico, la baja endogenización del cambio técnico seguirá siendo uno de los obstáculos más notorios para elevar la competitividad de México en los mercados mundiales. Mientras el sector privado mantenga una participación minoritaria en el esfuerzo tecnológico de México, el país no podrá transitar por el camino del "aprender haciendo".

En cuanto al este asiático, la evidencia provista sería suficiente para colocar a Japón y Corea del Sur en el nivel 3, mientras que China ha escalado a la parte alta del nivel 2, con una veloz trayectoria hacia el siguiente escalón tecnológico. Es cierto que algunos indicadores clave de este país son menos favorables que las cifras de Japón y Corea. Sin embargo, China ha llevado a cabo esfuerzos sistemáticos y muy eficaces para mejorar sus logros tecnológicos, moviéndose rápidamente desde un patrón relativamente anticuado de innovación hacia una zona más cercana a la primera línea tecnológica. En ninguno de los casos anteriores los éxitos científicos y tecnológicos pueden atribuirse sin más a las políticas de *laissez-faire*. Es cierto que la promoción de la ID en Japón y Corea del Sur no ha seguido las pautas de una economía de planificación central, pero las políticas públicas han sido un factor primordial para cambiar su posicionamiento tecnológico. En el caso de China, las prioridades han sido generalmente definidas por el gobierno, pero el mecanismo de mercado no ha estado ausente de las elecciones en materia de ID.

BIBLIOGRAFÍA

Abramovitz, Moses, 1989, *Thinking about growth. And other essays on economic growth and welfare*, Cambridge, Cambridge University Press.
Amsden, Alice, 1989, *Asia's next giant: South Korea and late industrialization*, Nueva York, Oxford University Press.
Arrow, Kenneth, 1962, "The economic implications of learning by doing", *American Economic Review*, vol. 51, núm. 1.
Banco Mundial, 1999, *World Development Report 1998/1999. Summary. Knowledge for Development*, Nueva York, Oxford University Press.
Barro, Robert J., 1997, *Determinants of economic growth. A cross-country empirical study*, Cambridge y Londres, The MIT Press.
Clifford, Mark, 1998, *Troubled tiger. Businessmen, bureaucrats, and generals in Korea*, Nueva York y Londres, M. E. Sharpe.
Colvin, Geoff, 2010, "Desperately seeking math and science majors", *CNNMoney.com* <http://money.cnn.com/2010/07/29/news/international/china_ engineerig_grads.fortune/index.htm>.
Conacyt (Consejo Nacional de Ciencia y Tecnología), 2008, *Informe general del estado de la ciencia y la tecnología*, México, Conacyt.
Denison, Edward, 1967, *Why growth rates differ. Postwar experience in nine Western countries*, Washington, D. C., The Brookings Institution.
Evenson, Robert E. y Westphal, Larry E., 2002, "Technological change and technology strategy", en Jere Behrman y T. N. Srinivasan (eds.), *Handbook of Development Economics*, vol. IIIA, Amsterdam y Oxford, Elsevier.
Falck Reyes, Melba y José Luis León Manríquez, 2010, "Mexico's East Asia strategy", en Jörn Dosch y Olaf Jacob (eds.), *Asia and Latin America. Political, economic and multilateral relations*, Londres y Nueva York, Routledge.
Fallows, James, 2009, *Postcards from tomorrow square. Reports from China*, Nueva York, Vintage.
Gerschenkron, Alexander, 1962, *Economic backwardness in historical perspective*, Cambridge, Harvard University Press.
Haber, Stephen, 1989, *Industry and development. The industrialization of Mexico, 1890-1940*, Stanford, Stanford University Press.
Hirschman, Albert O., 1968, "The political economy of import-substituting industrialization in Latin America", *The Quarterly Journal of Economics* 82.
Kim, Linsu, 1997, *Imitation to innovation. The dynamics of Korea's technological learning*, Boston, Harvard Business School Press.
Kohli, Atul, 1999, "Where do high growth political economies come from? The Japanese lineages of the developmental state", en Meredith Woo-Cumings (ed.), *The developmental state*, Nueva York y Londres, Cornell University Press.
Lall, Sanjaya y Georg Kjell, 1991, "Industrial development in developing

countries and the role of government interventions", *Banca Nazionale del Lavoro Quarterly Review* 178.

Lampton, David, 2008, *The three faces of Chinese power. Might, money and minds*, Berkeley, University of California Press.

León, José Luis, 2001, *State capacity, state autonomy and economic performance. Industrial policy in Mexico*, tesis doctoral, Columbia University.

Lucas, Jr., Robert E., 1988, "On the mechanics of economic development", *Journal of Monetary Economics* 22.

Nelson, Richard y Gavin Wright, 1992, "The rise and fall of American technological leadership", *Journal of Economic Literature* 30.

Nelson, Richard R. y Nathan Rosenberg, 1993, "Technical innovation and national systems", en Richard R. Nelson (ed.), *National Innovation Systems*, Nueva York Oxford University Press.

OCDE (Organización para la Cooperación y el Desarrollo Económico), 2007, PISA *2006. Science competencies for tomorrow's world*, París, OCDE.

OCDE (Organización para la Cooperación y el Desarrollo Económico), 2010, *Main science and technology indicators database*, París, OCDE, mayo.

Odagiri, Hiroyuki y Akira Goto, 1993, "The Japanese system of innovation: Past, present and future", en Richard R. Nelson (ed.), *National Innovation Systems*, Nueva York Oxford University Press.

Pipitone, Ugo, 1995, *La salida del atraso. Un estudio histórico comparativo*, México, Centro de Investigación y Docencia Económicas/ Fondo de Cultura Económica.

Romer, Paul M., 1994, "The origins of endogenous growth", *Journal of Economic Perspectives* 8.

Romero Castilla, Alfredo, 2009, "De Choson a Chosen: Unión y fractura de la nación coreana", en José Luis León Manríquez (coord.), *Historia mínima de Corea*, México, El Colegio de México.

Schultz, Theodore, 1961, "Investment in human capital", *American Economic Review* 51.

Simon, Denis y Merle Goldman, 1989, "Introduction. The onset of China's new technological revolution", en Denis Simon y Merle Goldman (eds.), *Science and technology in post-Mao China*, Cambridge, Harvard University Press.

Slim Helú, Carlos, 2009, "Ponencia del ingeniero Carlos Slim Helú en el Seminario *Sociedad y Tecnología* organizado por la UNAM", México, D. F., 17 de febrero de 2009, <http://www.carlosslim.com/desde_slim_unam.html>.

Solow, Robert M., 1956, "A contribution to the theory of economic growth", *Quarterly Journal of Economics* 70.

——, 1988, *Growth theory: An exposition*, Nueva York y Oxford, Oxford University Press.

Tian, Yingkui, 2008, *China's path. The scientific outlook on development*, Beijing, Foreign Languages Press.

Tünnermann Bernheim, Carlos, 1996, *La educación superior en el umbral del siglo XXI*, Caracas, CRESALC/UNESCO.

Wade, Robert, 1990, *Governing the market. Economic theory and the role of government in East Asian industrialization*, Princeton, Princeton University Press, 1990.

Wen, Mei, 2004, "Structural adjustment in Chinese industry", en Ross Garnaut y Ligang Song (eds.), *China: Is rapid growth sustainable?*, Canberra, Asia Pacific Press at the Australian National University.

EL FUTURO DE LA RELACION MÉXICO-CHINA

SERGIO LEY LÓPEZ,
con la colaboración de
OMAR PEREIRA HERNÁNDEZ

CHINA HOY

Paulatinamente en los últimos 32 años, desde el comienzo de las reformas de Deng Xiaoping, China se ha convertido en una de las locomotoras del crecimiento global. Hoy es la segunda economía por el tamaño de su PIB y se estima que para 2025 sea la principal economía internacional;[1] es el principal exportador mundial; sus importaciones han crecido a un ritmo dos veces más rápido que las de Estados Unidos y debe superar a este país para convertirse en la principal potencia industrial a más tardar en 2014.[2]

A la par de ese proceso de crecimiento económico y de la ampliación de su participación en la economía mundial, se ha ido dando otro fenómeno, quizás en su inicio menos obvio, pero con implicaciones geoestratégicas más profundas: la transformación de la República Popular China en una potencia mundial.

No obstante, China enfrenta aún importantes retos. Uno de los mayores es la creación masiva de empleos para aliviar el desempleo en el campo. La desigualdad entre el campo y la ciudad ha creado una migración creciente, estimada en cerca de 200 millones de campesinos empleados en las ciudades, cuya estancia legal es tolerada,

---

[1] Según las proyecciones del Banco Mundial, Goldman Sachs y otros expertos.

[2] Según estimaciones de la consultora IHS Global Insight, en 2011 China se convertirá en la mayor fuerza industrial del mundo, rompiendo la supremacía estadunidense de más de un siglo. Las cifras que se manejan no están ajustadas a la inflación, lo que en términos reales podría preservar el liderazgo de Estados Unidos hasta 2013 o 2014, pero en cualquier caso la tendencia en productividad resulta inexorable ante la competencia de China. De acuerdo con IHS, la producción industrial china superará en 2011 los 1.8 billones de dólares. En 2009, a pesar de la crisis, Estados Unidos fue responsable de un 19.9% de la producción industrial del mundo, en comparación con el 18.6% de China.

aunque no estrictamente permitida. Otro de los retos de gran envergadura es el relacionado con el deterioro del medio ambiente derivado de un desarrollo económico acelerado. En uno y otro caso, la dirigencia china aparenta tener la férrea voluntad de afrontar los problemas, con gran éxito en el primero, pero con resultados inciertos, aún, en el segundo.

En el aspecto social, los ciudadanos chinos de hoy disfrutan de libertades inimaginables hace treinta años, resultado de las profundas transformaciones que han tenido lugar en el ámbito económico. En la actualidad la población china se desplaza por todo el territorio nacional sin más limitaciones que su propia capacidad de movimiento, y se ha eliminado de raíz la humillante práctica del permiso del empleador para contraer matrimonio, entre otras. Sin embargo, todavía persisten limitaciones a la expresión libre de ciertas ideas políticas que, en opinión de algunos funcionarios chinos, poco a poco irán desapareciendo.

El incremento del poderío económico, la evolución de la sociedad y la creciente fortaleza militar del país colocan a China en el camino de convertirse en la otra superpotencia del siglo XXI. Este hecho que pocos ponen en duda hoy, a pesar de la insistencia de Beijing de continuar considerándose a sí mismo un país en vías de desarrollo y de los enormes retos sociales, económicos y políticos que aún tienen por delante, ha tenido su manifestación más concreta en un reajuste de las prioridades de su política exterior, caracterizada ahora por una mayor implicación en los asuntos de interés internacional. En ese escenario global, las relaciones de China con América Latina no han sido la excepción y han entrado en una nueva dimensión.

CHINA EN AMERICA LATINA

Aunque la presencia china en nuestra región tiene una larga historia, no fue sino hasta comienzos de la década de 1990 cuando estos vínculos habrían de comenzar a crecer, desarrollarse, diversificarse y consolidarse con un matiz cada vez más estratégico.

Mucho ha pasado en las relaciones China-América Latina desde entonces que, junto a los cambios en el escenario internacional y las propias realidades internas de los actores involucrados, han condicionado que con la entrada al siglo XXI las relaciones entre las partes estén viviendo su mejor momento histórico.

Los hechos y las cifras son más elocuentes.[3] Es evidente el crecimiento exponencial de los vínculos bilaterales, especialmente en el orden económico.[4] Beijing se ha convertido en el principal mercado de las exportaciones de América Latina al continente asiático, superando ya a Japón, y de mantenerse la actual tendencia debería convertirse en muy pocos años en el segundo mercado de exportación en importancia para los países de América Latina y el Caribe, por detrás de Estados Unidos. Es ya el segundo socio comercial de la región, sólo superado por este último país.

China emerge de la crisis fortalecida en su base productiva, tecnológica y financiera y con una presencia e importancia internacionales más significativas aún. Los datos indican que en su recuperación China arrastrará a la región latinoamericana, en la medida en que sus necesidades de materias primas seguirán presentes y crecientes.

[3] Dicho en palabras de Luis Alberto Moreno, director del Banco Interamericano de Desarrollo pronunciadas durante la IV Cumbre Empresarial China-América Latina, celebrada en Chongqing, China, en octubre de 2010: "La dirección del desarrollo comercial del mundo ha cambiado, con la cooperación sur-sur, representada por China y América Latina, convirtiéndose en la corriente principal, pues no sólo está acelerando la recuperación económica, sino también liderando el crecimiento de la economía global, además de reequilibrar el centro político y cultural del mundo".

[4] Si bien en el año 2009 los vínculos comerciales entre las partes se contrajeron considerablemente a consecuencia del impacto directo de la crisis económica y financiera internacional, 2010 ha representado una recuperación notable, y todos los estimados dan una cifra total de intercambio comercial cercana a los 180 mil millones de dólares, lo que sería una cifra récord en las relaciones comerciales bilaterales entre China y América Latina. Según el artículo de He Shuangrong, investigador del Instituto de América Latina de la Academia de Ciencias Sociales de China, reproducido el pasado 12 de enero por Xinhua: "El comercio bilateral, después de vencer los efectos negativos de la crisis financiera global, se ha recuperado con más ganas todavía. Entre enero y septiembre el volumen de las transacciones comerciales entre China y América Latina alcanzó los 132 400 millones de dólares, experimentando un alza del 54.36% respecto al mismo periodo del año anterior, y se espera que la cifra del comercio exterior entre ambas regiones, para el presente año, se sitúe alrededor de los 180 000 millones, superando largamente el récord de 143 300 millones de dólares de 2008. China se ha convertido en el primer socio comercial de Brasil y Chile, y en el segundo de Argentina, Costa Rica, Perú y Cuba. Además, el peso de América Latina en el comercio exterior de China ha aumentado enormemente y, por ejemplo, Brasil ha subido del puesto 12 al 10 en cuanto a los principales socios comerciales de nuestro país".

En un análisis crítico de las relaciones económicas entre China y América Latina destaca el modo de actuar diferente de los dos protagonistas. China ha desarrollado una estrategia apoyada por el Estado, pragmática, activa, de largo plazo, no excluyente y que abarca diferentes áreas, mientras América Latina ha respondido —de manera general— pasivamente, con una escasa incorporación al proyecto de desarrollo de China. Es decir, persiste la percepción —pese a los avances— de que la respuesta de nuestra región es más coyuntural que una estrategia de largo plazo.

La estrategia china hacia nuestra región es dual. Si bien los vínculos económicos son el centro y eje impulsor de las relaciones, con el objetivo manifiesto de garantizar los recursos necesarios para sustentar su propio desarrollo económico, ha tratado de no descuidar su imagen política, lo que se manifiesta en una "diplomacia blanda" y en un reforzamiento del concepto de carácter pacífico de su ascenso a potencia mundial. La implementación de principios básicos de la política exterior china en el desarrollo de sus vínculos con la región, como el respeto mutuo, la no intervención en los asuntos internos, la igualdad y el beneficio recíproco, la coexistencia pacífica y la solución de los conflictos, sobre todo comerciales, por la vía del diálogo y siempre desde posiciones flexibles, han contribuido, pese a todo, a proyectar una imagen de potencia responsable, comprometida con el futuro de la región y diferenciada de otros actores internacionales.

De especial relevancia para la evolución y desarrollo futuro de las relaciones sino-latinoamericanas puede calificarse la publicación del Libro Blanco sobre las relaciones China-América Latina.[5] La impor-

---

[5] Hecho público el 5 de noviembre de 2008 en el contexto de la gira latinoamericana de Hu Jintao (visitó Brasil, Perú, Costa Rica y Cuba). Se trata del primer documento sobre la política de China hacia América Latina y el Caribe. El documento consta de un prólogo y cinco partes. En el prólogo el gobierno chino expresa su política general y define que el documento "tiene como propósito manifestar con mayor claridad los objetivos de la política china hacia la región, plantear los principios rectores de la cooperación en las diversas áreas durante un determinado periodo del futuro y promover el continuo desarrollo sano, estable e integral de las relaciones sino-latinoamericanas y sino-caribeñas". La primera parte hace referencia a la posición y el papel de América Latina y el Caribe en los asuntos internacionales. La segunda, a la relación de China con la región, donde el gobierno realiza una visión retrospectiva del vínculo. La tercera parte, bajo el título de "Política china hacia América Latina y el Caribe", enfoca las relaciones desde el plano estratégico, en busca de establecer y desarrollar una "asociación de cooperación integral", y donde aparecen los objetivos generales, los cuales consisten en ampliar los consensos; profundizar la cooperación

tancia del documento radica no tan sólo en el contenido, sino en que ofrece un marco político-institucional a los crecientes vínculos económico-comerciales y de inversión, a la vez que representa la plataforma a partir de la cual se podrán diseñar las perspectivas del desarrollo venidero de los contactos político-económico-sociales entre las dos regiones. La elaboración y publicación de este documento es la principal prueba de la importancia creciente que Beijing concede a sus nexos bilaterales con la región.

Desde el punto de vista político, el acercamiento a China ha sido positivo para América Latina pues, en términos generales, representa una diversificación de sus relaciones externas, que reduce la dependencia de algunos países respecto a terceros, potencia su capacidad de negociación y facilita una mayor autonomía de sus políticas exteriores.

Dadas las vastas dimensiones del mercado chino, aprovecharlas en toda su magnitud exige un esfuerzo concertado de asociación regional. Urge el establecimiento de un foro de cooperación China-América Latina. En las condiciones actuales todo indica que el Grupo de Río (o en su defecto la organización resultante de los esfuerzos de algunos estados miembro de englobar en una sola organización a todos los países de la región) es la instancia regional con más capacidad y credibilidad para impulsar, encauzar y coordinar el diseño de una política latinoamericana hacia China.

RELACIONES MÉXICO-CHINA

En este contexto, la relación bilateral México-China también ha evolucionado significativamente en los últimos años. Si bien en la década de 1970 China miró a México como el aliado estratégico de

---

bajo el espíritu del beneficio recíproco y la ganancia compartida; estrechar los intercambios en aras del mutuo aprendizaje y el progreso común, y el principio de "una sola China" como base política de las relaciones. La política específica por área hacia la región aparece en la cuarta parte, titulada "Fortalecimiento de la cooperación omnidireccional entre China y América Latina y el Caribe", que es el acápite más extenso pues supera el 80% del documento. En el área política el documento plantea mantener la tendencia a estrechar los intercambios al más alto nivel. En el plano económico, propone ampliar y equilibrar el intercambio comercial y optimizar su estructura para promover el desarrollo conjunto.

América Latina, con el correr de los años la evolución de los acontecimientos y las nuevas alianzas, tanto políticas como económicas, incorporaron nuevos actores de la región en la ecuación China-Latinoamérica, que relegó a México de su posición privilegiada de años antes.

En la actualidad las relaciones de China con México se perciben como un segmento de las relaciones de China con América Latina, no así las relaciones de México con China, las cuales están marcadas por el tamaño de la economía china, su peso específico en el contexto internacional, su creciente poderío militar regional y su posicionamiento, en los últimos años, como el segundo socio comercial de México, a pesar de la ausencia de un tratado de libre comercio con la nación asiática.[6] Asimismo, el empresariado nacional concibe a China como un formidable competidor que lo ha desplazado de sus mercados tradicionales, como Estados Unidos, y mantiene cerrada su economía a las exportaciones mexicanas.

En 2009 el volumen total de comercio con la República Popular China fue de 36 410 millones de dólares, confirmando la posición como el segundo socio comercial de México en el mundo. Esta cifra puede ser refutada porque no aparece en ninguna de las estadísticas oficiales de los dos países, pero refleja los intercambios económicos bilaterales reales, ya que incluye el comercio que se realiza a través de terceros países. China computa transacciones por un total de 16 180 millones de dólares mientras que nuestra Secretaría de Economía calcula la suma de importaciones y exportaciones con ese país en 34 744 millones de dólares.

Los siguientes cuadros muestran claramente la enorme diferencia que existe entre las estadísticas de ambos países, evidente reflejo de que una parte importante de nuestras transacciones comerciales con China se realizan por la intermediación de terceros países, principalmente Estados Unidos y, en menor medida, Hong Kong.

---

[6] Según cifras de la Unidad de Inteligencia de Negocios de Proméxico, el intercambio comercial de México con China creció 706% entre 2001 y 2009, al pasar de 4 309 a 34 744 millones de dólares, lo que supone un incremento anual promedio de 30%. Las exportaciones registraron un crecimiento de 686%, pasando de 282 millones de dólares en 2001 a 2 215 en 2009, lo que representó un incremento anual promedio del 29%. Por su parte, las importaciones aumentaron un 708%, pasando de 4 027 a 32 529 millones en el periodo señalado, con una tasa de crecimiento anual promedio de 30 por ciento.

CUADRO 1. COMPARACIÓN DE LAS CIFRAS DEL COMERCIO BILATERAL
ENTRE 2007 Y 2009 SEGÚN PAÍS REPORTANTE

Relación de comercio bilateral México-China

PAÍS REPORTANTE: MÉXICO

Indicadores	2007	2008	2009
Comercio total	31 639	36 735	34 744
% variación anual	21.1	16.1	−5
Exportaciones mexicanas hacia China	1 895	2 047	2 215
% variación anual	12	8	8
Importaciones mexicanas desde China	29 747	34 754	32 529
% variación anual	22	17	−6
Balanza comercial	−27 851	−32 707	−30 314

Fuente primaria: Global Trade Atlas y Banco de México. Tomado del Informe Síntesis de la Relación México-China, Unidad de Inteligencia de Negocios, Proméxico.

PAÍS REPORTANTE: CHINA

Indicadores	2007	2008	2009
Comercio total	14 966	17 545	16 154
% variación anual	30.9	17.2	−8
Exportaciones mexicanas hacia China	3 260	3 696	3 852
% variación anual	25.1	13.4	4
Importaciones mexicanas desde China	11 707	13 849	12 302
% variación anual	32.7	18.3	−11
Balanza comercial	−8 447	−10 153	−8 450

Fuente primaria: Global Trade Atlas. Tomado del Informe Síntesis de la Relación México-China, Unidad de Inteligencia de Negocios, Proméxico.

Al margen de la disparidad de las cifras, existe un hecho irrefutable: tenemos un gigantesco déficit comercial con China. Si tomamos las cifras más elevadas dadas por uno y otro país en el comercio bilateral en el año 2009, vemos que de China importamos mercancías por valor de 32 529 millones de dólares y, en cambio, México exporta a esa nación apenas 3 881 millones de dólares. Esto quiere decir que a China le vendemos apenas 12% de lo que este país nos vende. En el largo plazo, semejante situación es insostenible para una sana evolución de los intercambios económicos bilaterales.

Según la página web de la Secretaría de Economía, el acumulado del comercio bilateral entre enero y noviembre de 2010 ascendió a 45 366.1 millones de dólares, donde 41 695.6 millones corresponden a las importaciones mexicanas y sólo 3 670.5 millones a las exportaciones hacia el gigante asiático.[7] De acuerdo con estas cifras, el déficit comercial de México con China, en el periodo señalado, ascendió a 38 025.1 millones de dólares.

CUADRO 2. COMERCIO TOTAL MÉXICO Y CHINA
ENTRE LOS AÑOS 2000 Y 2010 (MILLONES DE DÓLARES)

Año	Importaciones**	Exportaciones***	Total	Balanza comercial
2000	2 879.6	310.4	3 190.0	−2 569.2
2001	4 027.3	384.5	4 412.2	−3 642.4
2002	6 274.4	653.9	6 928.3	−5 620.5
2003	9 400.6	974.4	10 375.0	−8 426.2
2004	14 373.8	986.3	15 360.1	−13 387.5
2005	17 696.3	1 135.6	18 831.9	−16 560.7
2006	24 437.5	1 688.1	26 125.6	−22 749.4
2007	29 791.9	1 896.9	31 687.8	−27 896
2008	34 754.5	2 046.9	36 801.8	−34 754.5
2009	32 529	2 215.6	34 474.6	−30 313.4
2010*	41 695.6	3 670.5	45 366.1	−38 025.1

FUENTE: Cifras de la Secretaría de Economía, Subsecretaría de Comercio Exterior, con datos del Banco de México y Consejería Comercial de la Embajada de la República Popular China en México.
* Valores acumulados entre enero y noviembre de 2010.
** Las importaciones se consignan según país de origen del producto, sin importar dónde se adquieran.
*** Las exportaciones siguen el criterio de país de destino inicial.

[7] Para más información visítese la página web de la Secretaria de Economía: <http://www.economia.gob.mx/scub/es/economia/p_Estadisticas_de_Comercio_Exterior>.

El cuadro 2 muestra el intercambio comercial total entre México y China durante la primera década del siglo XXI.

Un hecho significativo salta a la vista: una balanza comercial cada vez más desfavorable a México, lo que hace evidente la urgencia e importancia de un replanteamiento integral de las relaciones económicas sino-mexicanas.

En el aspecto político, se mantiene un excelente diálogo al más alto nivel; desde el establecimiento de relaciones diplomáticas en 1972, todos los mandatarios mexicanos han visitado China y, en las últimas dos décadas, todos los presidentes y primeros ministros chinos han visitado México. Sin embargo, la falta de lineamientos o de una política de Estado que guíe las relaciones con la potencia asiática propicia situaciones ríspidas, como las creadas con la influenza H1N1 o las negociaciones para el tratado comercial que diera acceso a China a la OMC. Al mismo tiempo, esta ausencia no ha impedido la colaboración decidida y fructífera en la escena multilateral, cuyo mejor ejemplo se ofreció en la recientemente concluida COP-16 de Cancún sobre cambio climático.

De especial relevancia es la formulación de una asociación estratégica y su instrumento de ejecución, la Comisión Binacional Permanente México-China. Este mecanismo, creado a propuesta de México en el marco de la visita oficial a nuestro país del premier Wen Jiabao, en diciembre de 2002, es la instancia de más alto nivel para la formulación de políticas, solución de controversias y discusión de propuestas entre los dos países. El alcance de la comisión, como uno de los fundamentos de su creación, abarca todos los aspectos y temas que involucran la relación bilateral.

Su sesión inaugural tuvo lugar en Beijing en agosto de 2004, copresidida por los cancilleres de México y China. La segunda sesión se desarrolló en la ciudad de México en mayo de 2006; entre sus acuerdos, se aprobó el Plan de Acción 2006-2011; éste enumera una serie de compromisos y propuestas en todos los campos del quehacer bilateral para los cinco años de su vigencia, con el propósito de crear y fortalecer una verdadera relación estratégica con la República Popular China. La tercera sesión de la comisión tuvo de nuevo como escenario a Beijing, en mayo de 2008, y sus conclusiones fueron presentadas en el marco de la visita de Estado del presidente Felipe Calderón a China.

La cuarta y última reunión de la comisión tuvo como marco la ciudad de México, a fines del mes de julio de 2010. En el seno de esta sesión se discutió y aprobó el Segundo Plan Quinquenal 2011-2015 que normará las acciones a seguir entre las dos naciones en los próximos cinco años. El documento es una guía amplia e incluyente de todos los temas de la relación y engloba acciones en el ámbito político —bilateral y multilateral—, economía, comercio, ciencia y tecnología, cultura, deportes, educación, comunicaciones, transportes, agricultura, turismo, energía, desarrollo social y superación de la pobreza. Un programa de tal envergadura contiene todos los elementos para construir una sólida relación estratégica aun si sólo se lograra desarrollar la mitad de los proyectos enunciados.

El Grupo de Alto Nivel (GAN) fue creado en 2004 entre la Secretaría de Economía y el Ministerio de Comercio como un mecanismo de acercamiento institucional de consulta permanente para temas comerciales y de inversión bilaterales. Con capacidad de identificar oportunidades de negocios, nichos de mercado, promover el acceso de productos mexicanos al mercado chino y atraer inversión china a México, sólo se ha reunido cuatro veces, la última en el año 2008. Se espera la quinta reunión en el curso de 2011. Este instrumento, concebido con grandes expectativas del sector empresarial mexicano, ha visto disminuidos sus alcances ante la falta de progreso en la consecución de los objetivos para los cuales fue creado.

Es importante destacar las aportaciones que están haciendo a los nexos bilaterales el incremento de la colaboración y los intercambios en áreas como la cultura, el turismo, el medio ambiente, la educación, lo académico y lo militar. Lo más importante en ellas no es su nivel en sí mismo, sino que está permitiendo el incremento, de manera paulatina, del conocimiento mutuo entre los pueblos de ambas partes, piedra angular en la consolidación de una relación bilateral sólida y duradera.

Las relaciones de México con la República Popular China se han consolidado en el curso de casi cuatro décadas durante las cuales se han creado las redes institucionales en que descansa la interacción bilateral. A lo largo de este periodo empresarios, políticos, artistas y académicos también han contribuido sustantivamente a crear las redes sociales que deben ser punto de partida para cualquier propuesta encaminada a poner en perspectiva el futuro de las relaciones entre los dos países.

A continuación se presentan algunas ideas con la intención de fortalecer los instrumentos existentes para favorecer un mejor entendimiento de los diferentes actores y una adecuada comprensión mutua de la problemática que enfrenta uno y otro país. Asimismo, se presentan propuestas concretas de proyectos que podrían detonar una extensa colaboración económica que ayudaría a consolidar una verdadera relación estratégica bilateral.

PROPUESTAS

La Comisión Binacional Permanente México-China es el instrumento de más alto nivel para diseñar las políticas que comprometan a los dos estados en el camino de crear una auténtica asociación estratégica. Este mecanismo posee amplias facultades propositivas, como quedó de manifiesto en el importante documento emanado de la cuarta sesión, titulado Plan de Acción 2011-2012, aprobado por los dos gobiernos. No obstante los sólidos pilares sobre los que se sustenta la Comisión, es fundamental fortalecerla y dotarla de mayor amplitud para la participación en la toma de decisiones de otros actores importantes en la relación bilateral. En este contexto se propone:

Revisión crítica y comprehensiva del Plan de Acción 2011-2015. Para un efectivo seguimiento de la ejecución del plan es importante que esta revisión se realice anualmente con el propósito de depurar y llevar a cabo lo que realmente se puede lograr; adicionarlo con nuevas propuestas relevantes acorde con los cambios en la situación internacional, las que serían aprobada en la siguiente sesión de la comisión y, así, transformar el Plan de Acción en un verdadero instrumento de trabajo que guíe y sea el patrón con el que se mida el progreso en la relación bilateral, ya que sus alcances fueron aprobados por ambas partes.

Integrar al Grupo de Alto Nivel en el marco y como parte de los trabajos de la Comisión Binacional. Si ya se cuenta con el mecanismo, es importante fortalecerlo, en primera instancia, con unidad, con un frente y criterio común de todas las partes que integran al Estado mexicano. En segunda instancia, dejar sentado que las decisiones en materia económica no están desprovistas del componente político. Que la existencia de diferendos no contamine el resto de las áreas de la relación bilateral. Esta integración no impediría que el GAN sesionase cuantas veces fuera necesario, como lo hace el resto de las subcomisiones.

Dotar a la Comisión Binacional de un consejo consultivo como órgano de consulta. Con la creación de múltiples centros pensantes de la relación con China, dependientes de otras tantas instituciones de educación superior, se hace necesario aprovechar de manera óptima estos esfuerzos y que puedan servir directamente a los intereses del país. Se propone la creación de un consejo consultivo integrado por representantes académicos de los diferentes centros de estudios relacionados con China cuyas opiniones sustantivas serán altamente valiosas para los trabajos de la Comisión Binacional.

Integrar a los trabajos de la Comisión Binacional al sector empresarial. Uno de los componentes de más peso en la relación bilateral es el sector empresarial, el principal beneficiario o perjudicado de las decisiones que tome el sector gubernamental en relación con China. Se propone que en el marco de la comisión sesione una subcomisión de asuntos empresariales que dialogue con sus contrapartes chinas y que a la vez sirva de apoyo y consulta al GAN en los asuntos de su interés.

En el campo político, el Plan de Acción 2011-2015 presenta un conjunto de acciones a seguir en un esquema amplio e incluyente que responde a los altos intereses de los dos países. En este rubro, el plan propone una participación conjunta sustantiva en los foros multilaterales. El mejor ejemplo de esta cooperación se dio en el marco de la COP-16, donde la habilidad de la diplomacia mexicana supo inducir una colaboración sin precedentes de la parte china.

A manera de sugerencia, este conjunto de acciones podría enriquecerse con algunas iniciativas, tales como una invitación de México para que la República Popular China participe en forma sustantiva y decidida en programas como el Proyecto de Integración y Desarrollo de Mesoamérica, así como gestiones *de buena fe* de México con países centroamericanos y del Caribe con los que China no mantiene relaciones diplomáticas. Podrían proponerse diferentes acciones, desde apoyo consular hasta misiones confidenciales de alto nivel. Por nuestra parte, podríamos solicitar el apoyo de la República Popular China para la participación de México en el Banco Asiático de Desarrollo y la reiteración del interés de nuestro país de convertirse en socio de diálogo de ANSEA, institución regional donde China tiene un gran peso y decidida influencia.

El aspecto económico y comercial es el campo que presenta mayores aristas y ha generado el mayor número de fricciones a la relación bilateral. Si bien en este terreno las desventajas para México son crecientes, este problema no debe contaminar el resto de la relación. Es necesario llevar a cabo acciones que tomen en cuenta este hecho y que conduzcan a una real cooperación en esta área. Un destacado punto a considerar sería el reconocimiento de China como una economía de mercado. En reiteradas ocasiones la dirigencia china ha solicitado al gobierno mexicano tal reconocimiento. Esta acción debe enmarcarse en una decisión de tipo político, más que legalista. Más de setenta países han dado ya tal reconocimiento[8] y aunque su valor, sin duda, ha disminuido en el tiempo, una pronta y favorable decisión gubernamental mexicana tendrá un peso geopolítico específico difícil de obviar, que podría ser capitalizado por nuestro gobierno para negociar a cambio mejores condiciones de acceso al mercado chino y para las relaciones bilaterales en su conjunto.

Como una acción para detonar una verdadera alianza trascendente con China, México podrá ofrecerse como una plataforma sólida y estratégica que sirva a los ambiciosos planes de la industria automotriz china[9] para conquistar los mercados internacionales, en especial el estadunidense. La localización geográfica de nuestro país, la infraestructura de los *clusters* automotrices existentes y la mano de obra

---

[8] Para que se tenga una idea, las principales economías de nuestra región, con la excepción de México, han reconocido tal condición a China. Aunque la relación de China con Brasil, Argentina, Perú, Chile, Venezuela, no está exenta de contradicciones, el otorgamiento del estatus de economía de mercado ha supuesto, para todos ellos, mejores condiciones de acceso al mercado chino y ha ayudado a superar importantes escollos en sus relaciones. La mayoría de los países del Caribe que reconocen a China, así como Costa Rica, también han aceptado la condición de economía de mercado para China. En todos los casos se trata de una decisión claramente política enfocada en una visión de futuro de las relaciones económicas y políticas internacionales.

[9] En 2008 China se consolidó como el segundo productor mundial de vehículos, con un nivel de producción de 9.3 millones de unidades. Muestra de las ambiciones internacionales de las empresas chinas del sector es el acuerdo firmado entre el fabricante chino Chery y la Chrysler para vender los modelos de la primera bajo la marca Dodge en diversos mercados internacionales, o la compra de Volvo por la empresa china Geely, en agosto de 2010. En igual sentido, es importante destacar que China se ha convertido en un importante centro de autopartes. En 2009 las exportaciones totales de estos productos sumaron casi 12 mil millones de dólares.

calificada ofrecen oportunidades inigualables para este propósito.

Asimismo, es imprescindible poner en práctica políticas de incentivos para alentar exportaciones a China. Las PYMES necesitan apoyos decididos e información amplia, veraz y actualizada que sólo puede proporcionarle el gobierno mexicano. Es imperativo negociar protocolos para el acceso de un mayor número de productos agropecuarios. Estas negociaciones generalmente son lentas, muy burocratizadas y no exentas de un trasfondo caracterizado por la imposición de barreras no arancelarias al comercio, pero son esenciales para este sector productivo. En el terreno de la minería, China podría venir en auxilio de los mineros descapitalizados que no pueden poner en operación sus concesiones, y así diversificar la inversión extranjera en este campo.

Las alternativas para mejorar la balanza comercial entre México y China pueden ser varias. Si se analiza detenidamente la composición de las importaciones provenientes de China, salta a la vista que gran parte de éstas son componentes electrónicos que serán incorporados a productos que se arman en México. Es decir, son importaciones que realiza la industria maquiladora, y es imposible detener este flujo so pena de aniquilar la maquila. Lo que sí es posible y deseable es alentar una mayor integración nacional de la industria maquiladora con políticas públicas de apoyos decididos a este sector que incentive a sus empresas proveedoras extranjeras para venir a México a producir sus componentes. Tales políticas darían origen a un círculo virtuoso de mayor creación de empleos, de incrementos a la recaudación fiscal, de transformación de las maquiladoras en industrias nacionales, de anclaje de las empresas a suelo mexicano ya que una mayor integración impediría o, al menos, dificultaría, su migración a otras latitudes y, por último, una disminución sustantiva del déficit comercial con China.

En los años recientes China se ha convertido en un destacado proveedor de la planeación, fabricación e instalación de sistemas de trenes de alta velocidad.[10] Un proyecto de gran envergadura e im-

---

[10] Del total de líneas férreas instaladas y en operaciones en China, casi 7 000 kilómetros corresponde a trenes de alta velocidad de 300 kilómetros por hora o más. El objetivo es sumar otros 16 000 kilómetros para 2020. La red ferroviaria de China ha adquirido fama internacional. Las empresas del país buscan obtener una parte del mercado mundial que asciende a unos 155 mil millones de dólares al año, según estimaciones de la Asociación de la Industria Europea del Riel. Hoy, empresas chinas ya tienen contratos para construir líneas férreas de alta velocidad en Venezuela, Turquía, Birmania y Arabia Saudita, entre otros países. Los objetivos también implican

portancia para la infraestructura de México sería el desarrollo conjunto de un sistema de trenes de alta velocidad entre la ciudad de México y Guadalajara; ciudad de México y Monterrey, Guadalajara y Monterrey. Este proyecto colocaría a nuestro país a la vanguardia de América Latina en transportación ferroviaria; rescataría del olvido un servicio de transporte de pasajeros altamente eficiente sin contaminar el medio ambiente y, finalmente, podría llevarse a cabo a un costo considerablemente más bajo que cualquier otra tecnología disponible, y sería factible contar con financiamiento de instituciones chinas.

En la actualidad China invierte grandes cantidades de recursos económicos y humanos en investigación y desarrollo, y ha invitado a naciones e instituciones extranjeras a que contribuyan conjuntamente en este esfuerzo. México podría participar en proyectos específicos en los campos de nanotecnología, materiales de alta conducción, biotecnología y exploración espacial, con inversión y recursos humanos que le permitirían disfrutar de los beneficios y explotar los resultados de las investigaciones

Todos los aspectos de la cultura mexicana son bien apreciados en China, desde las telenovelas —de gran éxito—, hasta la alta estima que se tiene por los grandes maestros del caballete y de la pintura mural mexicana, pasando por la música, el folclore y la arqueología. Para la difusión de estas manifestaciones culturales existe ya en China un mercado floreciente y empresas dedicadas a estas tareas. Es necesario el aliento del Estado a la participación de galerías de arte mexicanas en las ferias de arte que tienen lugar a lo largo del año en diferentes ciudades chinas. El número de transacciones que se realizan en estos eventos va en aumento y el arte mexicano tendría un lugar privilegiado en este mercado.

De particular importancia sería la promoción a grupos de artes escénicas con las empresas que manejan estos rubros sobre una base estrictamente comercial. Las giras de las orquestas sinfónicas de Guanajuato y del estado de México en el pasado reciente son buenos ejemplos de su éxito. Igualmente relevante sería incrementar el número de becas que se ofrecen a estudiantes mexicanos y chinos, con un mínimo de cien anuales, como un medio eficaz de preparar los

---

conexiones internacionales vía ferrocarril desde China hasta Singapur, y con Alemania, a través de varios países en lo que se denomina la nueva ruta de la seda.

cuadros que manejarán la relación bilateral en el futuro. Deberíamos apoyar a las instituciones de educación superior, públicas y privadas, para que tengan una mayor presencia e interrelación con las instituciones chinas y realicen proyectos conjuntos en uno y otro país.

El turismo representa otra gran oportunidad de expandir la relación económica bilateral con China. En 2009 cerca de 40 millones de turistas chinos salieron al extranjero.[11] La Organización Mundial de Turismo estima que para el año 2020 los viajeros chinos al exterior sumen más de 100 millones de personas. Las autoridades francesas de turismo calculan que de sus visitantes extranjeros, los que más gastan son los chinos, con un promedio de 2 500 dólares per cápita. México, con todos sus atractivos turísticos, podría captar un buen porcentaje de esos viajeros. Nuestra historia milenaria, sus vestigios arqueológicos, su particular cultura culinaria, su música y folclore son elementos suficientemente poderosos para atraer al turista chino. Sin embargo, es imprescindible crear la infraestructura turística necesaria para hacer sentir al viajero de este país oriental bienvenido a nuestro territorio.

En primer lugar, es imperativo hablar de las facilidades migratorias. A pesar de los grandes esfuerzos del Instituto Nacional de Migración por simplificar el otorgamiento de visas con esta categoría y la internación al país a visitantes chinos, aún persisten innumerables escollos; uno no menor es la recepción poco comedida y en ocasiones agresiva de los agentes migratorios en el Aeropuerto Internacional de la Ciudad de México. Estos representantes del INM con frecuencia aíslan al viajero chino para interrogarlo exhaustivamente, dando lugar a malentendidos derivados de la falta de comunicación por el hecho que el visitante extranjero no tiene por qué dominar ni el español ni el inglés, y por la ausencia de personal oficial con conocimiento del idioma chino. Es importante señalar que las autoridades tienen la obligación de asegurarse de la autenticidad del visitante y su calidad de turista, pero esta tarea ya ha sido realizada

---

[11] La Organización Mundial de Turismo señala que el gasto de los turistas chinos en el extranjero ocupa ya el quinto lugar mundial, con 36 200 millones de dólares en 2008. El potencial de crecimiento es inmenso, en tanto que el gasto per cápita suma apenas 19 dólares, cuando el promedio mundial es de 112 dólares. Evidentemente, este hecho por sí solo aconseja invertir más en promoción del mercado turístico mexicano en China y en la necesaria inversión de infraestructura a nivel nacional para captar cada vez más turistas chinos.

por la entidad otorgante de las visas o por la agencia de viajes promotora del evento.

Otro componente sustancial de esta infraestructura se refiere a hoteles y restaurantes. Los primeros deberán proporcionar, por escrito, un mínimo de instrucciones de seguridad y procedimientos de evacuación en idioma chino, y los segundos deberán tener menús en chino con descripciones, aunque someras, de los ricos platillos de la cocina mexicana. Otros servicios que resultan indispensables son el entrenamiento y la capacitación de guías de turismo mexicanos para dar una visión de México a través de los mexicanos, capaces de expresarse en idioma chino. Así, estaremos en capacidad de labrar un nicho en esa significativa veta del turismo internacional y reducir en parte el colosal déficit comercial con esa nación que está en vías de convertirse en la siguiente superpotencia.

PRINCIPALES RETOS A MANERA DE CONCLUSIONES

1] Aprovechar las necesidades de materias primas y alimentos que tiene China para su desarrollo, como oportunidad histórica para invertir en aquellas esferas en las que se jugará el futuro de ambas economías: la formación de personal humano y la inversión en tecnologías e infraestructuras que permitan añadir valor agregado a las exportaciones mexicanas.

2] Ya que el crecimiento de China no es ni nuevo ni transitorio, el gobierno mexicano necesita diseñar políticas proactivas que eleven su capacidad competitiva frente a Beijing. El desafío al país pasa necesariamente por lograr acuerdos inteligentes y que favorezcan a nuestra economía, y no dejar que las relaciones comerciales con China reproduzcan paradigmas económico-comerciales del pasado.

3] Elevar, profundizar y consolidar las relaciones políticas debe ser entendido y asumido como una prioridad constante, paralela a la consolidación de los vínculos económico-comerciales. Impulsar las relaciones y llevarlas a un nuevo estadio, tal como corresponde a las potencialidades de estos vínculos, implica necesariamente una alta dosis de voluntad política.

4] Los nexos no están exentos de contradicciones, pero en la misma medida en que los vínculos se ensanchen, también aparecerán nuevos desafíos. En esas condiciones, tener claros los objetivos finales, basados en una política de mirar hacia adelante minimizando las contradicciones y enfocándose en lo común, hará más factible la consecución de los objetivos estratégicos que las partes se tracen en lo económico-comercial y en lo político.

5] El país en su conjunto, sociedad y gobierno, deberá resolver las diferencias en los planteamientos geoestratégicos respecto a China. Las divisiones de opiniones y enfoques no contribuyen a la consolidación de las relaciones políticas y, más aún, constituyen un verdadero freno en nuestra capacidad negociadora frente a Beijing.

6] China constituye un socio relevante para México y existe aún un amplio espacio para intensificar y diversificar las relaciones comerciales y de inversión. En encontrar y desarrollar esos nichos de manera eficiente y rápida se juega, en buena medida, el futuro de la asociación estratégica entre las partes.

El desconocimiento profundo de lo que ocurre en China, y de lo que supone su rápido crecimiento y ascenso como potencia mundial, parece ser la norma en la sociedad mexicana, con honrosas excepciones. Los estudios académicos serios sobre China elaborados en nuestro país son escasos, y lo mismo pasa con las informaciones en los medios, con el agravante de que suelen ser subjetivos y tendenciosos. Evidentemente nada de ello contribuye a disipar las dudas que genera el rápido avance chino en el mundo.

7] No faltan voces, a lo largo de México, que perciben la presencia de China en el país más como amenaza que como oportunidad para diversificar mercados y fuente de capitales y tecnología. En efecto, el país asiático es hoy un temible competidor en multitud de sectores globales, especialmente en producciones intensivas en fuerza de trabajo. Si bien es cierto que el abultado déficit comercial no ayuda a mitigar esas voces, también es cierto que no se ha avanzado de manera coherente en la diversificación de nuestros mercados exportables. El aumento de tarifas arancelarias y no arancelarias no parece ser la solución definitiva; al final la historia reciente ha demostrado que quien más pierde con estas políticas proteccionistas son los sectores más vulnerables de la sociedad mexicana.

8] Es un hecho que, para que los vínculos con China tengan un impacto positivo más duradero y generalizado, México debe realizar profundas transformaciones en aspectos clave de su estructura económica de modo que le permitan aprovechar las oportunidades y minimizar las amenazas que representa China, a la vez que adaptar sus patrones comerciales a las nuevas condiciones del escenario internacional poscrisis. China también debe esforzarse por desarrollar relaciones de nuevo tipo con nuestro país para que los resultados sean favorables para ambos, debe asumir posiciones aún más flexibles, y propiciar políticas que generen equiparación de la balanza comercial e incremento sustantivo de la inversión china en el territorio nacional.

9] Las perspectivas de las relaciones económico-comerciales y financieras son muy alentadoras, pero en su instrumentación real desempeñará un papel significativo la superación de los retos que se presenten en el proceso de consolidación de los vínculos. La voluntad política gubernamental debe contribuir de manera decisiva a la realización de estas metas, pero será también necesario poner en juego todas las capacidades del sector empresarial mexicano.

Finalmente, es imperativo señalar que el desarrollo económico, social y militar de China, y su posicionamiento como superpotencia, no van a detenerse. México debe buscar posicionarse como el verdadero socio estratégico del país asiático en América Latina, el asociado indispensable que fue al inicio de las relaciones diplomáticas, posición de la que nos relegaron los acomodos geoestratégicos de la región. El reto es formidable, pero los dividendos compensarán con creces el esfuerzo que se haga. Ahora los costos son relativamente bajos; en el futuro serán tan altos que no los podremos sufragar y nos lo reclamarán las generaciones venideras.

TERCERA PARTE
TEMAS PRIORITARIOS DEL MUNDO GLOBAL

MÉXICO ANTE LOS RETOS DERIVADOS DE LA CRISIS Y LA POSCRISIS INTERNACIONALES

FRANCISCO SUÁREZ DÁVILA

INTRODUCCIÓN

La gran recesión, que se inició en 2007 y que continúa con una recuperación frágil e incierta a mediados de 2010, significa profundas transformaciones en la economía mundial y en los sistemas financieros. Esta crisis ha propiciado grandes cambios en las políticas económicas de casi todos los países y están a debate y revisión el pensamiento y las filosofías económicas que les daban sustento. Felipe González escribió recientemente que la crisis es "un parteaguas de la historia, que marcará un antes y un después".[1]

Específicamente resurge el llamado enfoque keynesiano, frente a las prescripciones neoliberales del consenso de Washington. A nivel internacional hay cambios en las instituciones multilaterales. El G-20, integrado por los gobiernos de las economías más importantes, se convirtió en el principal foro internacional para hacer frente a la crisis mundial. Se crean nuevos instrumentos y nuevas políticas, y se revisa el papel de los organismos financieros internacionales.

En 2010 Europa se sacude con la debacle de la deuda soberana griega y el efecto de contagio sobre España, Irlanda y Portugal. Ello, a la vez, pone en entredicho el euro y las mismas bases económicas de la Unión Europea. También aquí se dan cambios institucionales importantes. Son procesos en curso que no habrán de concluir pronto. Este breve repaso da idea de la trascendencia de las transformaciones derivadas de esta crisis.

México es uno de los países que más sufrió el impacto de la crisis en 2009 al experimentar la mayor caída de su PIB (–6.5%) desde 1932.

---

[1] Felipe González, "La Unión Europea: Crisis y futuro", *El País*, 12 de septiembre de 2010.

Esta recesión acentúa y evidencia las debilidades del modelo de desarrollo seguido en décadas recientes.

En 2010 se ha registrado una recuperación económica en México, como sucede en casi todo el mundo, pero es parte del reflejo de la incipiente y quizá frágil recuperación norteamericana y un efecto de rebote estadístico. El crecimiento de la economía mexicana en 2010 será de alrededor de 4%, uno de los más bajos entre los países emergentes. Brasil, por ejemplo, tendrá un crecimiento de más del doble, 9%. México ha tenido un peso intrascendente en las deliberaciones mundiales para enfrentar la crisis. Ha aportado pocas ideas y propuestas. La escasa presencia de México en el debate económico mundial es reflejo de nuestros mediocres resultados económicos y de que no han cambiado ni nuestras ideas ni nuestras políticas económicas.

En este punto de la historia nos parece importante hacer algunas reflexiones que ubiquen en un contexto más amplio la situación de la economía y de las relaciones de México con el exterior, destacando algunos aspectos.

1] Mostrar que la historia no siempre fue así. A partir de la Conferencia Internacional de Bretton Woods (1944) y hasta el gobierno del presidente Carlos Salinas, a mediados de los noventa —medio siglo— México hizo aportaciones importantes a la construcción del orden económico y financiero mundial. Tuvo una política internacional proactiva e influyente.

2] Ello se sustentó en un modelo de desarrollo exitoso surgido después de la gran depresión de 1929, que detonó cambios importantes en la política económica mexicana. De 1932 a 1970 la economía creció al 6% anual. Incluso durante el periodo de las crisis, de 1976 a 1995, los gobiernos mexicanos tuvieron iniciativas internacionales importantes. México protagonizó, en su entorno económico, varios milagros: el petróleo de López Portillo y el reformismo de Salinas. Estos éxitos permitieron una activa presencia internacional.

3] La poca eficacia de la política económica de México en tiempos recientes va de la mano con la poca presencia internacional de México en el ámbito político. El México del "estancamiento estabilizador" —estabilidad macroeconómica sin crecimiento de la economía— no atrae la atención internacional. Un país que puede presumir baja inflación y finanzas públicas en equilibrio, pero que no crece, no es considerado un caso de éxito, salvo para las inversiones financieras especulativas. Los magros resultados de la estrategia mexicana frente a la gran recesión de 2009 contrastan con los de países que han afrontado más eficazmente la crisis, como el grupo BRIC, los países asiáticos, Chile y otros países latinoamericanos.

4] El mediocre comportamiento de la economía mexicana en los últimos años se refleja en sus escasas o nulas aportaciones a los debates en los foros económicos internacionales, particularmente en las reuniones recientes del G-20.

5] Partiendo de la base de que en una economía globalizada el éxito de la política de desarrollo interno está vinculado al éxito de la política económica internacional, ¿qué cambios debemos hacer en el modelo de política económica de México para recuperar el crecimiento?

6] ¿Qué cambios deben introducirse en la política económica internacional de México? Particularmente en la política bilateral con Estados Unidos, ¿debemos cambiar el enfoque frente al TLC?, ¿debemos replantear nuestra relación con China?, ¿con los países de América Latina y con otras regiones?

7] Finalmente, ¿cuál debe ser nuestra agenda multilateral? ¿Se requiere impulsar cambios institucionales en las secretarías de Relaciones Exteriores, de Hacienda y de Economía, que nos permitan diseñar e implementar una relación más eficaz con el exterior?

EN EL PASADO MÉXICO HIZO APORTACIONES IMPORTANTES
EN EL PROCESO DE REFORMAS ECONÓMICAS MUNDIALES

Desde los años treinta la política económica mexicana tuvo un alto impacto en la economía mundial, historia que se inicia con la primera gran expropiación de recursos naturales nacionales a empresas extranjeras —el petróleo, en 1938— y la gran renegociación de la deuda externa en 1942 —que estaba en suspensión de pagos desde el porfiriato—, dos iniciativas que le abrieron a México el camino para una activa presencia en la economía internacional.

Un primer gran triunfo internacional en materia económica fue la presencia de México en la Conferencia de Bretton Woods (1944), cuando participó activamente en la creación del orden económico internacional de la posguerra que prevaleció durante la segunda mitad del siglo XX. Para esta conferencia la delegación mexicana se preparó profesionalmente y con tiempo. El Banco de México y la Secretaría de Hacienda reunieron a las mejores mentes y a los mejores expertos económicos internacionales que, bajo la coordinación de Daniel Cosío Villegas, trabajaron durante más de un año, obtuvieron del gobierno de Estados Unidos los documentos preliminares para la reunión y prepararon las posiciones y las tesis mexicanas sobre los distintos temas. Entre otros, participaron en este esfuerzo Víctor Urquidi, Raúl Martínez Ostos y Javier Márquez.

El secretario de Hacienda, Eduardo Suárez, prestigiado por casi una década de políticas económicas innovadoras —lo que se llamaría el "desarrollismo"— había conseguido mantener una tasa de crecimiento de la economía del 6% anual y había logrado concluir las complejas negociaciones sobre petróleo y deuda externa, que resultaron de enorme beneficio para el país.

En reconocimiento a ese prestigio, al secretario Eduardo Suárez le correspondió el honor de nominar al presidente de la Conferencia de Bretton Woods, que sería el anfitrión: el secretario del Tesoro de Estados Unidos, Henry Morgenthau, secundado por los ministros de Brasil, Rusia y Canadá. El secretario mexicano fue electo para presidir la tercera comisión, que se encargaría de "temas diversos", después de las dos comisiones abocadas a la creación del FMI y del Banco Mundial, que presidieron John Keynes y Harry White, los artífices de las principales propuestas.

La delegación mexicana logró éxitos muy destacables, como la participación de países en desarrollo en el gobierno corporativo de los organismos en los que inicialmente sólo se habían asignado lugares fijos en los directorios a doce representantes, que correspondían a las potencias triunfadoras. Con el liderazgo de México se logró asignar dos lugares a las repúblicas latinoamericanas, iniciativa que Brasil no apoyó al principio, pues consideró que no era factible alcanzarla. Al triunfo, quiso reservarse una de las dos sillas: se le dijo que necesitaba ganarse los votos necesarios. Una de éstas sí la ocupó México, con don Rodrigo Gómez.

México planteó propuestas específicas para que el Banco Mundial no sólo se abocara al efímero problema de la reconstrucción europea, sino también al problema de largo plazo del desarrollo económico, lo que justificó la F de Fomento del BIRF (Banco Internacional de Reconstrucción y Fomento), el nombre formal del Banco Mundial.

Junto con otros países interesados, como China y la India, se logró que también la plata, y no sólo el oro, formaran parte de las reservas internacionales. Esta y otras propuestas acreditaron a la delegación mexicana como una de las más activas y propositivas en la conformación del orden económico de la posguerra.

México desempeñó también un papel decisivo en la creación del Banco Interamericano de Desarrollo (BID) en 1960, que se creó sobre la base de una propuesta formulada desde la década de 1940 por Eduardo Villaseñor, gobernador del Banco de México. No se materializó entonces, pero se logró años después. Antonio Ortiz Mena, ex secretario de Hacienda de México, fue presidente del BID de 1971 a 1988, periodo en el que se hicieron importantes transformaciones en ese organismo.

La crisis de 1971 conllevó al abandono del patrón oro-dólar, lo que eventualmente dio lugar al surgimiento de un régimen de monedas flotantes. Esta situación se agravó con el ajuste abrupto de los precios del petróleo y la crisis que dio origen a la creación de la OPEP, en 1973. Este escenario fue punto de partida de la segunda gran reforma del sistema monetario internacional, después de Bretton Woods, en la que México también hizo importantes aportaciones. Bajo las directrices del gobernador del Banco de México, Ernesto Fernández Hurtado, apoyado por Alfredo Phillips Olmedo y por el que esto escribe, en ese momento director ejecutivo representante de México en el FMI, México promovió la creación del Grupo de los 24, grupo de países en desarrollo integrado por ocho países de América Latina, ocho de Asia y ocho de África. El grupo de los 24 habría de convertirse en el fiel de la balanza en los debates frente a la fuerza del G-10, que representaba a los países industriales. El Banco de México financió estudios de expertos, como Robert Mundell —premio Nobel— y Sydney Dell —de la UNCTAD—, para fortalecer las posiciones de los países en desarrollo.

De estas reformas surgió la creación de la moneda internacional, el DEG. El peso mexicano formaba parte de la canasta de monedas que respaldaban "la unidad de cuenta". Se creó el Comité de Gobernadores del FMI —el Comité Interino, el primer G-20—. A raíz de una propuesta de México, se aprobó la creación de un Comité de Desarrollo del FMI y del Banco Mundial, uno de cuyos primeros presidentes sería el secretario de Hacienda de México, David Ibarra. Se acordó también la creación de un grupo de trabajo para fomentar el acceso de los países en desarrollo a los mercados de capitales de los países industriales. De nuevo, México participó e influyó en los resultados como una de las voces más activas y respetadas del mundo en desarrollo.

A esto siguieron todavía algunos logros. En 1994 México logró ser el primer país emergente en ingresar a la OCDE, que no había tenido ningún nuevo miembro desde el ingreso de Nueva Zelandia, una década atrás. Después ingresarían Corea, Polonia, Hungría y otros. Años después, México, en la Reunión Ministerial de 1999, que presidiría el secretario de Hacienda José Ángel Gurría, logró que se aprobara la propuesta mexicana de invitar a la reunión a los principales países llamados emergentes, incluyendo los que luego serían los BRIC. Capitalizando sobre su prestigio, tiempo después los miembros de la OCDE elegirían a José Ángel Gurría como secretario general del organismo en 2006, cargo que desempeña actualmente y cuyo mandato fue renovado en 2010 por otros cinco años.

Durante la administración del presidente Vicente Fox se convocó en la ciudad de Monterrey a la Conferencia de Naciones Unidas sobre el Financiamiento del Desarrollo. Aunque la delegación mexicana no hizo propuestas importantes, el ex presidente Ernesto Zedillo encabezó el grupo que redactó el documento base y el informe final. México también sería de los primeros países no miembros del G-10 (países avanzados) en ser invitado como miembro del Consejo del Banco de Pagos Internacionales, del cual años después Guillermo Ortiz sería electo presidente del consejo, ¡cargo que se pierde cuando el presidente Calderón no renueva su mandato al frente del Banco de México!

Entre los organismos no financieros, Mauricio de María y Campos, por sus méritos técnicos como alto funcionario de la Organización, logró ser electo director general del Organismo de Naciones Unidas para el Desarrollo Industrial (ONUDI), responsable del desarrollo industrial. Otros mexicanos han destacado en la dirección de otros organismos económicos regionales, como es el caso de Salvador Arriola en el Sistema Económico de América Latina (SELA) y del ingeniero Carlos Quintana en la Comisión Económica para América Latina (CEPAL).

Como se puede apreciar, México promovió y mantuvo una exitosa política respecto a los organismos económicos globales y regionales, formulando propuestas y con la elección de mexicanos distinguidos en algunos de los puestos más importantes en dichos organismos. En los últimos años este activismo ha disminuido notablemente.[2]

CUANDO LA EXITOSA POLÍTICA DE DESARROLLO ECONÓMICO
MEXICANO SUSTENTÓ SU INFLUENCIA INTERNACIONAL

Un país tiene mayor impacto en la política económica y en las instituciones mundiales cuando su política económica interna es exitosa y sirve de ejemplo para otros países. Un país estancado o en crisis difícilmente puede influir —salvo como líder en resolver problemas apremiantes—, como le ocurrió a México en la crisis de la deuda externa generalizada de 1982. En efecto, México transformó la vulnerabilidad en un activo, al convertirse en un exitoso negociador de su propia deuda, camino que sirvió de ejemplo a otros países en situación similar de endeudamiento.

El proceso de desarrollo mexicano que despega después de la Revolución y marca el rumbo con la creación de importantes instituciones durante el callismo, prepara al país para enfrentar la gran depresión de 1929. A partir de las políticas exitosas ejecutadas desde 1932 se inician las grandes reformas estructurales del cardenismo: la agraria, la laboral, la educativa y la recuperación del dominio sobre los recursos naturales, con la expropiación petrolera. Esto último conllevó un breve periodo de aislamiento internacional al sumarse a la suspensión de pago de la deuda externa mexicana desde la Revolución. Se actuó para sentar las bases del "desarrollismo mexicano" con un activo programa de inversión pública en obras de infraestructura y la creación de instituciones como CFE y los bancos de desarrollo, como el de Comercio Exterior.

Las exitosas políticas del desarrollismo producirían un crecimiento de 6% anual hasta 1970 y sirvieron de base al activo proceso de modernización e industrialización del país. Además de la inversión pública, se dio un proceso de sustitución de importaciones con proteccionismo moderado a la industria nacional para privilegiar la inversión de empresarios mexicanos, que se complementó con im-

---

[2] Francisco Suárez y Eduardo Turrent, Prólogo, *México en Bretton Woods,* México, Banco de México, 2009.

portantes inversiones extranjeras. Esta política tuvo impacto en la política económica internacional. México fue uno de los líderes que en la Conferencia de Chapultepec de 1945 rechazaron las propuestas del secretario norteamericano Clayton, para favorecer el libre comercio en el continente, posición expresada en el documento Carta Económica de América Latina. En la Conferencia de La Habana México rechazó formar parte del Acuerdo General sobre Aranceles y Comercio (GATT), decisión que no se modificaría hasta 1985. El secretario de Hacienda Antonio Ortiz Mena impulsó el tránsito hacia el "desarrollo estabilizador", con gran prestigio internacional para México.

Esta exitosa estrategia desarrollista mexicana, con amplia e innovadora acción institucional, dio pauta a la creación de los bancos de desarrollo, como Nacional Financiera (Nafinsa), y al desarrollo de una política selectiva de crédito del Banco de México, sustentada en fondos de fomento (FIRA, Fomex, Fonatur, FOVI, etc.). En esos años los organismos económicos internacionales como el Banco Mundial y el BID presentaban la experiencia mexicana como un modelo a seguir por otros países.

El presidente Luis Echeverría impulsó el "desarrollo compartido", que eventualmente desembocaría en la crisis de 1976, y que estuvo acompañado de una política económica exterior activa que sirvió para avanzar la Carta de Derechos y Deberes Económicos de los Estados y el concepto del nuevo orden económico internacional (NOEI).

El presidente José López Portillo se benefició del auge petrolero y del ambiente del "milagro" que generaron los influjos de capital desmedidos por concepto de la venta del petróleo. Eventualmente su proyecto se derrumbó y desembocó en la crisis de 1982, que tuvo el dudoso privilegio de detonar la crisis de deuda mundial. A pesar de ello se mantuvo una política exterior activa.

El presidente Miguel de la Madrid y su ministro de Hacienda, Jesús Silva Herzog, ejercerían el liderazgo en América Latina en el proceso de reestructuración y renegociación de la deuda. El presidente Carlos Salinas y su secretario de Hacienda, Pedro Aspe, intensificaron el proceso de reformas estructurales que luego conformaron el Consenso de Washington. Junto con las reformas internas, se desplegó también una gran actividad en la política económica exterior. Su mayor logro fue conseguir el Acuerdo de Libre Comercio de América del Norte (TLCAN) que entró en vigor en 1994. Aparte de sus indudables ventajas exportadoras, este acuerdo le da un anclaje a toda la política económica de las reformas liberales. Sirvió también para impulsar la incorporación de México a la OCDE y la APEC, decisión controvertida, la primera, por sus implicaciones en la relación de México con el grupo de países en desarrollo, el G-77. Al presidente Salinas se le atribuye un "segundo milagro económico", que se derrumbó con la crisis bancaria de 1994-1995. Para enfrentarla, el presidente Ernesto Zedillo logra el mayor apoyo financiero internacional que México había conseguido hasta ese momento, concertado por el presidente de Estados Unidos, Bill Clinton. Ello, junto con las severas medidas internas de ajuste y las ventajas que le daba a nuestras exportaciones el nuevo TLC, le permitieron a México salir de la crisis. En el año 2000, último del presidente Zedillo y el último de casi siete décadas de gobiernos priistas, la economía creció al 6 por ciento.

POLÍTICA ECONÓMICA INEFICAZ,
PRESENCIA INTERNACIONAL INTRASCENDENTE (2001-2010)

La marca mexicana del inicio del siglo XXI ha sido la del "estancamiento estabilizador": mediocre crecimiento, aun con el auge del petróleo de 2004, pero baja inflación y equilibrio en las finanzas públicas. El TLC da señales de agotamiento porque no tuvo políticas de acompañamiento, como sí ocurrió con el proceso de integración europea. A esto se añadió el rápido crecimiento de las exportaciones de China que comenzaron a desplazar a las mexicanas, incluso en Estados Unidos. En México se explotaron las magníficas reservas petroleras de Cantarell, pero no se aprovecharon para crecer, y se despilfarró el excedente petrolero. Paulatinamente se fue reduciendo la inversión extranjera directa. El canciller Jorge G. Castañeda fracasó en lograr un acuerdo sobre inmigración con Estados Unidos que quedó, hasta la fecha, como asignatura pendiente. México sufrió una pérdida de competitividad económica generalizada, con muy malos resultados en educación, ciencia y tecnología. En 2010 México quedó desplazado al lugar 66 en materia de competitividad mundial.

La política internacional de México durante el periodo del presidente Fox se volvió esencialmente cosmética. Se convocaron en México la Cumbre de Monterrey sobre financiamiento al desarrollo económico, la cumbre de APEC en Baja California, la de la Ronda Doha de Negociaciones Comerciales, en Cancún, pero en ninguna de ellas presentó México iniciativas o propuestas de trascendencia. El evento se agota en la fotografía. En este periodo México, como pocos países, negocia acuerdos de libre comercio con más de 33 naciones, la mayoría con magros resultados. Al principio de su administración el presidente Fox tiene gran presencia internacional como héroe de la alternancia y tiene un bono democrático sin precedente que poco a poco se va desvaneciendo sin haberse capitalizado.

Al poco tiempo de iniciado el gobierno del presidente Felipe Calderón, y cuando apenas superaba el cuestionamiento inicial de legitimidad por parte de su opositor, Andrés Manuel López Obrador, se inició, en 2007, la gran crisis financiera en Estados Unidos, que habría de extenderse a toda la economía mundial durante 2008. Pronto esta crisis provocaría la más seria recesión mundial desde la segunda guerra mundial y, de hecho, desde la gran depresión de 1929.

El gobierno de Felipe Calderón intentó implementar tres programas anticíclicos a lo largo de 2008, que resultaron débiles e ineficaces. El más importante, el de enero de 2009, tampoco dio los resultados esperados, y durante ese año el débil impacto de los programas implementados se revirtió, al introducir dos recortes presupuestales y el aumento de impuestos sobre consumidores y empresas, menos posibles fuentes de recuperación. El resultado final fue una de las peores caídas en la tasa de crecimiento de la economía en su historia (–6.5% en 2009). El gobierno, temiendo la "reducción de grado" por las calificadoras, inició una prematura estrategia de "salida de la crisis", cuando todavía nos encontramos inmersos en ella.

Los principales sectores en que descansa el "modelo orientado hacia el exterior" con el TLCAN, el automotriz y la industria maquiladora, han sido los más afectados por la crisis. Esta evolución negativa se agrava con las consecuencias de la guerra declarada al narco, la inseguridad y la violencia, que convierten la agenda nacional e internacional de México en monotemática. No debe sorprender que ello conforme hoy en día nuestra imagen-país.

En síntesis, podríamos decir que el modelo de desarrollo de México se encuentra agotado y rezagado. La recuperación en 2010 es el resultado de la incipiente y frágil recuperación de la economía estadunidense a la cual la economía mexicana se encuentra subordinada —los economistas lo llaman "sincronización cíclica perfecta" con su sector industrial y manufacturero— y por un rebote estadístico. México crecerá 5% en 2010, mientras Brasil lo hará a un estimado de 9%; la recuperación económica de México es muy inferior a la de los países BRIC y a la de las economías emergentes más dinámicas. México no está a la vanguardia en esta crisis; por el contrario, se encuentra en el grupo de los rezagados.

La política económica de México, en la última década, no ha cambiado sus fundamentos, a pesar de los desaciertos. Algo resucitó: una política contracíclica tímida y mal instrumentada; una banca de desarrollo con características *sui generis* que termina dando respaldo a la banca privada, y una política social que retoma las viejas formas del modelo asistencial y clientelar. Los cambios de enfoque y de paradigmas que tienen lugar en otras partes del mundo aún no tocan la estructura del Estado mexicano ni de su gobierno. Keynes y el concepto del Estado benefactor, que se mantiene vigente para escenarios similares en versiones reformadas y adecuadas a los tiempos, tampoco ha llegado a nuestro país. La historia no parece pasar por México. Parte de los sectores empresariales y de los académicos continúan obsesionados con la idea de que la solución a nuestros problemas son las reformas laboral, energética y fiscal. Ése ha sido el coro mediático por más de una década.

LOS RETOS DE LAS NEGOCIACIONES MULTILATERALES

La severa crisis económica mundial que estalló a principios de 2008, y que se extendió a todos los sectores y todos los países, fue evolucionando en diversas etapas, en las que se fueron modificando los mecanismos de cooperación internacional y las instituciones que lo sustentan, así como las políticas económicas internas para enfrentarla.

Fase I. La emergencia para frenar la caída (noviembre de 2008 a abril de 2009): Los G-20 de Washington y Londres

Hasta antes de la crisis de 2008 la fuerza dominante en la evolución de la cooperación económica internacional, aun con sus evidentes deficiencias, habían sido las reuniones cumbre de las siete principales potencias (ocho con Rusia), el llamado G-7 o G-8. A medida que fueron aumentando el dinamismo y el peso de China, Brasil e India sobre la economía mundial, se decidió invitar a las reuniones del G-7 a "tomar el café" al llamado G-5, integrado por los mencionados países más Rusia, que ya estaba parcialmente integrado, y México. En la medida en que la crisis se había detonado en los países más industrializados y que el G-5 había adquirido peso e influencia cada vez mayores en el comportamiento de las relaciones económicas internacionales —al grado de que se consideraban los nuevos motores del crecimiento, de la inversión y el comercio mundial—, se llegó a la conclusión de que el arreglo institucional del G-7 era insuficiente para resolver esta crisis. Los viejos esquemas no funcionaban más para los nuevos retos. Esto llevó a que el G-20, que ya funcionaba como grupo integrado por los ministros de finanzas de veinte de las naciones con mayor influencia e impacto en la economía mundial, se elevara a la categoría de jefes de Estado y de gobierno y se convirtiera en el principal foro multilateral de cooperación internacional para discutir y enfrentar la nueva crisis.

La crisis hizo enormes estragos en los países industriales durante 2008. De las instituciones hipotecarias, el efecto contaminador se extendió a todas las instituciones financieras. Se reconoce que la quiebra de Lehman fue la explosión final de la burbuja, en septiembre de 2008. Prácticamente desapareció la banca de inversión en Estados Unidos. Quebraron aseguradoras y bancos en el Reino Unido, Estados Unidos, Bélgica e Irlanda. Otras instituciones fueron intervenidas e incluso nacionalizadas por los gobiernos, total o parcialmente. El crédito dejó de fluir, cayeron la producción y el comercio internacional, y aumentó el desempleo a niveles no vistos en más de medio siglo. Líderes mundiales como Brown, primer ministro del Reino Unido, que desempeñó un papel de liderazgo en los inicios de la crisis, y Sarkozy, presidente de Francia, propusieron convocar a un nuevo Bretton Woods. Se cuestionó la eficacia misma del capitalismo, al menos en la forma como había funcionado hasta ese momento... y no sin razón.

Como en la gran depresión de 1929, que detonó un cambio histórico en la presidencia de Estados Unidos —con el advenimiento de Roosevelt y su *New Deal*—, la crisis detonó también la gran derrota de los republicanos y el triunfo demócrata del primer presidente negro, que ganó las elecciones con su plataforma de "cambio".

La Cumbre del G-20 realizada en Londres en abril de 2009 ha sido el mayor esfuerzo de cooperación internacional para enfrentar una crisis, probablemente desde Bretton Woods. El objetivo era frenar la agudización de la recesión. Para ello se comprometió un billón de dólares que se canalizaría de manera prominente al FMI (750 mil millones de dólares) y, en menor medida, al Banco Mundial. Se asumió el compromiso de revivir los DEG (la moneda internacional), con una emisión de 250 mil millones de dólares. Se planteó una masiva política contracíclica a nivel mundial: ¡Keynes estaba de regreso! También, ante el fantasma de que regresaran los problemas de los años treinta, se pactó no intensificar medidas proteccionistas, aunque el exhorto, desde el inicio, no fue totalmente exitoso. Se acordó también estructurar un plan de ruta para atender el problema de las instituciones financieras, sentando bases para prevenir futuras crisis con una mayor supervisión y una mejor regulación "en todos los mercados, todos los productos, todas las instituciones". Se acuñaron las nuevas frases de las instituciones sistémicas "demasiado grandes para quebrar" (*to big to fail*) o "demasiado grandes para ser salvadas" (*to big to save*).

En paralelo, los gobiernos nacionales introdujeron gigantescas políticas de estímulo y salvamento a nivel interno a fin de rescatar sus instituciones financieras, utilizando una gama de instrumentos no desplegados antes: créditos, redescuentos, compra de activos "tóxicos" y operaciones de salvamento que llevaban a nacionalizaciones parciales, con impensables adquisiciones de acciones bursátiles por parte de los estados. Ello ocurrió en Estados Unidos con empresas gigantescas como Citibank, Bank of America y hasta General Motors. Algunas instituciones desaparecieron del mapa mientras que otras fueron adquiridas por instituciones más fuertes, aunque a más de una esto le provocó una indigestión posterior.

Los programas de estímulo se armaron a través de la política monetaria de los bancos centrales, que desempeñaron un papel muy activo con financiamiento y con reducciones en las tasas de interés hasta niveles casi de cero. Se revisó el concepto de que los bancos centrales tenían el único objetivo de controlar la inflación, incluso en el caso del muy conservador Banco Central Europeo. Los bancos actuaron para apoyar el crecimiento, el empleo y las instituciones, incluso el consumo. Por otra parte, se activó en forma coordinada la política fiscal con amplios programas de gasto público, rescate de bancos, gasto social, inversión e infraestructura.

A pesar de todo, 2009 registró a nivel mundial las mayores caídas del PIB desde la gran depresión de 1929. La producción sufrió una baja de –0.9%, el comercio mundial de –11%, severo freno de los flujos de financiamiento y fuerte incremento en los niveles de desempleo.

Fase II. La recuperación incipiente, frágil y desigual desde el G-20 de Pittsburgh (septiembre de 2009) al de Toronto (junio de 2010)

Como consecuencia de las medidas económicas —reforzadas a nivel internacional en la cumbre de Pittsburgh de septiembre de 2009—, para 2010 la mayor parte de las economías habían tocado piso, en algunos casos muy profundo, y se iniciaba una recuperación. El costo fue que los déficits fiscales en los países industriales —los más afectados por la crisis—, se elevaron a niveles históricamente altos, cercanos al 10% del PIB, muy superiores a la regla europea de Maastrich del 3% y, en el caso de la deuda, a más del 100% del PIB.

Un nuevo y serio problema se presentó en los países del sur de Europa, particularmente en Grecia, pero también en España y Portugal, y posteriormente en Irlanda. Grecia fue el país donde el problema se dio con mayor gravedad, porque además había engaños en su contabilidad fiscal. Las calificadoras, en parte culpables de la anterior crisis al haberse equivocado en sus calificaciones de los créditos hipotecarios "empaquetados" y las instituciones que los promovieron, actuaron ahora con inusitado celo para descalificar a estos países. Grecia, con elevados vencimientos de deuda en la primavera de 2010, no tenía capacidad de hacerles frente. Todo el sistema del euro estaba en entredicho y, con él, la larga construcción institucional de la Unión Europea.

Dentro del sistema euro, Grecia no tenía la capacidad de devaluar. En el último momento y a regañadientes —la austera Alemania no quería salvar a la irresponsable Grecia— se dio otro gran esfuerzo de cooperación intraeuropea, que involucró al Banco Europeo con el FMI por 145 mil millones de dólares. Fue el mayor rescate que se ha emprendido a favor de un país, muy superior al que recibió México en 1995. Se salvó el euro y se salvó a Grecia, al menos por el momento; pero también se salvaron algunos de los principales bancos europeos con los que Grecia tenía elevados créditos. A cambio, Grecia debió introducir severas medidas de ajuste económico, con grave impacto social, lo que pone en duda si a futuro el gobierno de Papandreu se podrá sostener. La zona euro, también actuando con gran solidaridad, para dar confianza a los mercados creó un fondo contingente para los países integrantes por 950 mil millones, "para defenderla a como dé lugar".

La situación europea y las altas cifras de desempleo en Estados Unidos, a mediados de 2010, introdujeron otro elemento al debate: los países liderados por Estados Unidos consideraron que la recuperación era frágil, el desempleo demasiado alto, y que debían sostenerse los estímulos económicos. Otros países, principalmente los europeos encabezados por Alemania, después del susto griego consideraron pertinente iniciar un proceso de consolidación fiscal. Este debate hizo crisis en la reunión cumbre del G-20, en Toronto, en junio de 2010.

Vamos a reseñar el comunicado de esa reunión que contiene el mejor resumen del debate, el estado de la situación económica mundial y de su agenda multilateral.[3]

1] Se reconoce "que los estímulos, monetarios y fiscales, sin precedente, y globalmente coordinados, han desempeñado un papel fundamental para restablecer la demanda privada y el crédito a nivel de la economía mundial".
2] "La recuperación es desigual, frágil; el desempleo en muchos países está a niveles inaceptables y el impacto social de la crisis todavía se sufre con amplitud."
3] "Fortalecer la recuperación es clave. Hay que darle seguimiento a los planes de estímulo fiscal."
4] "Al mismo tiempo, eventos recientes subrayan la importancia de mantener finanzas públicas sustentables y la necesidad de que los países instrumenten planes creíbles, con la debida secuencia, 'amigables al crecimiento' (*growth friendly*), para lograr dicha sustentabilidad, diferenciada y adaptada a las circunstancias nacionales."
5] "Los países que enfrentan serios retos fiscales deben acelerar el paso de su consolidación fiscal."
6] Se debe rebalancear la demanda global para asegurar el crecimiento global.
7] Se llega a un acuerdo concreto en que los países se comprometen a que, para 2013, se reducirán los déficits fiscales a la mitad y se estabilizarán o reducirán los coeficientes de endeudamiento público para 2016.

[3] The G-20: "Toronto Summit Declaration", 26-27 de junio de 2010.

En el lenguaje sibilino de los comunicados del G-20, los anteriores puntos resumen la esencia de los acuerdos que constituyen "el marco para un fuerte, sustentable y balanceado crecimiento de las economías del mundo".

Detrás de este texto está el compromiso, entre el grupo de los partidarios del "estímulo a las economías", encabezados por Estados Unidos, y los de "ajuste a las economías y consolidación fiscal", encabezados por Alemania. Se explicita que las economías fuertes, Alemania y China, no deben salir de la recesión exportándola a otros países —como ocurrió en la gran depresión—, sino estimulando sus economías nacionales para que puedan importar más de otros países.

También hay recomendaciones a todos los países de reforzar sus redes de protección social, aumentar el gasto en infraestructura y continuar las reformas estructurales. Estos debates distan mucho de haber concluido y se verá, en el laboratorio real de la economía mundial, quién tiene la razón: los "estimuladores" o los "consolidadores".

En el segundo gran tema de la agenda multilateral, la reforma del sector financiero, se han acordado cuatro pilares:

1] Un marco regulatorio fuerte, que significa nuevas reglas para que los bancos tengan más capital y de mejor calidad, normas que deben cumplirse en un horizonte de tiempo prudente. Esto es lo que se llamará Reglas de Basilea III. "Fortalecer, asimismo, la infraestructura de los mercados financieros", lo que significa nuevas reglas internacionales de contabilidad, transparencia, para agencias calificadoras, sobre compensación de ejecutivos y mejor supervisión a operaciones de derivados y fondos de cobertura.
2] Lograr una supervisión efectiva.
3] Tratamiento adecuado de instituciones "sistémicamente importantes", incluyendo mecanismos, en caso necesario, para su liquidación, mitigando el impacto sobre los causantes y distribuyendo los costos con las propias instituciones financieras, lo que puede significar impuestos sobre estas instituciones.
4] Evaluación y revisión transparente a nivel internacional.

Los otros grandes temas de la Agenda Internacional Multilateral son:

1] Continuar el fortalecimiento de las instituciones financieras internacionales, incluyendo su legitimidad, credibilidad y eficacia y que cuenten con suficientes recursos. De manera importante, aumentar el poder de voto de los países emergentes, lo cual va de la mano con la revisión de la estructura de cuotas de los organismos y con un proceso abierto, transparente y basado en méritos, para designar a las cabezas de las instituciones. No el prevaleciente sistema de "dedazo": la presidencia del Banco Mundial para Estados Unidos y la dirección del FMI para Europa. Fortalecer la red de protección financiera global.

2] Luchar contra el proteccionismo, promover el comercio y la inversión, y apoyar para que pronto concluya la Ronda Doha.

3] Luchar contra la corrupción y el soborno, para lo cual hay una convención de la ONU y acuerdos de la OCDE.

4] El compromiso con una recuperación "verde", en referencia a la Reunión de Cancún de la Conferencia de los 16 (COP-16).

A pocos días de haber concluido la Reunión de Toronto, ante la evidencia de un preocupante aumento en el desempleo en Estados Unidos, el gobierno de Obama anunció un nuevo ambicioso plan de estímulo. Está presente el fantasma de 1937, cuando habiendo debilitado Franklin D. Roosevelt sus programas de recuperación se dio una recaída que llevó a una nueva severa recesión de la que Estados Unidos no salió hasta la segunda guerra mundial.

La Cumbre del G-20 no es el único foro de discusión multilateral. Ciertamente, en términos de representatividad, y por ende de eficacia, refleja la mayor parte de la economía mundial —85%—, aunque tiene un déficit de legitimidad ante el resto de los países que conforman la comunidad internacional. La ONU convocó a un grupo de expertos, encabezado por el premio Nobel de economía, el progresista Joseph Stiglitz, para formular recomendaciones importantes que son objeto de examen en dicho organismo.

MÉXICO ANTE LOS RETOS MUNDIALES DE LA POSCRISIS

¿Cuál ha sido la agenda y la participación de México en este esfuerzo multilateral frente a la crisis y la poscrisis?

México fue uno de los países que en la muy tibia revisión de cuotas que ocurrió antes de la crisis recibió un ajuste, junto con China y "un pequeño número de países". Las cuotas de los países, determinadas por diferentes variables económicas, representan a la vez los recursos que se aportan, los créditos que pueden girarse y el poder de voto en los organismos. En el momento más severo de la crisis, cuando algunas grandes empresas mexicanas como Cemex o Comercial Mexicana enfrentaban serias limitaciones de crédito en los mercados internacionales y cuantiosas pérdidas por haber realizado "derivados", y en la que también hubo un efecto adverso sobre los mercados de crédito nacionales y el tipo de cambio —que se depreció a cerca de 15 pesos por dólar—, México tuvo acceso a una línea de crédito contingente, otorgada por la Reserva Federal de Estados Unidos, concedida a países con "buen comportamiento económico". México fue también el primer país en acceder a la recientemente creada línea de crédito flexible del FMI, también de carácter preventivo, para países con "sólidos fundamentos económicos".

México forma parte de las principales instancias de cooperación económica internacional. Fue uno de los invitados del G-7 como parte del G-5 a "tomar café" con ellos. También ha sido invitado a algunas de las reuniones de los BRIC. Fue miembro del viejo G-20 y, desde luego, del nuevo, a nivel de jefes de Estado. Presidió el consejo del Banco de Pagos Internacionales a través de Guillermo Ortiz, hasta que el presidente Calderón no renovó su mandato como gobernador del Banco de México. México forma parte del exclusivo Comité de Basilea sobre reglas bancarias, al que asiste regularmente la Comisión Nacional Bancaria, y también forma parte del nuevo Consejo para la Estabilidad Financiera. En otras palabras, México está en todos los foros decisorios, amén del FMI, el Banco Mundial, la OCDE y el BID. Espacios de participación no le faltan al país.

¿Cuáles son, sin embargo, las propuestas de México y cuál ha sido su influencia real en el diseño de las estrategias en esos foros para enfrentar la crisis? Cuando todavía era secretario de Hacienda, Agustín Carstens escribió un artículo sobre la presencia de México en la cumbre de Londres, en el que dice:[4]

---

[4] A. Carstens, "El papel de México en la reconstrucción del orden financiero mundial", *El Universal*, abril de 2009.

México ha tomado un claro liderazgo entre los países emergentes, con una agenda puntual acerca de los pasos a seguir, para que, tanto los países industrializados, como las naciones emergentes y los organismos financieros, actuemos coordinadamente para enfrentar el desafío económico, la más grave crisis de los últimos 80 años.

Después destaca cinco aportaciones de México en este proceso: 1] México ha sido líder en el esfuerzo, introduciendo diversos programas contracíclicos, prácticamente desde inicios de 2008; 2] promovió que las medidas para sanear y restructurar sus sistemas financieros se pusieran en marcha de manera expedita; 3] apoyó en forma decidida la propuesta de aumentar el capital del BID, el FMI y el Banco Mundial, coincidiendo con una reforma del gobierno corporativo, con lo que se incrementó la importancia relativa de los países emergentes; 4] apoyó la promoción de nuevos instrumentos financieros para países en desarrollo, como la línea de crédito flexible utilizada por México, y, 5] apoyó la iniciativa de mejorar los esquemas de regulación y supervisión de mercados, productos e instituciones.

En ninguno de estos temas México desempeñó un papel de líder o de ser el primero en presentar propuestas para el replanteamiento y la reconstrucción del orden financiero. Su participación se ha limitado a sumarse a la agenda consensada básica. En el primer punto, México lanzó uno de los programas contracíclicos más débiles y una "estrategia de salida" (con recortes de gasto) prematura. Hay dos excepciones: ser el país que usó el primer apoyo crediticio del FMI y presentar la propuesta del Fondo de Financiamiento que presentó el presidente Calderón para facilitar que los países emergentes cumplan con los acuerdos de reducción de emisiones contaminantes. Son las únicas dos menciones que se hacen de México en los comunicados del G-20. En la cobertura que hizo el *Financial Times* de los países que aportaron ideas al debate en el marco de la cumbre de Londres, México no aparece. Quizás ese hecho llevó a Carstens a escribir el artículo en *El Universal*. El prestigiado editorialista del *Financial Times*, Martin Wolf, considera que más eficaz que un G-20 sería un G-15. En su propuesta ya no figura México. Entre los emergentes sólo aparecen China, Brasil, India, Sudáfrica, Corea, Arabia Saudita e Indonesia.[5]

---

[5] Martin Wolf, *Fixing global finance*, Baltimore, The Johns Hopkins University Press, 2008, p. 192.

En la reunión del G-20 de junio de 2010, en Toronto, el presidente Calderón participó en tres de los temas de la agenda. En el primer tema, el del marco sustentable para el crecimiento, tomó partido por los países que, como Alemania, privilegian la consolidación y el ajuste fiscal. Expresó que "en el momento más grave de la crisis los países enfrentaron el dilema de recuperar el crecimiento o mantener la estabilidad fiscal". En la reunión México tomó partido a favor del segundo grupo. "Subrayó los riesgos que tiene para el crecimiento futuro mantener políticas expansivas y altos déficits." Comentó también que "las economías con altos déficits y con deudas públicas crecientes están terminando por convertirse en uno de los obstáculos mayores al desarrollo de la economía mundial". En cierto modo le está diciendo al presidente Obama que no debe ejecutar políticas para contrarrestar el riesgo de una recaída económica de Estados Unidos, lo cual va en contra de los intereses de México.[6]

Éste es un caso claro de cómo la política económica interna y sus deficiencias impactan nuestra política económica en los foros internacionales. Parecería que existe una obsesión en la Secretaría de Hacienda en el sentido de que si estimulamos la actividad económica nos pareceremos a Grecia, cuando la diferencia del espacio fiscal para actuar es enorme, entre un déficit de 1 a 2% del PIB en México, contra 13% en Grecia; una deuda en México de 30% del PIB, frente a más de 100% en Grecia. El semanario *The Economist*, en una publicación reciente, ubica el déficit fiscal mexicano en 1% para 2010, el más bajo de la muestra de los 43 principales países (Noruega y Arabia Saudita, únicos dos con superávit). Si Estados Unidos recae, también nosotros, porque carecemos de una política contracíclica que nos aísle del vendaval.[7] En el paquete económico de 2010 se reafirman estas tendencias: el gasto público crece menos que la economía; el déficit se reduce todavía más —a 0.5% del PIB—, en búsqueda del equilibrio. En relación con el debate mundial, el gobierno de México, dentro de una "honorable medianía" ni estimuló la recuperación, ni consolidó lo fiscal.

El segundo tema en el que el presidente Calderón fue invitado a participar en forma prominente fue el de la reforma del sistema financiero. En este tema la Secretaría de Hacienda tuvo un "buen

---

[6] F. Calderón: "Presidencia de la República", <www.presidencia.gob.mx>, domingo 27 de junio de 2010.

[7] *The Economist*, 28 de agosto de 2010.

script" en las reuniones preparatorias. La gran crisis bancaria la habíamos tenido en México en 1995, lo que significa que llevamos casi 10 años experimentando soluciones, fortaleciendo el marco regulatorio y la supervisión. En este tema sí coincidimos con la posición que han tomado otros países en desarrollo y algunos industriales. La crisis se originó en los países industriales con características propias de mercados e instituciones muy maduras. En general, los países en desarrollo no sufrieron los mismos percances y por lo tanto no necesariamente deben adoptar las mismas "medidas draconianas". Temas como la remuneración de funcionarios financieros no son relevantes para México. En consecuencia, se argumentó que las medidas deberían estar en función de las condiciones de cada país, su grado de responsabilidad y sus efectos particulares por la crisis. Felipe González, en un reciente texto, comenta: "Nada sustancial ha cambiado en el comportamiento real de las entidades financieras, salvo para cortar créditos".[8]

El presidente invitado a hablar sobre el tema se sumó a las recomendaciones emanadas de los grupos de trabajo financieros. Algunas de estas recomendaciones ya han sido aplicadas en México. Pocos días después se creó en México el Consejo de Estabilidad para coordinar las acciones de las autoridades financieras mexicanas: el más rápido alumno de la clase. Existe todavía un flanco de vulnerabilidad debido a que no todas las instituciones mexicanas están supervisadas. Tal es el caso de intermediarios financieros no bancarios que han proliferado; como botón de muestra, existen más de 500 Sofoles y Sofomes que representan un potencial de riesgo para el sistema. Ojalá se actúe en otra recomendación fundamental del G-20 que dice que todas las "instituciones, mercados y productos deben ser supervisados".

El tercer tema fue el del cambio climático. El presidente Calderón ofreció un almuerzo de trabajo con el propósito de hacer de la reunión del COP-16, en Cancún, un parteaguas del cambio climático. En esa ocasión, el presidente de México apoyó la necesidad de contar con mecanismos financieros adecuados para que los países en desarrollo puedan hacer frente a los costos asociados con la lucha contra el cambio climático. La ONU ha creado un Grupo Asesor de Financiamiento de mediano y largo plazo, copresidido por Etiopía y Noruega. México ha recibido un crédito para reforestación por parte de este segundo país. Calderón enfatizó que el fondo para que los países emergentes

---

[8] Felipe González, *op. cit.*

cuenten oportunamente con recursos debe ser de "arranque rápido". Reiteró la necesidad de mostrar un compromiso más firme para reducir la emisión de gases de efecto invernadero y que estos esfuerzos sean medibles. Los cambios negativos en la posición política de Estados Unidos no auguran un avance importante en este tema. Sin embargo, en la reunión de Cancún hubo más avances de los esperados. Finalmente, se ha logrado que México sea el anfitrión para la Cumbre del G-20 en noviembre de 2012. El gobierno privilegia lo mediático sobre lo institucional. En la medida en que entrega la presidencia días después, no tiene mucho que aportar, salvo palabras de despedida. Lo correcto, actuando con base en los intereses del Estado, sería que la reunión se programara para el nuevo gobierno, en 2013.

REPLANTEAR LA POLÍTICA MEXICANA INTERNACIONAL PARA LA
POSCRISIS A PARTIR DE REPENSAR NUESTRO PROCESO DE DESARROLLO

La evolución de la posición mexicana frente a la crisis actual nos lleva a la necesidad de repensar algunas de las políticas económicas internacionales del país, tanto en el ámbito bilateral como multilateral, pero ello sólo puede hacerse a partir de repensar la estrategia de desarrollo de México. Esto difícilmente se logrará er. lo que queda de la actual administración. En todo caso son ideas que podrían servir para un horizonte a partir de 2012.

En la última década el crecimiento mexicano ha sido de apenas 1.5%. Durante este lapso hemos dilapidado una auténtica bonanza de ingresos petroleros con precios elevados, pero también de remesas, que se han convertido en la primera fuente de ingresos externos. A esto debe añadirse la baja excepcional de las tasas de interés internacionales, que han significado grandes ahorros en el pago de nuestra deuda externa. Los economistas mexicanos no han acertado a explicar por qué estas ganancias extraordinarias no se han traducido en mayores tasas de crecimiento. En estas condiciones la política económica no pasa de la medianía y es claro reflejo del rezago y el atraso de nuestros paradigmas.

Repensar el desarrollo significa, en línea con las nuevas corrientes mundiales, que el Estado mexicano debe desempeñar un papel mucho más proactivo como estratega e impulsor del desarrollo económico. Tiene que combinar la lucha contra la recesión en el corto plazo con la transformación estructural para el largo plazo. El Ejecutivo debe diseñar, desde la misma Presidencia de la República, un plan nacional estratégico que derive en un programa de inversiones detonadoras del crecimiento nacional y regional, y que integre la inversión pública y privada. Este plan ha de representar una visión de país de largo plazo, consensada con el Congreso, que debe aprobar sus líneas estratégicas. Dadas las dificultades para lograr acuerdos con el Congreso, más allá del minimalismo, debe considerarse la creación de un consejo económico y social, en el que estén representados los principales actores económicos y las mentes más ilustradas para lograr este necesario consenso nacional.

La estrategia de desarrollo de México, a partir del TLCAN, se sustentó, como se ha dicho, en un crecimiento liderado por las exportaciones, que no se tradujo en un mayor crecimiento (*export led growth with no growth*). El TLCAN ya está agotado, en parte porque no diseñamos, como lo hizo la Unión Europea, las políticas internas complementarias para hacerlo un instrumento permanente del crecimiento. Esto, al menos en parte, obedece a la vigencia del viejo paradigma mexicano de que "la mejor política industrial es que no haya política industrial". Las expectativas del TLCAN se sustentaron primordialmente en las maquiladoras y la industria automotriz, pero no se logró extender esta dinámica para crear cadenas productivas hacia el mercado interno, lo que significa que el valor agregado de la exportación es bajo. Nos convertimos en una gigantesca maquiladora, equivalente, un siglo después, a la economía de enclave del porfiriato. El país se ha desindustrializado, los empresarios se han convertido en importadores, el empleo gravita hacia los servicios y la actividad económica se fragmenta y pulveriza en micro y pequeñas empresas de baja productividad. En todo este proceso, y a raíz de sus insuficiencias, el rezago en la generación de empleos se ha convertido en un problema sistémico cada día más grave.

La banca extranjerizada obtiene raquíticas ganancias con márgenes leoninos, prestando para el consumo y las hipotecas, y no para las actividades productivas. El papel de la banca de desarrollo ha quedado limitado a garantizar y redescontar lo que presta la banca privada, con la resultante de que México tiene, a nivel internacional, uno de los más bajos coeficientes de crédito (en relación con el PIB) para financiar la actividad productiva.

El Estado gasta mal y gasta poco en relación con las necesidades, y la recaudación fiscal insuficiente sigue dependiendo sustantivamente del petróleo. Ni el gasto gubernamental ni los impuestos redistribuyen el ingreso y México continua siendo uno de los países más desiguales del mundo, con altos niveles de pobreza.

La estrategia debe rebalancearse del sector exportador hacia el mercado interno. Esto requiere una política industrial, una política regional y una política de desarrollo urbano. La seguridad social en su estado actual tiene limitaciones en su cobertura y serios desequilibrios financieros. Por ello, en la nueva política social debe establecerse paulatinamente una red de protección social en salud, con cobertura universal. Este último objetivo implica integrar el Seguro Popular al IMSS, reducir las cuotas patronales y financiarlo con impuestos generales para eliminar sesgos antiempleo. Es necesario implantar también un seguro de desempleo de cobertura creciente gradual, seleccionando la población objetivo prioritaria, limitado en el tiempo y ligado a la capacitación, lo que daría flexibilidad en el mercado laboral y serviría como un estabilizador automático en las recesiones.

El estado del sistema educativo nacional es muy preocupante por lo que se malgasta (de los gastos más elevados de la OCDE) y por sus magros resultados: la paupérrima preparación de los alumnos y la baja calidad de los maestros. El sindicato tiene un gobierno electoralmente cautivo. Mejorar la calidad de la educación es, sin duda, uno de los principales imperativos nacionales. Sin ello no podremos avanzar. El sistema educativo requiere ajustes estructurales que deben ser parte de una estrategia integral que permita a la población joven ingresar a la economía del conocimiento y a la innovación. La investigación científica, de su actual nivel precario del 0.3% del PIB, debe elevarse a un mínimo de 1%. Ninguno de los otros países de la OCDE está por debajo del 2% en ese rubro. En China alcanza casi 3 por ciento.

En la actualidad la producción agrícola tiene una estructura dual: depende de un sector de agricultura comercial eficiente, pero con un amplio sector de agricultura de temporal muy rezagado. Deben revisarse los cuantiosos subsidios que reciben agricultores que no lo necesitan, lo mismo que decenas de programas clientelares de escasos resultados. Hay que revisar toda la política para impulsar a los sectores rurales marginados a través de programas integrales, "desde adentro" y "desde afuera" de la agricultura.

Todo ello significa rediseñar nuestra estrategia económica hacia Estados Unidos. En primer término, debemos hacer la tarea interna para revitalizar las ventajas que ofrece el TLCAN, cumpliendo condiciones de política complementaria que nunca ejecutamos, como la política industrial, regional y tecnológica, hasta convertir este acuerdo en un instrumento efectivo del crecimiento. Sin duda habrá que replantear algunos de sus aspectos. Las condiciones fiscales en Estados Unidos hacen improbable un Plan Marshall o un *New Deal* negociado bajo el principio de la responsabilidad compartida. Es importante revisar y quizá rediseñar algunas instituciones, como el Nadbank, que debería impulsar un plan de desarrollo fronterizo en una zona devastada por la violencia y el narcotráfico y con creciente desempleo de jóvenes, y diseñar programas específicos para apoyar el desarrollo económico de las zonas que expulsan trabajadores. La banca mexicana de desarrollo debe asociarse con este esfuerzo. ¡Es mejor y más eficiente financiar empleos que construir muros!

La dependencia de la economía mexicana respecto de la estadunidense es la mayor de nuestra historia en la lógica de la llamada "sincronización cíclica": en otras palabras, "si ellos crecen nosotros crecemos; si su economía se para, la nuestra también". La producción industrial y manufacturera de Estados Unidos determinan unívocamente nuestro crecimiento del PIB. Debemos desarrollar políticas que nos permitan aislarnos de los vendavales externos, como lo han logrado otros países y, en la historia de México en el siglo XX, como lo hicieron los gobiernos "desarrollistas".

La interrelación entre la seguridad nacional y la soberanía económica, adquiere un nuevo significado en el siglo XXI. En la reunión de Waco (abril de 2005), se creó la Asociación para la Seguridad y la Prosperidad de América del Norte (ASPAN), lo que significó darle un sobrepeso a la agenda de seguridad sobre la agenda económica. Resulta imperativo hacer un gran trabajo interno para adecuar nuestros enfoques a los requerimientos de cooperación internacional en materia de seguridad, principalmente con Estados Unidos, en beneficio del país. El crimen organizado tiene corolarios económicos y financieros que impactan en la seguridad. El Plan Mérida plantea claramente la corresponsabilidad de esfuerzos para atender estos retos. Sin embargo, al momento de su instrumentación afloran las debilidades de las estructuras de seguridad y de los enfoques mexicanos, lo que hace aparecer estos esfuerzos como un plan de ayuda con algunos cientos de millones de dólares, como si ése fuera el problema de México. La realidad de esta cooperación es mucho más compleja y los términos en los que ésta se da, más que en ningún otro momento, son definitorios de la relación entre los dos países. México debe hacer un trabajo mucho más serio y para el largo plazo en la definición de esos términos.

La actual situación de inseguridad pone en entredicho el comercio y los flujos transfronterizos. El crecimiento económico dinámico es, hoy en día, una de las principales prioridades en su relación con el flujo de indocumentados que va a Estados Unidos en forma temporal o permanente, porque las condiciones en México no les permiten ocupar un empleo digno. Esta migración es claro reflejo de la insuficiencia del crecimiento económico y del desarrollo en el país y nos pone en franca desventaja frente a Estados Unidos en cualquier negociación.

La política de diversificación de exportaciones e importaciones por regiones y países es crucial. Para reducir la dependencia comercial de Estados Unidos necesitamos, como el resto de América Latina, incrementar nuestro comercio con los grandes polos de crecimiento de Asia: Japón, China y la India. Ello requiere políticas públicas e incentivos para fortalecer al Banco de Comercio Exterior, como una institución eje de esta política, que sirva para apoyar financieramente a los exportadores, a los importadores que nos compran, a las empresas mexicanas que operan en el exterior, y que otorguen seguros a la exportación.

Debe continuar modernizándose la infraestructura portuaria, aeroportuaria y ferrocarrilera. Es importante abandonar los dogmas en materia de política comercial y no repetir errores como bajar aranceles en los peores momentos de la economía. Es también importante revisar la amplia red de acuerdos comerciales y de inversión que ha suscrito el país, cuando la mayoría están desaprovechados. Es necesario revaluarlos y, en algunos casos, hacer lo necesario para aprovechar su potencial. También es importante cambiar nuestro enfoque en materia de protección y seguir los pasos de quienes, en forma creativa y sin contravenir acuerdos, protegen sus economías. México es de los muy pocos países que no lo hace. Otra asignatura pendiente.

La política de inversión extranjera también debe condicionarse al cumplimiento de condiciones y compromisos benéficos para el país. Con la IED sucede algo similar a lo que ocurre con la política comercial: abrir no significa dar todo a cambio de nada. Las corrientes nacionalistas modernas bien entendidas han vuelto a resurgir. Para muestra están Estados Unidos, Canadá y Europa. México debe ser un México Inc.

REVISIÓN DE LA POLÍTICA REGIONAL Y MULTILATERAL

A pesar de la prioridad que tiene nuestra relación con América del Norte y su peso específico en nuestra economía, no puede olvidarse la importancia que puede tener una política internacional económica inteligente hacia América Latina. Desde luego debe darse prioridad a nuestro comercio con Centroamérica, el Caribe y los grandes países de América del Sur: Colombia, Perú, Brasil, Argentina y Chile. Hay un buen número de empresas mexicanas operando en dichos mercados.

Debemos seguir estrechando las relaciones con los principales países europeos. Esta región compensa la influencia norteamericana, como fuente de inversión extranjera y tecnológica y como mercados de importación y exportación. México tiene un largo historial con Europa, que se debe aprovechar. Pero también aquí nuestra estrategia ha de estar bien orientada. Europa es una región originadora de turismo, particularmente España. Sin embargo, dejamos entrar a México la inversión española sin reglas claras de lo que significa que hoy en día sus empresas hoteleras operen violando reglas ecológicas que no violan en su propio país y que han derivado en prácticas depredadoras en los litorales mexicanos en el Caribe. La deficiente estrategia de México en materia de inversión extranjera se refleja en el hecho de que no figure entre los 20 principales destinatarios de esta inversión.

Japón ha sido un socio históricamente confiable. México ha incrementado las relaciones con Corea, pero debemos protegernos contra algunas tendencias al abuso. China e India requieren estudios estratégicos especiales para identificar complementariedades, que son difíciles para un país como México, que ya no sólo es exportador de materias primas.

La relación con los BRIC emergentes, Brasil, Rusia, la India y China, además de Sudáfrica, tiene que ser prioritaria al diseñar las posiciones de México ante foros multilaterales y, desde luego, en el

G-20. Debemos acercarnos a ellos para concertar posiciones en aquellos temas que interesan a México para así lograr mayor poder de voto e influencia en los organismos económicos internacionales, en la promoción de tesis que favorecen el papel estratégico del Estado, en aras de un proteccionismo inteligente en materia de inversiones y comercio, compatibles con un nacionalismo económico. Debemos dejar atrás los tiempos de las "aperturas dogmáticas", que dieron origen a políticas que han resultado ineficaces e insuficientes. Ello nos debe permitir posiciones de vanguardia en los organismos internacionales, como lo hizo México en el pasado. También servirá para ampliar nuestros márgenes de maniobra frente a Estados Unidos con posiciones que atiendan con mayor precisión el interés de México.

Una actividad muy importante es la cooperación sur-sur, que debe ser instrumento de política internacional y de política económica exterior. Ello nos dará fuerza frente a los países emergentes y también frente a los países industriales. Este tema resulta particularmente relevante en la relación de México con América Latina y el Caribe, con quienes debemos estructurar programas que incluyan becas, asistencia técnica, financiamiento preferencial e inversiones. Para avanzar en la cooperación sur-sur se requiere crear una agencia de cooperación internacional autónoma, con presupuesto propio. La Secretaría de Relaciones Exteriores debe ser la principal responsable, aunque tiene que establecerse un foro de coordinación de políticas con Hacienda, Economía y otras secretarías, con instancias culturales y educativas (INAH, Conaculta) y con el Banco de Comercio Exterior. Como parte de este esfuerzo hay que integrar un informe regular que informe, justifique y convoque a otros actores del gobierno y de la sociedad para trabajar en este tema.

También es importante contar con mayor claridad y transparencia en el rubro de aportaciones a organismos internacionales y regionales. A partir de ese inventario debe evaluarse la utilidad de dichas aportaciones. Seguramente encontraremos que en algunos casos habrá de aumentarse la participación mientras que en otros deberá reducirse o cancelarse. Incluso es necesario promover el cierre de organismos en los que el costo de su existencia es mayor que el beneficio. Hay una enorme duplicación de esfuerzos que cuesta mucho a la comunidad internacional y, al igual que sucede con algunas instituciones nacionales, se convierte en cargas innecesarias e injustificadas al contribuyente.

CONCLUSIONES
LA CRISIS MEXICANA ANTE LA POSCRISIS MUNDIAL

En 2010, el momento de conmemorar el bicentenario de su independencia, México se enfrenta a diversas crisis: la de seguridad pública, por los embates y la violencia provocada por el crimen organizado; la económica, por la incapacidad de crecer y generar empleo dinámico y suficiente; la política, por la transición paralizada y el deterioro de la gobernabilidad y de las instituciones. México no tiene una crisis financiera ni bancaria. Se mantiene la estabilidad de precios, el equilibrio en las finanzas públicas y una razonable estabilidad del sistema político con una (insegura) paz social. Convocamos reuniones internacionales, en las que poco incidimos. Éste es un balance de la situación de México en diciembre de 2010.

¿Cuál es el escenario mundial que debe enfrentar nuestro país en los próximos meses? Aun cuando no haya una recaída generalizada, los expertos están de acuerdo en que la recuperación de la economía mundial y de Estados Unidos, en particular, serán insuficientes, y que el crecimiento en el mediano plazo será lento y difícil de sostener. Los países, tarde o temprano, tendrán que ajustar sus finanzas públicas, y los bancos, empresas y consumidores, sus propias finanzas.

Esta lenta recuperación requerirá esfuerzos sin precedentes de cooperación económica internacional y continuadas transformaciones institucionales. Paradójicamente, los mayores riesgos se centran en Europa, por la difícil situación de Grecia e Irlanda y, en menor medida, en España y Portugal. De no poder cumplir con sus severos programas de ajuste debido a las presiones políticas y sociales en el interior de sus estados, existe el riesgo de que tengan que reestructurar las deudas soberanas, o que, incluso, se vean obligados a abandonar el euro. Esto socavaría seriamente la economía europea y sus sistemas bancarios y financieros, y no está claro que, en un escenario así, Alemania tenga la voluntad política y la visión de futuro necesaria para dar los apoyos que se requieren. Esto significaría una severa recaída de la economía mundial, de consecuencias imprevisibles. El presidente Obama se encuentra en una difícil tesitura política, después de que su partido registró más pérdidas que ganancias en las elecciones legislativas de noviembre, y se espera que los republicanos conservadores serán partidarios de un conservadurismo fiscal y financiero, también peligroso.

México tendrá que adecuarse a un entorno global de menor crecimiento. En las actuales circunstancias, mantener las políticas conservadoras de 2010 con el propósito de lograr pleno equilibrio fiscal en 2012 podría ser un error. Ante un escenario negativo de la economía norteamericana, europea y mundial, México tendría que ejecutar políticas contracíclicas favorecedoras del mercado interno, mantener la competitividad externa del tipo de cambio, e impulsar la diversificación comercial y la cooperación económica con otras regiones, particularmente con los grandes países emergentes.

México tiene que elevar su participación en la agenda multilateral. Problemas como el tráfico de armas, el lavado de dinero y el narcotráfico cruzan la agenda económica y requieren soluciones transnacionales, no sólo binacionales o nacionales. Un triunfo electoral republicano introduciría mayores peligros, como cerrar aún más el tráfico de migrantes e inducir repatriaciones masivas en circunstancias de lento crecimiento mexicano y creciente desempleo. Ello aumentaría y agravaría los retos sociales en el país. Se nos cierra una vital válvula de escape. En materia de comercio mundial sigue siendo necesario evitar políticas proteccionistas. México necesita tomar muy en serio la tarea de rediseño de su política de desarrollo interno para evitar mayores caídas en competitividad internacional y en aras de preservar los flujos de exportación y de inversión extranjera directa. En la medida en que los estadunidenses sientan amenazada su propia seguridad, mayores serán los riesgos de injerencia norteamericana no deseada en México.

El Ejecutivo, ante un escenario mundial y binacional adverso, tendrá necesariamente que pactar con todas las fuerzas políticas internas, anteponer los intereses nacionales a los partidistas y electorales, y lograr consensos que fortalezcan la unidad nacional, que preserven niveles mínimos de crecimiento y promuevan políticas que fortalezcan la red de protección social. De otra manera, a las complicaciones externas se sumarán las turbulencias domésticas que se pueden presentar en un año electoral, si el proceso no se maneja como es debido.

Diversas voces han vaticinado que ésta será la década de América Latina: los directores de la CEPAL, del BID o del Banco Santander. El último número de *The Economist* habla del ascenso de la región, que dejará de ser el "traspatio de nadie". México, sin embargo, podría quedar rezagado en este proceso y no pasar de ser el traspatio económico y de seguridad de Estados Unidos. Corremos el riesgo de convertirnos en nación paria entre América del Norte y del Sur. La autocrítica, en estos momentos, debe ser honesta y sin paliativos, con un propósito constructivo, en circunstancias que hacen imprescindible detonar los cambios que el Estado y la sociedad mexicana requieren.

MÉXICO ANTE LA REDEFINICIÓN
DE LA ENERGÍA A NIVEL MUNDIAL*

LOURDES MELGAR

La energía es considerada la punta de lanza de la transformación que se requiere para la sustentabilidad ecológica del planeta, así como la fuerza para impulsar cambios en el orden económico y social que permitan estimular el desarrollo a nivel mundial. En la medida en que, en la primera década del siglo XXI, han confluido los objetivos de seguridad energética y de mitigación de las emisiones de gases de efecto invernadero (GEI) responsables del cambio climático, el tema energético ha adquirido relevancia, amplitud y peso en las estrategias hacia una economía baja en carbono.

En estos momentos, los tomadores de decisiones a nivel mundial tienen la oportunidad única de diseñar y definir la nueva arquitectura del mundo energético, con sus estructuras tecnológicas, financieras, políticas y sociales. México se está quedando al margen del debate internacional[1] y está perdiendo la posibilidad de aportar ideas e influir en la definición de las nuevas reglas del juego, aun cuando podría ser un ejemplo en la transición energética hacia una economía baja en carbono. En cambio, se ha conformado con la simulación, con la adopción de leyes y reglamentos con títulos adecuados pero contenido pobre, con la aprobación de documentos con metas ficticias que de antemano se saben inalcanzables si no se toma por fin la decisión de revolucionar al sector energético mexicano.

Hoy en día México, economía emergente, miembro de la Organización para la Cooperación y el Desarrollo Económico (OCDE), tiene uno de los sectores energéticos más cerrados del mundo. En sí, esto

---

* Agradezco a Lucía Melgar y a Fernando Ruiz Nasta sus valiosos comentarios y aportaciones.

[1] Es importante distinguir entre el manejo impecable de la COP-16 por parte de la diplomacia mexicana de la aportación concreta de ideas para redefinir al sector de la energía a nivel mundial.

no sería un tema de no ser porque la camisa de fuerza conceptual y jurídica que los mexicanos nos hemos impuesto en materia de energía está llevando al país al borde de una crisis de seguridad energética, que podría derivar en una crisis de las finanzas públicas, resultado de la incapacidad de disminuir la dependencia fiscal de la renta petrolera, lo que pone seriamente en riesgo la soberanía nacional e impide detonar el enorme potencial de desarrollo que el sector energético podría brindar al país.

México no tiene una política energética ni, tampoco, una política exterior en materia de energía. La participación e influencia que México ha exhibido por momentos en la definición de la política energética internacional se ha derivado principalmente de su capacidad petrolera, específicamente de su peso en el mercado petrolero internacional. Sin embargo, el país está perdiendo voz y relevancia en la discusión de la agenda energética mundial debido a su disminuida posición en la industria petrolera global, a su incapacidad para explotar su extraordinario potencial en energía limpias, y a la falta de continuidad y congruencia en sus relaciones exteriores en materia de energía. Aun en su zona natural de influencia México ha ido cediendo espacios a países que han sabido aprovechar su ventaja comparativa en materia energética para adelantar sus intereses de política exterior.

En el tema energético, México está paralizado por el temor al cambio y al libre intercambio de ideas, por el ambiente de profunda desconfianza que priva entre los partidos políticos, así como por la incapacidad política de entablar un verdadero debate y lograr consensos en temas significativos. Las posiciones se polarizan entre quienes quieren una apertura indiscriminada del sector y quienes buscan cerrarlo definitivamente, dejando fuera consideraciones razonables en torno al papel que la iniciativa privada y la interacción con el exterior deben desempeñar en el proceso de transformación. Mientras tanto, la producción petrolera declina aceleradamente, estamos adquiriendo el perfil de un país consumidor que requiere importar cada vez más hidrocarburos. En menos de una década podríamos dejar de ser exportadores de petróleo. ¿Dónde quedará entonces nuestra soberanía? Sin duda es hora de repensar, con valor y verdadero nacionalismo, el tema de la energía en México.

México tiene la capacidad de ser una gran potencia energética en este siglo. Para ello se requiere un cambio conceptual profundo del sector energético. México necesita ver hacia el exterior para conocer las mejores prácticas internacionales, adaptar aquellas que permitan detonar el potencial del país, aprovechar las oportunidades que ofrece el cambio de circunstancias en países vecinos, establecer en sus fronteras norte y sur verdaderos mercados energéticos, y asumir su responsabilidad en la definición de las reglas del juego de la nueva arquitectura mundial del sector energético. La energía —y no sólo la renta petrolera, como hasta ahora— podría convertirse en el motor del desarrollo sostenible del país. Además, la dimensión internacional de esta materia permitirá enriquecer en forma sustantiva la presencia exterior de México, brindándole relevancia en un tema prioritario de la agenda mundial.

Este ensayo argumenta que México requiere una transformación profunda en sus políticas públicas en materia de energía a fin de garantizar su seguridad energética, mitigar sus emisiones de gases efecto invernadero, y lograr relevancia y liderazgo internacional. Para ello se necesita primero una revolución a nivel de las ideas, que se traduzca en consensos que lleven a acciones concretas que permitan dotar a Pemex de los instrumentos necesarios para fortalecer y valorizar la industria petrolera nacional. Conlleva también dinamizar la industria del gas natural para que México deje de ser importador neto de este importante insumo. Implica, asimismo, romper con los intereses dominantes de la industria eléctrica, y reorganizarla permitiendo el desarrollo de un verdadero mercado de energías limpias, interconectado en las fronteras norte y sur. Estos cambios no pueden lograrse en el corto plazo, a menos que México redefina su concepción de la energía a nivel interno y su relación energética con el exterior.

Tras revisar las implicaciones para las políticas públicas del cambio de paradigma en la forma de conceptualizar la energía, y por ende la política energética, se presenta una evaluación de la situación actual del sector energético mexicano. Finalmente, sobre la base de la experiencia internacional, se presentan algunas propuestas que permitirían impulsar a México en el camino de la transición energética y recuperar relevancia y liderazgo internacional.

LA REDEFINICIÓN DE LA POLÍTICA ENERGÉTICA HACIA UNA ECONOMÍA BAJA EN CARBONO

Durante la primera década del siglo XXI se gestó un cambio profundo en la forma de concebir el sector energético a nivel mundial. El consenso internacional, en torno a la urgencia de actuar ante la problemática del cambio climático y el incremento significativo en los precios de los hidrocarburos, llevó a que dos objetivos, hasta entonces encontrados, confluyeran a nivel de la definición de las políticas públicas: 1] garantizar la seguridad energética, y 2] estabilizar las emisiones de GEI responsables del cambio climático.

El año 2005 marca un parteaguas en la discusión sobre energía y cambio climático. Ese año entró en vigor el Protocolo de Kioto; el Panel Intergubernamental sobre Cambio Climático (IPCC, por sus siglas en inglés) presentó un reporte en el que afirmaba que la problemática del cambio climático era mucho más crítica de lo que se había considerado hasta entonces; en París, los representantes de más de cien países anunciaron el retorno de la energía nuclear como opción para garantizar la seguridad energética y combatir el cambio climático; los huracanes Katrina y Rita generaron conciencia sobre los estragos que las adversidades climáticas pueden causar a nivel local y a los mercados energéticos. Ante la distorsión del mercado de crudos y refinados en el golfo de México, en un acto insólito, los países productores y consumidores de petróleo unieron esfuerzos para garantizar el abasto y estabilizar los precios del crudo.

En este contexto, el Grupo de los 8 (G-8) convocó a las principales economías emergentes —Brasil, China, la India, México y Sudáfrica— a un diálogo sobre cambio climático y energías limpias. Ante la creciente evidencia de los límites del Protocolo de Kioto, el incremento de la vulnerabilidad energética y la perspectiva de que en las próximas décadas el aumento de emisiones provendrá principalmente de países que no forman parte del Anexo 1, los líderes del mundo industrializado buscaron comprometer a estas economías clave en la búsqueda de soluciones. En dicha reunión se otorgó un mandato a la Agencia Internacional de Energía (AIE), cuyo objetivo primordial hasta entonces había sido promover la seguridad energética entre sus miembros, para que elaborara propuestas técnicas que permitieran dar cumplimiento al Plan de Acción de Gleneagles sobre Cambio Climático, Energías Limpias y Desarrollo Sustentable. El desafío era enorme.

A un lustro de distancia, es sorprendente lo mucho que el mundo de la energía ha cambiado, por lo menos desde el punto de vista conceptual, y el impacto que esta transformación está teniendo en la forma de concebir la economía: hoy ya se habla de "economía verde" como objetivo.

El trabajo de la AIE sobre cambio climático se basa en los análisis del IPCC, cuyos informes han ido presentando un panorama cada vez más desalentador: de mantenerse las tendencias actuales, la concentración de gases de efecto invernadero en la atmósfera se incrementará a más de 750 partes por millón de CO_2 equivalente (CO_2-e) para 2100, lo que podría llevar a un aumento en la temperatura promedio de la tierra de más de 6 °C, con consecuencias catastróficas para el planeta. Puesto que la generación y el uso de la energía son responsables del 66% de las emisiones mundiales de dióxido de carbono equivalente, de las cuales 25% corresponden a la generación eléctrica y 14.5% al transporte,[2] las principales propuestas de mitigación están enfocadas a transformar la manera en que se produce y utiliza la energía.

En los *World Energy Outlook 2008 y 2009* la AIE presentó escenarios alternativos en los que detalla medidas concretas que los estados deberían llevar a cabo, según su nivel de desarrollo y contribución a la problemática del cambio climático, para frenar las emisiones globales de GEI en 450 ppm (escenario 450) o en 550 ppm (escenario 550). El análisis y las propuestas de la AIE han servido de base para guiar las políticas y posturas de negociación de los países del Anexo 1. Estas propuestas han sido avaladas y retomadas por otros organismos internacionales, incluso organizaciones no gubernamentales,[3] en el diseño de políticas energéticas alternas a nivel nacional.

Para ser efectivas, las estrategias de mitigación requieren la participación de las principales economías emisoras de GEI, sean o no parte del Anexo 1.[4] Respetando el principio de "responsabilidades

---

[2] Timothy Herzog, *World greenhouse gas emissions in 2005*, WRI Working Paper, World Resources Institute, julio de 2009, <http://www.wri.org/publication/navigating-the-numbers>.

[3] Éste es el caso de Greenpeace. Véase *Energy [R]evolution: A sustainable energy outlook*, elaborado conjuntamente por Greenpeace y el Consejo Europeo para las Energías Renovables, <http://www.greenpeace.org/mexico/es/Footer/Descargas/reports/2010/Energy-Revolution/>.

[4] Éste es un cambio significativo en relación con el Protocolo de Kioto, donde los compromisos cuantitativos de mitigación corresponden únicamente a los países del

comunes pero diferenciadas", y tomando en cuenta el nivel actual de desarrollo y la tendencia de contribución a las emisiones globales, los estados están llamados a adoptar medidas concretas en sus sectores energéticos, industriales y del transporte. El despliegue y la transferencia de las tecnologías limpias, así como el financiamiento, son temas fundamentales para avanzar en la transición energética. Éste es el espíritu que guió el diseño del Acuerdo de Copenhague, suscrito en el marco de la Conferencia de las Partes de la CMNUCC de 2009 (COP-15). El acuerdo establece como objetivo internacional limitar el incremento de la temperatura promedio de la tierra por debajo de 2 °C del nivel preindustrial, mediante compromisos nacionales de mitigación no vinculantes con miras a estabilizar las emisiones de GEI en 450 ppm de CO_2-e.

Sin embargo, como indica la AIE en el análisis realizado en el *World Energy Outlook 2010*, aun si todos los compromisos anunciados a raíz del Acuerdo de Copenhague fueran instrumentados en su totalidad, el nivel de mitigación sería menor al requerido para estabilizar las emisiones en el nivel deseado. Esto significa que un esfuerzo mayor, y por lo tanto inversiones superiores, tendrán que llevarse a cabo después de 2020 para frenar el incremento de la temperatura promedio de la tierra en 2 °C hacia finales de este siglo. Para alcanzar el escenario 450 se requieren inversiones por un monto de 18 billones de dólares adicionales en el periodo 2010-2035 a las que tendrían que realizarse si se mantienen las tendencias actuales. Postergar las reducciones de emisiones más importantes para después de 2020 elevará en un billón de dólares los costos previamente calculados.[5] Sin embargo, la AIE ve en el compromiso del G-20 de disminuir paulatinamente los subsidios a los combustibles fósiles un instrumento valioso para complementar los esfuerzos propuestos en el Acuerdo de Copenhague a fin de alcanzar el objetivo planteado en el mediano plazo.

La recién concluida COP-16 ha sido calificada como exitosa, a pesar de no haberse logrado un acuerdo vinculante de mitigación que sustituya al Protocolo de Kioto o amplíe su periodo de instrumentación. La presidencia mexicana logró restablecer la confianza en el

---

Anexo 1. La propuesta de la AIE reconoce que el mundo ha cambiado, que las economías emergentes tienen que ser parte fundamental de la solución al problema del cambio climático, pues de otra forma cualquier esfuerzo será inútil. Para un análisis detallado de las propuestas de la AIE véanse Melgar, 2009, y Melgar, 2010.

[5] International Energy Agency, *World Energy Outlook 2010*, París, OECD/IEA.

proceso de negociaciones sobre el clima en el marco de las Naciones Unidas; la COP-16 adoptó un paquete de acuerdos cuyos alcances, en términos de estabilización de emisiones, deberán aún ser medidos para determinar su impacto en el sector energético.

La definición de las políticas energéticas de mitigación, su instrumentación y financiamiento, se han convertido en tema central de la agenda global y en elemento de política exterior. La complejidad y el desafío son enormes desde el punto de vista conceptual. Acostumbrados a definir políticas públicas con dimensiones y horizontes de tiempo limitados, los diseñadores de la nueva arquitectura de una economía baja en carbono están llamados a plantear propuestas de mediano y largo plazo (décadas e incluso un siglo), con múltiples variables y altos grados de incertidumbre. No existe una fórmula única de éxito sino una canasta de alternativas. Las condiciones locales tendrán que ser evaluadas para determinar las mejores opciones, a la vez que se va definiendo, tanto a nivel nacional como internacional, la infraestructura física, regulatoria, financiera y tecnológica necesaria para apoyar la nueva economía baja en carbono.

En los últimos años los países industrializados han avanzado en este tema, pero es fundamental construir capacidades en el mundo en desarrollo. El Reino Unido ha sido pionero en promover la llamada "revolución verde": estuvo a la vanguardia con la elaboración del Informe Stern sobre la economía del cambio climático, que detonó un gran intercambio intelectual sobre el tema; en 2008 estableció un Ministerio de Energía y Cambio Climático con el fin de garantizar la convergencia de las políticas climáticas y energéticas; ha adoptado políticas públicas para impulsar y financiar un desarrollo bajo en carbono; su compromiso con el proceso internacional se ha traducido en el cumplimiento de sus obligaciones cuantitativas de mitigación y en cooperación para construir capacidades para el modelaje, la cuantificación y la verificación en países en desarrollo.

Lo interesante del caso británico es que se parte de un enfoque global, impulsado por el gobierno y que involucra a toda la sociedad. En Estados Unidos, hasta la llegada del presidente Obama, el avance ha venido principalmente de las universidades, centros de investigación y organismos no gubernamentales en términos de la conceptualización de las estrategias; del sector privado en términos del despliegue de nuevas tecnologías, y de algunos estados en lo que a políticas, regulación y mercados de emisiones se refiere. A partir de 2009 las propuestas de políticas públicas han sido integrales, si bien la falta de aprobación de las mismas por parte del Congreso lleva a privilegiar enfoques más graduales.

En el tema de la transición energética no todos los países parten del mismo punto. En algunos casos la naturaleza favoreció que la canasta de combustibles para generación eléctrica tuviera pocos o nulos hidrocarburos; en otros, cuestiones de seguridad energética llevaron a buscar alternativas para disminuir la dependencia del petróleo. Es lo que ocurrió con Francia, que en los años setenta optó por la energía nuclear, o de Brasil, que en la época de la dictadura inició un programa integral para desarrollar la industria del etanol, lo que le ha valido actualmente un liderazgo mundial. En estos casos la decisión no estuvo ligada a estrategias de mitigación. Por lo que se refiere a los llamados países del Anexo 1, particularmente los de la Unión Europea, el impulso a las energías renovables y a la eficiencia energética es resultado de la búsqueda de opciones para cumplir con sus compromisos cuantitativos de mitigación al año 2012.

Hoy en día la mayoría de los países integrantes de la OCDE y algunos en desarrollo han adoptado políticas para avanzar en la transición energética hacia una economía baja en carbono. Medidas tales como la eficiencia energética, la diversificación de las fuentes de combustibles, el impulso a las tecnologías limpias, la instrumentación de políticas fiscales o de mercados de carbono, están permitiendo disminuir la dependencia de los hidrocarburos, mitigando emisiones e incrementando la seguridad energética.

Sin embargo, aun en el mejor escenario de mitigación los hidrocarburos continuarán dominando la canasta energética mundial por varias décadas. La AIE señala que en el escenario 450 los combustibles fósiles representarían el 68% de la demanda primaria de energía al año 2030, comparado con 80% en 2007, la demanda mundial de gas natural y de petróleo serían superiores a las de 2007; únicamente la demanda de carbón disminuiría.[6]

Debido a los montos de la inversión y a la vida útil de la infraestructura energética, cualquier decisión que se toma en el sector tiene un impacto por varias décadas, incluso en términos de nivel de emisiones; de allí la importancia de la selección que se haga hoy o del tiempo que lleve sustituir la infraestructura existente. Son excepcionales

---

[6] International Energy Agency, *World Energy Outlook 2009,* París, OECD/IEA, p. 195.

los casos en que un gobierno decide retirar plantas antes de tiempo. Estas acciones conllevan un alto costo económico.

En el verano de 2010 China sorprendió al mundo al imponer el cierre de plantas viejas energéticamente ineficientes. La decisión, sin duda favorable desde la perspectiva de la mitigación, fue vista como un acto que sólo podía darse en un país autoritario. Las democracias tienen que pasar por largos y tortuosos procesos de negociación interna debido a los grandes intereses económicos y políticos en juego, como se vio recientemente con las discusiones en el Congreso de Estados Unidos en torno a propuestas de legislación sobre energía y cambio climático, o como sucede en Canadá con las dificultades para armonizar la política climática con la explotación de los yacimientos de arenas bituminosas. El camino hacia una economía baja en carbono no se está dando sin confrontaciones. Son muchos los intereses que están en juego, y por lo mismo son amplios los debates a nivel tanto interno como internacional.

A partir de 2008 la búsqueda de una revolución verde en el sector energético se da en un contexto de crisis financiera internacional, de creciente evidencia de los estragos del cambio climático y del progresivo agotamiento de las fuentes convencionales de hidrocarburos. Los incentivos, por lo menos científicos y éticos,[7] están dados para actuar frente al cambio climático, los requerimientos de seguridad energética están llevando a la diversificación hacia las energías limpias y a la promoción de la eficiencia energética, si bien también se redoblan los esfuerzos para explotar los combustibles fósiles no convencionales a fin de garantizar el abasto de gas y petróleo necesario en los próximos años.

En varios países, entre los que destacan Estados Unidos, China, Corea, Japón y algunos europeos, la recuperación económica pasa por paquetes de estímulos fiscales para impulsar el desarrollo y la aplicación de tecnologías bajas en carbono. Aun antes de la crisis algunos países ya habían adoptado políticas públicas tendientes a penalizar

---

[7] Existe un consenso científico en cuanto a que el cambio climático es antropogénico y se deriva principalmente del uso masivo de los combustibles fósiles. Aun entre los escépticos, hay quienes reconocen la problemática pero difieren en las soluciones. Debido al número e intensidad de catástrofes climáticas en el verano de 2010, reconocidos escépticos han reconsiderado sus posturas. El caso más sonado es el de Bjorn Lomborg.

Para una argumentación sobre las razones éticas para actuar ante el cambio climático véase Garvey, *The ethics of climate change*.

el carbono, a través de impuestos y de participación en mercados de emisiones, y medidas para favorecer el despliegue de las energías renovables, tales como incentivos fiscales al costo de capital, créditos blandos a los inversionistas, tarifas garantizadas a la energía verde, y cuotas de electricidad a generarse con energías renovables. Con los paquetes de recuperación económica estas políticas se han ampliado, por lo menos temporalmente.

Se empieza a vislumbrar cómo algunos países se están posicionando para capturar una parte importante del nuevo mercado internacional de las energías limpias. Los británicos hablan ya del poder de la tercera revolución industrial que les ha permitido generar 900 000 empleos en el sector bajo en carbono. En palabras de su ministro de Energía y Cambio Climático: "el futuro de la prosperidad británica dependerá en gran medida de su éxito para capturar un porcentaje importante de los mercados de bienes y servicios limpios rápidamente crecientes".[8]

En el caso de Corea, la decisión de conquistar el mercado internacional de las energías limpias es un objetivo expreso de su política energética y va acompañada de financiamiento significativo para las tecnologías limpias, incluyendo la asignación de 22.3 miles de millones de dólares en el Plan de Desarrollo Quinquenal, y 6.6 miles de millones de dólares para investigación y desarrollo en 27 tecnologías base.[9] Cabe destacar que, a principios de 2010, el Congreso coreano aprobó la Ley Marco sobre Crecimiento Verde Bajo en Carbono con el objetivo de impulsar un cambio de fondo e integral de su economía y su sociedad hacia la sustentabilidad y el crecimiento verde.[10]

Por su parte, China propone, en su XI plan quinquenal, transformar su sector energético en cinco años. Pretende desarrollar sus propias tecnologías limpias, además de proveer un estímulo de 47 mil millones de dólares a las energías limpias. En 2009 China impuso

---

[8] Palabras del ministro Chris Huhne en su visita a Chatman House, 23 de septiembre de 2010, <http://www.decc.gov.uk/en/content/cms/news/chathsespeech/chathsespeech.aspx>.

[9] David Pumphrey. "An overview of low-carbon policy frameworks of major economies", presentación en la 2010 EWC/KEEI International Conference, Honolulu, 19-20 de agosto de 2010.

[10] Ministry of Government Legislation (Republic of Korea), "Framework act and its presidential decree on low carbon, green growth in Korea", <http://www.greengrowth.org/download/Framework%20Act%20on%20Low%20Carbon%20Green%20Growth%202010.pdf>.

restricciones a la exportación de tierras o elementos raros indispensables para componentes de tecnologías limpias, con el fin de propiciar que la inversión para el desarrollo industrial de equipos se realice en ese país. Hoy, por el desarrollo tecnológico no sólo pasa la seguridad energética; también la conquista de este nuevo mercado.

Más allá de los acuerdos internacionales, en este momento de cambio de paradigma energético, con acciones concretas, ciertos países —principalmente de la OCDE y algunas economías emergentes, aunque también Costa Rica con su compromiso de carbono neutral— se están posicionando para asumir un liderazgo y llevarse los beneficios de esta transición energética.

A partir de conferencias y acuerdos internacionales de cooperación empiezan a diseminarse las opciones. Organismos internacionales como la Agencia Internacional de Energía y el Banco Mundial, así como universidades, centros de investigación, consultorías y ONG, principalmente anglosajonas y europeas, están participando en forma decidida en la definición de las políticas públicas de un gran número de países. En más de un caso la política exterior se ha puesto al servicio del desarrollo de la economía verde, acompañando con recursos de cooperación las políticas privilegiadas por el donador. Incluso se han presentado propuestas de políticas comerciales que incluyen tasar en sus exportaciones a aquellos países que no se encaminen hacia la transición energética.

El mundo está cambiando. Los primeros en asumir y propiciar la transición energética serán los más beneficiados.

LA REFORMA QUE NO FUE:
SITUACIÓN ACTUAL DEL SECTOR ENERGÉTICO MEXICANO

Del 29 de noviembre al 10 de diciembre de 2010 Cancún fue la sede de la COP-16. La celebración de esta importante conferencia internacional es muestra de la relevancia que, por lo menos en la retórica, México otorga al tema del cambio climático. Pocos países manifiestan en este momento tan claramente como México los dilemas y retos que se enfrentan al buscar garantizar la seguridad energética, mitigar el cambio climático e impulsar el desarrollo sustentable.

En términos absolutos, México ocupa el décimo lugar en emisiones de GEI.[11] La matriz energética de México está dominada en 91% por los combustibles fósiles. La producción y exportación de petróleo, que han sido motor de crecimiento del país, se encuentran en etapa de declinación. México es, además, altamente vulnerable al cambio climático; cada vez son más recurrentes los desastres climáticos, más profundo el grado de destrucción, y por ende las pérdidas humanas y materiales. México es una economía emergente, llena de contrastes, que está llamada a asumir su responsabilidad, como país de la OCDE y miembro del Tratado de Libre Comercio de América del Norte, ante la problemática del cambio climático.

Desde el inicio de su administración el presidente Felipe Calderón hizo del combate al cambio climático una prioridad de su política exterior, lo que le ha valido prestigio y reconocimiento internacional. En 2008 México anunció un compromiso voluntario de reducción de emisiones del 50% en relación con 2000 para 2050, condicionado a que se diera un acuerdo multilateral para limitar el incremento de la temperatura promedio de la tierra por debajo de 2 °C, y a que se le otorgara apoyo financiero y tecnológico internacional. México propuso el establecimiento del llamado Fondo Verde para financiar la transición a una economía baja en carbono. En los últimos dos años México ha suscrito declaraciones con compromisos voluntarios de mitigación y ha expresado la posibilidad de reducir sus emisiones en 30% para 2020. Sin embargo, los pronunciamientos en el ámbito internacional no se han traducido en una visión radicalmente distinta del sector energético mexicano. Como se verá a continuación, la reforma energética de 2008 es prueba de la desarticulación entre la retórica climática y la conceptualización y funcionamiento del sector energético mexicano.

Tras dar a conocer un diagnóstico sombrío[12] de la situación de Petróleos Mexicanos (Pemex), el 8 de abril de 2008, el gobierno del presidente Calderón presentó al Congreso de la Unión una iniciativa de reforma energética cuyo objetivo fundamental era frenar la caída

---

[11] La mayoría de las publicaciones ubican a México en el lugar 13, con base en datos del año 2000. En preparación de la COP-15 el World Resource Institute actualizó la información con datos de 2006, México subió al lugar 10. WRI, CAIT, 2009, *Climate analysis indicators tool (CAIT) brochure for COP-15, Copenhagen* (based on CAIT v.7.0). Washington, D. C., World Resources Institute, <http://cait.wri.org. http://earthtrendsdelivered.org/node/311>.

[12] Resumen ejecutivo, véase <http://www.pemex.com/files/content/diagnostico.pdf>.

de la producción petrolera, incrementar la restitución de las reservas petroleras y maximizar la renta petrolera del país.

La situación era y sigue siendo preocupante: Cantarell, el yacimiento gigante que en 2004 llegó a producir 60% de la producción nacional, con 2.2 millones de barriles diarios, fue sobrexplotado a mediados de la pasada década, por lo que se encuentra en declinación acelerada;[13] la restitución de las reservas llegó a su nivel histórico más bajo; 40% de la gasolina que se consume en el país es importada; existen importantes cuellos de botella dentro de la industria petrolera nacional. La renta petrolera representa más del 35% de los ingresos del gobierno federal, por lo que la caída de la producción anuncia una posible crisis de las finanzas públicas.

La gravedad del diagnóstico inicial llevó al gobierno del presidente Calderón a actuar en circunstancias políticas complejas. Sin embargo, la propuesta gubernamental fue resultado de una negociación interna, que dejó fuera temas centrales como el pasivo laboral de Pemex e instrumentos como el cambio constitucional. Antes de iniciar la discusión el gobierno federal había limitado el campo del debate, sin tomar en cuenta los requerimientos técnicos o legales para alcanzar los objetivos planteados, proponiendo lo que consideraba políticamente viable, no lo necesario.

La respuesta técnica no se hizo esperar: la reforma propuesta era únicamente petrolera, y limitada dentro del tema; no era una propuesta energética integral que permitiera al país garantizar un abasto seguro y confiable de energía en el mediano plazo, frenar la caída de la producción de crudo, modernizar a la industria petrolera, diversificar la matriz energética y disminuir la tendencia de las emisiones de gases de efecto invernadero del país.

Además, como suele suceder con el tema del petróleo en México, la retórica rápidamente se radicalizó; la izquierda acusó al gobierno de buscar la privatización de Pemex. La discusión parecía muerta antes de empezar. Sin embargo, a iniciativa del Senado de la República, se celebró un diálogo nacional sin precedente en torno al tema energético en los llamados Foros del Senado.[14] Como resultado de este

---

[13] Durante el periodo 2003-2004 Cantarell fue explotado sin respetar los ritmos del yacimiento ni inyectar el nitrógeno necesario para mantener la presión, lo que aceleró su declinación.

[14] Los Foros del Senado sobre la Reforma Energética sesionaron del 13 de mayo al

ejercicio republicano se amplió ligeramente el ámbito de análisis y discusión.

El 28 de noviembre de 2008 fueron publicadas en el *Diario Oficial de la Federación* siete nuevas leyes, cinco de ellas relativas a la industria petrolera y dos a la transición energética, tema introducido por la sociedad civil y retomado por los partidos de oposición. La reacción inicial fue de gran beneplácito político. Por lo menos a nivel de las grandes líneas, México había alcanzado por consenso una reforma significativa.[15] El verdadero valor de la reforma estaría, sin embargo, en los detalles.

El sabor del triunfo duró poco. A menos de un año de que esa reforma fuera aprobada, en su tercer informe de gobierno, el presidente Felipe Calderón hizo un llamado para llevar a cabo una segunda reforma energética, esta vez "la necesaria, no la políticamente posible". En los últimos dos años el análisis de la situación del sector energético se ha visto tironeado entre la presentación cruda de la realidad y el interés gubernamental de mostrar logros que puedan capitalizarse políticamente. Si bien, como dicen algunos críticos, hay que darle tiempo a la reforma energética para mostrar sus alcances, la situación del sector energético no ha dejado de ser crítica.

Aun después de la reforma petrolera las cifras muestran un panorama desolador: Cantarell ha declinado en forma precipitada, produciendo apenas 552.2 mil barriles diarios en julio de 2010; Ku Maloob Zaap ha alcanzado su producción pico; Chicontepec, considerado el proyecto del sexenio, no ha dado los resultados esperados y deberá ser replanteado. México no ha podido frenar el desplome de su producción petrolera, que ha pasado de 3.256 millones de barriles diarios (mmbd) en 2006 a 2.572 mmbd en julio de 2010; las exportaciones de crudo han pasado de 1.793 a 1.386 mmbd en el mismo periodo.[16] De mantenerse las tendencias actuales, se prevé que para

---

22 de julio de 2008, reuniendo a más de 160 expertos del gobierno, del sector privado, de la academia y de la sociedad civil.

[15] La reforma energética de 2008 dotó a Pemex de un nuevo gobierno corporativo, dándole a la paraestatal mayor autonomía presupuestaria y de gestión, y ampliando el consejo de administración para incluir a cuatro consejeros profesionales; creó una Comisión Nacional de Hidrocarburos, fortaleció a la Comisión Reguladora de Energía y refundó a la Comisión Nacional para el Uso Eficiente de la Energía; estableció las bases para definir nuevas regulaciones en materia de contratación para Pemex y para promover las energías renovables y la eficiencia energética.

[16] "Volumen del comercio internacional de hidrocarburos", Sistema de Información Energética, con información de Pemex, <http://sie.energia.gob.mx>.

2017 México dejará de ser exportador de petróleo, con todo lo que ello implica desde el punto de vista de la seguridad energética y de las finanzas públicas.

Por otra parte, la planeación en el sector eléctrico muestra pocos signos de cambio, aun con las nuevas leyes para impulsar la transición energética. La Comisión Federal de Electricidad (CFE) tiene el monopolio de la transmisión y distribución de energía y domina preponderantemente en generación eléctrica, además de que mantiene el control del despacho de energía. Existe un requerimiento legal que obliga a la CFE a generar electricidad al menor costo. Esta limitante, aunada a una ideología dentro de la empresa de limitar el crecimiento del sector privado en generación eléctrica y de rechazo a las energías renovables, ha frenado el cambio. A pesar del extraordinario potencial del país en energías limpias, el Programa de Obras e Inversiones del Sector Eléctrico 2010-2024 (POISE) mantiene la preponderancia de los combustibles fósiles para los próximos 15 años y propone la construcción de nuevas carboeléctricas, a las que se les integraría eventualmente la captura de carbono. El despliegue comercial de esta tecnología, en etapa de desarrollo, está previsto para 2020-2025, y elevaría considerablemente los costos de inversión.

La transformación del sector eléctrico, responsable de una tercera parte de las emisiones de GEI del país, requiere flexibilidad para acelerar la diversificación de la canasta de combustibles, impulsar el despliegue de las energías renovables y las tecnologías limpias, y propiciar una mayor eficiencia energética. La Ley para el Aprovechamiento de la Energía Renovable y el Financiamiento de la Transición Energética, y la Ley para el Aprovechamiento Sustentable de la Energía y sus respectivos reglamentos, tienen los títulos adecuados pero no siguen las mejores prácticas internacionales, no eliminan obstáculos ni establecen verdaderos incentivos para el desarrollo de las energías renovables o el incremento de la eficiencia energética, ni tampoco nivelan el campo de competencia entre los combustibles fósiles y las energías limpias.

¿Por qué a dos años de aprobada la reforma energética el panorama energético es de nuevo oscuro? Antes de avanzar propuestas sobre posibles reformas energéticas de segunda generación resulta indispensable realizar una evaluación sobre lo que falló en el primer ejercicio. Para ello se requiere un análisis en tres niveles: en el ámbito de las ideas, en lo que respecta a la implementación de lo acordado, y en lo que se refiere a la necesidad de tomar en cuenta factores que están transformando el mundo de la energía.

Las limitaciones de la reforma energética de 2008 provienen de la renuencia política al debate de ideas y el temor al cambio. La reforma partió de una visión reducida y de corto plazo del sector, en la que se esperaba que modificaciones en los márgenes lograran resultados ambiciosos. La reforma no reconoce la dimensión del reto que México ha asumido con sus compromisos de mitigación de emisiones, ni la transformación que se está llevando a cabo en el mundo. Por ello, se centró básicamente en el ámbito de Pemex.

En el tema petrolero en México sólo existe un enfoque políticamente correcto: los hidrocarburos son de la nación y únicamente pueden ser explotados por Petróleos Mexicanos. El afán legítimo de proteger este principio base de nuestra nacionalidad ha llevado a ampliar el concepto a prácticamente todo el sector energético. Cualquier propuesta que se aleje de esta premisa básica es considerada un atentado a la soberanía nacional.

Si bien el artículo 27 constitucional ha sido reformado en múltiples ocasiones, se considera que no debe modificarse en materia de hidrocarburos, aun cuando esta adecuación sea necesaria para preservar el interés nacional. Es el caso de los yacimientos transfronterizos: la reforma privilegió una solución parcial, aparentemente sin riesgos políticos, pero que impide en los hechos asegurar que el petróleo mexicano contenido en los reservorios compartidos siga siendo de los mexicanos.[17] La solución propuesta para estos yacimientos es considerada materia de debate en torno a su constitucionalidad.[18]

Si en un tema en el que había consenso sobre la urgencia de proteger un bien de la nación no se logró una solución óptima, no es de sorprender que en cuestiones más espinosas la respuesta fuera decepcionante. Mientras en México no estemos dispuestos a hablar con

---

[17] El artículo 2 de la nueva ley reglamentaria del artículo 27 constitucional establece que los yacimientos transfronterizos podrán ser explotados de acuerdo con los tratados internacionales de los que México sea parte, mientras que el numeral VI del artículo 60 de la nueva Ley de Petróleos Mexicanos prohíbe explícitamente la conformación de esquemas de producción compartida o asociaciones para llevar a cabo la explotación de los recursos, lo que, de acuerdo con la práctica internacional, es la única forma de explotar en forma eficiente este tipo de reservorios.

[18] Guillermo García Sánchez, licenciado en derecho por el ITAM, ha escrito una espléndida tesis profesional en derecho sobre el tema, que le ha valido el premio Nacional de Investigación en materia de energía y desarrollo.

toda apertura y franqueza de la problemática del sector energético y a considerar opciones innovadoras, incluyendo modificaciones al marco legal vigente y el desmantelamiento de los intereses creados, será imposible adoptar soluciones que permitan salir del círculo vicioso en el que nos encontramos.

La primacía de los intereses políticos no sólo se dio en el diseño de la reforma energética, también en su instrumentación. La reforma energética de 2008 podía ser un primer paso en el sentido correcto, pero se ha privilegiado la respuesta política por encima de la técnica. Así, en la designación de nuevos funcionarios se dio prioridad a la representatividad partidista y a la cercanía política, y no al cumplimiento del perfil requerido para el puesto. En la definición de la ubicación de la nueva refinería la evaluación técnica fue secundaria ante la competencia política. En los documentos derivados de la reforma, los objetivos y metas propuestos son más resultado de acuerdos políticos que de evaluaciones técnicas. Vivimos en el mundo de la simulación, como si así pudiera lograrse que efectivamente la producción petrolera alcanzara 3.3 millones de barriles diarios en 2024,[19] se generara 35% de la energía eléctrica con tecnologías limpias, o se avanzara en la transición energética.[20]

Por último, existe un problema de diagnóstico derivado del lente con el que se analiza la energía en México. Primero, éste se centra en el petróleo y en la experiencia que le dio relevancia a nuestra industria en el pasado. Después, se cierra sobre sí mismo, de forma tal que el sector energético tiene que funcionar en un sistema cerrado, con reglas propias ajenas a las mejores prácticas internacionales. Esta visión del sector no considera la transversalidad de la variable climática.

Las soluciones propuestas en la reforma energética de 2008 corresponden al siglo pasado; se aplican a un Pemex cuya actividad se concentraría en yacimientos convencionales en aguas someras, lo que ha sido el ámbito de su experiencia y le ha valido prestigio internacional.

---

[19] Como resultado de la reforma energética de 2008 se estableció el requerimiento de presentar anualmente al Congreso una estrategia nacional de energía a 15 años. La estrategia presentada en 2010 establece como meta de producción para Pemex 3.3 mmd, cifra requerida por la Secretaría de Energía, cuando Pemex considera que la producción llegará a 2.7 mmd en 2024. La Secretaría de Energía impuso la voluntad política a las razones técnicas.

[20] Estas metas son las propuestas en la Estrategia Nacional de Energía 2010.

Sin embargo, este perfil de yacimientos no corresponde a las nuevas áreas de oportunidad que contienen las principales reservas petroleras del país.

Actualmente 58% de las reservas probables de crudo de México se encuentran en Chicontepec, yacimiento en tierra, de geología altamente compleja, que presenta un gran desafío tecnológico y gerencial para Pemex. Otra área de oportunidad se encuentra en las aguas profundas del golfo de México, donde Pemex no tiene experiencia y no existe aún regulación. En ambos casos, las mejores prácticas internacionales dictan que en yacimientos de esta naturaleza las empresas petroleras actúen en consorcios. Las tecnologías más sofisticadas requieren capital humano calificado y experiencia para utilizarlas en forma segura y efectiva, sobre todo cuando se quiere ir contra reloj.

El Proyecto Aceite Terciario del Golfo (Chicontepec) ha sido cuestionado por el impacto ecológico y social de perforar 21 000 pozos en una zona productiva, que incluye una reserva ecológica y mantos freáticos, así como por los pobres resultados de la operación, a pesar de los cuantiosos recursos invertidos. Las evaluaciones de la Comisión Nacional de Hidrocarburos y de dos comités del Consejo de Administración de Pemex han llevado a requerir que se replantee el proyecto. Mientras tanto, se han establecido laboratorios de campo, asignados a cinco empresas extranjeras en un esquema de contrato de obras, para definir la mejor forma de explotar estos yacimientos. En un yacimiento análogo en Texas han participado más de 200 empresas en la perforación de 20 000 pozos durante varias décadas. Sirva la comparación para poner en perspectiva lo que se le está pidiendo a Pemex.

Vale la pena poner sobre la mesa de debate si no sería más benéfico para Pemex y para el país transparentar lo que ya se está haciendo bajo contratos excesivamente caros; es decir, abrir la posibilidad de establecer alianzas estratégicas en áreas en las que no se tiene aún la capacidad probada, para así poder desarrollarlas en forma acelerada y rentable.

México enfrenta el dilema de seguir adelante como hasta ahora o bien considerar objetivamente su situación energética y buscar alternativas que le permitan salir airoso del gran reto que se le presenta. La problemática actual ha llevado a decisiones desesperadas, aunque no necesariamente adecuadas, para incrementar la producción petrolera y evitar así una crisis en las finanzas públicas en el corto plazo. En cambio, se requiere un enfoque de largo plazo para que México logre cumplir con los objetivos de mitigación de emisiones de gases de efecto invernadero que se ha planteado, para que garantice su seguridad energética y dé viabilidad a su economía. La transición energética hacia una economía baja en carbono es ineludible. Al igual que en el tema petrolero, la definición de políticas públicas adecuadas será indispensable para asegurar el éxito.

PROPUESTAS ALTERNATIVAS PARA EL SECTOR ENERGÉTICO MEXICANO

El futuro de la energía en México es una elección, no un destino. Se tiene la oportunidad de transitar hacia un sector más seguro y sustentable, cambiando paradigmas actuales.[21]

Estrategia Nacional de Energía

A pesar de la claridad de esta afirmación, los lineamientos de política energética para los próximos quince años resultan tímidos en relación con las oportunidades que ofrece la convergencia de la política climática y de la seguridad energética. El horizonte de tiempo forma parte de la limitante: a nivel internacional, las prospectivas energéticas consideran perspectivas a 25 o incluso 50 años, mientras que algunos escenarios de mitigación van hasta el año 2100. Sin embargo, existen también límites conceptuales. La convicción presidencial sobre la necesidad de actuar ante el cambio climático no se ha traducido en conciencia y compromiso por parte de los actores clave en la transformación. En un sector energético que mira hacia adentro, definiendo soluciones propias de una época en que no existía un desafío global, el incentivo está en no modificar nada, en mantener las estructuras y los intereses creados. El cambio es visto como generador de pérdidas, y no de oportunidades. Por ello es fundamental cambiar esta visión.

Un factor que en principio debería facilitar la transición energética en México es el hecho de que dos empresas paraestatales dominan el sector. Pemex tiene el monopolio de las actividades de la industria petrolera, a excepción del transporte, comercialización y

---

[21] Véase *Estrategia Nacional de Energía*, p. 6.

almacenamiento de gas natural. Si bien a partir de 1994 la Ley del Servicio Público de Energía Eléctrica permite la participación de particulares en la generación, CFE tiene el monopolio sobre la transmisión y distribución de electricidad y el despacho de energía, y controla mayoritariamente la generación. Ambas empresas han sido parte fundamental de la estrategia de desarrollo económico del país y han alcanzado prestigio y reconocimiento internacionales. En ambas, sin embargo, existen fuertes intereses creados que bloquean los cambios, además de reglas y normatividades que impiden que las opciones relevantes para mitigar emisiones fluyan, aun cuando éstas tengan un costo negativo.

El presidente de la república y su equipo no han sabido transmitirle a los tomadores y ejecutores de decisiones dentro de estas empresas paraestatales la importancia de cumplir con las metas que México se ha planteado. La CFE no es ajena a los estragos de los eventos climáticos. Es, junto con el ejército, la primera en llegar a las zonas de desastre a restablecer la energía eléctrica. Sin embargo, sus directivos actúan como si requirieran la suscripción de un acuerdo internacional vinculante para invertir en energías limpias e impulsar la instrumentación de soluciones bajas en carbono. Los pocos pasos que ha dado la CFE han sido a marchas forzadas o para tener "de muestra un botón", mientras que el sector privado intenta aprovechar los pocos espacios que tiene para incrementar la generación en energías renovables, sorteando todo tipo de barreras.

Por su parte, las políticas públicas no han ayudado a modificar los incentivos de la CFE: se mantiene el requerimiento de generar la energía más barata sin ponerle un precio al carbono, lo que inhibe el despliegue de las renovables y propicia la utilización de carbón. Asimismo, se sostiene la fórmula para comprar al precio más bajo los excedentes de cogeneración, lo que hace poco atractivo para Pemex y para las grandes empresas cogenerar más allá de su propio consumo. Es necesario cambiar voluntades, pero también adecuar la regulación y brindar los apoyos financieros necesarios. La aparente pérdida de corto plazo representa una fuerte ganancia al generar valor económico y ambiental, más aún si se toma en cuenta el costo de no actuar.

En los últimos años México ha comenzado a construir las capacidades necesarias para adentrarse hacia una economía verde.[22] No

---

[22] México cuenta con inventarios de emisiones, propuestas de mitigación, como el

obstante, es preciso desarrollar los instrumentos analíticos necesarios para modelar las propuestas alternas que sirvan de base para definir las políticas públicas de transición energética. En tanto se avanza en este tema, es mucho lo que se puede hacer con la información y las propuestas con las que se cuenta. McKinsey, por ejemplo, ha elaborado una curva de mitigación de GEI al año 2030 para México en la que identifica 144 oportunidades para reducir 535 Mt de CO_2-e; muchas de las que tienen un costo negativo o mínimo se encuentran en el sector energético. Por su parte, el Banco Mundial ha elaborado un estudio sobre la disminución de emisiones en apoyo del llamado "Informe Galindo".

En el tema de la energía México debe y puede salir a conquistar el mundo. Generando los incentivos para detonar el potencial de un sector energético bajo en carbono, México podría abrirse mercados a productos y servicios en energías limpias, establecerse como un referente en eficiencia energética, ampliar sus horizontes para impulsar la transición energética en la región.

México es un país bendecido por la naturaleza: tiene reservas de gas, de petróleo y condiciones envidiables para las energías eólica, solar, geotérmica y de biomasa. Si bien aún no se cuenta con un inventario completo del potencial en energías renovables del país, las cifras iniciales son extraordinarias: para la eólica se habla de 10 a 40 GW en Oaxaca, y hasta 10 GW provenientes de otras regiones; la geotermia podría aportar de 2 a 4 GW, cifras cercanas a las de la biomasa; la hidroeléctrica alcanzaría 45 GW.[23] Falta evaluar la energía solar, aunque los mapas de concentración solar que se han elaborado hasta ahora muestran condiciones privilegiadas en el noroeste del país.

Para potenciar la generación con energías renovables se requieren cambios en las políticas públicas en varios niveles. Por una parte es necesario nivelar la competencia entre las distintas fuentes de generación, internalizando las externalidades, poniéndole un precio al carbono. Siguiendo las mejores prácticas internacionales, se estable-

---

Informe Galindo sobre *La economía del cambio climático en México*, estudios sobre la disminución de emisiones realizadas por el Banco Mundial, por McKinsey, por el Centro Mario Molina. Además ha recibido apoyo técnico para construir capacidades por parte del BM y de la AIE, entre otros.

[23] Datos proporcionados por Francisco Salazar, presidente de la CRE, con base en el estudio de CFE-GTZ-CONUEE, en presentación ante la Red por la Transición Energética, 8 de septiembre de 2010.

cerían cuotas de electricidad a ser generadas con energías renovables, tarifas garantizadas a la energía verde, créditos blandos a los inversionistas e incentivos fiscales al costo de capital. Actualmente los inversionistas privados no reciben apoyos; incluso deben pagar todos los costos asociados con conectarse a la red de transmisión y aceptar las bajas tarifas que CFE paga por su producción. La CFE tampoco tiene incentivos para optar por las energías limpias. Contrariamente a lo que sucede en otras latitudes, aun con las nuevas leyes y reglamentos, en México no se ha logrado establecer un esquema de fomento atractivo para que las energías renovables sean un negocio rentable.

Por otra parte, se requiere modificar las tarifas a las que CFE compra los excedentes de la cogeneración y buscar un mecanismo de transferencia que haga interesante a Pemex y al sector privado maximizar su potencial de cogeneración, lo que permitiría incrementar la capacidad instalada de generación eléctrica del país, y así reducir la construcción de nuevas centrales en el corto y mediano plazo.

En virtud de su carácter intermitente, el despliegue de las energías renovables requiere cambios en el despacho eléctrico. Por cuestiones tanto de eficiencia energética como de generación distribuida, se avanza a nivel internacional en la implementación de las redes inteligentes de transmisión. México tiene el compromiso de participar en la creación de la red en América del Norte, y ha iniciado un diálogo a nivel técnico con Estados Unidos. La introducción de las redes inteligentes requerirá modificaciones en las tarifas eléctricas, lo que representa un gran reto político. Dada la importancia del acceso a la red de transmisión, en aras de fomentar la transparencia y evitar la discrecionalidad sería recomendable que el despacho eléctrico se independizara de CFE, estableciendo un mercado eléctrico nacional controlado por el Estado.

Al incrementar la generación con tecnologías intermitentes y penalizar los proyectos con combustibles fósiles altamente contaminantes, se tendrían que considerar alternativas para asegurar la generación base. Una opción sería aumentar la generación con ciclos combinados de gas natural, reconociendo el carácter de combustible de transición del gas y la oportunidad que ofrece el nuevo balance de este combustible en la región. La otra opción sería ampliar la participación nucleoeléctrica en la generación. La energía nuclear produce cero emisiones de GEI, si bien presenta otros desafíos que, principalmente por razones políticas, México no ha enfrentado.

Aun cuando la central de Laguna Verde tiene una buena trayectoria de seguridad, la aceptación por parte de la sociedad es baja. El gobierno mexicano no ha llevado a cabo una campaña pública en favor de la energía nuclear. Tampoco ha resuelto la problemática del confinamiento definitivo de los desechos radioactivos. Estos dos puntos tendrían que abordarse antes de desarrollar un nuevo programa nuclear. También se requeriría formar capital humano, toda vez que la mayoría de los expertos, investigadores e ingenieros nucleares del país tienen más de 50 años y un porcentaje significativo ha pasado la edad de jubilación.[24] El reto es superable.

Finlandia tenía una situación similar a la que hoy se da en México cuando decidió retomar su programa nuclear. La primera etapa fue política y consistió en un proceso de información, transparencia y convencimiento, con el que se logró un amplio apoyo social para construir una nueva planta nuclear. En el caso de México, todas las consideraciones deben sopesarse objetivamente. La decisión no puede tomarse a la ligera ni originarse en un deseo de mantener el predominio público en generación.

Por ello sería recomendable que el gobierno de México participara activamente en los organismos especializados de los cuales es miembro: el Organismo Internacional de Energía Atómica y la Agencia de Energía Nuclear. Es imprescindible que se permita a los expertos asistir a las reuniones de estas agencias para analizar las mejores prácticas internacionales, integrarse a grupos de investigación, participar en las redes internacionales de reguladores, técnicos e investigadores en cuestiones nucleares. Por mucho tiempo se han pagado membrecías, pero se ha descuidado la participación, considerada un gasto inútil, cuando es una valiosa inversión en la formación de capital humano, sin el cual se perderán eventualmente el conocimiento y la experiencia acumulados.

Tomando en cuenta la capacidad de sus investigadores, sus ingenieros y sus empresas, México debe establecer políticas integrales, con regulaciones y apoyos gubernamentales que permitan el florecimiento de nuevas industrias y propicien el crecimiento económico y la generación de empleos. Ésta fue la estrategia que siguieron España para impulsar la energía eólica, y Brasil para desarrollar la industria del etanol.

---

[24] Véase *Estrategia Nacional de Energía*, p. 57.

México puede producir paneles solares, aerogeneradores y otros equipos para el mercado interno y la exportación. Además, debería hacerse de un nicho de investigación y certificación de equipos, siguiendo la experiencia del Centro Regional de Tecnología Eólica, ubicado en Oaxaca, que hace pruebas para una empresa japonesa y una mexicana. Para ello es indispensable apoyar en forma prioritaria la investigación y el desarrollo en tecnologías limpias; se debe propiciar que científicos mexicanos se sumen a proyectos internacionales de investigación, aportando sus conocimientos y experiencia, por ejemplo en geotermia, donde México ha sido pionero.

México podría basarse en la experiencia brasileña para proponer a sus socios de América del Norte la transformación de la industria automotriz como sector verde, aprovechando su alto nivel de integración regional, propiciando la vinculación con la industria de los biocombustibles de segunda generación o bien impulsando el transporte eléctrico en la región.

El país debe posicionarse como actor clave en la definición de un régimen de seguridad energética baja en carbono en América del Norte, exportando energías y tecnologías limpias, fomentando la integración de los mercados eléctricos y del gas natural, impulsando normas y estándares de eficiencia energética regionales, participando en investigación y desarrollo de nuevas tecnologías. Los incipientes avances en estos temas deben replantearse con mayores alcances y compromiso.

La integración energética con América del Norte permitiría potenciar el mercado de electricidad centroamericano y desarrollar el gasoducto México-Centroamérica, considerado en varias propuestas de cooperación con la región pero abandonado por la escasez de gas natural o por falta de voluntad política. Tras años de promesas incumplidas y de la actual inoperabilidad del Acuerdo de San José, México tiene una deuda con Centroamérica que debe solventar si es que aspira a recuperar los espacios perdidos ante Brasil y Venezuela, y ante actores extrarregionales, como China o la Unión Europea.

Durante la etapa de transición hacia una economía verde, México seguirá requiriendo gas y petróleo. Mientras se logra un acuerdo político sobre la conveniencia de llevar a cabo alianzas estratégicas que permitan servir al interés nacional, Pemex debería salir al exterior, tal como lo hizo en la refinería de Deer Park, donde tiene una coinversión con Shell, o como lo ha hecho Petrobras para mejorar su capacidad de producción en aguas profundas. Hoy en día las empresas petroleras nacionales no limitan su campo de acción a su territorio; al igual que las empresas privadas, salen a conquistar reservas y mercados. México ha perdido oportunidades de negocio y de política exterior en Guatemala y en Cuba, por ejemplo. Por su alto calibre profesional, la cultura e idioma compartidos, los ingenieros petroleros mexicanos podrían aportar mucho en América Latina.

Pemex tiene urgencia por adentrarse a las aguas profundas del golfo de México, cuando no cuenta aún con la capacidad técnica ni con la regulación necesaria, lo que resulta sumamente preocupante a la luz del accidente de Deep Horizon. Por lo anterior, México debería aprovechar las oportunidades que se abren con la negociación con Estados Unidos sobre yacimientos transfronterizos para participar en la definición de la nueva regulación para la producción petrolera en el golfo de México y para llevar a cabo la unificación de algún reservorio compartido en aguas profundas, siguiendo la práctica internacional, con lo que Pemex podría adquirir las capacidades necesarias para enfrentar los retos que tiene ante sí.

El interés nacional llama a que se reduzcan las emisiones de carbono. La adaptación al cambio climático es una necesidad ineludible, visto el alto grado de destrucción de los incidentes climáticos de los últimos meses. La mitigación en el sector energético es un requerimiento absoluto de sustentabilidad presente y futura. Además de las propuestas avanzadas, debe revisarse la política de subsidios a los combustibles fósiles, particularmente a la gasolina, y establecer un impuesto al carbono para propiciar el desarrollo sustentable del país.

Como primer acercamiento al diseño de políticas públicas, es preciso destacar la necesidad de un cambio de visión y referente en la política energética, así como el reconocimiento del potencial existente y de la magnitud de los retos, y un impulso decisivo a un conjunto de acciones concretas y eficaces. Para lograr sus metas, cumplir con sus compromisos y crear las condiciones para un desarrollo económico sustentable, México debe impulsar en los hechos una política energética alternativa, vinculada con un proyecto de desarrollo nacional y con una nueva política exterior, más adecuada a las necesidades y potenciales del contexto internacional, más activa y propositiva. Para ello se requiere un verdadero compromiso político que incluya estar dispuestos a poner el capital político para eliminar barreras existentes, por un proyecto con resultados de largo plazo y no inmediatos.

La transición energética ofrece a México la posibilidad de diversificar sus fuentes de generación en un momento en que está cayendo la producción petrolera; generar empleos en áreas con gran potencial; beneficiarse del financiamiento internacional existente y de los fondos de nueva creación; desarrollar y participar mediante alianzas en el desarrollo y despliegue de nuevas tecnologías. En suma, impulsar el desarrollo sustentable, obteniendo prestigio internacional. Ésta es una oportunidad que México no puede dejar pasar.

BIBLIOGRAFÍA

Centro de Estudios Espinosa Iglesias, 2008, Evaluación de las Propuestas de Reforma Energética, <www.ceey.org.mx/site/evaluacion/evaluacion-reforma-energetica>.

Declaration of The Leaders of the Major Economies Forum on Energy and Climate Change, L'Aquila, Italy, July 9, 2009, <http://www.g8italia2009.it/static/G8_Allegato/MEF_Declarationl.pdf>.

Galindo, L. M., 2009, *La economía del cambio climático en México*, México, SHCP/SEMARNAT<http://www.semarnat.gob.mx/informacionambiental/Publicacion/Sintesis2009cambioclimatico.pdf>.

García Sánchez, Guillermo José, 2009, *La explotación de recursos transfronterizos en el golfo de México: Una solución de derecho internacional*, tesis, ITAM.

Garvey, James, 2008, *The ethics of climate change*, Londres, Continuum Books.

International Energy Agency, 2008, *World energy outlook 2007*, París, OECD/IEA.

——, 2009, *World energy outlook 2008*, París, OECD/IEA.

——, 2010, *World energy outlook 2009*, París, OECD/IEA.

Johnson, T. M. *et al.*, 2009, *México: Estudio sobre la disminución de emisiones de carbono*, Washington, D. C., World Bank <http://siteresources.worldbank.org/INTLACINSPANISH/Resources/WB_MX_MEDEC_Spanish_Final_Nov_09.pdf>.

Melgar, Lourdes, 2009, "Diseñando el post-Kioto: Cambio climático, energía, oportunidades para México", en Josefina Cortés Campos y Miriam Grusnstein (eds.), *Regulación energética contemporánea: Temas selectos*, México, Porrúa/ITAM, pp. 327-358.

——, 2010, "Energy transition: A path toward sustaintable development for Mexico", *Latin American Policy*, vol. 1, núm. 1: 98-113.

North American Leaders' Declaration on Climate Change and Clean Energies, Guadalajara, México, 10 de agosto de 2009, <http://pm.gc.ca/eng/media.asp?category=5&id=2724>.

Poder Ejecutivo Federal, 2008a, *Ley para el Aprovechamiento de Energías Renovables y el Financiamiento de la Transición Energética*, México, 28 de noviembre de 2008, <www.diputados.gob.mx/LeyesBiblio/pdf/LAERFTE.pdf>.

——, 2008b, *Ley para el Aprovechamiento Sustentable de la Energía*. México, 28 de noviembre de 2008, <http://www.diputados.gob.mx/LeyesBiblio/pdf/LASE.pdf>.

——, 2009a, "Programa Especial de Cambio Climático", *Diario Oficial de la Federación*, 28 de agosto 2009, <http//dof.gob.mx/PDF/280809-VES.pdf>.

——, 2009b. *Reglamento de la Ley para el Aprovechamiento de Energías Renovables y el Financiamiento de la Transición Energética*. México, 2 de septiembre, <http://www.energia.gob.mx/webSener/res/9/RLAERFTE_02092009.pdf>.

Pumphrey, David, 2010, "An overview of low-carbon policy frameworks of major economies", presentación en la 2010 EWC/KEEI International Conference, 19-20 de agosto, Honolulu.

Secretaría de Energía, 2009. *Estrategia Nacional para la Transición Energética y el Aprovechamiento Sustentable de la Energía*, <http://www.energia.gob.mx/webSener/res/0/Estrategia.pdf>.

——, 2010, *Estrategia Nacional de Energía*, <http://www.sener.gob.mx/res/0/EstrategiaNacionaldeEnergia.pdf>.

Stern, Nicholas, 2006, *The economics of climate change: The Stern Report*, Cambridge, Cambridge University Press.

PASADO Y PRESENTE DE LAS AMENAZAS EXTERNAS A LA SEGURIDAD NACIONAL DE MEXICO

LUIS HERRERA-LASSO M.
JORGE E. TELLO PEÓN

En memoria de José Thiago Cintra,
mexicano por elección, maestro y amigo querido.

INTRODUCCIÓN

El año 2010 marca un hito en la historia de México, al cumplirse 200 años de vida independiente. En una fecha tal, la forma en que los mexicanos percibimos y entendemos nuestra propia historia e identidad es importante para nuestro futuro, dado que la fortaleza y la permanencia de cualquier Estado dependen, en buena medida, de la forma en que se perciben y enfrentan las amenazas externas a su seguridad. Para los efectos de este ensayo partimos de una pregunta eje: ¿cómo se han generado las amenazas externas a la seguridad nacional de México y de qué manera el Estado mexicano ha hecho frente a estas amenazas?

Todo Estado-nación está compuesto de población, territorio e instituciones. De la protección y preservación de estos tres componentes se derivan los conceptos de soberanía, referida a la integridad territorial; de autodeterminación, que alude al derecho de sus habitantes a decidir un proyecto de nación sin interferencias externas, y de permanencia de las instituciones, esto es, la existencia de instituciones sólidas y eficientes, a partir de las cuales se organiza una sociedad para asegurar la estabilidad política, la armonía social y el crecimiento económico. En este contexto, la seguridad nacional se convierte en una condición necesaria para preservar la estabilidad, la gobernabilidad y la paz social en beneficio de los ciudadanos.

Sin embargo, cuando exploramos hacia atrás en la historia, las percepciones de lo que en cada momento es bueno para el país —el interés nacional— no son lineales. Para los tlaxcaltecas de principios del siglo XVI colaborar con los españoles respondía a su interés como nación, lo cual se contraponía al interés del imperio de los aztecas. En el siglo XIX aquellos mexicanos que fueron a Europa en busca de un emperador lo hacían convencidos de que eso era lo mejor para México. Quienes en el siglo XX propugnaron, en un momento dado, alinearse con las potencias del Eje —Alemania, Italia y Japón—, lo hacían convencidos de que eso era lo mejor para México. Todos ellos eran mexicanos y todos tenían derecho a su propia visión o proyecto de nación. Sin embargo, para otros mexicanos, en su momento y años después, los que fracasaron en esos proyectos "se equivocaron" y pasaron a convertirse en traidores a la patria.

La percepción de las amenazas y cómo combatirlas nos acerca a otro tema de gran importancia: la identidad nacional de los mexicanos. La identidad se construye a partir de referentes comunes; significa pertenencia y compromiso. ¿Quién la define y cómo se define? Veamos cómo funciona este fenómeno en el orden mundial. Después de las dos conflagraciones mundiales del siglo XX, quienes decidieron las reglas del orden mundial fueron los vencedores; culturalmente estamos acostumbrados a ver a los vencedores como "quienes tenían razón" y a los vencidos como "los que se equivocaron". Quienes en el siglo XX han defendido la democracia como forma de gobierno, las libertades sociales y el libre mercado, "están en lo correcto". Nuestra identidad como occidentales se finca en estos valores de libertad y democracia que nos dan un sentido de pertenencia y compromiso. Su legitimidad se deriva de su grado de aceptación por parte de los ciudadanos. Los hechos recientes en Túnez, Egipto y Libia muestran que la búsqueda de espacios de participación y de libertades políticas no es una aspiración exclusiva de "Occidente". Los referentes que generan identidad se adoptan y se arraigan.

Si esto lo llevamos al ámbito del Estado-nación, la historia se desarrolla más o menos de la misma manera. Una vez derrocado el régimen de Porfirio Díaz, el porfiriato quedó estigmatizado: "todo lo bueno" de México emergió del régimen revolucionario y "todo lo malo" pertenecía al "antiguo régimen". Algo parecido sucedió al final del siglo XX, cuando, después de siete décadas de dominio del Partido Revolucionario Institucional (PRI), el Partido Acción Nacional (PAN) llegó a la presidencia de México. Para muchos mexicanos —sobre todo los que no militaban en el PRI— "todo lo malo" de México estaba en el "antiguo régimen" y "todo lo bueno" habría de emerger del "nuevo régimen". La identidad se conforma a partir de la identificación con referentes políticos, culturales y sociales que están en el imaginario social.

En la reflexión que hoy nos ocupa rechazamos cualquier interpretación fundamentalista o maniquea de nuestra historia. Primero, porque hemos encontrado que en todo momento histórico efectivamente existen "buenos" y "malos" mexicanos o mexicanas, y que su calificación depende del prisma con que se vea la historia y de los valores o referentes de los que partimos. Segundo, y quizá más importante, porque es parte del devenir histórico la presencia simultánea de distintas visiones y proyectos de nación, todos legítimos desde la perspectiva de quienes los promueven. Cuando son opuestos y antagónicos surgen los conflictos internos, las guerras civiles y las guerras fratricidas o, en el mejor de los casos, las sociedades se quedan "atoradas" por ausencia de consensos para poder avanzar. De ello, a la larga, usualmente nadie se beneficia, pero es parte de la historia. Por el contrario, cuando se acercan posiciones, se generan consensos y se reparte el poder y su ejercicio en forma tal que la mayor parte de los actores perciben el esquema como equitativo, los proyectos de nación avanzan y todos se benefician. Cierto, nunca en el mismo grado, pero avanzar, en particular en las sociedades democráticas, usualmente significa que habrá más para repartir y para atender a los que menos tienen.

Reglas claras y equitativas para llegar y ejercer el poder son parte del ideario democrático del siglo xx. Principios como la igualdad jurídica y social son de factura más o menos reciente. Equidad de género, igualdad de oportunidades en la educación y en el acceso al mercado de trabajo son atributos que caracterizan a las sociedades más avanzadas. La cultura de la legalidad y la eficiencia organizacional son parte de los valores ciudadanos y de la identidad nacional de estas sociedades. Pero no siempre fue así. Cada nación tiene sus historias de éxitos (avances) y fracasos (retrocesos o paralización), y México no es la excepción.

El presente ensayo no pretende encontrar verdades absolutas ni respuestas definitivas, sino algunas señales que nos vayan indicando mejor el camino. Nuestro recorrido histórico es a grandes pinceladas. El tema es delicado y complejo y el lector podría incluso preguntarse a qué viene tanta historia, si lo importante es el momento actual. La pregunta es válida. Siempre podemos ahorrarnos el pasado e intentar entender y explicar el presente sin referentes históricos. Revisar el complejo tema de las amenazas externas a la seguridad nacional de México con una perspectiva histórica nos parece importante para entender mejor lo que ha llevado a los mexicanos a actuar de una u otra manera frente a las amenazas externas, la forma en que los mexicanos del momento han percibido dichas amenazas y los referentes de la identidad nacional que han estado presentes al actuar en una u otra dirección. Las actuales generaciones enfrentan retos, sin duda, complicados. Ojalá este ejercicio sirva a nuestros jóvenes para mejor diseñar los planos del futuro de México.

DE TENOCHTITLAN AL CENTENARIO DE LA INDEPENDENCIA

Fusiles contra flechas: La caída del imperio mexica

México no es una nación con una historia lineal. La época prehispánica nos resulta remota y ajena. Visitamos las ruinas arqueológicas que otrora fueron templos y palacios de los pobladores ancestrales de estas tierras en forma no muy distinta a como lo hace un turista europeo, con interés, curiosidad, con asombro por la majestuosidad y belleza de los sitios y de la arquitectura. Queda muy poco de ese México en nuestra cultura orgánica, más allá del folclore y la nostalgia romántica. Para muchos mexicanos la identidad indígena es sólo parte de nuestra historia, no de lo que hoy queremos ser. Para muchos mexicanos ser indígena significa retraso y marginación. No hay nada bueno en ello.

Existen enigmas en la historia antigua de México, como la desaparición de la civilización maya, una de las más avanzadas y refinadas de su tiempo, y cuya extinción es objeto de muchas hipótesis y ninguna certeza. La historia del imperio mexica nos resulta más cercana, pues era la cultura dominante a la llegada de los españoles. Para los mexicas, el imperio del momento, no existía una percepción de amenaza más allá de los otros grupos que habitaban el México antiguo. No había un concepto de soberanía frente a los extranjeros de ultramar, pues ni siquiera sabían que existían. Las potenciales amenazas provenían de las otras culturas nativas que durante más de quince siglos se siguieron los pasos unas a otras, con modos de vida, costumbres y tradiciones similares, por pertenecer a la misma tierra.

La llegada de los españoles marcó una ruptura, la más drástica que se ha visto en tierras mexicanas. La guerra de conquista deja muchas incógnitas difíciles de resolver si consideramos la franca inferioridad en hombres y aperos de los españoles frente a los mexicanos. La derrota de los mexicas se atribuye al elemento sorpresa, a profecías legendarias, a divisiones internas y a signos de decadencia de las fuerzas dominantes del imperio mexica. Lo que resulta claro es que no había entre los mexicanos una percepción de amenaza proveniente del exterior, no estaban preparados para ello y no tuvieron la capacidad de enfrentarla. Finalmente los tlaxcaltecas "se equivocaron", pues después de la conquista su destino no fue muy distinto al de los mexicas.

Entre los diversos grupos de mexicanos no había un sentido de nación ni tampoco una identidad nacional. En este contexto, la dominación española fue absoluta y realizada con gran habilidad, lo que dejó prácticamente desarticulado al México antiguo. Los antiguos mexicanos nunca lograron recuperar su territorio, su cultura y su religión como formas sociales dominantes. Durante tres siglos, la corona española en México —que contaba con instituciones eficientes de control— logró exitosamente mantener gobierno, territorio y la seguridad interior y exterior de la Nueva España. La organización política y social del nuevo México se hizo a la usanza y modo de los conquistadores. Las poblaciones indígenas sobrevivientes quedaron marginadas del poder político, de las riquezas naturales, del progreso y de la educación, que beneficiaron en particular a los peninsulares, y en menor medida a criollos y mestizos.

El alumno supera al maestro: La guerra de independencia

La guerra de independencia no fue una reivindicación de los pueblos indígenas ni una recuperación del pasado que había quedado 300 años atrás. La guerra de independencia la hicieron criollos y mestizos que sintieron el momento propicio para romper los lazos de dependencia con España, que ya no se encontraba en condiciones políticas y militares de mantener su imperio en ultramar. En un contexto más general, debe decirse que lo que sucedió en ese periodo no fue una situación privativa de la Nueva España, sino parte de un proceso mucho más amplio, pues en menos de medio siglo las potencias imperiales europeas, encabezadas por Inglaterra, España y Portugal, perdieron la mayor parte de sus dominios en el continente americano. Los nuevos dueños de la patria mexicana contaban con la experiencia militar, de gobierno y de formas de producción aprendidas de los españoles, o desarrolladas por los españoles en México. Tanto así que al poco tiempo de la independencia surgió el primer imperio, promovido por quienes habían ganado la independencia. Era la forma de gobierno que habían aprendido. Este primer imperio, de efímera duración, pretendió asimilar en la nueva nación lo que hoy es Centroamérica, pero el proyecto expansionista se vio truncado por los conflictos internos y las luchas por el poder.[1] La disputa por la nación se hizo evidente. En este nuevo entorno la construcción de instituciones se vio rebasada por las luchas intestinas —y en muchos casos personalizadas— por apropiarse del poder. Durante varias décadas reinó el caos. Los proyectos de país se multiplicaron y personalizaron, y la organización política y social del nuevo país era muy frágil. La identidad nacional de quienes sustentaban el poder se fincaba en el rechazo a los españoles. La construcción de una república independiente estaba aún por hacerse y por definirse un proyecto nacional con suficientes consensos para ser viable. La nueva república surgía con grandes deficiencias.

Bienvenidos al nuevo mundo: El expansionismo territorial estadunidense

La principal amenaza a la integridad territorial del México independiente provino del norte. A mediados del siglo XIX Estados Unidos ya era una nación con sentido de identidad política y social y con un proyecto claro, que desde sus inicios contempló su expansión territorial hacia el sur. En la segunda década de la vida independiente de

[1] Luego de consumarse la independencia de México, se funda el así llamado primer imperio mexicano, que encabezó el general Agustín de Iturbide. A este imperio se sumaron las recién independizadas repúblicas centroamericanas, lo que llevó a que durante este periodo el territorio mexicano alcanzase su mayor extensión, con más de cinco millones de kilómetros cuadrados: desde el istmo de Panamá, al sur, hasta el río Oregón, al norte. El imperio existió de 1821 a 1823 y se disolvió por el Plan de Casamata.

México los norteamericanos iniciaron las gestiones para expandirse hacia el sur. El encargado de estas gestiones, el embajador Joel R. Poinsett, no logró su propósito, pero dejó bien planteado el tema.[2]

El objetivo expansionista se alcanzó al final de la primera mitad del siglo XIX gracias a la desorganización y a la ausencia de control político y territorial por parte del gobierno de México. Esta etapa culmina en la guerra México-Estados Unidos (1846-1848), en la que México pierde más de la mitad de su territorio.[3] Es claro que los mexicanos de la primera mitad del siglo XIX estuvieron lejos de dimensionar la magnitud de la amenaza y, sobre todo, de hacer lo necesario para que no se concretara. En este caso, a diferencia de la guerra de conquista, había suficiente información para saber de dónde y de qué magnitud era la amenaza. Para Estados Unidos era parte de su *destino manifiesto*.[4] Los mexicanos de la época estaban más ocupados en la disputa por el poder que en prepararse para defender su territorio. No resulta exagerado decir que la mayoría ni siquiera sabía "hasta dónde llegaba la nación". El tamaño del territorio los desbordaba.

Es interesante destacar que en el siglo XIX el mundo había cambiado, pues en ningún momento Estados Unidos pretendió la conquista o la dominación territorial del resto de México, que quizás hubiera estado en posibilidad de lograr. Sus idearios políticos eran distintos a

[2] Al consumarse la independencia los políticos regionales fundaron la logia del rito yorkino, antagónica a la del rito escocés. Los yorkinos contaron con el apoyo de Joel R. Poinsett, embajador de Estados Unidos, quien le imprimió a la agrupación una manifiesta tendencia antihispanista, muy acorde con la doctrina Monroe. Poinsett utilizó su influencia sobre los yorkinos para obligar a Lucas Alamán a renunciar en 1825. El levantamiento de Nicolás Bravo, vicepresidente y dirigente de la logia escocesa, exigía el cumplimiento de la Constitución, la disolución de toda clase de reuniones secretas y la expulsión de Poinsett de México, que sucedió el 3 de enero de 1830, acusado de intervenir en los asuntos internos del país.

[3] La guerra comenzó cuando el presidente James K. Polk quiso mantener el territorio recién adquirido, la República de Texas, y convertirla en el estado de Texas. La anexión se logró el 1 de marzo de 1845. La guerra se inició tras la orden del presidente Polk de ocupar territorio mexicano en enero de 1846. El gobierno mexicano se vio obligado a declarar la guerra en julio de ese año, pero no fue posible organizar la defensa. Se carecía de un verdadero ejército, de armas y de dinero. Los mexicanos lograron evitar la cesión de Sonora, Chihuahua y Baja California, pero tuvieron que ceder más de la mitad del territorio (2 400 000 km^2) a cambio de 15 millones de pesos, acuerdo que se formalizó en la Villa de Guadalupe el 2 de febrero de 1848.

[4] La idea medular detrás del concepto de *manifest destiny* era que Estados Unidos se extendiera de océano a océano y tuviera acceso a una costa occidental, y se utilizó para justificar la expansión hacia el oeste y suroeste, así como para justificar la ocupación de territorios como California, Oregón y Texas, varios de los cuales pertenecían a México.

los de los siglos XVII y XVIII. Fue claro que Estados Unidos quedó más que satisfecho con el botín de guerra y ahí se detuvieron sus pretensiones expansionistas hacia el sur.

El principal enemigo de México, al término de la guerra con Estados Unidos, en 1848, era de carácter interno. A diferencia del país del norte, que había logrado una organización y una cohesión política y social importantes en torno a un proyecto de nación y con un sentido claro de identidad nacional frente al mundo, México distaba de contar con bases similares para la construcción de una nación fuerte, un proyecto de nación claro y la capacidad de atender simultáneamente los retos internos y protegerse contra las amenazas del exterior.

Maximiliano: El imperio contraataca

La guerra de reforma podría considerarse la culminación de la guerra de independencia en el sentido de que la Iglesia, los militares y los terratenientes por primera vez debieron enfrentar a un gobierno republicano con un proyecto de nación liberal, más incluyente y de carácter más nacionalista.[5] En esta debacle se confrontaron las viejas y las nuevas visiones y, aprovechando una serie de coyunturas internas y externas, los grupos más conservadores, los tradicionalmente poderosos que se veían amenazados por las visiones más progresistas, optaron por buscar en el exterior la solución a sus problemas. Con esta visión partieron a Europa en busca de un emperador que habría de encabezar el segundo imperio que, como el primero, resultó efímero. No era la forma de gobierno acorde con el ideario de una república independiente, posición que finalmente habría de prevalecer y convertirse en el principal referente del nacionalismo mexicano.

---

[5] Juan Álvarez e Ignacio Comonfort (ambos mandatarios liberales) promulgaron las primeras Leyes de Reforma que se incorporarían a la nueva Constitución de 1857. Juárez declaró establecido su gobierno el 19 de marzo de 1858 en Guanajuato y publicó un manifiesto que inició la revolución de reforma. En la capital los conservadores, a través de una junta de representantes de los departamentos, designaron presidente al general Félix Zuloaga. De la confrontación entre los dos grupos surgió la guerra de reforma (diciembre de 1857 a enero de 1861), que enfrentó a liberales con conservadores. Finalmente triunfaron los liberales sobre el ejército conservador. Mientras Juárez estaba en Veracruz, expidió las Leyes de Reforma, que ampliaron y ratificaron las primeras de ese nombre.

En este caso, la historia de México fue distinta a las anteriores. La percepción de la amenaza fue clara desde que se promulgaron las Leyes de Reforma y la Constitución de 1857, que planteaban un proyecto distinto de país que afectaba, en lo profundo, poderosos intereses.[6] En 1865 llegó Maximiliano y su séquito. Duró en la silla imperial tres años. El gobierno de la república recuperó el poder después de una azarosa campaña en contra de enemigos internos y externos. Se lograron neutralizar las amenazas a la independencia, a la integridad territorial y a la soberanía. La hazaña no fue menor si se considera que era un gobierno débil, con enemigos en los frentes interno y externo, con instituciones poco articuladas y con un ejército dividido. La calidad del liderazgo desempeñó un papel decisivo en este capítulo de la historia mexicana. En el juicio de la historia —que no es otra cosa que la interpretación de los hombres del presente de lo que hicieron sus antecesores— Juárez es visto como uno de los grandes constructores del México actual. Definió un proyecto de país nacionalista y moderno. Le quitó el poder a la Iglesia. Acotó la actuación de los militares. Promovió el estado de derecho. Preservó la integridad territorial. Defendió la soberanía y la autodeterminación de los mexicanos y, con todo ello, contribuyó como pocos a la construcción de la identidad nacional. Su legado no fue menor. Su visión de estadista se refleja 150 años después, cuando los principios y valores que movieron su acción política siguen vigentes. Ése es el juicio más elocuente que la historia puede darle a un gobernante.

Rudos contra técnicos: La dictadura de Porfirio Díaz

En la segunda mitad del siglo XIX las guerras coloniales y los gobiernos de dominación extranjera se habían trasladado a otros continentes. España, Inglaterra y Portugal habían dado ya por perdida esta parte del mundo y Estados Unidos, país cada día más poderoso, había

---

[6] El presidente Álvarez, de conformidad con lo dispuesto en el Plan de Ayutla, expidió en octubre de 1855 la convocatoria a un congreso extraordinario. La tónica del Congreso Constituyente la dio el partido de los liberales evolucionistas. La Constitución de 1857 consagró las garantías individuales y reivindicó la soberanía del poder laico. Toda vez que la Iglesia, con su influjo y propiedades, ejercía un vasto poder, protestó contra esa Constitución, protesta a la que se unieron muchos políticos desplazados y una considerable parte del ejército. La Ley Juárez, así como la Ley Lerdo, fueron ratificadas y aprobadas en todas sus partes.

convertido el lema "América para los americanos" en el eje de su política exterior, en particular frente a Europa.[7]

Esta coyuntura internacional resulta fundamental para México: desde la caída del segundo imperio no vuelve a surgir una amenaza externa de dominación y conquista. Estados Unidos no tenía ya entre sus prioridades expandir su territorio hacia México o hacia otros países del continente, pero tampoco estaba dispuesto a permitir que ninguna otra potencia lo hiciera. La política de la primera potencia mundial —en aquel momento en ciernes— se convirtió en el principal escudo de protección de México frente a potenciales amenazas extracontinentales, y no enfrentaba otras amenazas al estar rodeado, hacia el sur y hacia el este, por naciones con las que la asimetría de poder era incluso mayor de la que existía entre México y Estados Unidos. El rompecabezas geopolítico que se armó en ese momento en el hemisferio se mantiene prácticamente inalterado hasta nuestros días.

En este contexto se produjeron el arribo y la permanencia en el poder de otro ilustre oaxaqueño, Porfirio Díaz.[8] Los aciertos y desaciertos de la dictadura de Porfirio Díaz son aún tema de debate entre los mexicanos.[9] Villano desde la perspectiva de la ausencia de democracia, el anacronismo político y la desigualdad social; héroe desde la perspectiva del orden y el progreso, su propio discurso. Lo cierto es que durante casi 30 años que duró su gobierno, México conservó los equilibrios con las potencias extranjeras y mantuvo buenas relaciones con europeos, estadunidenses y el resto del mundo.

---

[7] "América para los americanos" resume los principios de la doctrina del presidente Monroe, que anunciaba audazmente que Estados Unidos estaría dispuesto a ir a la guerra para sostener la inviolabilidad del continente americano, al considerar toda extensión del poder europeo, en cualquier parte del hemisferio, como una amenaza para la paz y la seguridad continentales. Al amparo de la doctrina Monroe Estados Unidos pudo aplicar políticas muy cercanas a las de los monarcas europeos de su tiempo: extender su comercio y su influencia, anexarse territorios y, en suma, convertirse en la gran potencia del hemisferio.

[8] No deja de llamar la atención que dos de las figuras más importantes de la historia política de México del siglo xix, Juárez y Díaz, fueran oaxaqueños de origen indígena, mientras que los líderes revolucionarios del siglo xx, en su mayoría, provinieron del los estados del norte.

[9] En 1876 el general Porfirio Díaz desplazó de la presidencia a Lerdo de Tejada enarbolando la bandera de la no reelección. Las elecciones de mayo de 1877 llevaron al general Porfirio Díaz a la presidencia, que no dejaría hasta 1911, a raíz de la Revolución proclamada en 1910. Porfirio Díaz cambió el texto constitucional, lo que le permitió reelegirse en cinco periodos consecutivos.

México ingresaba al siglo XX con aparente estabilidad política y social, crecimiento económico y una política exterior que lo mantuvo al margen de intervenciones extranjeras y de conflictos bélicos. En la otra cara de la moneda, las instituciones políticas eran anacrónicas, el ejercicio del poder no estaba muy lejano de los esquemas de concentración y control de la aristocracia de la época virreinal y amplios sectores de la población eran partícipes sólo del orden, pero no del progreso.

Para Estados Unidos la permanencia de Porfirio Díaz en el poder no representó un problema. Un gobierno fuerte en México resultaba una buena noticia, daba estabilidad y certidumbre a lo que sucedía al sur de su frontera y no distraía recursos políticos ni militares para salvaguardar su propia seguridad. Tampoco era necesaria, y esto hay que subrayarlo, una alianza militar con México para enfrentar enemigos externos. Los europeos estaban demasiado ocupados disputándose los espacios en el resto del mundo y resolviendo quién sería líder en el siglo XX. Todo ello favoreció a Estados Unidos, que centró su atención en crecer y fortalecerse como nación. El proceso de crecimiento de la nación mexicana fue más lento y azaroso.

Durante el porfiriato el país estuvo exento de intervenciones externas. Se preservó la integridad territorial y el gobierno logró mantener el control sobre el territorio nacional sin injerencias externas. Tanto europeos como estadunidenses tuvieron su participación en el enclave económico del porfiriato. Las fuerzas armadas y de seguridad tuvieron como principal responsabilidad sostener al régimen. No fue necesario usarlas para enfrentar amenazas externas.

De la celebración a la debacle: La caída de Porfirio Díaz

De lo que podríamos llamar los desaciertos de la gestión de Porfirio Díaz se gestó una nueva fractura en la historia de México. La concentración del poder político y económico era excesiva, y la ausencia de avances en la construcción de una nación democrática generó un gran cuello de botella. La ruptura de este cuello implicó destruir en forma violenta el régimen establecido y generar una nueva forma de acceso al poder, en la que la violencia política marcó la pauta. En este contexto se generó la primera revolución social del siglo XX. Dio fin a una clase política, motivó el surgimiento de una nueva clase militar y puso en la agenda nacional las reformas económicas y sociales. Inició la etapa del México revolucionario.

La transición del autoritarismo a la democracia no fue pacífica ni ordenada. Más de un millón de mexicanos murieron en la lucha armada, y el combate violenta por el poder se mantuvo por casi dos décadas. Sin embargo, debido a la situación del entorno externo, el desorden que todo esto provocó no generó mayores ventanas de vulnerabilidad frente al exterior. Ciertamente surgieron en Estados Unidos actores políticos que vieron en este proceso la oportunidad de ejercer una mayor influencia en el futuro de México. Fue el caso del embajador Henry Lane Wilson, que promovió acciones claramente intervencionistas para evitar la transición a la democracia, y marcó el inicio de una política exterior de Estados Unidos hacia el continente que buscaría apoyar a los actores que en la coyuntura sirvieran más al interés de su país, sin tomar mucho en cuenta el ideario político de democracia y libertad, acuñado y enaltecido en Washington, pero con demasiados matices al momento de implementarse en el exterior.[10]

La intervención directa de Estados Unidos en el proceso político interno tuvo su punto más álgido con la intervención militar en Veracruz, en 1914, que influyó en el balance interno de fuerzas y ayudó a desplazar a Victoriano Huerta del poder.[11] Después de esta intervención, el gobierno de Washington puso distancia respecto de lo que sucedía en México, pues el proceso de reconstrucción no representaba una amenaza a su seguridad ni a sus intereses, que en ese

---

[10] Henry Lane Wilson fue embajador de Estados Unidos en México durante la Decena Trágica (1913). Henry Lane Wilson consideraba a Madero incapaz de gobernar México. Al término de la Decena Trágica Victoriano Huerta y Félix Díaz firmaron en la oficina del embajador de Estados Unidos el *pacto de la embajada*. Este pacto implicaba que Victoriano Huerta sería el presidente de México y Madero quedaría fuera del mando. El presidente de Estados Unidos, Woodrow Wilson, le pidió la renuncia a su embajador meses después.

[11] El 21 de abril de 1914 el ejército estadunidense, apoyado por cuatro acorazados, abrió fuego contra el puerto de Veracruz. El puerto no tenía con qué hacerle frente y Victoriano Huerta ordenó que la guarnición se replegara. El pueblo mexicano, indignado ante esta invasión, pedía armas para ir contra el enemigo. Algunos jefes carrancistas y obregonistas pidieron cesar las hostilidades contra Huerta y unirse contra la invasión, pero tanto Carranza como Obregón se abstuvieron de actuar. El 23 de noviembre de 1914 los norteamericanos se retiraron del puerto de Veracruz, una vez que asumió el poder Venustiano Carranza, quien les parecía mucho más confiable que Victoriano Huerta.

momento estaban más en el ámbito económico, sobre todo en los recursos energéticos y en ocupar aquellos espacios que dejaron libres los europeos, ya sin las garantías de "orden y progreso" que les ofrecía el gobierno de Porfirio Díaz. Los primeros años del México revolucionario coincidieron con la primera guerra mundial, en la que todas las potencias de la época, incluyendo Estados Unidos, debieron concentrar su atención y sus recursos.

Los primeros cien años de la historia del México independiente fueron literalmente de la construcción de una nación. En el camino hubo serios descalabros, se realizaron ajustes profundos, primero con la guerra de reforma que buscó romper las viejas estructuras del poder y después con la Revolución mexicana. En este primer siglo de vida independiente México pagó caro el precio de ser una nación débil y desordenada, frente a un vecino que se agigantaba a pasos acelerados. La ruptura de los vínculos con España y con las ideas imperiales fue lenta y dolorosa. La construcción de instituciones en el México independiente fue incipiente, y la Revolución significó la reinvención de México. Una de las principales características del nuevo México que habría de tener un peso significativo en la identidad nacional fue el nacionalismo revolucionario, que significaba el cambio, pero también la reafirmación de lo propio frente a las influencias del exterior. El corolario de este nacionalismo fue el lugar que se le dio a la preservación de la soberanía territorial y a la autodeterminación para decidir los destinos del país. Este nacionalismo no implicaba romper con el exterior sino que fueran los propios mexicanos quienes tomaran las decisiones de con quién y cómo se hacían estas relaciones con el exterior. De ahí emerge un celoso nacionalismo que prevalece hasta nuestros días.

EL SIGLO XX: LA CONSTRUCCIÓN DEL MÉXICO ACTUAL

Los pilares del nuevo México (1917-1940)

El nuevo siglo presentaba un panorama muy distinto al del siglo XIX. México no era una potencia militar. No tenía ni la fuerza ni la organización para ello. Pero tampoco tenía la necesidad. La asimetría con Estados Unidos era más que evidente a principios del siglo XX y esto hacía prácticamente impensable un enfrentamiento militar. La posibilidad de recuperar el territorio perdido ni siquiera se planteaba. Desde el sur y desde los mares tampoco se visualizaban amenazas que ameritaran la formación de un gran ejército. La vigilancia estadunidense en la región, implícita o explícita, tampoco invitaba a que algún otro país del vecindario utilizara el poder militar en las relaciones con México. La presencia de potencias extrarregionales en este nuevo contexto resultaba poco probable. El *destino manifiesto* había logrado su cometido.

Alemania y Japón buscaron utilizar a México durante la primera guerra mundial en aras de aprovechar su posición estratégica frente a Estados Unidos. Sin embargo, los primeros gobiernos revolucionarios tuvieron claridad suficiente para percibir cuál era su lugar en el mundo y rechazaron cualquier alianza o presencia extrarregional en su territorio. Ni siquiera fue necesario convertirse en aliado formal de Estados Unidos. Tampoco Washington lo sintió necesario. México no era un aliado militar ni estaba en condiciones de serlo. Suficientes problemas y retos internos debía enfrentar para recuperarse de las heridas, la desorganización y el caos que dejó la revolución. En este entorno, desde inicios del siglo XX México renunció al uso de la fuerza como instrumento de su política exterior, lo que habría de convertirse en uno de los pilares de su política internacional a lo largo del siglo XX. Este principio fue elevado a norma constitucional en 1988.[12]

En 1917, siete años después del estallido de la Revolución, se promulgó la nueva Constitución que plasmaba un nuevo proyecto de país. La Constitución mantenía el espíritu liberal de la Constitución de 1857, pero hizo mucho más explícitas las garantías individuales, un proyecto económico más incluyente, derechos laborales de mayor alcance y reglas de acceso al poder y formas de gobierno más acordes con una visión democrática. A pesar de que los enfrentamientos y la violencia política persistieron por una década más, la nueva Constitución sentó las bases para el México del siglo XX.

Al inicio de la tercera década México ingresó en la Sociedad de Na-

---

[12] El 9 de mayo de 1988 se aprobó la reforma a la fracción X del artículo 89 constitucional que incorpora como principios normativos de la política exterior la observancia de la autodeterminación de los pueblos; la no intervención; la solución pacífica de las controversias; la proscripción de la amenaza o el uso de la fuerza; la igualdad jurídica de los Estados; la cooperación internacional y la lucha por la paz y la seguridad internacionales.

ciones, lo que dio inicio a una nueva faceta en la agenda mexicana: la diplomacia activa en asuntos mundiales. México no fue combatiente en la primera guerra mundial y, sin embargo, se pronunció a favor de una paz duradera, en la lógica de que los conflictos internacionales, tarde o temprano, tienen incidencias negativas en los asuntos nacionales. Jugó al lado de los vencedores, con legítimo derecho al haber rechazado en su territorio a Japón y Alemania. Lo más importante, se sentaba en el mismo lado de la mesa que Estados Unidos, lo que en alguna medida ayudaría a zanjar conflictos y resentimientos históricos y abriría una nueva época en la relación bilateral.

Las dos décadas siguientes a la primera guerra mundial fueron tiempos apacibles para México en sus relaciones con el exterior. Los gobiernos posrevolucionarios lograron sentar las bases para un largo periodo de estabilidad política y crecimiento económico en el interior del país sin la necesidad de enfrentar amenazas externas. El gran tema en las relaciones internacionales ya no era la conquista territorial sino el manejo de los recursos naturales y los medios de producción. Fueron también dos décadas de construcción de instituciones económicas y sociales. Frente a los inversionistas extranjeros, México adoptó la Doctrina Calvo[13] para evitar intervenciones de otros gobiernos para proteger a sus nacionales y, frente a conflictos en otros países, la Doctrina Estrada, que lleva a que México, como país, no tome partido en los conflictos internos de otros Estados y limite su actuación a establecer o no relaciones diplomáticas con los nuevos gobiernos.[14] México colocó la autodeterminación y la no intervención

---

[13] La Doctrina Calvo surgió en 1896 cuando el diplomático argentino Carlos Calvo formuló el principio general por el cual los pleitos con ciudadanos extranjeros serían solucionados por tribunales locales. La doctrina establecía que los extranjeros no podían tener derechos superiores a los nacionales y que por lo tanto las cortes locales eran las autorizadas para dirimir los diferendos ocasionados por la inversión extranjera directa, evitando así la intervención diplomática del Estado al cual pertenecían los involucrados. Los contenidos de esta doctrina están plasmados en el artículo 27 constitucional.

[14] Como secuela de la Revolución de 1910 México rechazó la práctica de reconocer o no a los gobiernos que llegaran al poder por un medio distinto al previsto en sus leyes, esto a la luz de eventos en los que gobiernos poderosos habían aprovechado la vulnerabilidad de Estados débiles para intervenir en sus asuntos internos. El 27 de septiembre de 1930 la Secretaría de Relaciones Exteriores emitió un comunicado que explicita la libre determinación de los pueblos y la no intervención como principios fundamentales para la sana convivencia entre las naciones. En alguna medida la Doctrina Estrada viene a ser un corolario internacional de la máxima juarista "el

como principios fundamentales de sus relaciones con el exterior, que también habrían de elevarse a preceptos constitucionales en 1988.

Las presiones más fuertes del exterior en este periodo provinieron del interés de Estados Unidos en los recursos naturales, en particular los recursos mineros y energéticos, que durante el último siglo habían sido controlados en México por compañías extranjeras. La soberanía económica en este nuevo contexto se convirtió en un tema central de la agenda internacional de México y, a pesar de los desfavorables Acuerdos de Bucareli de 1920, en 1938 el tema se resolvió con la expropiación petrolera.[15] Como preámbulo, en 1935 el gobierno de México había adoptado la Doctrina Carranza como eje de su política frente a gobiernos extranjeros.[16] Estos episodios llevaron a que el nacionalismo adoptara un corolario económico que sigue vigente: sólo a los mexicanos corresponde la explotación de los recursos naturales en su territorio.

La época dorada del nacionalismo revolucionario (1940-1968)

El *nacionalismo revolucionario* fue el paradigma ideológico y político del México posrevolucionario. El periodo de estabilidad iniciado en los años treinta se vio acompañado de un proceso de desmilitarización de la política que culminó en 1946, cuando llegó a la presidencia un candidato de una nueva generación de políticos que no participaron directamente en la lucha armada y que no portaban insignias militares. El ejército mexicano adquirió una nueva fisonomía al con-

---

respeto al derecho ajeno es la paz". Se la conoce como Doctrina Estrada en homenaje a su autor, Genaro Estrada, entonces secretario de Relaciones Exteriores.

[15] Después de que Carranza fuera asesinado, en 1920, el gobierno de Washington condicionó el reconocimiento de Obregón a la no aplicación de algunas cláusulas de la Constitución de 1917 en lo referente a los intereses estadunidenses en México. En una casa de la calle Bucareli se realizaron negociaciones secretas (Acuerdos de Bucareli) entre funcionarios de Estados Unidos y México, en las que se acordó: 1] que los norteamericanos aceptarían el pago de las tierras expropiadas con bonos, con algunas excepciones; 2] crear una comisión que investigara las reclamaciones a partir de 1868 (las que surgieran durante la revolución serían tratadas aparte), y 3] la irretroactividad del artículo 27 constitucional.

[16] El 19 de marzo de 1935 la Secretaría de Relaciones Exteriores recibió instrucciones del presidente de utilizar los términos de la Doctrina Carranza que considera que la diplomacia no debe usarse con el fin de ejercer presión a otros países para favorecer los intereses de países más poderosos.

vertirse en el guardián de la seguridad de la nación, subordinado a las autoridades civiles, situación que se ha mantenido hasta nuestros días y que contrasta con lo sucedido en países del sur del continente, gobernados por militares durante distintos periodos del siglo XX. En el México corporativo de los tres grandes sectores: obrero, campesino y social, ya no se incluyó al ejército.

El nacionalismo revolucionario llevaba implícita la paráfrasis de la doctrina Monroe: *México para los mexicanos*. Los anhelos de soberanía política se complementaron con una visión hacia dentro de la economía y con un sistema político que se consolidó sin intervenciones externas. En algunos sectores estadunidenses y europeos se cuestionaba la democracia mexicana por la ausencia de alternancia en el poder pero, sobre todo desde la perspectiva de Washington, como ya había sucedido durante el porfiriato, un México estable, con paz social y crecimiento económico, era el mejor de los mundos. El resto era asunto de los mexicanos.

En este contexto, la relación con Estados Unidos fluyó sin mayores altibajos durante varias décadas. La segunda guerra mundial se convirtió en un buen negocio para México. Frente a este evento no hubo mayores dudas y fue claro el alineamiento de México con Estados Unidos. México participó simbólicamente en las acciones bélicas con el escuadrón 201 de la fuerza aérea mexicana.[17] Durante la guerra la economía mexicana estuvo boyante, debido a la necesidad de mano de obra y de productos del exterior por parte de la economía estadunidense. La cooperación entre México y Estados Unidos fue estrecha y funcional para las dos partes. México quedó en el bando de los ganadores y participó activamente en la construcción de las instituciones del nuevo orden mundial como miembro fundador de la Organización de las Naciones Unidas (ONU) y del Banco Internacional de Reconstrucción y Fomento (Banco Mundial). En

---

[17] En 1944, tras el hundimiento del buque mexicano *Potrero del Llano* por submarinos alemanes en las costas de Miami en 1942, el gobierno mexicano anunció que sus fuerzas armadas tomarían parte en la segunda guerra mundial. El presidente Manuel Ávila Camacho declaró el estado de guerra con los países del Eje Berlín-Roma-Tokio y, tras la aprobación del Congreso, la Secretaría de la Defensa Nacional ordenó la formación del grupo de perfeccionamiento aéreo, integrado por 299 soldados de las diferentes ramas del ejército y varios civiles, que se convirtió en el escuadrón de pelea 201 de la fuerza aérea expedicionaria mexicana. Entre los meses de junio y agosto de 1945 este escuadrón realizó 60 misiones de combate en forma autónoma, en las que perdieron la vida tres pilotos mexicanos.

este último esfuerzo México desempeñó un papel decisivo para que el nuevo banco fuera también de desarrollo, y no sólo de reconstrucción. México fue también miembro fundador de la Organización de Estados Americanos (OEA), en 1948, que incluyó prácticamente a todos los países del hemisferio.

La guerra fría (1945-1990) tampoco le marcó a México mayores compromisos internacionales. Ninguno en el ámbito militar, lo que permitió que sus fuerzas armadas dedicaran su tiempo y recursos más a labores sociales que a acciones militares de defensa de la soberanía. La dinámica de la guerra fría tampoco exigió una alianza militar con Estados Unidos. No se esperaba ningún ataque armado convencional en el hemisferio y, si se hubiera dado el caso de un ataque nuclear, México no tenía ninguna capacidad para prevenirlo o protegerse. Su suerte en este ámbito estaba atada a la de Estados Unidos.

En esos tiempos la relación de México con Cuba se convirtió en un factor clave de la geopolítica mexicana. Al triunfo de la Revolución cubana, en 1959, a instancias de Estados Unidos se expulsó a Cuba de la OEA, y la mayor parte de los países del continente rompieron relaciones diplomáticas con el nuevo gobierno. México fue la excepción. Mantuvo una línea consistente con la Doctrina Estrada y reconoció al nuevo gobierno sin emitir juicios sobre su legitimidad. El principio de no intervención incluía la preocupación de México de que se emprendieran acciones conjuntas en contra de un país del hemisferio —en este caso de un vecino cercano—, que violaran su soberanía y su integridad territorial. La historia pasada de México estaba llena de cicatrices por las intervenciones extranjeras. Incluso esta diferencia fue aceptable en la relación con Estados Unidos. El único momento en que Estados Unidos solicitó una posición explícita y pública de México en el marco de la guerra fría, fue en torno a la crisis de los misiles en Cuba, cuando el gobierno de México se colocó sin ambigüedades al lado de Estados Unidos y rechazó en forma contundente la presencia de armas nucleares en la isla.[18]

---

[18] En octubre de 1962 aviones espías norteamericanos detectaron la construcción de rampas de misiles y la presencia de tropas soviéticas en Cuba. El 22 de octubre el presidente Kennedy estableció una "cuarentena defensiva", es decir, un bloqueo a la isla con unidades navales y aviones de combate. Si los navíos soviéticos hubieran intentado forzar el bloqueo, seguramente hubiese estallado el conflicto armado entre las dos superpotencias. Tras varios días de negociaciones secretas Jrushov envió una propuesta a Kennedy: la URSS retiraría sus misiles de Cuba a cambio del compromiso

La posición de México frente a la crisis de los misiles también debe entenderse en el contexto de la política que México emprendió a favor del desarme generalizado y completo en materia de armas nucleares. El rechazo a la presencia de misiles de la Unión Soviética en Cuba no fue sólo un acto solidario con Estados Unidos —lo que se hubiera justificado plenamente en aras de la seguridad de México— sino que fue parte de una política más amplia de mantener América Latina libre de armas nucleares. México se convirtió, a partir de entonces, en el principal promotor de la desnuclearización de América Latina —lo que sin duda convenía también a Estados Unidos— y en 1967, en la histórica sede de la Secretaría de Relaciones Exteriores, se suscribió el Tratado de Tlatelolco, significativa aportación de México a la paz mundial en el siglo XX.[19] En cuanto a Cuba, después de que los misiles soviéticos fueron retirados, la relación de México con la isla volvió a su estatus anterior, que se mantuvo hasta el año 2000, cuando el gobierno de México decidió, unilateralmente, cancelar la relación especial que había mantenido con la isla por cuatro décadas.

El caso de la política con Cuba pone de manifiesto aspectos interesantes de la identidad del mexicano frente al exterior. La ideología del régimen de partido en México durante el siglo XX fue nacionalista y progresista, pero no necesariamente de izquierda o de derecha. Desde esta perspectiva, a lo largo del siglo hubo gobiernos que podrían llamarse de derecha por sus políticas económicas y sociales y su cercanía con Estados Unidos, como el de Miguel Alemán. O de izquierda, por sus simpatías frente a Cuba, sus políticas tercermundistas y su oposición a Estados Unidos, como el de Luis Echeverría. Frente a Cuba los mexicanos siempre han estado divididos, sobre todo durante la guerra fría; los de izquierda con gran simpatía y los de derecha con reservas y distancia. Igual ha sido el caso frente a Estados Unidos: sectores que han buscado una más estrecha relación, convencidos de que eso es lo mejor para México, frente a sectores que desconfían de sus intenciones y que consideran que cuanto más lejos

---

de Estados Unidos de no invadir la isla y de la retirada de los misiles *Júpiter* que este país tenía desplegados en Turquía. Kennedy aceptó la propuesta y la crisis terminó.

[19] El nombre completo es Tratado para la Proscripción de las Armas Nucleares en América Latina y el Caribe; su objetivo fue promover la erradicación de armas nucleares en la región a raíz de la crisis de los misiles en Cuba. El acuerdo firmado por 33 países el 14 de febrero de 1967, en la sede de la Secretaría de Relaciones Exteriores de México, en la ciudad de Tlatelolco, entró en vigor el 25 de abril de 1969. Cuba no lo suscribió sino hasta el 25 de marzo de 1995, después del término de la guerra fría.

se queden del proyecto nacional, mejor para México. Importante destacar que hasta la fecha no existe un consenso entre los mexicanos en torno a cuál debe ser la política con Estados Unidos. El caso de Cuba es similar, aunque a lo largo de los años su líder histórico ha perdido muchos adeptos entre los mexicanos por la ausencia de prácticas democráticas, y ciertamente la relevancia estratégica de la isla disminuyó en forma significativa a partir del fin de la guerra fría. Sin embargo, es importante destacar que, prácticamente hasta los noventa, en México podía hablarse de un gran consenso en materia de política exterior, situación que empezó a cambiar a partir de esa década.

El agotamiento del modelo revolucionario (1968-1980)

El *México para los mexicanos* marcado por cuatro décadas de crecimiento económico y estabilidad política y social empezó a mostrar signos de desgaste en los sesenta. El año 1968 se convirtió en fecha emblemática para los mexicanos. Se celebró en México la XIX edición de los Juegos Olímpicos, con un modelo de organización y hospitalidad que le dio al país una gran proyección internacional.[20] Sin embargo, diez días antes de la inauguración del magno evento, en la histórica Plaza de las Tres Culturas de Tlatelolco, una manifestación de estudiantes terminó en una matanza que puso en tela de juicio al gobierno, al ejército y a la cohesión social del país. El deslinde de responsabilidades nunca quedó claro y cuarenta años después se sigue buscando a los responsables.

Los trágicos sucesos de 1968 son un indicador de que algo no estaba bien en el país y de que el exitoso modelo revolucionario requería ajustes importantes. México contaba con una economía en constante crecimiento, con instituciones financieras sólidas, con instituciones sociales que servían de modelo para otros países y con una sociedad pujante y creativa. Apuntaba a convertirse en una potencia de fin de siglo. Así se veía desde México y desde el exterior.

Sin embargo, las vulnerabilidades del modelo asomaron en forma preocupante. A finales de la década de 1950 se habían presentado movimientos gremiales, en particular de los ferrocarrileros y los mé-

---

[20] Los Juegos Olímpicos se celebraron en México del 12 al 27 de octubre de 1968, sólo diez días después de los hechos violentos del 2 de octubre en Tlatelolco. Éstos han sido los únicos Juegos Olímpicos que se han llevado a cabo en América Latina.

dicos, que señalaban desajustes que había que corregir. La creciente clase media buscaba mayores espacios de participación. En el medio rural, especialmente en el estado de Guerrero, surgieron grupos guerrilleros de extrema izquierda que retaban al gobierno. El sistema político, que en materia de estabilidad y orden social había sido tan exitoso, se había vuelto autoritario. Tanto así que en la sucesión presidencial de 1970 el triunfo recayó sobre quien era el responsable de la política interna en 1968, lo que significaba que para la élite política lo sucedido en Tlatelolco no ameritaba ajustes al modelo ni rendición de cuentas del gobierno.[21]

El modelo económico había sido exitoso, pero de 1930 a 1970 la población del país se había triplicado, al pasar de 16.5 millones de habitantes a 48.2 millones.[22] La riqueza que se generaba ya no era suficiente para atender las crecientes necesidades económicas y sociales de la población. En 1970 la legitimidad del gobierno estaba abiertamente cuestionada. En 1971 los eventos del jueves de corpus pusieron de manifiesto que el movimiento del 68 no había sido un hecho aislado, un rebote de movimientos en otras partes del mundo o producto de la intromisión de "agentes externos", según afirmaba el discurso oficial de la época.[23] Los desajustes políticos y sociales eran reales.

Ese mismo año Estados Unidos retiró la paridad del dólar con el oro, el primer síntoma de una crisis económica mundial, la primera desde la segunda guerra mundial. México no estaba preparado y el modelo no resistió los embates internos y externos. De 1970 a 1976 se intentó paliar la crisis con medidas económicas poco exitosas. Afloraron los conflictos entre la clase política y la clase empresarial y no fue posible lograr un consenso para reorientar el rumbo del país. En el ámbito internacional, México desplegó por primera vez una políti-

---

[21] Debe mencionarse que todavía en ese momento el voto más importante y definitivo para la elección presidencial era el del presidente saliente. Luis Echeverría Álvarez, secretario de Gobernación de Gustavo Díaz Ordaz, fue designado por este último como su sucesor, y la maquinaria del partido se encargó del resto.

[22] INEGI, *Población total en México. Conteos, estimaciones y censos 1790-2000*.

[23] El 10 de junio de 1971 (día de la festividad de Corpus Christi) una manifestación estudiantil en apoyo a los estudiantes de Monterrey fue violentamente reprimida por fuerzas públicas. La represión fue atribuida a los "halcones", grupo paramilitar al servicio del Estado al que se le atribuye también intervención directa en la matanza de Tlatelolco, en octubre de 1968. El presidente se desligó de los hechos sangrientos de los que nunca nadie se responsabilizó, y nadie fue llevado ante la justicia.

ca tercermundista que buscó contrarrestar la influencia de los países industrializados a través de una estrategia de diversificación de las relaciones económicas con el exterior. México no estaba preparado para ello y los logros quedaron muy por debajo de las expectativas.

En 1973 se desencadenó la crisis petrolera, y el mercado mundial del petróleo, de ser un mercado de compradores, se convirtió en un mercado de vendedores; por primera vez los dueños del petróleo fijaban los precios. Paradójicamente, en este tema México no fue tan tercermundista y no se unió a la OPEP, pero obtuvo pingües ganancias gracias al alza de los precios internacionales del crudo. En 1976 por primera vez no llegó a la presidencia de México un político sino un ex secretario de Hacienda, con la encomienda de "administrar la abundancia" generada por las ventas del petróleo. México entró en el ilusionismo de la administración de la riqueza. Efectivamente, el petróleo generó una gran riqueza en esos años que, entre otras cosas, sirvió para elevar el endeudamiento externo del país a cifras sin precedentes. El ilusionismo de la riqueza petrolera duró muy poco tiempo.

De 1976 a 1979 se dio un primer intento de apertura política del sistema y se bajó el perfil internacional, dejando atrás la política tercermundista de la anterior administración. Sin embargo, en 1979, se frenó la apertura política, pero se retomó el activismo internacional. Lo interesante de este periodo es que las amenazas a la seguridad de México y al proyecto nacional provinieron del entorno económico, cuya globalización se iniciaba. El reto ya no consistía en preparar un ejército para rechazar al invasor sino en estar pertrechados para enfrentar los vaivenes de la economía mundial. Sin embargo, a pesar de las cuatro exitosas décadas de crecimiento estabilizador, México no supo reaccionar, o no tenía lo que se requería para enfrentar los nuevos retos. ¿Qué tanto fue esto producto del desgaste del modelo de desarrollo y qué tanto de un sistema político con pocos espacios para la renovación? ¿O fue la combinación de ambos factores? No es una pregunta fácil de contestar. Lo que sí es claro es que las amenazas del exterior habían tomado ya un nuevo giro que impactaba esencialmente en la economía y que la respuesta mexicana resultó insuficiente.

En esta etapa renace el debate de la identidad de los mexicanos frente al exterior. La causa tercermundista que encabeza el presidente Echeverría logra simpatías en algunos sectores. Sin embargo, para otros, el fracaso de esta política es prueba de que la única opción real para México es Estados Unidos. Con América Latina se mantiene siempre una empatía cultural e histórica, pero no se ve el futuro económico de México en la relación con la región. La política exterior estaba permeada de pluralismo ideológico y la consigna era "llevarse bien con todos", aunque esto parecía también significar no hacer alianzas profundas con ninguno.

El fin de la guerra fría
y el surgimiento de nuevas amenazas (1980-2000)

En los setenta la guerrilla, la principal amenaza a la estabilidad interna, se trató con mano dura utilizando la fuerza del Estado, con lo que se logró neutralizarla, pero no hacerla desaparecer. La relación especial con Cuba ayudó a impedir que fuerzas externas apoyaran a los extremistas mexicanos. Mientras esto sucedía en México, en Centroamérica los conflictos eran abiertos. En El Salvador el Frente Farabundo Martí para la Liberación Nacional (FMLN) ponía en jaque al gobierno, y en Guatemala, gobernado por militares desde 1954, el gobierno enfrentaba a la Unidad Nacional Revolucionaria de Guatemala (UNRG). En Nicaragua, en 1979, caía una de las dictaduras históricas de Centroamérica ante el Frente Sandinista para la Liberación Nacional (FSLN). Centroamérica se convirtió en un hervidero, y México decidió actuar. En 1983 el gobierno de México reconoció por primera vez que lo que sucedía en Centroamérica constituía una amenaza para la seguridad nacional de México, y ese año se tomó la iniciativa para iniciar un proceso formal, liderado por México, para coadyuvar a la pacificación de Centroamérica. El esfuerzo fue exitoso y, en 1986, cinco países centroamericanos firmaron el Acuerdo de Esquipulas, lo que dio inicio al proceso de paz en la región. El objetivo de México se había cumplido.[24] Este triunfo político-diplomático se

---

[24] En enero de 1983 se anunció la creación del Grupo de Contadora —nombre de la isla panameña en la que se realizó la primera reunión—, integrado por Colombia, México, Panamá y Venezuela. Esta iniciativa logró que los centroamericanos se sentaran a negociar y finalmente desembocó en el acuerdo de Paz de Esquipulas, Guatemala, en 1986, en la que fue anfitrión el primer presidente electo democráticamente en Guatemala desde 1954. Los países firmantes fueron Costa Rica, El Salvador, Guatemala, Honduras y Nicaragua. Los países del Grupo de Contadora firmaron como testigos.

complementó con la activa participación de México en los procesos de pacificación, particularmente en El Salvador y Guatemala. En estos casos la participación de México se dio dentro del marco de Naciones Unidas, que desempeñó un importante papel en estos procesos.

Lo que México hacía en Centroamérica sucedió sin la participación de Estados Unidos, cuya política de guerra fría e inspiración anticomunista en esa región, sobre todo en El Salvador, había resultado un fracaso.[25] Afloraron en este caso las limitaciones de Estados Unidos y la inadecuación de sus enfoques para marcar la pauta de la evolución de conflictos internos en la región. Esta experiencia también puso de manifiesto que México contaba con márgenes de maniobra para actuar a nivel regional en defensa de sus intereses, no obstante existir una distancia entre su visión y su estrategia y las de Estados Unidos. A pesar de las diferencias, la relación entre los dos países fluyó sin mayor contratiempo. La mejor prueba de ello fue que, en paralelo al proceso Contadora, se llevó a cabo una de las rondas históricas de negociación de deuda pública y privada de México, en las que Estados Unidos desempeñó un papel preponderante, sin que este proceso se contaminara por las diferencias hacia Centroamérica. Pero era también un aviso de que el mundo estaba cambiando y de que los términos del juego de poder se estaban modificando. Era también una señal de que, para muchos efectos, el futuro de México habría de depender más de lo que plantearan e hicieran los mexicanos que de su "relación especial" con Estados Unidos. Los hechos de las siguientes dos décadas han dado sobrado sustento a esta tesis.

La década de los noventa representó para México algunos avances, pero también nuevos descalabros. El 1 de enero de 1994 se registraron dos de los eventos más importantes en esa década: la entrada en vigor del TLCAN y la aparición pública del EZLN. A esto siguió, en marzo de ese

---

[25] La última acción militar de Estados Unidos en la región en el marco de la guerra fría fue la intervención militar en Granada, en 1983, después del triunfo electoral de un gobierno socialista. Lo había hecho antes en Guatemala, en 1954; en República Dominicana, en 1965 y en Chile, en 1973. En el mes de octubre de 1989 cayó el muro de Berlín, lo que marcó simbólicamente el fin de la guerra fría. Sólo dos meses después, en diciembre de 1989, Estados Unidos invadió Panamá con el objetivo de derrocar al gobierno del general Noriega, a quien difícilmente se podía acusar de comunista. Las intervenciones de Estados Unidos en el continente, a partir de ese momento, tendrían una nueva etiqueta: la lucha contra el narcotráfico, el nuevo enemigo de la seguridad en el hemisferio.

año, el primer magnicidio en el país desde el asesinato del candidato electo Álvaro Obregón, en 1928. La violencia política no se detuvo con la muerte de Luis Donaldo Colosio. En agosto de ese mismo año murió asesinado José F. Ruiz Massieu, secretario general del PRI, partido en el poder desde 1929. En diciembre de ese año se desencadenó una nueva crisis económica. La ilusión de que México ya formaba parte del "club de los ricos" se desvaneció frente a estos eventos.

A pesar de los descalabros, el gobierno de la república reaccionó bien en 1994, y en julio de ese año se celebraron elecciones presidenciales sin violencia política y con un grado de legitimidad electoral sin precedentes, lo que fue significativo después de la crisis de legitimidad a raíz de la "caída del sistema" en el proceso electoral de 1988. El nuevo gobierno tomó posesión el 1 de diciembre, sin mayor contratiempo, pero pocos días después estalló una nueva crisis económica, la tercera en menos de dos décadas (1976, 1982 y 1994). Todo indicaba que el modelo económico y de desarrollo, tan exitoso hasta 1970, no lograba retomar el rumbo. De nuevo la vulnerabilidad económica, sumada a la pérdida de legitimidad política —que se puso de manifiesto a los ojos de México y el mundo con el levantamiento del EZLN, gracias a la exitosa campaña mediática de su líder— exigían una reflexión a fondo sobre las bases del sistema político y del modelo de desarrollo.

Lo cierto es que no se hizo mucho para mover el timón. La buena noticia fue que México contaba con bases suficientes para paliar la crisis económica —de nuevo con el apoyo decidido de Estados Unidos— y para mantener la estabilidad política —con un adecuado manejo del conflicto en Chiapas—, pero hasta ahí llegaron las medidas. El modelo de hacer política encabezado por el PRI se agotó en ese sexenio, y el último gobierno del PRI le dejó el camino libre a la oposición para llegar al poder. En las buenas noticias, la llamada transición democrática de 2000 se dio, para sorpresa de muchos, en forma pacífica y civilizada. Muy importante: a la sociedad mexicana no le gustó la idea de volver a los tiempos de la violencia política. La aparición del EZLN generó muchas simpatías, pero el rechazo a la violencia política fue contundente.

EL MÉXICO ACTUAL

El crimen organizado adquiere la nacionalidad mexicana

El fin de la guerra fría —simbólicamente marcado por la caída del muro de Berlín en 1989— generó una ola de espejismos de fin de siglo que colocaban a Estados Unidos como la primera y única superpotencia mundial, líder indiscutible en un mundo unipolar. Hubo incluso quien declaró "el fin de la historia", marcado por el triunfo del capitalismo, liderado por Estados Unidos. Sólo dos décadas después el mundo había adquirido una nueva fisonomía que marcaba "el fin de la historia" de esos espejismos. El surgimiento de un enemigo "inesperado", el terrorismo internacional, y la "inesperada" emergencia de China como potencia mundial en medio de la peor crisis económica y financiera de Estados Unidos, cambiaron rápidamente el escenario mundial.

México inició el siglo XXI con la gran oportunidad de dar un importante golpe de timón al proyecto nacional. La transición le otorgó a México el llamando "bono democrático", producto de la alternancia en el poder. El bono democrático era de uso dual: en México y en el exterior. Sin embargo, los resultados de esta transición quedaron por debajo de las expectativas; en opinión de muchos mexicanos, el bono democrático se desvaneció prácticamente sin haberse utilizado. La globalización, que para los noventa era más que evidente en el ámbito económico, pronto se extendió a otros ámbitos. El crimen organizado se convirtió en el lado oscuro de la globalización.

En este contexto el tema del narcotráfico en México le imprime un nuevo tono a la naturaleza de las amenazas externas. A partir de los ochenta se intensifica el paso de la cocaína por México, después de que una exitosa campaña de Estados Unidos en el Caribe logró bloquear el flujo de drogas por esa ruta. La semilla del mayor problema de seguridad de México en las siguientes dos décadas estaba plantada. El primer evento delicado en la relación bilateral con Estados Unidos sobre este tema apareció en 1985, con el secuestro y asesinato de un agente de la DEA en México. Este hecho contaminó la relación bilateral hasta principios de los noventa, cuando el marco de la relación empezó a cambiar a raíz de la creación de la Comisión Binacional entre México y Estados Unidos en 1992 y con la firma, un año después, del Tratado de Libre Comercio de América del Norte (TLCAN).[26]

Un tema a destacar en este nuevo entorno es el hecho de que el papel estelar que tuvo Estados Unidos en el manejo del conflicto este-oeste del que resultó ganador virtual no se ha visto en su actuación contra el narcotráfico, pues en más de cinco décadas no ha logrado detener el ingreso y consumo masivo de drogas en su territorio. Las razones no están claras, pero los resultados así lo indican. Se argumenta que se trata de un negocio multimillonario —más del 70% de los beneficios de este negocio ilegal se queda en Estados Unidos—, lo que reduce los incentivos para una lucha frontal. Se argumenta también que mientras los estadunidenses mantengan el nivel de ingreso que les permita adquirir las drogas, las decisiones de los usuarios estarán por encima de las políticas gubernamentales, pues son ellos quienes mandan en el mercado, a pesar de que la compra y el consumo de drogas sean ilícitos. Por muchos años el discurso estadunidense se centró en culpar a los actores externos, esto es, a los países productores y a los países de tránsito, entre los que se encuentra México. La realidad indica que a pesar de los esfuerzos realizados, esto no ha evitado que a partir del negocio de las drogas ilícitas se haya generado la red de crimen organizado más importante en la historia del continente, en la que México desempeña un papel crucial.

Está claro que mientras la estrategia estadunidense ha sido poco eficaz para evitar el ingreso y el consumo de drogas en su territorio, México, por su geografía, estaba destinado a convertirse en el lugar ideal para la expansión del negocio de las drogas y del crimen organizado, que incluye otros delitos, como tráfico de armas, lavado de dinero, asociación delictuosa y, con ello, una industria de la violencia que ha derivado en la multiplicación de delitos del fuero común, como homicidios, secuestros, extorsiones y robos a mano armada. Dos

---

[26] La Comisión Binacional es el primer mecanismo formal en la relación bilateral para administrar los distintos temas de la agenda bilateral. Hasta ese momento el único mecanismo formal que existía para temas de frontera era la Comisión Internacional de Límites y Aguas (CILA), creada a finales del siglo XIX para resolver diferendos limítrofes. La creación de la Comisión Binacional, al dar espacio para tratar los temas por separado en 16 subcomisiones, sirvió para evitar que un tema contaminara al resto de la relación. Estos y otros mecanismos creados en los noventa fueron de gran utilidad para ordenar la relación y administrar mejor algunos problemas, pero su finalidad nunca fue revisar temas de fondo de largo alcance para la relación. El único tema que recibió este tratamiento fue el comercio, lo que derivó en la firma del TLCAN, en 1993.

factores han contribuido a esta evolución. El primero, que las instituciones mexicanas de aplicación de la ley y persecución del delito no estaban preparadas para enfrentar el fenómeno en la magnitud con la que entró al nuevo siglo. El segundo, el "vacío de poder" consecuencia de la transición democrática, lo que provocó la desarticulación de los sistemas de control del antiguo régimen sin haberlos sustituido por otros. Un problema de esos sistemas de control que ha permanecido es la corrupción, arraigada desde hace tiempo en las instituciones y en la sociedad mexicana.

Lo que es claro es que ni la estrategia estadunidense ni la estrategia mexicana, ni juntas ni separadas, han podido evitar la expansión del crimen organizado vinculado con el negocio de las drogas que ahora se extiende prácticamente a todo el continente. También es claro que el gobierno de Estados Unidos no ha encontrado la solución o no ha querido encontrarla. Esto significa, para todos los efectos prácticos, que México ha debido trabajar en su propia solución. Este hecho es significativo pues implica, a diferencia del pasado, que la estrategia de seguridad frente a amenazas externas ya no se puede resolver acogiéndose a la sombrilla de Estados Unidos, como pasó durante la guerra fría. Ahora la amenaza es multinacional e interna, está dentro y está afuera, está en México, en Estados Unidos y en la mayor parte de los países del continente. No hay una solución regional liderada por Estados Unidos ni por ningún otro actor para acabar con este mal, ni existe un esquema multinacional sólido y eficiente para hacerle frente. Hasta ahora las redes criminales han sido más exitosas y han logrado avanzar más en sus objetivos que los gobiernos.

En este contexto, el crimen organizado es una amenaza que ha puesto de manifiesto las fortalezas y las debilidades del Estado mexicano, de sus instituciones y de sus limitaciones para contar con un andamiaje institucional adecuado para instrumentar una solución en la que los mexicanos estén convencidos y dispuestos a apoyar.

Desde 1988 el gobierno de la república había etiquetado el narcotráfico como la amenaza más seria a la seguridad nacional. Para el año 2000 era evidente que el fenómeno había trascendido el ámbito de la seguridad pública para ubicarse en el ámbito de la seguridad nacional. Las fuerzas armadas, diseñadas para defender el territorio nacional de los enemigos externos, ahora debían hacerlo de los enemigos en el interior, ante la incapacidad de las policías para enfrentar el problema. México entró así a un periodo de confusión estratégica en el que las amenazas a la seguridad nacional ya no estaban fuera, sino dentro, o en ambos lados. Estados Unidos podía verse como un aliado en la lucha o como el causante de todo el problema, al no controlar el ingreso y consumo de drogas en su territorio. Centroamérica se convierte en lugar de paso y termina por culpar a México de sus problemas de seguridad que, en su perspectiva, se originan en la presencia de bandas mexicanas de narcotraficantes. A esto se añade el problema de la corrupción de instituciones. Ahora el enemigo está dentro. Son los mexicanos que conforman los cárteles con extensas redes delictivas por todo el país y los mexicanos que se hacen cómplices, frente a instituciones que no cuentan con la experiencia y fuerza necesaria y que además están vulneradas por la corrupción. El problema ha adquirido dimensiones sin precedente.

La migración y la vulnerabilidad de las fronteras

El crecimiento demográfico en México, aunado a las insuficiencias de la economía para generar los empleos necesarios para su mercado de trabajo interno, llevaron a una dinámica de exportación involuntaria de mano de obra que encontró su principal válvula de escape en el mercado laboral estadunidense. De 1970 a 2000 la población mexicana pasó de 48.3 millones a 97.6 millones de habitantes. En tres décadas la población se había duplicado; en siete (1930-2000) se había sextuplicado. A partir de los noventa los flujos migratorios hacia Estados Unidos se aceleran hasta alcanzar un ritmo de 400 000 nuevos migrantes por año, lo que significa que alrededor de la mitad del excedente anual de la mano de obra mexicana se trasladó a Estados Unidos. Para fin de siglo se reportaban en Estados Unidos más de ocho millones de extranjeros indocumentados, más de la mitad de los cuales eran mexicanos. En 1993, cuando se negociaba el TLCAN con Estados Unidos y Canadá, México planteó el tema de la movilización de mano de obra entre los tres países, pero la negativa de Estados Unidos fue contundente: si esto se ponía como condición, no habría tratado. México y Estados Unidos no han firmado un acuerdo laboral desde el acuerdo bracero en los cuarenta. En 2001 los dos gobiernos iniciaron pláticas con el propósito de buscar un nuevo arreglo, pero los eventos terroristas de septiembre de ese año derivaron en la suspensión de dichas pláticas, que al año 2010 no se habían reanudado.

Las implicaciones de este tema para México y para su relación con Estados Unidos y con sus vecinos del sur no han sido menores. Alrededor del 10% de la población nacida en México reside actualmente en Estados Unidos; casi siete millones son indocumentados, lo que los convierte en ciudadanos de segunda en ese país. México puede hacer poco por mejorar su situación allá y no cuenta con los empleos como incentivo para retenerlos aquí. Sin embargo, el problema no queda ahí. A partir de 2001, y como una forma de evitar la entrada de terroristas a Estados Unidos, se adoptó en ese país una política de control más estricto de fronteras, pero sin brindar en paralelo un esquema alternativo para los flujos laborales. En este nuevo escenario los costos y las dificultades de cruce para la mano de obra mexicana —y de otras nacionalidades—, se elevaron en forma exponencial, lo que ha generado la formación de una robusta red delincuencial para ayudar a los migrantes a cruzar sin documentos. Han proliferado las bandas de traficantes de personas —lo que incentiva el delito de trata de personas utilizando las mismas redes—, traficantes de documentos, corrupción de autoridades y victimización de migrantes. A la presencia de las redes del narcotráfico en la frontera se añade la presencia de otros traficantes, vinculados con el paso ilícito de migrantes económicos y sus familias, lo que en conjunto ha planteado un nuevo reto en la agenda de seguridad de México, que se ha complicado y agravado a lo largo de la década hasta derivar en secuestros y matanzas masivas de migrantes perpetradas por bandas del crimen organizado que operan en territorio mexicano. Las fronteras se convierten en el espacio más vulnerable, dada la concentración de estos delitos en esas áreas.

El problema no se agota en la frontera norte, debido a que los flujos de migrantes hacia Estados Unidos no son sólo de mexicanos. A estos flujos se suman centroamericanos, sudamericanos y personas de otras nacionalidades. La prohibición del cruce de fronteras sin documentos también por la frontera sur de México ha llevado a la proliferación de estas nuevas redes criminales. En unos pocos años los índices de violencia y criminalidad en las fronteras de México han aumentado en forma exponencial. El tráfico y la trata de personas se han vuelto negocios boyantes, lo que lleva a que prácticamente todo el territorio mexicano se convierta en tierra insegura para los migrantes, sean éstos mexicanos o extranjeros.

El Estado mexicano no contaba ni con una estrategia ni con un plan para enfrentar este nuevo reto a su seguridad. Los nuevos paradigmas de seguridad en Estados Unidos, que llevaron a incrementar el control físico de la frontera con México, sin dar una salida segura y ordenada a los flujos de emigración laboral, han servido ciertamente para complicar el panorama. La imposibilidad de México de ofrecerles a sus connacionales condiciones de retorno laboral en un horizonte de corto y mediano plazo descarta esta solución. El ordenamiento de flujos como parte de una reforma migratoria en Estados Unidos o como resultado de una negociación bilateral tampoco se ve factible en el corto y mediano plazo.

En este panorama, resulta claro que tanto el problema de la seguridad pública como el problema de la seguridad en las fronteras son resultado de una combinación de factores internos y externos. Si México hubiera estado preparado para evitar que su territorio se convirtiera en lugar de paso natural de drogas, la amenaza se hubiese detenido en sus fronteras. Si sus instituciones hubiesen sido lo suficientemente sólidas para evitar la corrupción, quizá no estaríamos hablando de un problema de seguridad nacional. Algo parecido sucede con el tema de las fronteras y la migración. La salida de mexicanos hacia Estados Unidos se origina en un entorno económico interno que resulta insuficiente para cubrir las necesidades de empleo de su población. La proliferación de delitos asociados con la migración en las fronteras norte y sur se deriva de la permeabilidad y permisividad de las instituciones pues, al igual que en el caso de las drogas, estos fenómenos sólo pueden penetrar en una sociedad con la connivencia de autoridades.

La geopolítica de las amenazas

La principal amenaza a la seguridad nacional deriva del poder de descomposición del crimen organizado —en sus distintas vertientes y modalidades— sobre el Estado y la sociedad. Sin embargo, una diferencia a destacar entre los dos fenómenos —tráfico de drogas y migración— es que el primero se origina en una actividad delictiva —producción, tráfico y consumo de drogas—, mientras que el segundo se origina en la falta de empleos en México. En la resultante, ambos fenómenos son multinacionales y requieren tratamientos acordes con estas características, pues son fenómenos que trascienden fronteras y determinan las relaciones con los vecinos.

En la agenda bilateral entre México y Estados Unidos, migración y crimen organizado son los dos temas que requieren mayor intervención gubernamental, aunque la preocupación de los dos gobiernos y su enfoque son distintos. Igualmente sucede con los vecinos al sur. Para los gobiernos centroamericanos los dos principales temas en su relación con México son migración y crimen organizado. Se quejan del trato que reciben sus migrantes en México, igual que México se queja del trato que reciben sus nacionales en Estados Unidos. Se quejan también, sobre todo en tiempos recientes, de la presencia de redes mexicanas del crimen organizado. Poco pueden hacer para evitar ambos fenómenos, y esperan que la solución venga de México. México adopta el mismo enfoque frente a Estados Unidos. Espera que de ahí vengan las soluciones al tema de la migración —aunque se origine en la falta de empleos en México—, y espera que la reducción del consumo de drogas y del trasiego de armas en Estados Unidos solucione el problema del crimen organizado en México. Esta percepción está ya arraigada tanto en sectores gubernamentales como en amplios sectores de la sociedad. Lo que vemos claramente en este panorama es que las percepciones de los gobiernos y de sectores de la población sobre los orígenes y potenciales soluciones de estos problemas no necesariamente coinciden, pues a pesar de que la responsabilidad compartida aparece con frecuencia en los discursos gubernamentales, en realidad todos esperan que los otros hagan su parte, dado que el origen, y por ende la solución de los problemas, están fuera de sus fronteras; existen distintos enfoques tanto para el diagnóstico como para la solución de los problemas. En el fondo esto refleja la ausencia de una identidad compartida frente a problemas comunes. Se comparte el problema pero no la responsabilidad. Con estas percepciones, la cooperación multinacional basada en la responsabilidad compartida pasa a un segundo plano.

El deterioro de las instituciones mexicanas, producto de la corrupción, es también considerado por muchos mexicanos como una consecuencia de fenómenos que se originan en el exterior. Sin embargo, debe reconocerse que esto no sería posible sin una dinámica interna que favorece su presencia y en la que participan autoridades contaminadas por la corrupción en los tres niveles de gobierno, y sectores de la sociedad involucrados o tolerantes de las actividades criminales.

Lo que México ha hecho para enfrentar estos dos fenómenos ha sido de relativa eficacia. La presencia del crimen organizado ha crecido en forma desmedida hasta convertirse en el tema central de las agendas de seguridad pública y de seguridad nacional. Las políticas y programas para proteger a los migrantes —mexicanos y extranjeros— en territorio mexicano han quedado a la saga de los avances de las redes del crimen organizado y de la descomposición de autoridades que han visto en el fenómeno una oportunidad de lucro ilegal.

Paradójicamente, además del crimen organizado en torno al narcotráfico y de los delitos asociados con la migración, existen otras amenazas que México debe enfrentar. El Estado mexicano ha debido invertir tiempo y recursos en nuevos temas de la agenda de riesgos, como son el terrorismo internacional, las armas de destrucción masiva y las pandemias. El gobierno de México no puede ni debe soslayar la posible presencia de terroristas internacionales o el posible desarrollo de armas de destrucción masiva en su territorio. Su situación geopolítica, como vecino de Estados Unidos, lo obligan a estar especialmente atento a estos temas. México sufrió en 2007 una epidemia de influenza que alcanzó el estado de emergencia. Son temas de la agenda que compiten en atención y recursos con otros temas de la agenda de riesgos que resultan más visibles, pero no por ello son menos importantes. Son también temas que ponen de manifiesto la geopolítica de las amenazas a la seguridad, pues de nuevo es la situación geográfica de México como vecino de Estados Unidos lo que convierte al país en un territorio atractivo para el desarrollo de estas amenazas. De nuevo estamos hablando de amenazas que no se originan en territorio nacional, que sólo pueden entenderse en la geopolítica global del crimen organizado y cuya respuesta sólo puede ser efectiva si se trabaja en esa dimensión. Son amenazas cuyo tratamiento obligadamente requiere la visión y la cooperación internacional para su efectivo combate. A pesar de ser fenómenos diferenciados del crimen organizado y de los delitos asociados con la migración, no se pueden aislar de la geopolítica multinacional de las amenazas.

El papel de la política exterior en la seguridad nacional

Del catálogo de estas amenazas a la seguridad nacional de México se derivan al menos tres lecciones. La primera, que existen amenazas que no distinguen fronteras, que se pueden originar fuera pero que se desarrollan adentro, como el caso del tráfico de drogas o como podría ser el terrorismo internacional; o generarse por factores internos con consecuencias externas y en las fronteras de México, como es el caso de la migración económica derivada de la insuficiencia de empleos. La segunda es que las soluciones a estos fenómenos no se originan en el exterior salvo en los casos del terrorismo internacional y en el de armas de destrucción masiva, dos temas en los que la cooperación internacional ha desempeñado un papel importante. La tercera, que hasta ahora no existen esquemas de solución de carácter regional para combatir aquellas amenazas que mayor impacto tienen hoy en la seguridad nacional y en el bienestar de los mexicanos, y que las soluciones nacionales son claramente insuficientes. Esta última es quizá la mayor de las paradojas que enfrentan actualmente Estados Unidos, México y los países centroamericanos y del Caribe, frente a amenazas comunes como el narcotráfico, el crimen organizado y los delitos asociados con la migración. En el marcador regional, si contamos en términos de la expansión del crimen organizado *versus* la acción conjunta de los estados para combatirlo, el marcador está a favor de los primeros.

Política exterior y seguridad nacional

Algunos analistas de política exterior de México coinciden en que en los últimos años se ha desdibujado la política exterior de México. Esto se atribuye a factores que van desde la expansión de los temas de agenda con los mismos recursos y personal, hasta una falta de rumbo y dirección en la agenda de política exterior del gobierno de México. Si en lugar de hablar de política exterior —concertación entre gobiernos para el logro de objetivos compartidos— hablamos de relaciones de México con el exterior, nos encontramos con que en las últimas tres décadas han prevalecido los temas económicos sobre otras agendas. En los ochenta México se convirtió en uno de los principales deudores del mundo y tuvo que enfocarse en la renegociación de su deuda externa. En los noventa el gran tema fue el comercio, en particular la negociación del TLCAN y otros acuerdos de libre comercio. En el manejo de estos dos temas los diplomáticos tuvieron poco o nada que ver.

En los noventa hubo en la vía diplomática esfuerzos exitosos para dar un marco más sólido a las relaciones con los principales interlocutores de México: con Estados Unidos, a través de la creación de la Comisión Binacional (1992) y de los mecanismos de enlace fronterizo (1993). Con América Latina se impulsaron esfuerzos importantes como la I Cumbre Iberoamericana (Guadalajara, 1991), el Grupo de Río —sucesor ampliado del Grupo Contadora—, el Grupo de los Tres —Colombia, México y Venezuela— y la Cumbre de Tuxtla Gutiérrez, marco de cooperación con los gobiernos de Centroamérica. En 1993 México ingresó al Mecanismo de Cooperación Económica Asia Pacífico (APEC) y en 1994 a la Organización para la Cooperación y el Desarrollo Económico (OCDE). Sin embargo, a partir de la segunda mitad de los noventa, las iniciativas de México en el exterior empezaron a perder impulso, fuerza y frecuencia.

En 2001, con la entrada del nuevo gobierno, México retomó el tema migratorio con Estados Unidos e inició un diálogo con miras a lograr algún acuerdo para ordenar los flujos de mexicanos que se trasladan indocumentados a Estados Unidos. Este diálogo se rompió en septiembre de 2001, cuando Estados Unidos subordinó la agenda bilateral con México a los nuevos paradigmas de seguridad. En ese periodo la cancillería mexicana se desmarcó del tema de seguridad.

En 2002 México fue sede de dos reuniones internacionales importantes. La Conferencia de Naciones Unidas sobre Financiamiento al Desarrollo, realizada en Monterrey, en la que se suscitó el rompimiento con Fidel Castro y se puso fin a la relación especial de México con ese país, que había durado cuatro décadas, y la reunión cumbre del Mecanismo de Cooperación Económica Asia Pacífico (APEC), en la que se puso de manifiesto la ausencia de agenda de la Cancillería mexicana. En ninguna de las dos reuniones México hizo propuestas relevantes.

Lo cierto es que cuando buscamos la participación de la Cancillería mexicana en los temas que afectan la política exterior de México en este periodo nos encontramos ausencia de liderazgo a nivel interno para llevar iniciativas frente al exterior; descoordinación interinstitucional en el manejo de los temas con el exterior y ausencia de iniciativas a nivel regional para enfrentar los principales temas que preocupan a México: crimen organizado y migración internacional.

Esta reflexión es importante en la medida en que, como mencionamos antes, existe una clara ausencia de mecanismos de carácter regional para enfrentar las principales amenazas a la seguridad nacional de México y una clara ausencia de liderazgo interno para negociar y operar estos temas con el exterior. En la última década México no ha presentado una sola iniciativa a nivel regional para enfrentar el tema del crimen organizado, y la coordinación hacia el exterior es fragmentada y sin un frente común. La participación de la Cancillería en la actual administración se ha centrado en el tema de la Iniciativa Mérida, mecanismo formal de cooperación con Estados Unidos para el combate al crimen organizado cuya negociación ha sido compleja; el desembolso de recursos se ha hecho con gotero y sus efectos en la realidad son muy limitados. El tema migratorio con Estados Unidos y con Centroamérica prácticamente no se ha movido desde el inicio de la actual administración. Los cambios han sido de carácter administrativo u operativo, pero nada a nivel estructural o de carácter estratégico. La presencia internacional de México, en ambos temas, se encuentra muy por debajo de la dimensión del problema en su territorio, y sus respuestas distan de ser consideradas historias de éxito o modelos a seguir por otros países.

En este punto la identidad del mexicano frente al exterior parece haber llegado a una encrucijada. Frente al problema del crimen organizado, para algunos lo sensato es ampliar la cooperación con Estados Unidos, dada la gravedad que ha alcanzado el problema en México. Para otros, Estados Unidos debe hacer su parte y ayudar a México con recursos y otros apoyos, pero sin meterse en México. Las visiones de soberanía son distintas. En otra vertiente, para unos la pérdida de control territorial frente al crimen organizado representa un problema grave de vulnerabilidad del Estado que debe resolverse con todos los recursos disponibles. Para otros, esto debe hacerse sólo con la fuerza pública mexicana, para no vulnerar la soberanía.

En el ámbito de la migración encontramos la misma paradoja. Para muchos mexicanos la respuesta a este tema debe venir de Estados Unidos, que son vistos como "los malos de la película". Para los mexicanos que se van, el problema es de México y de su gobierno, que no les ofrece suficientes empleos para una vida digna y, en este escenario, Estados Unidos se convierte en "la tierra prometida". Para algunos mexicanos México debe actuar con responsabilidad y en aras de su interés nacional, ayudando a resolver los problemas en Centroamérica. Para otros mexicanos, ésos son problemas de los centroamericanos que deben resolver ellos mismos, pues nosotros tenemos suficientes problemas con los nuestros. No hay consenso ni en las percepciones ni en las estrategias.

En el ámbito económico sucede algo similar. Para algunos mexicanos la solución es una mayor integración económica con Estados Unidos y la apertura indiscriminada a la inversión extranjera, para así aumentar la competitividad internacional del país. Para otros mexicanos, abrirse a mayor inversión extranjera y promover una mayor integración con Estados Unidos atenta contra la soberanía y la autodeterminación del país. El más claro ejemplo es el sector energético; en otros, como el bancario, ya se vendió prácticamente toda la banca mexicana, aunque para muchos mexicanos los beneficios de estas decisiones no quedan claros. La mayoría de los mexicanos coinciden en que es necesario terminar con el crimen organizado, pero en la forma de hacerlo hay importantes diferencias. La visión y la estrategia del gobierno actual no necesariamente coinciden con las del resto de los mexicanos. Es claro que el país está dividido en sus opiniones respecto a lo que más le conviene a México. Es claro también que, a diferencia de lo que sucedía en el pasado, en política exterior ha dejado de existir un consenso nacional. El más claro reflejo de esta ausencia de consenso a nivel nacional se manifiesta en la imposibilidad de avanzar en las reformas estructurales. Como mencionábamos al principio, del consenso básico o de su ausencia depende que los países avancen, retrocedan o se estanquen. México parece estar en este último escenario. El problema no es menor.

Hacia el México que algunos quisiéramos

El famoso historiador John Lewis Gaddis, después de hacer todas las recomendaciones para ver los hechos históricos en una perspectiva más amplia y de tratar de ubicarnos nosotros en la historia y no a la historia en nosotros mismos, señala que ni siquiera el historiador puede ser ajeno a adoptar una posición frente a los hechos, que al final tiene que ver con sus propios valores y percepciones, tan legítimas como las de los otros.[27]

La realidad de los últimos años induce a pensar que México se ha metido en varios callejones, aparentemente sin salida. El primero es el del crimen organizado, la corrupción, el debilitamiento de sus instituciones y la pérdida de legitimidad gubernamental. Es claro

---

[27] John Lewis Gaddis, *The landscape of history*, Oxford, Oxford University Press, 2002.

que México no contaba ni cuenta aún con los esquemas de respuesta suficientes para hacer frente a estas amenazas. Mientras tanto, sus instituciones y su sociedad se debilitan. La amenaza se originó en el exterior pero el problema se volvió interno. Frente al debilitamiento de los cárteles colombianos, los mexicanos se han fortalecido. Esperar que las condiciones de demanda de drogas o las estrategias para la reducción del consumo en Estados Unidos cambien en el corto o en el mediano plazo resulta poco realista. Por razones que cuesta trabajo entender, al menos en México, Estados Unidos ha invertido entre 2001 y 2010 en las guerras en Iraq y en Afganistán un monto superior al total del PIB mexicano en 2009, mientras que los desembolsos de la Iniciativa Mérida, a tres años de su despegue, no llegan a 500 millones de dólares.[28] No está claro si el gobierno de Estados Unidos no percibe la situación mexicana como grave y por ello no le invierte mayores recursos —como sucede con Iraq y con Afganistán—, si el gobierno de México no ha querido o no ha podido convencerlo de que así es, o si México no está dispuesto a asumir los compromisos que implicaría un esquema de mayor cooperación. No hay una respuesta estratégica clara, ni de un lado ni de otro. Tampoco en ninguno de los dos países parece haber consenso en el diagnóstico ni en la solución de los retos compartidos.

México ha reorientado el quehacer de sus fuerzas armadas y de sus fuerzas policiales a pelear una guerra para la cual no estaban entrenados ni preparados. Más allá de los recursos financieros que esto exige, estamos hablando de personal entrenado y capacitado para realizar los operativos que implica esta guerra. También estamos hablando del diseño de las estrategias adecuadas y del trabajo de inteligencia que se requiere para enfrentar estas amenazas, y que no puede acotarse a un esfuerzo nacional, dada la dimensión multinacional del problema. Todo indica que en las condiciones actuales no se puede esperar de Estados Unidos mucha más ayuda y compromiso de lo que se tiene hasta ahora. No hay consenso para avanzar en una dirección distinta. La lucha por el poder se encuentra por encima de la definición de prioridades nacionales. ¿Es el mismo caso de México? En lo que se refiere a los países al sur de México, particularmente en

---

[28] De acuerdo con las cifras oficiales, entre 2001 y 2010 Estados Unidos invirtió en el conflicto en Iraq 750 mil millones de dólares y en Afganistán 336 mil millones. Según las cifras del Banco Mundial, en 2009 el total del PIB mexicano alcanzó la cifra de 874 mil millones de dólares.

Centroamérica, en el tema de las drogas y el crimen organizado en sus distintas vertientes —que incluyen tráfico y trata de personas— sólo pueden esperarse mayores reclamaciones, pero ninguna solución. ¿Debe México cambiar su visión internacional de los problemas, y por ende sus estrategias de cooperación para combatirlos? ¿Se lo ha planteado a Estados Unidos? ¿Se lo debe plantear? ¿Qué le debe plantear?

El segundo callejón sin salida tiene que ver con la migración. La migración de mexicanos hacia Estados Unidos es producto de la falta de empleos en México. El mercado laboral estadunidense ha asimilado esta mano de obra durante las últimas dos décadas sin que el gobierno de ese país haya hecho prácticamente nada para que esa migración fluya en forma segura, legal y ordenada. Hasta ahora no ha estado ni está en sus planes construir un mercado laboral de América del Norte. En este tema los mexicanos no son vistos como socios. Los inmigrantes mexicanos reciben el mismo trato que los inmigrantes del resto del mundo, a pesar de la vecindad geográfica, del TLCAN y de ser mexicanos la mayoría de los inmigrantes indocumentados. De acuerdo con las cifras oficiales de ese país, en 2010 residían en Estados Unidos 11.9 millones de mexicanos nacidos en México.[29] Según las estimaciones del Pew Hispanic Center, del total de 11.1 millones de indocumentados residentes en ese país en 2009, el 60.3%, esto es, 6.7 millones, son mexicanos.[30]

Nada apunta a que las cosas se vayan a modificar en el corto plazo. El gobierno de México poco o nada ha podido hacer para retener a los mexicanos en territorio nacional ni para que sus connacionales reciban un trato distinto en el país del norte. Como en el caso del crimen organizado, de los países del sur sólo se pueden esperar crecientes reclamos por lo que les sucede a sus connacionales en México. Tampoco en este tema existe un enfoque regional en el que estén involucrados los principales países de origen y destino y del que se puedan desprender soluciones regionales que vayan más allá de los actuales regímenes nacionales de inmigración, que sólo contemplan las variables internas. Existe un gran vacío de soluciones en este tema. ¿Puede hacer México más de lo que hace? ¿Cómo y con quién?

El tercer cuello de botella tiene que ver con la economía. Como hemos comentado en esta breve revisión histórica, la variable más

---

[29] US Bureau of Census, *Current Population Survey, March supplement*, 2010.

[30] Estimaciones del Pew Hispanic Center, basadas en el Current Population Survey, septiembre de 2010.

importante en las relaciones de México con el exterior en la segunda mitad del siglo XX han sido las relaciones económicas; el endeudamiento externo como un "problema" y una vía de presión desde el exterior, el manejo de los recursos naturales —otrora en manos de empresas extranjeras— y la insuficiente capacidad para crear empleos para todos los mexicanos. En las tres últimas décadas del siglo pasado los momentos críticos que afectaron a México fueron de carácter económico. Las crisis de 1976, 1982 y 1994 se originaron en factores internos y pusieron a México en una condición de franca vulnerabilidad y baja competitividad frente al exterior. Sólo la crisis económica de 2008 se originó en el exterior. De acuerdo con la mayoría de los indicadores internacionales, México se encuentra en uno de los niveles más bajos de competitividad de los últimos tiempos. El rezago en las reformas estructurales y la existencia de monopolios públicos y privados, aunados a los bajos niveles de eficiencia y eficacia del andamiaje institucional, han puesto a México en niveles de competitividad que no corresponden con su historia y con el tamaño de su economía. ¿Tenemos también en este tema un problema de visiones y proyectos distintos de país? ¿Por qué ha sido tan difícil avanzar en las reformas estructurales? ¿Qué se requiere para romper este *impasse*? ¿Qué ha fallado en las políticas públicas? ¿Qué se debe ajustar?

La crisis mundial que estalló a finales de 2007 puso en evidencia la escasez de recursos, creatividad y maniobra de la economía mexicana para hacer frente a este tipo de situaciones. Los programas anticíclicos no funcionaron debido a la lentitud en su implementación por parte del sector público y privado, y hubo que esperar una vez más a la recuperación paulatina de la economía estadunidense para que la mexicana retomara el rumbo. Ha habido avances en la reducción de pobreza, pero los indicadores de pobreza y desigualdad aún colocan a México entre los países con mayor inequidad. En 2010 el hombre más rico del mundo fue un mexicano.[31] ¿En qué medida la ausencia de consensos nos ha impedido avanzar en una evolución más eficiente y equitativa de la economía y de un modelo de desarrollo más equitativo y distributivo?

---

[31] En el último reporte del Latinobarómetro, aparecido en diciembre de 2010, a la pregunta a los encuestados sobre en qué medida el gobierno democrático gobierna para las mayorías, México quedó en el lugar más bajo; sólo 30% de los encuestados consideran que su gobierno trabaja para las mayorías. El promedio de los 18 países considerados en la encuesta fue de 40 por ciento.

Corolario y recomendaciones

De estos escenarios se desprende un corolario que consideramos de la mayor importancia para el futuro de México. Existe una percepción clara de las amenazas externas, pero en la manera de combatirlas la situación ya no es tan clara, sobre todo en los temas de mayor impacto. Esto obedece, como ya hemos comentado, a causas estructurales: debilidad del andamiaje institucional, arraigo de la corrupción e impunidad, tolerancia social frente a la acción delictiva y reducidos alcances de la cooperación internacional, pero también a la inexperiencia en la planeación estratégica y en la implementación de los operativos. Los cambios en las estructuras y funciones de las fuerzas de seguridad, la falta de costumbre de colaboración interinstitucional y de coordinación entre federación, estados y municipios, se suman a las dificultades. Finalmente, la ausencia de un consenso nacional frente a la estrategia adoptada se convierte en un obstáculo mayor para su implementación. De este corolario se desprenden algunas recomendaciones.

1] *La estrategia para neutralizar amenazas debe ser una estrategia de Estado y no sólo de gobierno.* Una de las principales limitaciones de la actual estrategia para el combate al crimen organizado es que no todos los actores con funciones políticas y de autoridad marchan en la misma dirección y hacia el mismo objetivo. La estrategia no puede ser un objetivo solamente de un partido o de un gobierno. La creciente politización del quehacer público en México ha significado que la pertinencia, efectividad y dirección de las políticas públicas dependan del partido o el actor que encabeza el municipio, el estado o la propia federación, y no de programas y proyectos articulados y estructurados con horizontes de mediano y largo plazo que trasciendan a los actores en el poder. El consenso entre los principales actores políticos en torno a una estrategia es tan importante como la estrategia misma. El próximo gobierno de México debe ubicar la búsqueda de consenso como una de sus máximas prioridades, o su estrategia estará destinada al fracaso.

2] *La estrategia adoptada debe contar con los recursos humanos y materiales que aseguren su continuidad en el mediano y largo plazo.* Además de los recursos presupuestales, los principales retos que se enfrentan en la lucha contra el crimen organizado tienen que ver con la capacitación y la confiabilidad del personal que opera las estrategias. No se puede atacar a todos, todo el tiempo y en todo el país, simultáneamente. El país no cuenta con los recursos para ello. Los objetivos deben ser selectivos, en función de prioridades y de las fuerzas disponibles. En temas como el terrorismo internacional y las armas de destrucción masiva las estrategias a seguir son claras, el trabajo es especializado y no requiere grandes contingentes, pero sí los recursos y el personal adecuados. Debe aprovecharse todo lo avanzado y ubicar la capacitación, especialización y profesionalización de personal en un horizonte de 20 años. El crimen organizado y el deterioro de instituciones es un tema de Estado que no se resuelve en la coyuntura política, demasiado delicado para la mayor parte de los mexicanos como para permitir que sea parte del regateo político.

3] *La colaboración interinstitucional entre agencias federales y estatales no debe ser opcional.* La experiencia de los últimos años muestra que aún existen importantes márgenes de maniobra entre las distintas instancias del gobierno para hacer las cosas "a su manera y en sus tiempos". La misma situación se percibe con los gobiernos estatales. La circunstancia del país exige pasar a una nueva etapa de disciplina institucional en la que cada instancia cumpla con lo que le toca y asuma sus compromisos, particularmente en los temas más delicados, como el crimen organizado y la migración, que involucran a una gran cantidad de actores. La colaboración institucional en ciertos temas no puede ser parte del juego político. En esta dinámica las fallas de las partes afectan seriamente al todo.

4] *La estrategia en la agenda internacional de riesgos requiere una revisión a fondo.* A diferencia de las amenazas de otros momentos, que fueron claramente externas (siglo XIX) o se resolvían en un esquema más amplio de seguridad (conflicto este-oeste), ahora las amenazas externas son parte de la dinámica nacional, están totalmente interiorizadas y se deben atacar desde dentro y complementarse con la cooperación internacional. Sin este binomio no hay avance.

México debe rediseñar su estrategia en función de la geopolítica de las amenazas a su seguridad. Para ello es necesario ampliar y fortalecer sus cuadros de especialistas para la cooperación internacional en temas de seguridad, con capacidad para entender y diagnosticar los planes y programas de los otros actores, realizar tareas conjuntas de inteligencia, armar casos jurídicos internacionales, persecución de delitos en instituciones financieras, planeación operativa para el logro internacional de objetivos específicos, por mencionar algunos. México requiere una nueva generación de técnicos y diplomáticos capacitados para entender, dar seguimiento y posicionar al país en el ámbito internacional en los temas definidos como prioritarios.

Si la cooperación internacional es una de las respuestas para atender el interés nacional de México, y eso requiere abrir el debate sobre la forma de ejercer y preservar la soberanía, que se abra el debate y que se tomen las decisiones que mejor convengan a México. La globalización no tiene visos de detenerse, y en ese contexto la internacionalización es una vía necesaria de modernización, tanto de fuerzas armadas y policiales como de instancias diplomáticas, de procuración de justicia y de generación de inteligencia. Una de las posiciones a reconsiderar es la posición activa de México en operaciones internacionales de mantenimiento de la paz, que se iniciaron hace dos décadas y en las que México aún no participa, no obstante su vieja tradición de asumir compromisos e iniciativas por la paz y la estabilidad mundial. México debe ser consistente con sus preocupaciones discursivas por la paz y la estabilidad internacional. Es parte de su credibilidad frente al exterior.

5] *La migración debe abordarse con un enfoque integral y de largo plazo.* La migración se ha convertido en un tema importante en la agenda de seguridad pública y con importantes corolarios internacionales para México. Los costos y riesgos para los migrantes son cada día mayores y los delitos asociados con la migración se han incrementado en forma exponencial. Por lo menos en las siguientes tres décadas México seguirá siendo país de origen, destino y tránsito de flujos migratorios, buena parte de ellos indocumentados.

La administración de la migración internacional, por definición, implica trabajar con otros estados. Cuando en los ochenta México estaba en la lista de los mayores deudores del mundo, su experiencia negociadora se convirtió en modelo para otros países. De un problema se generó una oportunidad. En el tema migratorio México no ha actuado en el ámbito internacional con una actividad proporcional a lo que el tema le afecta y le compete. Quizá sea por ello que hasta ahora la forma de administrar este tema en México no constituye historias de éxito o un modelo a imitarse en otros países. ¿Qué le impide a México ser más activo en este tema?

La migración es un fenómeno esencialmente regional y debe abordarse con ese enfoque, lo que exige un mayor activismo internacional de México. El ordenamiento de flujos migratorios serviría para despresurizar el tema de la seguridad de los migrantes en las fronteras terrestres, reducir la vulnerabilidad de los migrantes en México —tanto de los nacionales como de los extranjeros—, reducir la presencia de redes delictivas asociadas con la migración indocumentada, estrechar los márgenes de corrupción de autoridades y mejorar las condiciones de arribo y de trato a los mexicanos en Estados Unidos. El objetivo es lograr flujos migratorios legales, seguros y ordenados. Hay mucho por avanzar pero esto sólo será posible si el tema se enfrenta con políticas y programas de mediano y largo plazo y no con acciones aisladas para atender las presiones del momento. Es claro que ante la inacción los problemas no desaparecen. En este caso se agravan.

6] *México debe acotar y especializar su política de seguridad de fronteras.* La política de seguridad de fronteras terrestres ha sido poco eficiente al pretender enfrentar los problemas de seguridad con esquemas que se sustentan en premisas endebles, como es asumir la existencia de coordinación entre agencias, la colaboración de los gobiernos estatales y pretender que las agencias responsables de la implementación no estuvieran impregnadas de ineficiencia y corrupción. También en este tema es necesario contar con un programa de largo plazo (al menos dos décadas), con objetivos específicos (en función de prioridades), recursos propios (y no sólo añadir funciones y tareas a las dependencias sin los recursos necesarios, lo que casi siempre deriva en la simulación), personal reclutado y capacitado para esos fines y un sistema de evaluación y seguimiento que permita, en forma paulatina, la construcción de un sistema de seguridad y administración de fronteras eficiente y efectivo que sea parte de los activos del Estado mexicano. La prioridad son las fronteras terrestres, pero el programa debe también incluir fronteras marítimas, aéreas y cibernéticas.

7] *La variable económica nacional es un tema sustantivo de fortaleza o debilidad frente al exterior.* De esta variable depende la vulnerabilidad frente a factores externos (crisis económicas y financieras, fluctuaciones de precios de materias primas, escasez de recursos, condiciones para el aprovechamiento de ahorros externos e inversión extranjera, desastres naturales, etc.) y la posibilidad de aprovechar oportunidades insertándose en las nuevas corrientes y tendencias internacionales. Ciertamente que en este ámbito el gran tema es el de la competitividad internacional, muy vinculado con las reformas estructurales que, a su vez, dependen del consenso político y social. Sin consenso no hay avances. México se encuentra rezagado en materia de competitividad económica y, cuanto mayor sea el rezago, mayor su vulnerabilidad frente al exterior. Como mencionamos al principio, es parte de la historia la existencia simultánea de distintas visiones y proyectos de país, y todos pueden ser legítimos. Pero la historia muestra también innumerables casos en los que por la falta de acuerdos básicos las sociedades se han paralizado o han sufrido retrocesos importantes.

8] *La sociedad debe asumir el reto de la seguridad como propio y no sólo como una responsabilidad del gobierno.* Hasta ahora la mayor parte de la sociedad mexicana que paga los costos del crimen organizado y la inseguridad, incluidos los migrantes, muestran bajos índices de confianza y credibilidad en las acciones gubernamentales. Por razones diversas, tanto dentro como fuera del Estado se ha generado una cultura de tolerancia a la corrupción y a la ineficacia de los servicios públicos y privados, dinámica de la que no es ajena la sociedad, que desempeña al mismo tiempo el papel de víctima y cómplice. El liderazgo y la credibilidad gubernamentales son esenciales para avanzar en este objetivo.

Para transitar hacia otro estadio distinto es necesario generar, no sólo las políticas públicas pertinentes, sino los consensos básicos entre actores del Estado, y entre estos actores y la sociedad civil. Todas las historias de éxito en regímenes democráticos parten de un consenso básico entre las clases dirigentes, un proyecto claro de país y el concurso de una mayoría ciudadana para el alcance de dicho proyecto. La actuación del Estado, por más pertinente y pertinaz que sea, no podrá ser efectiva ni suficiente si no cuenta con el concurso y la participación del resto de la sociedad. Para ello es necesario explicar y convencer. Dialogar, generar consensos y avanzar. El rezago y el desfase de las reformas estructurales en nuestro país son clara muestra de esta ausencia de consensos. La situación a la que ha llegado el crimen organizado en México es prueba de la falta de efectividad de las respuestas sociales e institucionales. El estado del tema de la migración es producto de la negligencia y el abandono. Ciertamente es posible hacer más y mejor de lo que se ha hecho.

Mientras esto sucede en México, el mundo se complica; se globaliza, con todo lo bueno y lo malo que esto conlleva; se vuelve más competitivo; cambian los referentes de los principales actores del sistema internacional, ahora también en Asia, con códigos y lenguas que nos resultan extraños. Las amenazas externas a la seguridad nacional de México también han evolucionado en este nuevo entorno, lo que exige un cambio de actitud y posicionamiento de los mexicanos, Estado y sociedad, si pretendemos enfrentar exitosamente como nación los complejos retos del siglo XXI.

EL COMBATE AL CAMBIO CLIMÁTICO
A PARTIR DE CANCÚN:
EVITAR EL ESCENARIO MÁS CRÍTICO

CASSIO LUISELLI

Quizá ningún otro tema podrá definir el curso de la sociedad humana en el siglo actual como el del calentamiento de la Tierra, o cambio climático. Resulta difícil exagerar su importancia, pues la inquietante acumulación de carbono en la atmósfera es la mayor perturbación ambiental en la historia y el mayor desafío de acción colectiva que enfrenta hoy la humanidad. La sociedad y la economía se han desarrollado desde tiempos inmemoriales considerando a la naturaleza como algo "dado", como un dato o parámetro externo a sus costos y cálculos.

Hay cada vez más claras evidencias de esplendorosas civilizaciones sepultadas por sus propios excesos contra la naturaleza, a menudo en combinación con calamidades climáticas, desde la brutal deforestación helénica, o la civilización jmer, y hasta nuestros mayas, sin olvidar el suicidio colectivo de los pascuenses, entre muchas otras. También es cierto que muchos de nuestros antepasados tenían una relación más empática y armoniosa con la naturaleza, pero se trataba de sociedades muy anteriores a la edad industrial, con patrones de producción-consumo sumamente bajos en términos de recursos y utilización de energía. Hoy vivimos algo enteramente diferente: desde el siglo XVIII se industrializan algunas naciones —Inglaterra, la líder y pionera—, y esta revolución verdaderamente productiva y social se extendió por Europa y después, ya entre el siglo XIX e inicios del XX, por América del Norte y aun Japón, para más tarde abarcar casi todo el planeta.

Así, el siglo XX fue el siglo de la industrialización a nivel mundial —o casi—, de la urbanización, la ciencia, la técnica y, como fruto de todo esto, de una expansión demográfica sin precedentes en toda la historia humana. La población mundial pasó de poco menos de 900 millones en 1800 a cerca de 7 000 millones en la actualidad; pero, además, la industrialización propició una urbanización masiva: en 1800 sólo 3% de la población vivía en ciudades y ahora lo hace más del 50%. Hoy existen en el mundo cerca de 500 ciudades con poblaciones superiores al millón de habitantes. Esta formidable expansión necesitó energía vorazmente, y fueron las fuentes fósiles las que acompañaron este proceso: primero el carbón y luego el petróleo. Sus impactos ambientales fueron múltiples y se generaron niveles de contaminación antes desconocidos, pero sobre todo se fueron acumulando gases en la atmósfera, al sobrepasar la capacidad de absorción de éstos en la misma Tierra. Sobre todo es el caso del bióxido de carbono (CO_2), óxido nitroso (N_2O), metano (CH_4) y fluorocarbones, transformándola en una suerte de inmenso invernadero que desde entonces la ha venido calentando de modo inexorable y creciente.

Jamás en el pasado ni las empresas ni los gobiernos se ocuparon de incorporar a sus costos estos daños externos a su función de producción y por eso ahora padecemos los efectos letales del calentamiento. Se trata, como la llama Nicholas Stern, de "la mayor falla del mercado en la historia".[1] Pero ha llegado el momento de actuar, pronto y decididamente, pues la naturaleza acumulativa del cambio climático nos puede llevar, en la segunda mitad del siglo, a escenarios verdaderamente catastróficos para la vida humana en el planeta, por lo menos tal como hoy la conocemos.

En la formulación de cualquier política realista respecto a la amenaza climática debemos partir del hecho incontrastable de que el cambio climático de orden antropogénico ya es un hecho y estará actuando en el planeta por mucho tiempo, sin que sea posible detenerlo del todo. La tierra se ha calentado cerca de 0.8 °C desde el inicio de la Revolución industrial, hace poco más de dos siglos, y este calentamiento se está acelerando peligrosamente. Por eso, además, es urgente actuar: cada año que pasa se acumulan más y más gases, haciendo cada vez más difícil y oneroso revertir las tendencias y dar marcha atrás.

El tema del cambio climático[2] ha pasado, en no más de cinco años, de ser virtualmente desconocido por el gran público a una verdadera explosión de información y conocimiento en todos los grupos socia-

---

[1] Nicholas Stern, *The economics of climate change*, 2007.
[2] Aquí usamos mucho más frecuentemente el término más amplio de "cambio climático" en lugar de "calentamiento global", con el que es casi intercambiable.

les en el mundo entero. Ríos de tinta e información visual corren en torno al tema, convirtiéndolo en uno de los de mayor difusión en el mundo. Las fuentes fundamentales de información[3] siguen siendo el Cuarto Reporte del Panel Intergubernamental sobre el Cambio Climático (PICC) y el Reporte Stern al gobierno del Reino Unido, pero hay muchos más sobre el mismo tema, y la corriente de investigación y análisis sobre el clima crece, por fortuna, a ritmos casi exponenciales.[4] Sin embargo, eso también presenta algunas paradojas de información —como la saturación, fatiga y riesgo de banalización del tema— y el surgimiento de toda clase de movimientos a favor y en contra, que a menudo tienen poco que ver y escaso conocimiento serio y fundado de los datos y las cifras reales de un fenómeno de la mayor importancia para todos nosotros.

Son tres los principales mensajes del presente texto. En primer lugar, destacar el éxito de la COP-16 en Cancún, pues devolvió a la comunidad internacional la posibilidad de un acuerdo posterior a Kioto que permita trabajar en un escenario de calentamiento no superior a 2-2.5 °C, lo que hace viables muchas de las políticas propuestas y aceptadas para enfrentar el calentamiento global. Ahora hay que aprovechar la oportunidad. En segundo lugar, se explicitan las razones por las que hay que actuar ya, con sentido de urgencia, si en realidad no se quiere tener que enfrentar más catástrofes naturales y costos muchísimo más altos de reparación de daño y adecuación a los cambios. Finalmente, más allá del tema estrictamente climático, pero muy vinculados al mismo, se abren dos frentes de ineludible atención urgente a nivel mundial: la indispensable transición energética y una decidida política en pos de la seguridad alimentaria mundial, que estará padeciendo de nuevo de serias amenazas. En consecuencia, se describe el riesgo inherente de un calentamiento más allá del rango 2-3 °C, que sería sumamente calamitoso para la biósfera en su conjunto; en consecuencia, postulamos un rango de políticas de mitigación y adaptación que no rebasen el umbral comúnmente aceptado de 2-2.5 °C. Asimismo, el análisis de las implicaciones y acciones en la

---

[3] Véanse IPCC 4th Report, *op. cit.*, 2007; Stern, *The economics of climate change, op. cit.*, 2008.

[4] La Universidad Nacional Autónoma de México, con apoyo del gobierno, publicó una versión nacional del tipo Informe Stern que ha sido muy bien recibida y que CEPAL usó como ejemplo y metodología para hacer estudios nacionales del cambio climático en América Latina. Véase Aguilar, *op. cit.*, 2008.

agricultura y la seguridad alimentaria, y la llamada "transición energética", se presentan con un poco más de detalle.

Para 2010, una puesta al día y estudio de los últimos datos sobre el fenómeno de cambio climático[5] reporta por lo menos ocho hallazgos climáticos que confirman la aceleración de los cambios hacia un planeta más caliente: las temperaturas recientes muestran que el calentamiento inducido por la acción humana ha sido de 0.19 °C por década, sobre todo como consecuencia de que las emisiones de CO_2 han crecido sin parar y para 2008 fueron 40% superiores a las de 1990, un periodo sumamente corto si consideramos los dilatados lapsos de anteriores cambios climáticos. Igualmente se acelera el derretimiento de las capas de hielo polar, los glaciares y los picos nevados; en especial notable ha sido el derretimiento de hielo en el Ártico, mucho más allá de lo que predecía la mayoría de los modelos climáticos hasta hace muy pocos años; asimismo, el aumento del nivel del mar parece mayor al estimado: 3.44 milímetros por año, que significa hasta 80% más que lo calculado en el anterior reporte del PICC. De confirmarse esta tendencia, a finales de siglo los niveles del mar se elevarán al doble de lo calculado en el mencionado reporte. Todo esto aumenta el riesgo de un peligroso escenario de calentamiento. Para 2014 se espera el V Reporte del PICC, y todo hace pensar que se confirmarán estas tendencias. Asimismo, el nuevo reporte deberá precisar mucho más el tipo de impactos esperados a nivel regional y local, así como estimar con más precisión los tiempos involucrados en el proceso de calentamiento y los sucesivos plazos para impactos globales y regionales (locales).

En este trabajo nos interesa analizar las consecuencias del cambio climático y las acciones que se deben tomar para evitar los escenarios de calentamiento más calamitosos. No se trata de anticipar catástrofes, se trata de poner en evidencia algunos escenarios climáticos de gran riesgo y peligrosidad. Es evidente que se pueden diseñar medidas y políticas mundiales de contención del cambio climático y no hacer el debido caso a los desafíos vinculados al mismo, como la transición energética y la inseguridad alimentaria. Pero, en realidad, no hacerlo será muy peligroso, pues esas transformaciones son condición necesaria para salirle al paso plenamente al calentamiento en marcha.

---

[5] Peterson Institute for Internacional Economics; "Copenhagen Diagnosis", Washington, D. C., 2010.

LA PLATAFORMA DE ARRANQUE: CANCÚN 2010

De modo hasta cierto punto sorprendente, y por fortuna, la Cumbre Climática de Cancún, que se llevó a cabo entre el 7 y el 11 de diciembre de 2010, conocida como la COP-16,[6] tuvo mucho más éxito del esperado, y el tema climático, que se había descarrilado un año antes, en la caótica cumbre de Copenhague, pudo volver al cauce correcto: de 194 delegaciones nacionales, sólo una no aceptó firmar los documentos de Cancún, lo que refleja un muy alto consenso. Como se dijo en Cancún: consenso no es unanimidad, y lamentablemente Bolivia, que se negó a secundar al mundo entero, quedó sola. El consenso se reflejó en la aprobación de un amplio paquete de acuerdos, los Acuerdos de Cancún, que permiten retomar una ruta mejor delineada y de compromisos firmes de reducción de emisiones y de otras medidas que hacen, no sólo factible, sino deseable la suscripción de un nuevo acuerdo global, continuación del Protocolo de Kioto, que se ha dado en llamar Kioto 2, que deberá resolver la deliberada ambigüedad del texto de Cancún y avanzar a partir de ahí. Como dijera uno de los negociadores mexicanos de la COP-16: "El más preciado logro de la cumbre fue la reconstrucción de la confianza".[7]

Si bien estos resultados positivos fueron relativamente generales, y quedan muchos detalles y aspectos críticos por considerar y resolver, se lograron avances tangibles en algunas áreas críticas y, sobre todo, se restableció el *momentum* para avanzar multilateralmente en la siguiente COP y así lograr un compromiso por un Kioto 2, donde se puedan lograr acuerdos vinculantes y más decisivos en cobertura y profundidad. No es exagerado decir que la tenacidad y competencia de la diplomacia mexicana hizo posible acuerdos que no se lograron en la COP-15 en Copenhague y que parecían muy lejanos en Cancún. Así lo han reconocido la mayoría de los países participantes, la opinión pública y los medios internacionales. Poner en sintonía a China, Estados Unidos, Rusia y Japón[8] —que se rehusaba terminantemente a

---

[6] Se refiere a las Conferencia de las Partes (Conference of the Parties), de los países miembros de la Convención sobre el Cambio Climático de las Naciones Unidas y de los países signatarios del Protocolo de Kioto.

[7] Comunicación oral del subsecretario de Relaciones Exteriores Juan Manuel Gómez Robledo, 6 de enero de 2011.

[8] Estos dos últimos países aceptaron un lenguaje que les permitiera rechazar niveles de reducción que considerasen excesivos, de no estar de acuerdo en el futuro.

considerar un Kioto 2—, y algunos más, fue un logro y un gran avance político que deberá reflejarse en la siguiente COP, la 17, a celebrarse el año próximo en Durban, Sudáfrica.

Esencialmente, en Cancún se avanzó en compromisos de mitigación (todavía no vinculantes para todas las partes contratantes, pero sí verificables) que retoman la senda de "no más de dos grados de calentamiento". Asimismo, los países llamados "emergentes", México entre ellos, se comprometen a reducir emisiones más de lo inicialmente proyectado, e incorporan estrategias de "bajo carbono" en sus planes y proyectos de desarrollo. Se establece, por fin, un mecanismo para la reducción de emisiones por deforestación y degradación (REDD) que va más allá del mero combate a la deforestación y la degradación, porque incluye restauración ambiental de ecosistemas forestales, reforestación masiva, etc. Estas acciones quedan incorporadas en los mecanismos de financiamiento a proyectos de mitigación-adaptación en países en desarrollo, y quedan dentro de la estrategia de profundización de los compromisos de reducción de emisiones.

Para México fue de particular interés que se aprobara un proyecto prioritario de este gobierno: el Fondo Climático Verde, que deberá canalizar cien mil millones de dólares al año para el año 2020, proteger de impactos climáticos a los países más pobres y apoyarlos en proyectos y asistencia técnica para desarrollar políticas y proyectos de baja emisión de carbono. El fondo arrancará como un fideicomiso del Banco Mundial, mientras se diseña su estatuto final, paritario entre naciones desarrolladas y en desarrollo. Así, los Acuerdos de Cancún son un claro avance y una aceptable plataforma para lanzar una nueva ronda de acuerdos, compromisos y proyectos. Queda mucho por hacer, pero, por fortuna, hay una ruta a transitar.

RIESGOS Y CONSECUENCIAS DEL CAMBIO CLIMÁTICO

Para medir el avance en el combate al cambio climático (calentamiento global) y para trazar estrategias de acción, debemos, ante todo, conocer los riesgos asociados con el mismo y de ahí desprender la evaluación de las medidas para paliarlo y disminuirlo. Eso es lo que da sentido a la consideración de distintos escenarios de impacto climático. No es fácil señalar cuál es el umbral de un calentamiento de gran riesgo o "peligroso"[9] y diferenciarlo del "manejable". En la actualidad ya son muchas las regiones y ecosistemas que están sufriendo su efecto y se están afectando cada vez más poblaciones, sobre todo en países pobres o en zonas marginales de muchos otros. Se calcula, sin embargo, que más allá de 2 °C de calentamiento el riesgo de efectos "peligrosos" empieza a crecer abruptamente. Si no hay cambios en las emisiones actuales superaremos claramente los dos grados.

Una manera de construir escenarios de calentamiento, y de riesgo, es ver qué sucede con cada grado de calentamiento y su correlativa concentración de emisiones en partes por millón (ppm). Se trata de un muy buen método para ver gráficamente la magnitud del desafío climático, pero no es muy preciso porque hay muchos cofactores desconocidos y no toma en cuenta los efectos de amplificación de los circuitos de retroalimentación positiva (*positive feedback loops*).[10]

Como dijimos, en la convención climática misma y en el Protocolo de Kioto se considera el riesgo aparejado a grados crecientes de calentamiento como "calentamiento peligroso", y comúnmente se acepta que éste se sitúa alrededor de los 2 °C. Pero antes de considerar eso con más formalidad, será útil referirnos a un gradiente de escenarios que, si bien no es del todo riguroso, sí da una idea bastante precisa de lo que significa para la Tierra cada grado de calentamiento. Esto aparece en muchos estudios científicos y ha sido popularizado en el libro *Seis grados*, de Mark Lynas.[11] Más adelante resumiremos algunos de los principales impactos esperados a cada grado de incremento de temperatura, pero sólo de manera indicativa, a título de ejemplo.

CONSECUENCIAS E IMPACTOS DEL CALENTAMIENTO GLOBAL

Hay que partir del hecho de que desde inicios del siglo pasado a la fecha el calentamiento ha sido, como dijimos, de casi 0.8 °C, acele-

---

[9] Si bien hay que tomar en cuenta que la Convención Marco de las Naciones Unidas para el Cambio Climático (CMNUCC) pretende definir en su artículo 2 la necesidad de evitar un calentamiento "peligroso".
[10] Es el mecanismo que permite el cambio en el acervo ("stock") de gases, y a su vez el flujo del mismo.
[11] Mark Lynas, *Six degrees: Our future in a hotter planet*, 2008.

rándose continuamente a partir de 1950. Ese calentamiento de casi un grado ya ha significado importantes alteraciones en los sistemas biofísicos y geofísicos que vemos continuamente en los medios de comunicación. En el informe vigente del PICC (el IV, de 2007) se estima que la temperatura global pudiera aumentar entre 1 y 2 °C para 2050 y si en estos años no se toman acciones drásticas de reducción de emisiones, para inicios del siguiente siglo las temperaturas podrán haber aumentado entre 2 y 5 °C, precipitando graves dislocaciones climáticas. Aun si se logra mantener el calentamiento debajo de 2 °C, los impactos serán apreciables; y hoy sabemos que es poco probable que el calentamiento no aumente en las próximas dos décadas por lo menos 1.5 °C, pues los factores de impulso del mismo están muy establecidos: el crecimiento de la población, el tipo de energía y recursos naturales utilizados, el tipo de oferta alimentaria, así como el uso de tecnologías de disposición de residuos. También cuenta, desde luego, la naturaleza no sólo acumulativa del cambio climático, sino su eventual aceleración debida a efectos de retroalimentación que mencionamos, inducidos por efectos en el clima natural de la Tierra. El PICC ha construido numerosos modelos para desarrollar escenarios de futuras emisiones con ese tipo de variables. No hay un consenso absoluto en cuanto a los escenarios, pero es posible advertir tendencias claras de impacto dependiendo de la intensidad del calentamiento.

El tipo de impacto será muy variable de acuerdo con las regiones de que se trate y de los tiempos en consideración. En general, las latitudes extremas del planeta están ya experimentando un claro calentamiento, superior al de las latitudes tropicales; por eso es que se observan ya efectos significativos en los ecosistemas del Ártico y la Antártida. Conforme se analizan las regiones hacia los trópicos y el Ecuador, como es el caso de la mayor parte de México, se prevén menos y más erráticas temporadas lluviosas, pero alternadas con precipitaciones intensas, tormentas tropicales e inundaciones, así como la alteración de la fotosíntesis de muchas plantas. Por eso se supone que el impacto del calentamiento será más negativo y devastador en los países pobres y de menor desarrollo, ya que están situados en las franjas tropicales y ecuatoriales. Más aún, en zonas templadas del norte del planeta, como Canadá o Rusia, se podrá observar una ampliación de las superficies cultivables en granos alimenticios y de bosques templados y maderables.

Los impactos geofísicos se expresarán en algunos de los componentes principales del sistema climático de la Tierra: las dos enormes placas de hielos en las dos zonas polares y los glaciares de las altas cadenas montañosas, el albedo (o reflectividad), el aumento de la superficie del mar, que a su vez afecta las corrientes y su química y acidificación, e incluso el colapso de la convexión termosalina. El calentamiento global tendrá un claro impacto en el ciclo global del agua, al alterar la cantidad e intensidad de las precipitaciones y su distribución estacional, generando lo mismo tormentas de gran intensidad en una zona que sequías prolongadas en otras. Los impactos biofísicos no serán menos importantes, y la biodiversidad empieza ya a sufrir. Incluso en el escenario esperado y "manejable" de 2 °C de calentamiento, alrededor de una cuarta parte de las especies se enfrentan al riesgo de una drástica reducción de su hábitat y hasta la extinción misma, como veremos adelante. Si se llegara al calamitoso escenario de un calentamiento mayor a los 4 °C, hasta dos terceras partes de las especies podrían enfrentar su extinción. Las alteraciones en la intensidad y frecuencia de las precipitaciones afectarán mucho los bosques y otros ecosistemas terrestres. A su vez, los impactos marinos serán de consideración, empezando quizá por los arrecifes de coral; se afectarán las zonas costeras y, con ellas, la vida de incontables especies de aves, peces y árboles. Las pesquerías sufrirán, así como los manglares, los deltas y estuarios y otros ecosistemas cercanos a los litorales marítimos. Debe tomarse en cuenta que mientras más rápida sea la tasa de calentamiento menor será también la capacidad de los ecosistemas para adaptarse al nuevo clima. A su vez, el impacto social y humano puede llegar a ser devastador, pues la posible reducción de rendimientos y producción agrícolas en muchos países pobres puede comprometer críticamente la seguridad alimentaria, sobre todo en el África subsahariana y el sur de Asia, pero no únicamente allí. Por último, el cambio climático puede afectar la salud humana de modo apreciable al aparecer nuevos vectores patógenos en países tropicales, donde no existían capacidades inmunitarias ni institucionales para enfrentar nuevas epidemias. Por otra parte, el enorme costo económico de adaptarse a los embates del clima elevará las necesidades fiscales de casi todos los países, impactando no sólo a los más pobres de manera proporcional, sino también de modo absoluto. Por eso la construcción de infraestructura debe incorporar ya provisiones para enfrentar el cambio climático, particularmente en ciudades costeras y en zonas que requieren infraestructura de riego y caminos.

Los cambios de temperatura no serán lineales ni afectarán por igual a todas las regiones del planeta. No será igual el impacto agregado del incremento de 1 a 2 °C que el de 2 a 3 °C, pues éste se verá amplificado por retroalimentación positiva. También existen indicios de que, más allá de cierto nivel de calentamiento, pueden darse cambios súbitos o *shocks* climáticos tan serios como impredecibles en su impacto y consecuencias. En línea con lo que dijimos atrás, la mayoría de las estimaciones del PICC se encuentran en los siguientes rangos: para el ya cercano 2020 el ascenso sería de entre 1.1 y 1.4 °C; para 2050 entre 1.7 y 2.9 °C, y para 2080 entre 2.4 y 4.3 °C. La mayor parte de los análisis trabajan con escenarios de no más de 4 °C, pues se considera que más allá entramos en un terreno de alta incertidumbre y de consecuencias imprevisibles. Asimismo, se calcula que el nivel de los océanos podrá elevarse entre 50 cm y un metro, con una relativa disminución en su acidificación.[12]

ESCENARIOS CRÍTICOS
DERIVADOS DE GRADOS DE CALENTAMIENTO

Ahora veamos posibles escenarios en rangos de un grado a otro de calentamiento. El calentamiento de hasta un grado es más o menos el escenario que ya vivimos, pero más extremo aún. Es casi un hecho que en pocos años más se podrá abrir el pasaje nórdico en el Ártico, permitiendo rutas de navegación entre las importantes y poderosas naciones que bordean el Círculo Polar Ártico; seguirá el derretimiento de capas de hielo en Groenlandia, por ejemplo. Hasta 10% de los ecosistemas terrestres experimentarán algún grado de impacto. Se alternarán más y más intensas sequías con heladas, debido a cambios en la forma en que se comporta el clima. Los procesos de desertificación se acelerarán, extendiéndose considerablemente las fronteras desérticas del planeta, con afectación de los rendimientos agrícolas, sobre todo en África.

Entre 1 y 2 °C se encuentra el horizonte máximo permisible, según el consenso científico prevaleciente y el escenario sobre el cual

---

[12] Véase Parry *et al.*, "Effects of climate change on global food production under SRES emissions and socio-economic scenarios", *Global Environmental Change* 14: 53-67, 2004, citado en Dawson y Spanngle, 2009.

se construyen actualmente las políticas de mitigación y adaptación. Aun así, los rendimientos agrícolas comenzarán a disminuir en forma generalizada conforme se avance hacia dos grados, sobre todo en los trópicos y subtrópicos (los rendimientos podrían aumentar en los países de altitudes cercanas al Círculo Polar Ártico, e incluso más al sur). El estrés hídrico o relativa escasez de agua afectará a grandes contingentes de población de entre uno y tres mil millones de personas y de éstos, casi 200 millones entrarán en riesgo de hambruna. Las víctimas de enfermedades como dengue y malaria aumentarán, al extenderse su área de infección y riesgo. Asimismo, avanzará el derretimiento del hielo de Groenlandia y del Ártico. Gran porción de la tundra se convertirá en bosque y seguirá perdiéndose hielo en los glaciares. Al mismo tiempo, se extenderá la desertificación. Muchas especies de aves, reptiles y anfibios estarán en serio peligro de extinción. Los ecosistemas marítimos también padecerán una notable pérdida de diversidad, en particular los arrecifes de coral, que sufrirán decoloración, así como una alta mortandad de especies.

Con un calentamiento de entre 2 y 3 °C también se perderán biomas de bosques australes y boreales; el riesgo de extinción de especies animales y de plantas será mucho mayor, posiblemente entre 30 y 40% y entre 20 y 70% de los hábitats de las aves migratorias desaparecerán. Es probable que, cercano a los tres grados, el hielo que cubre Groenlandia se derrita totalmente y extensas superficies de la Antártida queden sin cobertura de hielo. Eso traerá un notable aumento en el nivel de los mares. La producción de cereales alimenticios se verá muy afectada, con una posible reducción de rendimientos de hasta 10%, sobre todo en bajas latitudes de África, el sur de Asia y América Latina (incluido el maíz en México); el número de personas con riesgo de hambruna se acercará a 400 millones y habrá un incremento aún mayor de seres humanos expuestos al dengue y la malaria. Países como Bangladesh podrán ver desplazados a cerca de 70 millones de personas por el aumento de los mares, y lo mismo ocurrirá en Vietnam y en Egipto, si bien en menor proporción. Los pequeños estados insulares del Caribe y el Pacífico sur podrían sufrir daños catastróficos. Las selvas del Amazonas y del Congo, entre otras, empezarían a convertirse en extensas sabanas.

Más allá de los 3 °C de calentamiento, entre 3 y 4, comenzamos a entrar en *terra incognita*: el mundo sería testigo de violentos cambios climáticos nunca antes vistos. Fenómenos climáticos que detonan eventos como el de El Niño,[13] serán mucho más severos y frecuentes, así como los huracanes y otros eventos extremos, conocidos como "supertormentas". Las pérdidas de producción y rendimientos agrícolas serán enormes y no se compensarán con el incremento en las zonas templadas y frías. El número de personas en riesgo alimentario se incrementará hasta mil millones. El 60% de la población mundial estará expuesto al dengue. Seguirá el deshielo en los dos polos y dos terceras partes de los biomas de tundra desaparecerán, así como una cuarta parte de los humedales. Sólo en el lado "positivo" veríamos que el norte de Canadá se convertiría en una muy fértil planicie, capaz de producir granos en abundancia.

El calentamiento de entre 4 y 5 °C traería enormes e imprevisibles dislocaciones climáticas y, de hecho, estaríamos ya en el umbral de un régimen climático totalmente nuevo y desconocido. El planeta poco a poco se tornaría irreconocible. Los sistemas agrícolas como hoy los conocemos se derrumbarían en más de 90%, con consecuencias incalculables para la alimentación humana. El nivel de los océanos crecería varios metros, devastando infinidad de ciudades costeras y sepultando pequeños países insulares. El derretimiento de glaciares sería casi total, sobre todo en el Himalaya, cuna de los grandes ríos asiáticos[14] que han sido por siglos sustento de la vida de casi dos mil millones de seres humanos. El impacto sería brutal en naciones tan pobladas como Bangladesh. Los deltas de los principales ríos —como el Nilo— se irían secando, amenazando críticamente la vida en Egipto, por ejemplo. Todo esto provocaría, sin duda, grandes conmociones sociales y detonaría enormes migraciones (refugiados climáticos). Un escenario de calentamiento de entre 5 y 6 °C sería tan desastroso como difícil de predecir. Recordemos que en la pasada edad de hielo la Tierra era tan sólo 5 °C más fría que en la actualidad.

---

[13] Formalmente El Niño (y su contrapartida de aguas frías, La Niña) se conoce como El Niño Oscilación del Sur (o ENSO); son eventos climáticos en el Pacífico tropical que dominan las variaciones climáticas interanuales y resultan en ciclos de cambios de clima de entre dos y siete años, con fluctuaciones de las condiciones atmosféricas y oceánicas y de los patrones de circulación. El Niño a menudo genera intensas lluvias en una parte del Pacífico y sequías prolongadas en otras.

[14] Como el Ganges, el Bramaputra, el Mekong y el Yangtsé, entre muchos otros.

EL RANGO DE CALENTAMIENTO ESPERABLE

Como dijimos, los escenarios críticos que realmente debemos considerar son los que se desprenden de un calentamiento esperado no mayor de 2 °C, poco más quizá, pero menos de 3. Ciertamente es posible contemplar un escenario de mayor calentamiento, pero estará fuera del rango de las políticas públicas, la acción colectiva mundial y la diplomacia como hoy la concebimos. Se trata de escenarios tan extremos que requerirían medidas de poder más drásticas, que no es el caso intentar analizar aquí.

En su segundo artículo, la Convención Marco sobre el Cambio Climático[15] define como "interferencia antropogénica peligrosa" [de aquí se infiere "cambio climático peligroso"] aquella que interfiera con el sistema climático e impida a los ecosistemas adaptarse naturalmente a los cambios climáticos, amenace la producción de alimentos, o la seguridad alimentaria, o impida que el desarrollo económico se dé de manera sustentable". En torno a este principio de "cambio climático peligroso" se deben plantear las metas de estabilización de la concentración de gases de efecto invernadero (GEI).

Hay que tener presente que, dado el efecto acumulativo que trae la retroalimentación positiva de la acumulación de gases y la inercia de la misma, se tiene que actuar con urgencia. Debe ser evidente que mientras más rápido actuemos será mejor, pues las cosas no se habrán disparado tanto. Todo indica que si en verdad se quiere limitar el calentamiento a no más de 2 °C (sobre valores preindustriales), las emisiones tendrán que tener sus máximos valores (*peak*) entre los años 2015 y 2020, para luego declinar rápidamente. Para tener éxito se requiere estabilizar el clima a largo plazo y desintoxicar la sociedad de carbono.

También hay que considerar la escala verdaderamente planetaria del problema: todos vivimos en la frágil biósfera, como señala Joseph Stiglitz. Éste es el gran desafío de la globalización,[16] y si bien los impactos se van diferenciando a nivel local, es un imperativo moral y de eficacia actuar de manera conjunta, mundial, y no perder de vista que, en cualquier caso, si el calentamiento se dispara a la cercanía de 3 °C o más, todo el planeta, sin excep-

---

[15] Convención Marco de las Naciones Unidas sobre el Cambio Climático (UNFCC por sus siglas en inglés); de la misma se desprende el Protocolo de Kioto.

[16] Joseph E. Stiglitz, *Cómo hacer que funcione la globalización*, 2006.

ción, entrará en una ruta peligrosa de desastre ambiental. Por otra parte, como se hace evidente a partir del Informe Stern, el costo de no hacer nada o tomar sólo medidas a medias es incalculablemente mayor que el de asumir colectivamente la responsabilidad. Muchas naciones que se encuentran entre las más afectadas y que han contribuido poco a la emisión de CO_2 simplemente no tienen los recursos para hacer significativos aportes a las tareas de estabilización climática. Los países desarrollados pueden y deben hacer mucho más para reducir sus emisiones y, en consecuencia, minimizar sus huellas de carbono. Sobre todo Estados Unidos que, además, hoy por hoy, no acepta sujetarse a las premisas del Protocolo de Kioto. Pero también los países emergentes, e incluso los de menor desarrollo relativo, deben actuar con más vigor, y hacerlo en un ambiente complejo, lleno de necesidades de aumentar sus provisiones de energía y alimentos y de mejorar masivamente su infraestructura en un contexto de acelerada urbanización. Es claro que esa expansión económica, tan necesaria para mejorar su nivel de vida, no puede ya fincarse, como hasta ahora, en tecnologías convencionales, muy intensivas en el uso de carbono, pues, de ser así, seguirán creciendo las emisiones de GEI de modo incontrolable. La mayor parte de la población humana vive y vivirá en países que hoy están apenas emergiendo o iniciando su despegue económico.[17] Así, el modelo mismo de desarrollo debe cambiar y depender cada vez menos de las fuentes de energía que producen el "cambio climático peligroso".[18] Por eso el desafío es tan grande: va mucho más allá de mitigar emisiones de CO_2 y adaptarse a un nivel de calentamiento que es ya inevitable. Es cierto que mucho se puede avanzar con sólo disminuir la intensidad en el uso del carbono y otros gases en las industrias, en la agricultura o en el uso doméstico, sin necesidad de mayores cambios tecnológicos. Se calcula que adoptando las mejores prácticas disponibles se puede reducir el consumo de energía más de 20%; lo mismo es posible con el agua; podemos derivar grandes beneficios de reforestar, de mejorar las prácticas agrícolas convencionales, de usar energías limpias y mejorar el

---

[17] Los países desarrollados, con poco más de la sexta parte de la población mundial, emiten dos terceras partes de los GEI.
[18] Tal como lo describe el artículo 2 de la Convención de las Naciones Unidas para el Cambio Climático

transporte urbano.[19] Desde luego, es claro que los países de menor desarrollo relativo requerirán ayuda financiera y una transferencia masiva de tecnología. Como vimos, es en los países pobres donde ya se sienten más intensamente los efectos del cambio climático, mas no únicamente ahí. Se calcula que, en 2010, la mayor parte de las 373 desgracias naturales ocurridas en el mundo tuvieron que ver con el calentamiento global (éstas supusieron pérdidas por más de 110 mil millones de dólares) y afectaron, de un modo u otro, a más de doscientos millones de personas. Destacan, desde luego, las inundaciones en China, o el calor sofocante en el centro de Rusia (Moscú) que causó más de 50 mil muertes el verano pasado.[20] Pero los ejemplos se acumulan año con año, sobre todo en la última década. Ya este 2011 trajo devastadoras inundaciones a Brasil y Colombia y el mayor huracán (ciclón) en la historia de Australia.

Por eso se requiere acción inmediata. Existe un amplio consenso en torno a que si el calentamiento logra mantenerse alrededor de 2 °C las cosas, por difíciles que resulten, todavía podrán manejarse. Pero no hay que olvidar que 2 °C significará cambios mayúsculos en el actual modelo de producción-consumo en el mundo y, por lo tanto, significativos cambios en nuestro estilo de vida. Al mismo tiempo, habrá de requerirse una verdadera revolución energética y en el sector forestal y agrícola.

A pesar de los avances hasta la fecha, y del auspicioso relanzamiento de la agenda climática en Cancún, estamos lejos aún de contar con obligaciones vinculatorias entre los principales emisores y, al expirar el estrecho marco multilateral que presta el actual Protocolo de Kioto en el ya muy cercano 2012, se hará necesario un nuevo protocolo, un nuevo y más ambicioso marco multilateral. Las aportaciones de los países al cambio climático varían mucho. Los países hoy desarrollados aportan casi la mitad de las emisiones (y ahí vive sólo 15% de la humanidad). Pero los grandes países emergentes, de muy alto crecimiento, sobre todo China e India, están emitiendo más y más y llegando a una convergencia de emisiones acumuladas con los países hoy industrializados. Sin embargo, en términos per cápita, las cifras son mucho más sesgadas en contra de los países hoy avanzados. Por

---

[19] Las emisiones per cápita en los países desarrollados difieren en un factor de 4 veces (AIE).
[20] Según el diario *ABC* de Madrid, citado en la revista digital *Teorema Ambiental* del 31 de enero de 2011.

esto los países hoy desarrollados deben tomar las iniciativas y emprender las acciones más contundentes, pues, además de contar con los recursos, tienen la responsabilidad histórica de haber causado inicialmente la acumulación de GEI en la atmósfera; pero también los países en desarrollo, sobre todo los llamados emergentes (México incluido) deben asumir metas de reducción de emisiones más ambiciosas. Si el conjunto de naciones en desarrollo tuviese el mismo patrón de emisiones per cápita y niveles de consumo que Europa o Estados Unidos, las emisiones mundiales superarían cuatro veces el nivel de emisiones definido como "sostenible". Pero sería nueve veces mayor si tuviera las emisiones de Estados Unidos. Claramente, el estado de cosas debe cambiar, y drásticamente.

Las concentraciones de bióxido de carbono (CO_2) en la atmósfera se mantuvieron entre 200 y 300 partes por millón (ppm) durante casi 800 mil años, pero con el calentamiento actual —de hasta casi 0.8 °C— llegaron a acumularse 387 ppm sólo en los últimos 150 años y, si no se actúa para contenerlo, se estima que seguirá acelerándose más y más, hasta superar las 800 ppm hacia 2100. Es un cambio tan rápido que difícilmente la sociedad humana y los ecosistemas tienen tiempo para adaptarse: lo que tardó milenios, la mano del hombre lo está induciendo en un solo siglo. Por eso no es viable esperar ni suponer que se podría actuar más tarde, con más información y con un menor rango de incertidumbres. Aquí el "principio precautorio", que aconseja actuar aun con dudas razonables, si el riesgo percibido es grande, tiene una plena justificación, no sólo moral, sino política y económica. Aun 2 °C significarán desafíos formidables para el planeta en general, pero para los países más pobres —de África y Asia Central— los retos serán más numerosos y de mucho mayor envergadura. Entre uno y dos mil millones de personas están en riesgo de no contar con agua disponible para sus necesidades más elementales; y hasta 400 millones de personas adicionales podrían padecer hambre. No pueden actuar solos; se requiere el apoyo y la acción solidaria de toda la comunidad humana.

Por esto un principio rector en el Protocolo de Kioto, el de la "responsabilidad común pero diferenciada", significa que los países en desarrollo, desde las ya grandes economías emergentes[21] hasta el más

---

[21] Notablemente China (que es ya el primer emisor de GEI en el mundo); India, Brasil, México, Turquía, Indonesia y Sudáfrica, principalmente.

pequeño de los 194 miembros de la CMCC, tienen que actuar y comprometerse con reducciones y acciones de adaptación. El principio se sustenta en la correcta premisa de que los gases GEI de tipo antropogénico en la atmósfera vienen acumulándose de larga data, y son responsabilidad principalísima de las naciones que primero se industrializaron: flujo *vs.* acervo. Esto es correcto, como lo es tomar en cuenta que los actuales emisores, que son más, muchos más, están emitiendo, en conjunto, muchos más GEI que en los pasados dos siglos, y que, desde luego, siguen emitiendo. Esto entraña una solidaridad en el tiempo (intrageneracional) pero también entre naciones (internacional). Pero acatar este principio no conculca las obligaciones de países en desarrollo. Más aún, debe tener en cuenta el aporte futuro esperado de dichos países. Es claro, por ejemplo, que las enormes emisiones chinas de estos años se harán sentir con fuerza en el cúmulo de gases de los próximos cincuenta o cien años. No hay salidas cómodas para nadie. Dicho esto, también hay que decir que los países en desarrollo deberán contar con más tiempo y flexibilidad para tomar medidas de mitigación y de adaptación a la nueva realidad climática.

Los acuerdos que despuntaron en Cancún deberán resultar en un nuevo acuerdo, más allá de 2012, donde se les dé voz a los que ahora no la tienen: los habitantes más numerosos, pobres y vulnerables del mundo y las generaciones que aún no han nacido, pero que tendrán que sufrir los embates del cambio climático. De la prontitud, escala e intensidad de nuestras acciones de hoy depende su bienestar e incluso su supervivencia en el futuro. Prevenir hoy el cambio climático es luchar por el presente y el futuro de la humanidad, ni más ni menos. Es una lucha que se debe dar en múltiples frentes, y no sólo en la estricta "diplomacia climática" en torno a las tareas de mitigación y adaptación en relación con el calentamiento mismo: como hemos dicho, se debe dar en torno a la seguridad alimentaria, pues se están alterando los patrones de lluvia y la disponibilidad de agua para la producción de alimentos. La sequía en algunas zonas, como el África subsahariana, podrán cubrir entre 60 y 90 millones de hectáreas adicionales. Pero al sur de Asia y en América Latina (incluido México) también se incrementarían la frecuencia y la extensión de las sequías, y se daría además una notable disminución en los rendimientos agrícolas. En México, la producción de maíz de temporal sufriría una merma notable en sus rendimientos. Todos estos factores combinados podrían llevar la cifra adicional de personas desnutridas a 600 millones para 2080. Pero el estrés hídrico va mucho más allá del impacto agrícola. Asimismo, la pérdida de biodiversidad, sobre todo en los países tropicales, es una preocupación inmediata y severa: el proceso de cambio climático impacta cada vez más intensamente los ecosistemas naturales y la biodiversidad en selvas y desiertos de África, Asia y América Latina. Alrededor de la mitad de los arrecifes han sido afectados por descoloramiento, así como los ecosistemas de hielo en la Antártida, el Ártico y Groenlandia.

A su vez, los cambios en las escorrentías y el derretimiento de glaciares comprometerían el agua disponible para riego y para asentamientos humanos y usos industriales. El número de personas que viven en zonas de escasez de agua podría también acrecentarse en 1 800 millones para el año 2080. Por ejemplo, Asia central, el norte de China, el norte de India, Bangladesh y otros países se afectarían drásticamente por el repliegue de los glaciares, que sólo en el Himalaya es de 10 a 15 metros por año. La mayoría de los grandes sistemas fluviales tendrán, por unos años, fuertes crecidas en sus flujos, seguidos por una merma notable a medida que avance el derretimiento. Algo similar puede decirse de la región andina, por el progresivo colapso de los glaciares tropicales. En el Oriente medio se agudizará la ya preocupante carencia de agua. Otro frente de gran preocupación es la salud humana en todo el mundo, pero más duramente en los países en desarrollo, con más vulnerabilidad climática y a la vez menos recursos y capacidad institucional en torno a la salud pública. Las principales epidemias podrían extender sus zonas de impacto y afectar adicionalmente a 200 o 400 millones de personas.

DOS INTERFASES CRÍTICAS CON EL CAMBIO CLIMÁTICO:
EL AGUA Y LA AGRICULTURA, Y LA TRANSICIÓN ENERGÉTICA

No es exagerado afirmar que, sin profundas transformaciones en la agricultura y el patrón energético vigente, la lucha contra el calentamiento global será infructuosa. Por eso aquí las tratamos de manera relativamente independiente. Por un lado, ambas entrañan desafíos muy serios, pero también encierran promesas de lograr una economía y una sociedad global más sustentables, con menos contaminación, y capaces de salvaguardar la biodiversidad y el medio rural. La agricultura,[22] sector absolutamente crucial para satisfacer la esencial aspiración humana de la plena seguridad alimentaria,[23] que aún elude a 1 500 millones de personas en el mundo, puede verse todavía más comprometida si no se modifican las actuales inercias de calentamiento global. Además, la agricultura usa masiva e ineficientemente el agua, recurso cada vez más críticamente escaso, dado el crecimiento de la población en el mundo. El cambio climático no sólo afecta la agricultura por la vía de los rendimientos de los principales cultivos, sino que influye significativamente en todo el ciclo hidrológico. La tierra tanto agrícola como forestal será muy alterada por el cambio climático y en estrecha relación con la dotación de agua disponible. Se calcula que para el año 2050[24] el sistema alimentario global deberá alimentar a casi tres mil millones de personas adicionales, en general con dietas más variadas y abundantes. Este desafío deberá encararse en un mundo en pleno cambio climático, con más eventos extremos, sequías prolongadas y, al mismo tiempo, graves inundaciones, como ya lo estamos viendo. Pero, además, la agricultura misma causa, de por sí, 14% de las emisiones de GEI, sobre todo bióxido de carbono y metano, y es responsable, vía el cambio de uso del suelo, de "cerca de la mitad de la deforestación anual".[25] La respuesta en términos de políticas públicas para el sector agrícola debe, además, velar porque la producción y los rendimientos no decaigan frente al fuerte incremento de la demanda. Para eso se requiere un nuevo salto productivo en los rendimientos, no sólo en términos de unidad de trabajo o capital, sino de superficie y por litro de agua, lo que hasta hace poco prácticamente no se consideraba. Asimismo, la nueva agricultura deberá usar menos energía por unidad de producto y menos fertilizantes químicos, que contribuyen a las emisiones de GEI. La agricultura deberá, ahora más que nunca, competir por usos de conservación de biodiversidad, bosques e incluso biocombustibles.[26] También las ciu-

---

[22] Aquí la consideramos en su acepción más amplia, incluyendo las actividades propiamente agrícolas, las pecuarias y las forestales.

[23] Entendemos por seguridad alimentaria aquella que salvaguarda para toda la población, todo el tiempo, una ingesta mínima de calorías y nutrientes, suficientes para una vida activa y sana.

[24] Véase Cassio Luiselli, "La crisis global alimentaria", *Este País,* agosto de 2008.

[25] Véase *World development report* (en adelante WDR) 2010, capítulo 3.

[26] Si bien se trata de una "segunda generación" de los mismos, pues la competencia de granos, etc., para usos energéticos en lugar de alimenticios es absolutamente desaconsejable.

dades en un mundo crecientemente urbano demandarán más suelo y, sobre todo, más agua. Un mejor manejo del agua es indispensable para la adaptación al cambio climático. Las cuencas hidrográficas padecerán mermas por menor nivel de deshielo en las montañas y por menores recargas a los acuíferos, debido a una mayor evaporación, a su vez causada por altas temperaturas. Reciclar el agua, tratarla, desalinizar la del mar, etc., serán prácticas cada vez más necesarias. Sobre todo, se debe irrigar con mucha más frugalidad y, para ello, un adecuado sistema de precio del agua será una medida muy útil para inducir mejores prácticas de conservación.

Pero quizás el nexo más crítico del cambio climático es aquel que guarda con la energía. Literalmente, la historia del actual calentamiento antropogénico de la tierra es hija de la revolución energética que dio pie a la industrialización masiva, la urbanización y la locomoción en automóvil de los últimos 100 o hasta 150 años. El carbono, emitido por los combustibles fósiles que han dado energía a la formidable transformación industrial y económica de nuestra era, básicamente es el responsable de las emisiones en la forma de bióxido de carbono o CO_2; es, con mucho, el principal causante del calentamiento. La no internalización en los costos —privados, sociales— del impacto o externalidad en la atmósfera de dichas emisiones es lo que ha llevado a Nicholas Stern a calificar, como dijimos atrás, el calentamiento global como "la mayor falla de mercado en la historia". Pero alejarse del carbono —esto es, de los combustibles fósiles: petróleo, gas y carbón— no es fácil, pues se trata de muy eficientes energéticos en términos de costo por unidad de calor liberada.[27] Todavía la mayoría de las alternativas energéticas al petróleo y sus derivados resultan más caras. Se requiere, pues, una "verdadera revolución energética".[28] Con las tecnologías actuales todavía se puede ganar tiempo pues es posible una mucho mayor eficiencia energética y moderación de la demanda al igualar las mejores prácticas ya disponibles en algunos países avanzados. Se calcula que, de esta manera, se podría lograr hasta 50% de reducciones necesarias de emisiones de CO_2. Para hacer posible esto se debe inducir eficiencia con precios elevados —e impuestos— que racionalicen la demanda y logren disminuir el con-

---

[27] Se puede expresar en términos de dólar gastado por unidad de BTU (British thermal unit) liberada

[28] Véase WDR 2010, capítulo 4.

sumo per cápita de energía fósil.[29] Pero de ninguna manera la sola reducción de demanda y el incremento de la eficiencia en el uso de la energía fósil convencional nos podrán hacer permanecer dentro de la trayectoria de 2 °C. Es en la creciente incorporación de las energías renovables donde está el mayor potencial para lograr un mundo libre de carbono, y ése es el componente más estratégico de la transición energética que hay que inducir. Se debe avanzar en dos frentes: inducir el consumo de energías renovables vía su incorporación a las redes de energía convencional (si bien al principio significarán un subsidio considerable) e insistir en la investigación y el desarrollo de las mismas. La investigación en energías renovables es todavía muy modesta y significa apenas el 0.4 de las aplicaciones de patentes;[30] pero sólo así, con mayor uso y demanda de las mismas, se podrá detonar una sensible reducción en sus precios e incremento en su potencial energético, a la vez que se masifica su uso en la economía y el transporte. Hoy por hoy los avances más firmes, pero aún incipientes, vienen de la energía solar y del viento. La energía solar captada por celdas fotovoltaicas ha conseguido muy notables avances de rendimiento; se acerca, en varios de sus usos, a la rentabilidad sin subsidios, y comienza a masificarse de manera alentadora en varios países, como Estados Unidos y España, entre otros. Pero también la energía eólica, que se usa cada vez más, transformando la fuerza del viento en energía. China, Alemania, Dinamarca, entre otros muchos países, la están aplicando con eficiencia creciente. La de la geotermia, energía proveniente del calor de la tierra, se utiliza ya en varios países dotados para ello (México de modo limitado). En un escenario más a largo plazo tenemos mejores alternativas, como la tecnología de las celdas de hidrógeno, que pueden servir para el transporte y los automóviles; sin embargo, tienen todavía costos elevados y riesgos de seguridad que hasta ahora han impedido su masificación. La energía nuclear no tiene impactos negativos en el clima, pues no emite CO_2 ni otros GEI, pero tiene otro tipo de riesgos y problemas que la han limitado y que no es éste el lugar para discutir; por último, la liberación de energía a partir de la fusión atómica (física del plasma) permanece todavía como un *desideratum* a largo plazo. De tal suerte que, en el horizonte actual, el uso limitado de energía solar, eólica y de mejores baterías

---

[29] Esto explica por qué en la Unión Europea las emisiones per cápita son menos de la mitad que en Estados Unidos, por ejemplo.
[30] OECD, *Compendium of patent statistics*, París, citado en WDR 2010, p. 27.

eléctricas parecen las mejores opciones disponibles. Por ejemplo, los automóviles híbridos (en parte de combustión interna de gasolina y en parte eléctricos) y eléctricos con baterías más poderosas comienzan ya a entrar en el mercado; son una opción aceptable a corto y quizá mediano plazo, pero de ninguna manera pueden considerarse como algo suficiente y definitivo. Hay varias otras posibles fuentes de energía, pero están aún en fase experimental o de desarrollo muy incipiente.

No obstante, hay que decir que las energías con base en biomasas y la agricultura, los llamados "biocombustibles", están rodeados de controversia, y se disputa cada vez más la conveniencia de incorporarlas a la matriz energética de los países, por lo menos a la mayoría de los mismos. No sólo es el caso del etanol a partir de maíz, que tiene efectos muy negativos porque compite con la dieta humana y sustrae tierras y recursos a la agricultura, sino que incluso el biocombustible más rentable, el etanol a partir de caña de azúcar, tiene cuestionamientos: le compite por producción al alimento humano y compite por tierras, cada vez más escasas para la agricultura. Los biocombustibles, en general, afectan críticamente el uso de recursos que son esenciales para la alimentación humana o para los sumideros de carbón, como el caso de los bosques, en riesgo de ser derribados para la expansión de superficies en que cultivar biomasas que producen biocombustibles. También restan superficies de tierra para la conservación de la biodiversidad y compiten con las superficies urbanizables; pero los biocombustibles afectan también al alza los precios relativos de los productos agroforestales. Por último, hay que señalar que todos los biocombustibles compiten con la agricultura por el uso de agua. Así pues, salvo quizás algunos casos como el de la jatrofa —que se produce en tierras muy marginales— o algunos residuos de madera, etc., los biocombustibles resultan en general desaconsejables para la diversificación de la mezcla energética de la mayoría de los países.

Esta transición energética hacia una mezcla de formas de energía, cada vez con menos petróleo y combustibles fósiles, y más combustibles de fuentes renovables, se hace también necesaria porque es un hecho que la disponibilidad de petróleo es finita y todo indica que estaría llegando a su pico máximo.[31] No quiere decir esto que se está terminando ya; quiere decir que cada vez habrá menos, respecto a

---

[31] El llamado *peak oil* o la "curva de Hubbert".

una demanda siempre creciente de energía, y que los precios habrán de mantenerse elevados, cuando no crecientes. Tanto por razones de disponibilidad como de emisiones de bióxido de carbono, el petróleo será una variable declinante en la nueva mezcla energética global. Entender y, en lo posible, pactar una transición ordenada a un nuevo mundo energético será una tarea sumamente relevante para la política internacional, y deberá empatarse con las estrategias de combate al calentamiento global.

LOS INSTRUMENTOS ESTRATÉGICOS CONTRA EL CAMBIO CLIMÁTICO:
MITIGARLO Y ADAPTARSE

Como vimos, el combate al calentamiento global —en el sentido más específico del cambio climático en marcha— nos pone frente a alternativas de la mayor trascendencia histórica. Como mencionamos, se debe actuar de inmediato y con sentido de urgencia. Vale repetirlo: si el calentamiento se desborda del escenario que supone un aumento de la temperatura de 2 o quizá 2.5 °C, después será más difícil y más costoso evitar verdaderas catástrofes sociales y económicas derivadas de los quebrantos climáticos que provocaría. Por esto tanto las medidas de mitigación como de adaptación que aquí mencionaremos de modo muy general se hacen verdaderamente urgentes; pero, además, su aplicación se debe generalizar: esta vez no se puede lograr un progreso sostenido en un lugar y no en otro. El problema es verdadera y esencialmente planetario. Es cierto, sobre todo en las tareas de adaptación, que se puede abrir una injusta brecha entre países ricos y pobres, donde estos últimos, que tienen una menor huella de carbono o contribución al problema, sean precisamente los que se adapten menos y más precariamente a los embates naturales del cambio climático. A la larga, el problema alcanzará a todos, especialmente porque no son suficientes las medidas parciales y porque la dimensión de los daños se hará sentir en forma sistémica, tanto en la economía como en la política global. Es precisamente por esto que el apoyo y la solidaridad a escala mundial se hacen hoy más necesarias que nunca. No sólo a través de toda la geografía del mundo, sino pensando también en las generaciones que vendrán.

Sabemos bien que el proceso de cambio climático será inevitablemente costoso. Si se limita hoy el gasto por mitigar, pronto se pagará más por adaptar, pues habrá daños mayores. Cuánto mitigar y cuánto adaptar es una cuestión clave,[32] pero es el costo de no hacer nada lo que debe preocuparnos más. Puesto que no conocemos con precisión cuáles serán los costos reales a pagar ni las capacidades y tecnologías que tendremos en el futuro, y cómo se irán adaptando los ecosistemas con el tiempo,[33] nos movemos inevitablemente en un escenario de incertidumbres múltiples, y a menudo aquí se pierde el consenso respecto a qué y cuánto se debe y se puede hacer hoy, o qué dejar para el futuro. Éste es un desafío constante para los tomadores de decisiones, pero esto no puede llevar a incurrir en el mayor de los costos, el de la inacción, en no hacer nada. Es claro que la mayoría de los analistas[34] aceptan, sin embargo, que actuar en el escenario de mantener el calentamiento alrededor de 2-2.5 °C es plausible y la mejor de las opciones, en términos del conocimiento acumulado del problema a la fecha. Por eso, el nivel de incertidumbre acerca del costo y dimensión de las pérdidas asociadas con el cambio climático y la posibilidad de incurrir en riesgos verdaderamente catastróficos pueden justificar una acción pronta y determinante a un plazo muy corto.[35] Por otro lado, no puede perderse de vista que el costo será, de cualquier manera, alto: se calcula que en el escenario de calentamiento de 2 °C para el 2030 el gasto en mitigación para los países en desarrollo oscila entre 140 y 175 000 millones de dólares (de 2005) por año, y quizás aumente con el tiempo. Sin embargo, para 2100 los costos de mitigación —según varios escenarios— podrían permanecer en un rango aceptable, algo por abajo del 1% del producto bruto global. Para el caso de la adaptación, los cálculos son menos precisos y poco comparables entre sí. El Banco Mundial[36] estima que la adaptación consumirá entre 75 y 100 000 millones de dólares cada año, en los países en desarrollo solamente. A continuación se exploran, con un poco más de detalle, los imperativos de mitigación y adaptación.

---

[32] Incluso cuál es la "frontera" entre mitigar y adaptar se torna, a veces, confuso.

[33] Es por eso que la tasa de descuento del flujo de inversiones para el combate al cambio climático es el tema más contencioso entre los economistas dedicados al tema.

[34] Nordhaus.

[35] Tómese en cuenta que el mundo gasta alrededor de 3% de su ingreso disponible en materia de seguros, de acuerdo con cálculos de Swiss Re 2007 World Insurance 2006, Zurich (citado en WDR 2010, p. 28)

[36] World Bank (2009) *The economics of adaptation to climate change*, Washington, D. C., 2009.

MITIGACIÓN

La mitigación de emisiones de GEI, y muy particularmente de CO_2, ha mostrado avances, sobre todo en el diseño de instrumentos financieros y otras medidas para desincentivar las emisiones. Cancún puso otra vez el tema en los ambiciosos términos de la agenda y Plan de Acción de Bali, y de nuevo marcó el rumbo a tomar. Pero el avance real, verificable y vinculante, es aún incipiente: ésta es una de las claves al futuro. Se deben precisar metas y límites de emisiones dentro de la trayectoria del máximo tolerable de alrededor de 2 °C. Estas metas deben tener sustento en planes y programas nacionales que sean realistas y estén enmarcados en un amplio esquema de cooperación internacional. Hay que señalar que tal es el caso del Programa Especial de Cambio Climático (PECC) de México, pionero en su tipo entre los países emergentes signatarios del Protocolo de Kioto, pero con metas no vinculantes.

Quizás el mecanismo más poderoso para la mitigación sea el de fijar un precio a las emisiones de carbono y que éste sea lo más ampliamente difundido posible. Esto se puede lograr por dos vías. Una consiste en aplicar un impuesto directo a las emisiones de CO_2,[37] aunque de preferencia debe ser fiscalmente neutro; esto es, sin que aumente la carga impositiva global. El otro es la adopción de permisos o cuotas de emisiones negociables con fijación de límites máximos, generando un amplio mercado de derechos de emisión. Ambas tienen ventajas y desventajas, cuyo detalle escapa al objetivo de este ensayo. Pero en el caso de las cuotas de emisión se tiene una gran ventaja: se prestan a la fijación de metas específicas de emisiones, lo que dadas las circunstancias representa un beneficio muy considerable. En la Unión Europea este sistema se ha difundido ampliamente, y quizá sea a partir de él que se debe generalizar, fijando en el tiempo límites cada vez más exigentes de emisión. Es claro que los mercados de carbono son un requisito indispensable para llegar, en algún momento, a una economía de bajo carbono a nivel mundial. Así, los esfuerzos globales de mitigación deben encaminarse a diseñar mecanismos financieros más amplios y acelerar el proceso masivo de creación y rápida transferencia de tecnologías de bajas emisiones de carbono, donde los gobiernos intervengan muy activamente y cooperen entre

---

[37] El muy conocido mecanismo del impuesto al carbón o *carbon tax*.

sí, creando incentivos y planes a corto, mediano y largo plazo. El mercado, por sí mismo, no logrará la transición.

Un caso fundamental es el de incentivar la transición hacia una mezcla energética más diversificada, donde las energías renovables de todo tipo pasen a ser, para el año 2030, por lo menos 20-30% de la oferta energética total. Asimismo, buscar un mayor ahorro energético que tienda a frenar o moderar el crecimiento de la demanda (el sector del transporte es particularmente importante al respecto). La eficiencia energética es muy baja en casi todos los países en desarrollo e incluso en algunos desarrollados.[38] Incrementarla por varios medios es crítico. Por eso se propone la más amplia cooperación internacional para homologar las normas y patrones de consumo energético en las principales industrias. Se deben incentivar mecanismos para financiar a precios asequibles la adopción de energías de bajas emisiones de carbono. Particular énfasis deberá darse también a la contención e incluso reversión de la deforestación, sobre todo de las selvas tropicales húmedas. El mecanismo conocido como de reducción de emisiones por deforestación y degradación (REDD) empieza a ser más difundido y aceptado en diversos países, incluyendo a México.

ADAPTACIÓN

Es claro que, ante el escenario climático actual, no queda más que adaptarse al cambio climático. Para revertir los efectos del cambio climático, las medidas de mitigación, por drásticas y eficientes que sean, no serán suficientes, al menos por las siguientes dos o tres décadas. Pero las medidas de adaptación han recibido una atención mucho más marginal e inadecuada por parte de la mayoría de los países, en parte porque se trata de adecuaciones y obras costosas, cuyos beneficios a veces no son evidentes a corto plazo. Pero deben empatarse, plenamente y sin ambages, con las más amplias estrategias de desarrollo económico y combate a la pobreza en todas las naciones, desarrolladas y no. Esto requiere, además, la solidaridad y la cooperación internacionales. Es claro que los países más afectados

---

[38] Medida en términos de energía consumida por valor o volumen de producto logrado.

por el cambio climático no son los principales causantes del mismo, antes, y la mayoría tampoco ahora. Pero, además, no cuentan con los medios y las tecnologías suficientes para enfrentar las costosas tareas de adaptación que se van necesitando cada vez más. Esto puede abrir, como dijimos, una peligrosa brecha entre los países ricos y los pobres en materia de inversiones de adaptación. Por ejemplo, mientras en Egipto o Bangladesh se construyen palafitos de madera o bambú para elevar las casas sobre las aguas, que fácilmente pueden ser rebasadas o arrastradas por las crecidas de ríos, países ricos como Holanda o el Reino Unido están ya invirtiendo miles de millones de dólares en levantar costosos puentes y muy avanzados diques de contención. Se requiere apoyar a todos los países no sólo a contar con más y mejor infraestructura, sino a habilitar mejores sistemas de preparación, anticipación, alertas tempranas, y contar con sistemas suficientes y adecuados de información meteorológica; asimismo, en los países en desarrollo es imprescindible contar con redes de protección social que incorporen en sus previsiones la adaptación al cambio climático. Hoy por hoy la lucha global y local contra la pobreza debe incorporar plenamente la variable de la adaptación climática. Sólo como un ejemplo entre muchos, se debe remunerar a comunidades campesinas por conservar bosques, selvas y otros recursos, al considerar a los bosques, a marismas, manglares, etc., como valiosos sumideros de carbono (sobre todo bióxido de carbono). Son un servicio ambiental y a la vez un instrumento importante de combate al calentamiento global. Apenas se captura una fracción menor al 0.5% del total requerido para estar dentro de la trayectoria de 2 °C, esto es mil millones de toneladas de CO_2 al año.

MODIFICAR EL DÉBIL RÉGIMEN CLIMÁTICO INTERNACIONAL

El régimen internacional sobre el cambio climático es bastante débil y no puede, cabalmente, supervisar, apoyar, normar y mucho menos sancionar a todos los países que forman parte. Está constituido esencialmente por la Convención Marco de las Naciones Unidas sobre el Cambio Climático (UNFCCC, por sus siglas en inglés),[39] el Protocolo

---

[39] Sus conferencias de partes contratantes son su foro ejecutivo de más alto nivel.

de Kioto[40] (194 para la Convención y 187 para el protocolo), el Plan de Acción de Bali (2007) que definió una hoja de ruta hacia la era posterior a Kioto a partir de fines de 2012, así como las diversas conferencias de las partes (COP). Tómese en cuenta que el segundo gran emisor, Estados Unidos, no ratificó el protocolo y que los países que no forman parte del Anexo 1, que incluye a la mayoría, entre ellos al hoy mayor emisor, China, pero también a la India, México, Brasil, etc., no se comprometen vinculatoriamente a metas de reducción de emisiones de CO_2. Todo esto debilita mucho el régimen climático multilateral y compromete en buena medida sus posibilidades de éxito, toda vez que, como aquí se ha visto, se requieren acciones urgentes, contundentes y de gran envergadura. Desafortunadamente, incluso si consideramos dentro de este régimen otros acuerdos y agencias que atañen al medio ambiente, seguiremos teniendo un marco multilateral bastante débil, pues ni el Programa de la Naciones Unidad para el Medio Ambiente (PNUMA) ni mucho menos la llamada Facilidad Ambiental Global (GEF, por sus siglas en inglés) son ni medianamente capaces de afrontar o financiar las ingentes necesidades ambientales y climáticas del mundo de hoy. En ausencia de un mecanismo global de verdaderas sanciones, los incentivos para cumplir los compromisos globales tienen que partir de una base nacional. Algunos países —México entre ellos— han tomado acciones y han hecho arreglos institucionales serios para enfrentar el desafío climático. También las ciudades, por ejemplo, se han convertido en focos de acción local muy prometedores. Muchas de ellas se han aliado para enfrentar los desafíos del calentamiento. Esto debe cambiar rápidamente, y es una tarea fundamental de las ulteriores COP con miras al mundo posterior a Kioto, que expira el año próximo. Se requieren mejores canales institucionales para la transferencia de recursos y financiamiento, y un andamiaje más completo, equitativo e incluyente para salirle al paso verdaderamente al desafío del cambio climático. El Fondo Verde, propuesto por México, agrupando diversos fondos de diversa cuantía y eficacia en una sola gran facilidad financiera, es el camino, así como una am-

---

[40] Entró en vigor apenas en 2005. El protocolo es un tratado internacional cuyo objetivo es reducir el "efecto invernadero" que producen las emisiones de gases de efecto invernadero (GEI), principalmente el bióxido de carbono, CO_2, el metano, CH_4; el óxido nitroso, N_2O y otros gases fluorados. Tiene un Anexo 1 de países con metas vinculantes y una serie de medidas aplicables para todos los países adheridos.

pliación del exitoso pero limitado mecanismo de desarrollo limpio (CDM), que genera financiamiento a la mitigación de CO_2 a cambio de proyectos "verdes". Ambos son parte vital de un régimen climático mucho más fuerte y eficaz.

La lucha contra el cambio climático es de toda la humanidad. Va a requerir cambios de gran dimensión y sacrificios no menores, pero también debe verse como una oportunidad para construir una economía sustentable, más "verde" y con energías limpias, así como mejores instituciones de gobernanza global. Urge descarbonizar el proceso de desarrollo económico. En todos los países el papel del sector público será importante para generar los incentivos para la acción climática: a través de impuestos, subsidios o regulación, pero también en el ámbito de la educación, la comunicación y el apoyo a instituciones de educación y las alianzas público-privadas. Los gobiernos deberán corregir fallas de mercado que limitan acciones climáticas eficaces. Asimismo, gran parte de la adaptación puede correr por cuenta de la inversión y la actividad privadas, sobre todo en forma de infraestructura. Para ello se requiere, sobre todo, darle un precio al carbón, y ésa es tarea de los gobiernos, ya sea por la vía de impuestos, por cuotas o permisos transables de emisiones. Así, los países más ricos deben hacer esfuerzos importantes e inmediatos en el frente de mitigación global y el de adaptación; los países emergentes o de mediano ingreso tienen la oportunidad única de enfocar sus nuevas posibilidades de construir infraestructura, vivienda, equipamiento urbano y agrícola, con las restricciones climáticas en mente, sin repetir los errores y omisiones de los países hoy avanzados y, por su parte, los países de menor desarrollo deben canalizar el apoyo y la ayuda financiera, así como la transferencia de tecnología, de manera eficiente y con visión a largo plazo, tomando muy en cuenta los retos que el cambio de clima habrá de seguir presentándoles. Poco a poco se estarán generando nuevos patrones de consumo y formas de producir; pero esto también generará nuevas oportunidades y mercados, tecnologías limpias e innovadoras que generarán a su vez nuevas fuentes de actividad y de empleo. Algunos mercados serán sustituidos por otros que pueden ser más grandes y eficientes; pero el acuerdo global que se busca debe ser, ante todo, equitativo.

LA HOJA DE RUTA DESPUÉS DE CANCÚN

El escenario de estabilización comúnmente admitido, de alrededor de 2 °C, es tan necesario como ambicioso y estaba originalmente delineado en el Plan de Acción de Bali: prevé que para 2050 las emisiones de GEI (o CO_2-e)[41] sean nada menos que la mitad que los niveles de 1990 y que lleguen a cero para 2100. Eso significa que, para los siguientes veinte años, las emisiones globales tendrán que disminuir clara y constantemente por un monto equivalente al total de las emisiones actuales de todos los países desarrollados.[42] Aun así serán necesarias costosas medidas de adaptación que deberán afectar muchas áreas de la economía y la sociedad actuales. Se trata de tareas sin precedente a escala global.

Por eso es pertinente preguntarse si estamos preparados para ello a escala global. Desde luego que las medidas planteadas por todos los expertos, sobre todo en mitigación y adaptación, parecen ambiciosas y drásticas, mas no imposibles. El verdadero reto recae en la fortaleza de las instituciones multilaterales y en saber cuál es la verdadera voluntad política y el nivel de compromiso de la comunidad internacional en su conjunto. El Banco Mundial, en su Reporte del Desarrollo Mundial 2010, enfoca la cuestión de modo por demás persuasivo: para lograr tan ambiciosas metas se debe actuar ya, se debe actuar en conjunto, globalmente, y se debe hacer de modo diferente.

Es tal la inercia del calentamiento que lo que hoy se haga se verá en el futuro, y eso habrá de determinar las opciones que tendremos disponibles. La dinámica del sistema climático limita cuánto de la mitigación del futuro puede remplazar esfuerzos de hoy. Por ejemplo, "Estabilizar el clima cerca de 2 °C, o en alrededor de 450 ppm de CO_2, requerirá que las emisiones globales comiencen a declinar de inmediato en 1.5% anual".[43] El tiempo que se tarde en lograr esto es función de las reducciones; los retrasos en actuar deberán compensarse con más y más intensas reducciones, así como con medidas cada vez más costosas y difíciles. Por ejemplo, un retraso de más de diez años podría hacer imposible contener el calentamiento por debajo de 2-2.5 °C. Se debe tomar en cuenta que la inercia también afecta los tiempos de maduración y amortización de las obras de infraestructu-

---

[41] CO_2-e = Equivalente a emisiones de bióxido de carbono.
[42] Véase WDR 2010.
[43] Véase WDR 2010, capítulo 1.

ra, la estructura y la densidad urbana, y que asimismo existen costos y lapsos inevitables entre el desarrollo en laboratorio de una nueva tecnología y el momento de su puesta en práctica y adopción generalizada. Las nuevas fuentes de energía tardarán mucho en llegar a su potencial pleno.

Se debe actuar en forma colectiva, global, para reducir los costos de mitigación. Si sólo un puñado de países mitigan, los demás incurrirán en gastos mucho mayores y desproporcionados de mitigación: el cambio climático es global y no reconoce fronteras. Por eso conviene insistir en que, por razones tanto de equidad como de eficiencia, se debe financiar la mitigación desde un punto de vista global y no local. De lo contrario serían sólo los países ricos los que financiarían sus propios esfuerzos de mitigación y el impacto climático —global— haría nugatorios sus esfuerzos. Es como el arca de Noé: vamos todos juntos en la biósfera. El Fondo Verde propuesto por México y otros incentivos económicos deberán actuar en consonancia con esto: se debe mitigar en todos lados, en función de las circunstancias globales. No se valen parcelas: la atmósfera es un bien público global. Pero la acción climática también debe ser colectiva por la razón de que es necesario afrontar mejor el riesgo y proteger a los más pobres y vulnerables. No sólo se trata de mejorar la información climático-meteorológica, sino de actuar en conjunto ante los desafíos de catástrofes climáticas y meteoros; además, de inmediato se deben compartir las mejores prácticas. Pero también para distribuir mejor el riesgo climático entre más y más países no sólo se está atacando mejor el problema de equidad, sino que se abate el costo de esquemas de seguro y de financiamiento de fondos de ayuda para emergencias.

Las metas climáticas se pueden entender bien si se plantean en términos de probabilidades: para tener por lo menos 50% de probabilidades de no aumentar la temperatura en más de 2 °C del nivel previo a la Revolución industrial (más o menos 1.8 °C más del incremento actual) se debe estabilizar la concentración de GEI en el equivalente de 450 ppm. Si, en cambio, sólo se logra la estabilización en 550 ppm, la probabilidad de rebasar el umbral de los 2 °C se elevará a 80%. Hoy por hoy no tenemos elementos para ser optimistas. Si las cosas siguieran como están, el "presupuesto" de carbono vinculado al consumo tendencial de energía alcanzaría un total de 14.5 Gt[44] al año, y las emi-

---

[44] Gt equivale a gigatoneladas, o mil millones de toneladas.

siones de GEI ya duplican esa cifra y siguen aumentando, de tal suerte que todo el carbono permitido para el siglo XXI se podría consumir para el año 2032. Estamos, pues, incurriendo en una suerte de deuda ambiental que no se sostiene a largo plazo y que nos puede llevar a escenarios peligrosos. Por eso la magnitud de la acción requerida es muy grande e impostergable.

Tómese en cuenta que la sucesión de años más calientes supera en esta última década a los que tuvimos en las 5 o 10 anteriores; es ya claro también el colapso acelerado de los hielos polares —sobre todo en Groenlandia— y la acidificación de los océanos, el repliegue de las fronteras boscosas en los trópicos; la multiplicación de calamidades en torno a sequías o inundaciones nos está llevando, cada uno por separado o en conjunto, a puntos de inflexión en las principales variables climáticas de la tierra y en la viabilidad de infinidad de asentamientos y áreas de actividad humana. Hay que actuar, y ya. El año 2012 es clave, pues se deberá redefinir el Protocolo de Kioto que expira entonces.

En la agenda posterior a Kioto 2010 se hará imprescindible una visión de largo plazo y una mayor inclusión social para tomar en cuenta a las poblaciones más vulnerables y pobres del mundo. Se deberá también aprobar el nuevo esquema institucional del Fondo Climático Verde para que fluyan fondos y proyectos específicos que, ya sea de mitigación o adaptación, permitan detonar proyectos productivos, capaces de emplear gente y desarrollar proyectos productivos para empresas en todo el mundo.

Por eso, tras los avances de Cancún, la nueva COP-17 de Durban enfrenta el desafío de avanzar claramente en el diseño del nuevo protocolo, que fije metas más estrictas y verificables de reducción de emisiones y perfeccione los mecanismos de financiamiento y transferencia de tecnología del actual protocolo. Pero posiblemente esa COP-17 tampoco logre un nuevo tratado o protocolo, y se deberá entonces trabajar sin dilación hasta lograrlo. Como hemos visto, las metas que ahora se plantean son desde luego ambiciosas, pero se pueden lograr. Se calcula[45] que costarán anualmente alrededor de 1.6% del PIB mundial (mucho menos que el gasto mundial en armamentos), pero la inacción ahora nos puede llevar más tarde a gastos muy superiores. No hay que olvidar dos temas cruciales: que el Proto-

---

[45] Stern, *op. cit.*

colo de Kioto original no estableció metas vinculantes para los países en desarrollo, entre los que están, desde luego, grandes emisores como China, la India, México, Brasil, Turquía, etc. y, además, que muchos países que sí tienen metas obligatorias no han logrado cumplirlas y en promedio han podido reducir emisiones apenas 5%. En todo caso, si en los próximos 15 años las emisiones siguen las tendencias de los últimos 15, el cambio climático peligroso (más de 2 °C) será irreversible. Por otro lado, en los últimos años las inversiones en desarrollo energético todavía apuntan a un mayor contenido de emisiones de GEI: las actuales tendencias señalan emisiones de CO_2 50% superiores en el año 2030 que en 2004. Así, el momento actual es crítico y grave. Se debe insistir en la ruta de hacer posible que se cumpla la trayectoria de los 2-2.5 °C, y eso requiere tanto metas como compromisos claros y ambiciosos. El impulso ganado en Cancún deberá servirnos para fijar y hacer cumplir tareas nunca antes vistas en la diplomacia multilateral. Parece difícil de lograr, pero no es imposible, y la urgencia del tema exige que se aborde con imaginación y vigor. El precio de no hacerlo es demasiado grande.

BIBLIOGRAFÍA

Dawson, Brian y Matt Spanngle, 2009, *The complete guide to climate change*, Nueva York, Routledge.
Flannery, Tim, 2005, *La amenaza del calentamiento global*, México, Taurus.
Galindo, Luis Miguel (coord.), 2008, *La economía del cambio climático*, México, UNAM/Semarnat/SHCP.
Homer-Dixon, Thomas, 2009, *Carbon shift*, Ottawa, Random House.
Intergovernmental Panel on Climate Change, 2007, 4th report, Nueva York, UN.
Luiselli, Cassio, 2008, "La crisis global alimentaria", *Este País*, agosto.
Lynas, Mark, *Six degrees: Our future in a hotter planet*, 2008, Washington, D. C., National Geographic.
Presidencia de la República (México), www.presidencia.gob.mx, PECC, Programa Especial sobre Cambio Climático (2008); "Los Acuerdos de Cancún" COP-16, 2010.
Stern, Nicholas, 2009, *The global deal*, Nueva York, Public Affairs.
——, 2007, *The economics of climate change*, Cambridge, Cambridge University Press.

Stiglitz, Joseph E., 2006, *Cómo hacer que funcione la globalización*, México, Taurus.

Tickell, Oliver, 2008, *Kyoto 2*, Nueva York, Zeld Books.

World Bank, 2009, *The economics of adaptation to climate change*, Washington, D. C., World Bank.

——, 2010, *World development report 2010 (WDR). Development and climate change*, Washington, D. C., World Bank.

UNFCCC, <http://UNFCCC.INT>, 2 860 distintos documentos.

LOS AUTORES

MARCO ANTONIO ALCÁZAR
Internacionalista, diplomático, servidor público y comentarista político. Es secretario técnico de la Comisión de Relaciones Exteriores del Senado de la República. Obtuvo la licenciatura en relaciones internacionales en El Colegio de México. Ha ocupado diversos cargos en la Secretaría de Hacienda y Crédito Público y en la Comisión Nacional de la Industria Azucarera. En la Secretaría de Relaciones Exteriores se desempeñó como director general de Límites y Ríos Internacionales y como comisionado de Cooperación con Centroamérica y el Caribe. Ha sido embajador de México en Belice y cónsul general de México en San José, California.

HAZEL BLACKMORE
Internacionalista, profesora e investigadora. Es directora ejecutiva del Centro de Estudios y Programas Interamericanos y profesora de asignatura del ITAM. Licenciada en relaciones internacionales por el Instituto Tecnológico Autónomo de México (ITAM) y maestra en ciencia política con especialización en gobierno de Estados Unidos por el Boston College. Fue subdirectora ejecutiva de Líneas Aéreas Azteca y miembro del secretariado técnico en la Red Mexicana de Energía (2007-2008). Ha publicado varios artículos y libros sobre relaciones internacionales y política exterior de México.

RODOLFO CASILLAS
Internacionalista, historiador y analista político. Es profesor investigador de tiempo completo de la Facultad Latinoamericana de Ciencias Sociales (FLACSO-México). Licenciado en relaciones internacionales por El Colegio de México, maestro en historia por la Universidad Autónoma Metropolitana y candidato a doctor en historia por la Universidad Iberoamericana. Sus líneas de investigación se centran en temas de población, medio ambiente, derechos humanos, migración internacional y fronteras. Sus publicaciones más destacadas se refieren a los impactos sociales, culturales, económicos e

internacionales de la migración y transmigración de centroamericanos en México.

GUADALUPE GONZÁLEZ GONZÁLEZ

Internacionalista, académica y analista política. Es profesora investigadora de la División de Estudios Internacionales del Centro de Investigación y Docencia Económicas (CIDE) y coordinadora del proyecto de investigación sobre opinión pública y política exterior, México, las Américas y el Mundo. Licenciada en relaciones internacionales por el Colegio de México, maestra en sociología política por la London School of Economics and Political Science y candidata a doctora en ciencia política por la Universidad de California en San Diego. Miembro fundador del Consejo Mexicano de Asuntos Internacionales (Comexi). Ha sido miembro académico de la comisión de ingreso al Servicio Exterior de la Secretaría de Relaciones Exteriores, de los consejos editoriales de *Foreign Affairs* y *Política y Gobierno* y de diversos consejos académicos en centros de educación superior en México y el extranjero.

LUIS HERRERA-LASSO

Internacionalista, diplomático, servidor público y analista político. Actualmente es director de la Escuela de Inteligencia para la Seguridad Nacional del Centro de Investigación y Seguridad Nacional (CISEN). Es licenciado en relaciones internacionales por El Colegio de México y maestro en política internacional por la London School of Economics and Political Science. Ha ocupado diversos cargos en la Secretaría de Relaciones Exteriores, la Secretaría de Hacienda y Crédito Público y la Secretaría de Gobernación. Como diplomático de carrera ocupó el cargo de cónsul general de México en San Diego, California (1995 a 1999). Ha sido catedrático universitario en distintas instituciones educativas públicas y privadas de México. Fundador, ex presidente del consejo directivo y director ejecutivo de Grupo Coppan y Coppan 2050.

JOSÉ LUIS LEÓN MANRÍQUEZ

Internacionalista y politólogo. Es profesor investigador del Departamento de Política y Cultura de la Universidad Autónoma Metropolitana-Xochimilco y catedrático del Centro de Estudios de Asia y África de El Colegio de México. Es licenciado en relaciones internacionales por la Universidad Nacional Autónoma de México (UNAM), maestro en ciencia política por la Universidad de Columbia, maestro en estudios latinoamericanos por la UNAM y doctor en ciencia política por la Universidad de Columbia. Ha sido director académico del Instituto Matías Romero. Autor de numerosos artículos y publicaciones académicas sobre temas relacionados con la naturaleza del sistema internacional de la posguerra, la seguridad regional y el desarrollo económico en el noreste asiático.

SERGIO LEY LÓPEZ

Diplomático. Miembro del Consejo Mexicano de Asuntos Internacionales y profesor visitante del Programa de Líderes Académicos del Instituto Tecnológico de Estudios Superiores de Monterrey (ITESM). Tiene estudios de posgrado en historia de la Universidad de París y maestría en restauración de edificios históricos del Instituto de Arqueología de la Universidad de Londres. Se unió al servicio diplomático en 1984, donde ha ocupado cargos como agregado cultural de la embajada de México en China, jefe de cancillería de la misión mexicana en Singapur, cónsul de México en Shangai. Fue director general para el Pacífico y Asia de la Secretaría de Relaciones Exteriores, embajador de México en Indonesia y embajador de México en China. Sus áreas de especialidad son negocios y relaciones internacionales de Asia Pacífico.

JORGE ALBERTO LOZOYA

Internacionalista, académico y diplomático. Actualmente es embajador de México en Malasia y miembro del Instituto de Estudios Occidentales de la Universidad Nacional de Malasia. Es licenciado en relaciones internacionales por El Colegio de México y maestro en historia por la Universidad de Stanford. Fue secretario de Cooperación Iberoamericana y fundador y director del Instituto Mexicano de Cooperación Internacional y de la Secretaría de Cooperación Iberoamericana (SEGIB), con sede en Madrid. Ha sido embajador de México en Israel, secretario de la Comisión Nacional para la UNESCO y miembro fundador de la Academia Mexicana de Derechos Humanos. Por muchos años fue profesor en El Colegio de México, especialista en el mundo asiático. Ha desarrollado un papel muy activo en la vida cultural en México, entre otras actividades como director del Instituto Mexicano de Cinematografía (Imcine).

CASSIO LUISELLI

Economista y diplomático. Actual embajador de México en la República Oriental del Uruguay. Es licenciado en economía por la Universidad Nacional Autónoma de México, maestro en economía por la Universidad de Wisconsin y doctor en geografía y medio ambiente por la Universidad de Sudáfrica. Ha ocupado diversos cargos en la Secretaría de Hacienda y Crédito Público y en la Presidencia de la República. Fue coordinador general del Sistema Alimentario Mexicano. Se ha desempeñado como embajador de México en la República de Corea y en Sudáfrica. Ha sido profesor en el Tecnológico de Monterrey, en el Centro de Investigación y Docencia Económicas (CIDE), en la Universidad Nacional Autónoma de México y en El Colegio de México.

LOURDES MELGAR

Internacionalista y consultora independiente. Es directora del Centro para la Sustentabilidad y Negocios en la Escuela de Graduados en Administración y Dirección de Empresas del ITESM. Es licenciada en relaciones internacionales y literatura comparada por el Mount Holyoke College y maestra y doctora en ciencias políticas por el Massachusetts Institute of Technology (MIT). Realizó estudios en el Instituto Matías Romero de Estudios Diplomáticos y ha ocupado diversos cargos dentro de la diplomacia mexicana, el último de los cuales fue el de ministro en la misión permanente de México ante la OCDE. Fue directora general de Asuntos Internacionales en la Secretaría de Energía. En el ámbito académico, ha impartido cátedra en el ITESM y en el ITAM. Es miembro del International Women's Forum, del Coloquio de Política Energética y de la Red por la Transición Energética.

OLGA PELLICER

Internacionalista, académica, diplomática y comentarista política. Actualmente es profesora e investigadora del Departamento de Estudios Internacionales en el Instituto Tecnológico Autónomo de México (ITAM) y presidenta del Consejo Directivo de Coppan 2050. Es licenciada en relaciones internacionales por la Universidad Nacional Autónoma de México y maestra por el Instituto de Altos Estudios Internacionales de la Universidad de París. Ha sido profesora e investigadora en El Colegio de México y en el Centro de Investigación y Docencia Económicas y coordinadora general del Instituto Matías

Romero de Estudios Diplomáticos. Fue embajadora en Grecia, embajadora alterna de México ante la ONU en Nueva York (1988-1991), directora general del Sistema de Naciones Unidas de la Secretaría de Relaciones Exteriores (1991-1994), embajadora de México en Austria y representante permanente de México ante los organismos internacionales en Viena (1999-2002). Cuenta con numerosas publicaciones académicas en temas de política internacional multilateral, política exterior de México, relaciones México-Estados Unidos, y escribe regularmente en revistas de difusión.

NATALIA SALTALAMACCHIA
Internacionalista, académica, doctora por la Universidad Complutense de Madrid. Es profesora e investigadora del Departamento de Estudios Internacionales del ITAM. Participa en diversos medios de comunicación, tanto escritos como audiovisuales, como comentarista de asuntos internacionales. Ha coordinado varios libros y escrito numerosos artículos sobre derechos humanos, política exterior de México y relaciones internacionales de América Latina.

FRANCISCO SUÁREZ DÁVILA
Economista y comentarista político. Actualmente es asociado del Instituto Nacional de Administración Pública, vicepresidente del Consejo Mexicano de Asuntos Internacionales y miembro de la Comisión de Asuntos Económicos CEN-PRI. Es licenciado en derecho por la Universidad Nacional Autónoma de México (UNAM) y maestro en economía por la Universidad de Cambridge. Ha sido embajador de México ante la OCDE en París, subsecretario de Hacienda y Crédito Público, director financiero de Nacional Financiera y gerente general de asuntos internacionales del Banco de México. Representante de México ante el FMI, fue director general del Banco Mexicano Somex y dos veces diputado federal. Como profesor universitario ha impartido cátedra en la Universidad Iberoamericana, El Colegio de México y la UNAM. Es autor de numerosos trabajos publicados en México y en el extranjero sobre economía y finanzas, nacionales e internacionales.

JORGE TELLO PEÓN
Ingeniero y servidor público especialista en temas de seguridad. Actualmente es vicepresidente de información internacional de la empresa Cemex. Es ingeniero civil por la Universidad Autónoma Metro-

politana, maestro en hidráulica por la Facultad de Ingeniería de la Universidad Nacional Autónoma de México y maestro en administración pública por el Centro de Investigación y Docencia Económicas (CIDE). Cuenta con una larga trayectoria en el servicio público mexicano en los campos de la inteligencia y la seguridad nacional. Ha sido director general del Centro de Investigación y Seguridad Nacional (CISEN), comisionado para el combate a las drogas en la Procuraduría General de la República, subsecretario de Seguridad Pública en la Secretaría de Gobernación y asesor presidencial para seguridad nacional. Ha impartido cursos y cátedra en el ITESM y el CISEN y cuenta con numerosas publicaciones relacionadas con seguridad nacional e inteligencia.

ÍNDICE

PRESENTACIÓN 7

INTRODUCCIÓN,
    por GUADALUPE GONZÁLEZ G. Y OLGA PELLICER 9

PRIMERA PARTE
MÉXICO Y SU ENTORNO

MÉXICO Y ESTADOS UNIDOS: DE SOCIOS ENTUSIASTAS
A VECINOS INCÓMODOS,
    por HAZEL BLACKMORE Y OLGA PELLICER 19

MEXICO Y AMERICA LATINA:
LA VÍA MULTILATERAL,
    por NATALIA SALTALAMACCHIA ZICCARDI 61

MÉXICO Y CENTROAMÉRICA:
LA DIFÍCIL CONFLUENCIA,
    por MARCO ANTONIO ALCÁZAR 76

HACIA UNA NUEVA POLÍTICA
MIGRATORIA DE MÉXICO,
    por RODOLFO CASILLAS R. 108

SEGUNDA PARTE
MÉXICO EN EL ESPEJO DE ASIA

MÉXICO ANTE EL RESURGIMIENTO
DE ASIA PACÍFICO,
    por JORGE ALBERTO LOZOYA 129

MÉXICO EN EL ESPEJO DEL ESTE ASIÁTICO: CAMBIO
TECNOLÓGICO, DESARROLLO ECONÓMICO E INSERCIÓN
EN EL MUNDO,
    por JOSÉ LUIS LEÓN MANRÍQUEZ 145

EL FUTURO DE LA RELACIÓN MÉXICO-CHINA,
  por SERGIO LEY LÓPEZ176

TERCERA PARTE
TEMAS PRIORITARIOS DEL MUNDO GLOBAL

MÉXICO ANTE LOS RETOS DE LA CRISIS
Y LA POSCRISIS INTERNACIONALES,
  por FRANCISCO SUÁREZ DÁVILA197

MÉXICO ANTE LA REDEFINICIÓN DE LA ENERGÍA
A NIVEL MUNDIAL,
  por LOURDES MELGAR228

PASADO Y PRESENTE DE LAS AMENAZAS EXTERNAS
A LA SEGURIDAD NACIONAL DE MÉXICO,
  por LUIS HERRERA-LASSO Y JORGE TELLO PEÓN255

EL COMBATE AL CAMBIO CLIMÁTICO
A PARTIR DE CANCÚN: EVITAR
EL ESCENARIO MÁS CRÍTICO
  por CASSIO LUISELLI301

LOS AUTORES335